DAS GROSSE AUTOWANDERBUCH DEUTSCHLAND

Die schönsten Touren durch Deutschland mit Wander-, Radwander- und Freizeittipps

Oben: Ein knallgelb leuchtendes Rapsfeld an einer Pappelallee – Deutschland lädt mit seiner vielgestaltigen Natur- und Kulturlandschaft zum Wandern und Radfahren ein.

Sei es über Ebenen oder durch Berge und Täler, die Wege sind stets gut ausgebaut und markiert. Seite 2/3: Schloss Lembeck, Dorsten, Münsterland.

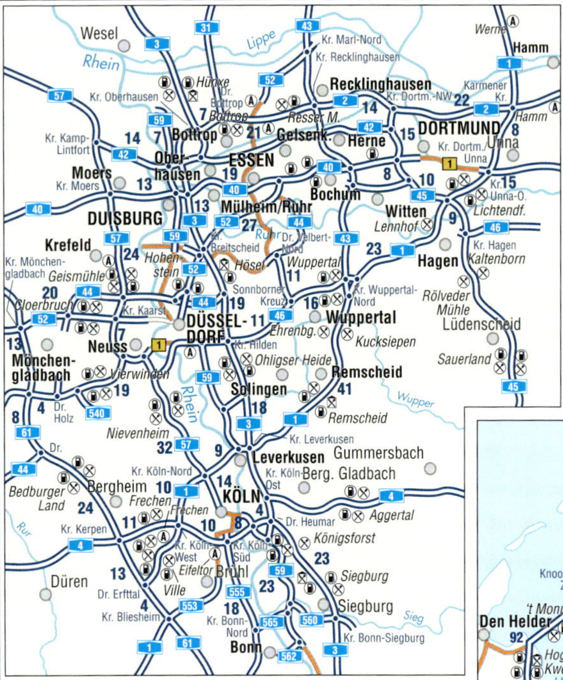

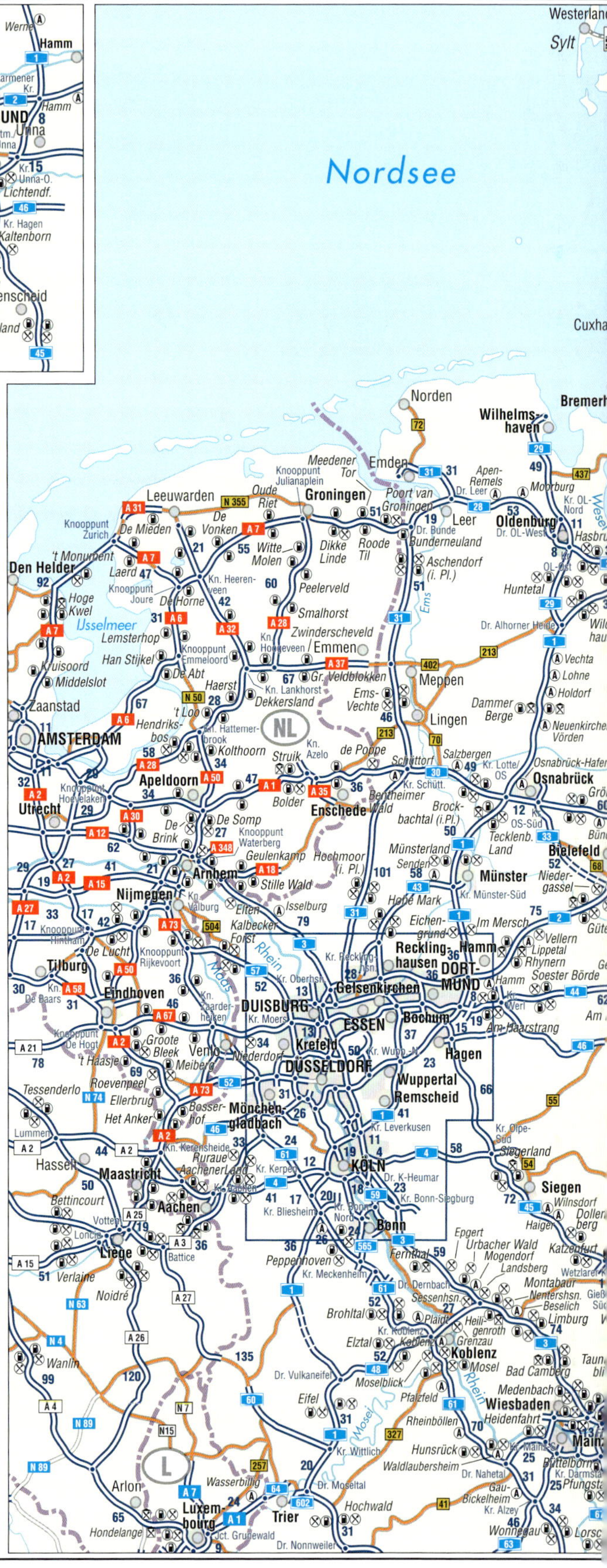

Zeichenerklärung

- Autobahn
- Gebührenpflichtige Autobahn
- Autobahn in Bau
- Wichtige Fernstraße
- Fernstraße in Bau
- Helsinki — Autofähre
- 145 — Entfernung in Kilometern
- Bahnstrecke mit Autoverladung
- Kr. Walldorf — Autobahnkreuz oder -dreieck
- Staatsgrenze
- 81 — Autobahn-Nr. in Deutschland
- 1 — Autobahn-Nr. in der Schweiz
- A 14 — Autobahn-Nr. in Österreich
- A 33, 5, A 3, D 5 — Autobahn-Nr. im übrigen Ausland
- 134, N 67, 36, 316 — Bundes- oder Nationalstraßen-Nr.

Tanken und Rasten an Autobahnen

- Tankstelle
- Rasthaus
- Tankstelle mit Rasthaus
- Rasthaus und Motel
- Tankstelle mit Rasthaus und Motel
- Autohof

DK
D
PL
CZ
Ostsee
Rügen
Fehmarn
Usedom
Tønder
Padborg
Flensburg
Niebüll
Husum
Schleswig
Kiel
Heide
Neumünster
Itzehoe
Lübeck
Travemünde
Wismar
Rostock
Warnemünde
Stralsund
Sassnitz
Greifswald
Grimmen
Schwerin
Neubrandenburg
Prenzlau
Szczecin
Stargard Szczeciński
Świnoujście
Bagenkop
Rødbyhavn
Puttgarden
Gedser
Trelleborg
Helsinki
Rønne
Malmö, København
Ystad
Gdansk, Riga
HAMBURG
Stade
Lüneburg
BREMEN
Uelzen
Celle
Soltau
Salzwedel
Wittenberge
Wittstock/Dosse
Stendal
Eberswalde
BERLIN
Potsdam
Brandenburg
Frankfurt/Oder
Słubice
Kostrzyn
HANNOVER
Wolfsburg
Braunschweig
Hildesheim
Goslar
Magdeburg
Halberstadt
Dessau
Lübben
Cottbus
Torgau
Göttingen
Nordhausen
Halle/Saale
LEIPZIG
Kassel
Eisenach
Erfurt
Weimar
Jena
Gera
Chemnitz
Zwickau
Meißen
DRESDEN
Bautzen
Görlitz
Zittau
Bad Hersfeld
Fulda
Suhl
Coburg
Plauen
Hof
Teplice
Ústí nad Labem
Chomutov
Karlovy Vary
Kladno
PRAHA
Plzeň
Rokycany
Beroun
Schweinfurt
Würzburg
Bamberg
Bayreuth
Erlangen
FRANKFURT a.M.
Elbe
Oder
Weser
Saale
Main
Neiße
Warta

Liège
Bonn
Koblenz
Wiesbaden
FRANKFURT a.M.
Mainz
Darmstadt
Fulda
Coburg
Schweinfurt
Würzburg
Fürth
NÜRNBERG
Luxembourg
Trier
Arlon
Longuyon
Verdun
Metz
Saarbrücken
Kaiserslautern
Ludwigshafen
Mannheim
Heidelberg
Heilbronn
Karlsruhe
Pforzheim
STUTTGART
Nancy
Lunéville
Strasbourg
St-Dié
Épinal
Colmar
Freiburg i.Br.
Ulm
Remiremont
Langres
Mulhouse
Basel
Belfort
Vesoul
Besançon
Delémont
Biel/Bienne
Neuchâtel
Pontarlier
Bern
Zürich
St. Gallen
Konstanz
Singen
Friedrichshafen
Lindau
Bregenz
Kempten
Luzern
Interlaken
Lausanne
Genève
Annecy
Chambéry
Albertville
Moûtiers
Chamonix-Mt-Blanc
Martigny
Sion
Brig
Domodóssola
Andermatt
Chur
St. Moritz
Bludenz
Landeck
Bellinzona
Lugano
Como
Varese
Bérgamo
Novara
MILANO
Bréscia
Sondrio
Aosta
Ivrea
Lac Léman
Bodensee
Lago Maggiore
Lago di Como
Lago di Garda
B
L
F
D
CH
I
FL

PL
CZ
SK
A
H
SLO
HR
BIH
Hradec Králové
Poděbrady
Šumperk
Svitavy
Olomouc
PRAHA
Kladno
Chomutov
Karlovy Vary
Plauen
Hof
Bayreuth
Plzeň
Rokycany
Beroun
Tábor
Písek
Jihlava
Humpolec
Brno
Vyškov
České Budějovice
Regensburg
Deggendorf
Passau
Ingolstadt
Landshut
MÜNCHEN
Altötting
Rosenheim
Chiemsee
Salzburg
Kufstein
Innsbruck
Linz
Wels
Ansfelden
Strengberg
St. Pölten
WIEN
Bratislava
Wiener Neustadt
Sopron
Szombathely
Liezen
Graz
Spittal a.d. Drau
Villach
Klagenfurt
Maribor
Celje
Ljubljana
ZAGREB
Karlovac
Sisak
Novo Mesto
Varaždin
Udine
Trieste
Koper
Rijeka
Pazin
Pordenone
Treviso
Mestre
Venézia
Pádova
Vicenza
Bassano
Bolzano/ Bozen
Donau
Vltava
Inn
Drau
Drava
Sava
Kupa
Neusiedler See
Bosanski Novi

Von Cuxhaven bis ins Weserbergland

Von Cuxhaven geht es durch die Wesermarsch nach Bremerhaven. Ein Abstecher führt nach Bad Bederkesa in die Moore der Geest. Über das Teufelsmoor und die Künstlerkolonie Worpswede erreicht man die Wesermetropole Bremen, und von hier geht es über die Reiterstadt Verden schließlich nach Nienburg.

Das Teufelsmoor ist eine Landschaft von mystisch-herber Schönheit.

1 An der Elbmündung liegt das Nordseebad **Cuxhaven**, ein beliebtes Ziel für Urlauber und Ausflügler. Duhnen und Döse weisen ausgedehnte Kuranlagen und weite Strände auf. Die Wald- und Heidegebiete in Sahlenburg und im Umland sind wie geschaffen für Reitausflüge und Wandertouren.

An der Alten Liebe in Cuxhaven bietet sich ein Panoramablick auf die vorbeiziehenden Elbschiffe. Von vergangenen Zeiten, als hier noch die großen Transatlantikschiffe ablegten, zeugt der im Jahr 1896 angelegte Amerikahafen. Nach einer kurzen Wanderung auf dem Döser Deich erreicht man die Kugelbake, das Wahrzeichen der Stadt, und steht an dem Punkt, an dem die Elbe in die Nordsee eintritt.

Ein unbedingtes Muss ist ein Ausflug zur kleinen Insel Neuwerk, die zum Nationalpark Hamburgisches Wattenmeer gehört. Für Familien eignen sich am besten eine kurze Schifffahrt oder bei Ebbe der Wattwagen, einer Pferdekutsche. Die rund 12 km zwischen Cuxhaven und Neuwerk kann man bei Ebbe auch zu Fuß bewältigen, entlang eines mit Reisigbündeln (Pricken) markierten Wattwanderweges. Am Besten sollte man das aber mit einer professionellen Führung tun, denn die Wanderung dauert wenigstens drei Stunden. Neuwerk ist ein Vogelparadies und lockt u. a. mit dem Nationalparkhaus sowie Erlebnispfaden, der Aussicht vom Leuchtturm und der Bernsteinsammlung in der Schule.

Von Cuxhaven geht es weiter durch die weiten Marschgebiete des Landes Wursten nach Süden. Die sehenswerten Wurster Kirchen, zumeist aus dem 13. Jh., sind in der Ebene kilometerweit zu erkennen. Sie wurden auf künstlichen Hügeln, den »Wurten«, errichtet. Diese schützten sie jahrhundertelang vor den schweren Fluten, die die Deiche immer wieder durchbrachen.

Lohnend ist ein Halt an den malerischen Kutterhäfen von Dorum und Wremen, von wo aus man auch wunderbare Deichspaziergänge oder bei Ebbe spannende Wattwanderungen unternehmen kann.

2 Die Seestadt **Bremerhaven**, die sich zu beiden Ufern der Geeste erstreckt, bevor sie in die Weser mündet, entstand im Jahr 1827, als Bremen das Gebiet von Hannover erwarb, um hier einen Hafen zu gründen. Die Stadt, die bis heute zu Bremen gehört, wird in ihrer ganzen Länge von weitläufigen Hafenanlagen beherrscht: Im Norden breitet sich der größte Containerterminal seiner Art in Europa aus. Den südlichen Teil bedeckt der Fischereihafen, an dem heute etwa die Hälfte aller deutschen Fischfänge angelandet wird. Mit ein wenig Glück kann man bei einer Auktion zusehen.

Im Zentrum der Stadt liegen der Alte Hafen, heute ein Museumshafen, und das Schifffahrtsmuseum, darüber erheben sich die Hochhäuser des in den 1970er-Jahren erbauten Columbus-Centers mit seiner Einkaufspassage. Unbedingt sollte man sich die Zeit für einen Spaziergang auf dem Weserdeich nehmen, denn hier reihen sich perlenkettenartig andere Sehenswürdigkeiten aneinander, wie etwa das Klimahaus 8° Ost, der Zoo am Meer oder die Aussichtsplattform Sail City bis hin zum Weserstrandbad.

Ein Abstecher führt von Bremerhaven in das Moorheilbad Bad Bederkesa. Mittelpunkt des beliebten Urlaubs- und Ausflugsortes ist die von einem Graben umgebene Burg aus dem 12. Jh., die heute ein Museum beherbergt.

Bad Bederkesa bietet zahlreiche Kureinrichtungen darunter auch die Moor-Therme. Bei schönem Wetter empfiehlt sich eine Tour mit einem Tret- oder einem Paddelboot auf dem Bederkesaer See, einem Paradies für Wassersportler. Außerdem gibt es einen Rundweg um den See. Ein weiterer Rundweg führt durch das Naturschutzgebiet Holzurburger Wald, das die Seeufer säumt. Nördlich von Bad Bederkesa lädt z. B. das Ahlenmoor zu einer Wanderung auf einem Lehrpfad ein.

3 Über Beverstedt und Hambergen erreicht man den Rand des **Teufelsmoors**, dessen Name auf das niederdeutsche Wort »duven« zurückgeht; dieses bedeutet so viel wie »taub« oder »unfruchtbar«. Die planmäßige Besiedlung der unwegsamen Wildnis dieses Hochmoores begann erst im 18. Jh. und dauerte Jahrzehnte. Auf dem Weg durch die weiten Ebenen lohnt es sich, langsam zu fahren, immer wieder auszusteigen, ein wenig zu wandern und das einzigartige Licht und die Ruhe zu genießen. Fischerhude am südlichen Rand lockt mit einem liebevoll eingerichteten Heimatmuseum. Das Teufelsmoor selbst ist ideal für einen Radurlaub erschlossen. Ein ausgedehntes, gut beschildertes Radwegenetz ermög-

Feuerrot: Das Feuerschiff »Elbe 1« im Hafen von Cuxhaven dient heute als Museumsschiff.

Im Alten Hafen von Bremerhaven liegt die »Seute Deern« vor Anker.

Wandern & Freizeit

Der **Nordseeküsten-Radweg** ist ein rund 6000 km langer Rundweg entlang der Küsten von sieben Nordsee-Anrainerstaaten (inkl. Schweden). Ein Teilabschnitt hiervon ist die etwa 54 km lange Strecke von Cuxhaven bis nach Bremerhaven.

Eine etwas längere Radrundtour (rund 35 km), die sich auch für Familien mit größeren Kindern eignet, führt über asphaltierte Radwege und Feldwege durchs **Wurster Land**. Die Tour startet in Wremen vom Parkplatz am Gästezentrum aus und geht in der ersten Etappe über das Museum für Wattfischerei, dem Kuriosen Muschelmuseum und dem Leuchtturm »Kleiner Preuße« etwa 10 km weiter ins Landesinnere nach Sievern zur Pipinsburg mit ihrem mächtigen Rundwall. Nur etwa 2 km weiter Richtung Norden lädt der Landgasthof zur Pipinsburg in Langen-Holßel zur Rast ein. Nun folgt eine Etappe mit leichten Steigungen nach Dorum (nach 10 km), wo beispielsweise das Deichmuseum oder das Meerwasserwellenfreibad zur Abwechslung ein-

laden. Man kann aber auch ein Stück weiter zum Melkhus Hof Stürtz in Themeln 4 fahren, um dort zu pausieren. Weiter geht es in Richtung Küste durch eine reizvolle Marschlandschaft auf rund 8 km über Paddingbüttel nach Solthörn Grohden. Der letzte Abschnitt führt schließlich entlang des Deiches wieder nach Wremen zurück, wo man die Tour am Strand oder schwungvoll auf der über 100 m langen Großwasserrutsche ausklingen lassen kann.

Durch das **Teufelsmoor**: Eine besonders schöne Radstrecke führt rund um die Hammerwiesen von Worpswede entlang der Hamme bis in den Ort Teufelsmoor und zurück. Dabei geht es durch unberührt gebliebene oder jüngst renaturierte weite Sumpfgebiete.

Das Haus im Schluh in Worpswede war das Wohnhaus der Ehefrau Heinrich Vogelers.

Die Mühle von Rönn ist eines der Wahrzeichen von Osterholz-Scharmbeck.

licht attraktive Radrouten sowohl für Gelegenheitsradler als auch für eingefleischte Radwanderer.

4 **Osterholz-Scharmbeck** nennt sich stolz die »Gartenstadt des Teufelsmoors«. Von einer bedeutenden Gründung der Bremer Erzbischöfe, einem Benediktinerinnenkloster, der Keimzelle des Ortes, zeugt die St.-Marien-Kirche in Osterholz. Die romanische Basilika ist in ihrer mittelalterlichen Gestalt erhalten. In Scharmbeck verdienen die historischen Gebäude des Guts Sandbeck besonderes Interesse. Gleiches gilt für die Biologische Station Osterholz, die Wissenswertes rund um das Moor liefert und auch geführte Wanderungen durchs Teufelsmoor anbietet *(1–2 Std.; www.biologische-station-osterholz.de)*. Beliebte Ausflugsziele für Groß und Klein sind der Tiergarten Ludwigslust und im Sommer der Ohlstedter Quellsee mit Badestrand.

5 Im Jahr 1889 schlug die Geburtsstunde der berühmten Künstlerverei-

Wandern & Freizeit

Eine reizvolle Deichwanderung führt von **Cuxhaven-Groden** über **Altenbruch** nach Otterndorf; zurück geht es dann mit der Bahn. Die Strecke ist etwa 14 km lang und mit dem Symbol »Blaues Schiff« und Schildern markiert. Während der Wanderung hat man immer wieder den Großschifffahrtsweg und das Meer im Blick. Die Tour startet im Wolfenbütteler Weg in Groden an der B 83 hinter der Bahnschranke. Der Wegmarkierung folgend erreicht man nach etwa 15 Minuten den Deich, von dem bei guter Sicht auch das Ufer Schleswig-Holsteins zu sehen ist. Am Grodener Leuchtturm vorbei führt der Deichkronenweg über die Altenbrucher Schleuse zum Strandbad Altenbruch. An Wehldorf entlang erreicht man Müggendorf und die Otterndorfer Schleuse. Von dort braucht man rund 30 Minuten zum Bahnhof von Otterndorf. Und von dort geht es dann mit der Bahn wieder nach Cuxhaven zurück.

Durch die Heide: Von **Berensch** im Süden Cuxhavens unternimmt man eine Wanderung durch herbschöne Heide- und Geestlandschaft, an uralten Hügelgräbern und kleinen Naturoasen vorbei bis in die Ortschaft **Nordholz**. Im Nordholzer Forst hat eine bedeutene Graureiherkolonie ihre Brutplätze.

Wald mit Meerblick: Von **Sahlenburg** aus geht es durch den Wernerwald mit seinem abwechslungsreichen Baumbestand und der reichen Tierwelt, bis am seewärts gelegenen Waldrand das einzigartige Erlebnis des freien Blicks auf die Insel Neuwerk wartet.

Auf zwei geführten Rundwegen lassen sich der **Bederkesaer See** und der **Holzurburger Wald** erwandern. Der gut 4 km lange Waldweg beginnt direkt im Holzurburger Wald und führt über bewaldete Flächen hinunter zum Bederkesaer See. Mehrere Informationstafeln auf dem Weg liefern Wissenswertes zur Entstehung, Nutzung, Entwicklungsgeschichte sowie zur Tier- und Pflanzenwelt des Holzurburger Waldes. Der etwa 7 km lange Seerundweg beginnt am Hafen von **Bad Bederkesa** und führt entlang des Elbe-Weser-Schifffahrtsweges direkt zum See. Auf der Strecke laden zwei Aussichtstürme zum Blick auf den See und die umliegenden Flächen ein.

Der Weser-Radweg gehört zu den schönsten Radwanderstrecken in Deutschland. Er ist knapp 500 km lang und beginnt in Hannoversch Münden und führt durchs Weserbergland nach Norden über Bremen bis nach Bremerhaven. Der letzte Abschnitt von **Bremerhaven** bis hoch nach **Cuxhaven** verläuft auf der gleichen Strecke wie der Nordseeküsten-Radweg. Auf der mehrtägigen Tour fährt man überwiegend abseits der Hauptverkehrsstraßen, auf gut befahrbaren Wegen und fast ohne Steigungen. Dabei geht es durch eine vielfältige Landschaft, vorbei an Burgen und Schlössern ins flache Tiefland mit Geest und Marsch, Deichen, Häfen und Schifffahrtswegen.

Eine rund 8 km lange Rundtour mit dem Fahrrad, verläuft durch die Altstadt von **Bremen** und die Stadtteile Schnoor, Ostertor, Steintor sowie am Weserufer entlang. Die Tour ist mit Schildern mit dem Logo der Bremer Stadtmusikanten sowie dem Schriftzug »Bremer Stadtweg« markiert und beginnt beim Hauptbahnhof und endet auch dort. Dazwischen erlebt man eine Mixtur aus städtischem Grün, historischen Gebäuden und Straßenzügen, moderner Architektur, maritimem Flair, breitgefächerten kulturellen und vielfältigen Shopping-Angeboten.

Einen etwa 20 Kilometer langer Ausflug zu Pferde kann man auf dem ganzjährig bereitbaren **Verdener Reitwegenetz** machen. Der Parcour führt auf vornehmlich sandigen Wegen durch den Verdener Stadtwald sowie Feld und Flur und ist sowohl durch Beschilderung als auch durch weiße Banderolen an den Bäumen gekennzeichnet. An vier Streckenabschnitten im Stadtwald befinden sich insgesamt 45 Hindernisse (Natursprünge) mit unterschiedlichen Höhenmaßen von 60 cm bis 1,20 m. Am Brunnenweg, der Lindhooper Straße sowie Max-Planck-Straße stößt man auf Kreuzungsbereiche mit der Landstraße. Wegen des Wildschutzes darf allerdings nicht zur Dämmerungszeit geritten werden.

Etwas ungewöhnlich erscheint einem der Wanderweg auf der ehemaligen Zentraldeponie **Nienburg/Krähe**, die gut verpackt und von der Umwelt abgeschirmt heute als Erholungsgebiet »Kräher Höhe« genutzt wird. Auf dem rund 64 m hohen Berg befindet sich ein etwa 1 km langer Wanderweg mit einem guten Überblick auf die bewaldete Umgebung. Auf den Hängen des Berges grasen an der einen oder anderen Stelle Schafherden.

Der 10 m hohe Bremer Roland symbolisiert Gerichtsbarkeit und Stadtfreiheit.

Die Bronzeplastik der Bremer Stadtmusikanten ist ein Werk von Gerhard Marcks (1953).

nigung **Worpswede**, die dem bis dahin völlig abgeschiedenen kleinen Ort sein heutiges Gesicht als »Weltdorf der Kunst« geben sollte.

Ein Rundgang durch die Ortschaft, für den man sich genügend Zeit nehmen sollte, führt zu den architektonischen Zeugen der Kolonie, dem im Jugendstil gehaltenen Bahnhof Worpswede von Heinrich Vogeler oder den expressiven Bauten von Bernhard Hoetger, dem Café Worpswede und der »Großen Kunstschau«. Die Werke der Künstlervereinigung in den Ausstellungen lassen erahnen, welche Kraft und Inspiration die Kunstschaffenden aus der sie umgebenden Natur und dem einfachen Leben gewannen. Bis heute ist Worpswede die Wahlheimat vieler Künstler, die sich in den malerischen Fachwerkhäusern Ateliers, Werkstätten und Galerien eingerichtet haben und die Tradition der Gründer der Kolonie fortführen. Die Umgebung von Worpswede und die Nähe zum Teufelsmoor machen den Ort selbst zum guten Ausgangspunkt für Wanderungen und Radtouren.

Das Dielenhaus in Verden besticht durch seine reich geschmückte Fachwerkfassade.

6 Die Freie Hansestadt **Bremen**, im Mittelalter Sitz des mächtigen Erzbistums und einer der wichtigsten Handelsplätze der Hanse, zeigt sich heute als eine gemütliche Stadt mit weltoffenem Flair.

Vor dem Rathaus auf dem Markt steht der Bremer Roland, steinernes Sinnbild für die Freiheit der Stadt und gleichzeitig deren Wahrzeichen. Das gotische Rathaus wurde in den Jahren zwischen 1405 und 1410 errichtet und später mit einer prächtigen Renaissancefassade versehen. Von den Repräsentationsräumen zeugen der Obere Saal, an dessen Decke vier Modellschiffe hängen – das älteste von 1545 –, und die kostbaren Gemälde sowie Wandmalereien am eindrucksvollsten vom Stolz der Bremer Bürger.

Die bewegte Baugeschichte des Doms St. Petri, der Hauptkirche des Erzbistums Bremen, nahm ihren Anfang im 11. Jh. Bei einem Rundgang beeindrucken neben den gewaltigen Raummaßen die zahlreichen sakralen Kunstwerke. Ein Abstieg in den Bleikeller unter dem Dom rundet den Besuch ab. Der Schütting gegenüber war bis zum Jahr 1849 Sitz der Kaufmannschaft, deren viel zitierter Leitspruch »buten un binnen – wagen un winnen« (»draußen und drinnen – wagen und gewinnen«) noch über dem Portal zu lesen ist.

Durch einen kunstvoll gestalteten Durchgang tritt man in die Böttcherstraße. Hier wurden im Mittelalter Fässer gefertigt, in denen man die Güter auf Schiffe verlud. Der Kaffeekaufmann und Mäzen Ludwig Roselius begann 1924 mit dem Wiederaufbau der verfallenen Gasse und ließ ein bedeutendes Gesamtkunstwerk niederdeutscher Architektur schaffen: Das HAG-Haus, das Haus Roselius, das Haus des Glockenspiels und nicht zuletzt das Haus Atlantis sind Beispiele für die gelungene Verbindung norddeutschen Backsteins und expressiver Formen. Das Viertel um den Schnoor ist wiederum ein wie durch ein Wunder erhalten gebliebenes Stück Altstadt, das seinen besonderen Charme durch die engen Gassen und kleinen Plätze erhält, die von liebevoll restaurierten alten Häuschen aus dem 16.–19. Jh. gesäumt werden – und natürlich durch die zahlreichen kleinen Restaurants und Kneipen, die sich im Viertel niedergelassen haben.

Auch ein Bummel durch das Ostertor lohnt sich, und nicht zuletzt nennt Bremen zahlreiche bedeutende Museen sein Eigen. Bei schönem Wetter lockt außerdem der Bürgerpark, ein »englisch« angelegter Landschaftsgarten, der seit seiner Gründung im Jahr 1866 von den Bürgern der Stadt unterhalten wird.

Bremen und Umgebung laden auch zu Spaziergängen und Radtouren ein. Der Grüne Ring ist ein Radwegenetz mit etwa 800 Kilometern Streckenlänge, das diverse kurze und lange Touren ermöglicht.

7 **Verdens** lange Geschichte als Sitz eines Erzbistums zeigt sich in der eigentümlichen Gestalt des Doms St. Maria und Caecilia. Der kleine gedrungene Turm stammt aus dem 12. Jh. Im darauf folgenden Jahrhundert verschwanden die drei Schiffe unter dem gewaltigen Dach des Gotteshauses, dessen Inneres umso reicher gestaltet erscheint.

Heute ist Verden an der Aller ein Zentrum der Pferdezucht und des Reitsports. Der Stadtwald und die Umgebung laden zu Rad- und Wandertouren und natürlich auch zu Ausritten ein. Bei einem Bummel durch die Stadt, am barocken Rathaus vorbei, findet der Besucher ein Pferdemuseum und das Hippologische Institut, das in einem aufwendig gestalteten Fachwerkhaus untergebracht ist.

8 **Nienburg** ging aus einer Festung hervor, die jahrhundertelang einen der wichtigsten Weserübergänge bewachte. Die Altstadt ist geprägt von zahlreichen Fachwerkhäusern und Hofanlagen und vermittelt ein lebendiges Bild des Mittelalters. Zu den schönsten Höfen gehören der Fresenhof von 1263 und der Burgmannhof. Das Rathaus, das prächtigste Gebäude der Stadt, stammt aus dem 14. Jh. Die St.-Martins-Kirche, eine Hallenkirche im Stil der norddeutschen Backsteingotik, birgt zahlreiche Kunstschätze.

Die Altstadt und ein paar Waldgebiete sowie die ehemalige Altdeponie, heute ein Naherholungsgebiet, laden zum Wandern ein.

Von der Nordseeküste in die Elbmarschen

Am Marktplatz von Friedrichstadt erheben sich schöne Giebelhäuser aus dem 17. Jh.

Ausgangspunkt dieser Zwei- bis Drei-Tages-Tour (ca. 220 km) entlang der Westküste Schleswig-Holsteins ist der kleine nordfriesische Ort Seebüll. Von hier geht es südwärts über die Storm-Stadt Husum und das Holländerstädtchen Friedrichstadt – verbunden mit einem Abstecher auf die Halbinsel Eiderstedt – bis vor die Tore Hamburgs, nach Glückstadt.

❶ Kurz vor der dänischen Grenze, bei **Neukirchen**, liegt Seebüll. Hierhin zog sich der Expressionist Emil Nolde, der 1941 totales Berufsverbot erhielt, zurück. Sein ehemaliges Wohnhaus, das er nach eigenen Plänen bauen ließ, ist heute Museum. Neben Werken Noldes, dessen Thema auch die Landschaften der Nordseeküste waren, kann man seinen farbenprächtigen Garten betrachten.

Wenige Kilometer westlich von Seebüll liegt der Rickelsbüller Koog, direkt an der deutsch-dänischen Grenze und des Hindenburgdammes, auf dem Autozüge zwischen Sylt und dem Festland verkehren. In dem Naturschutzgebiet leben zahlreiche Küsten- und Watvögel, die man bei einem Spaziergang am Deich gut mit dem Fernglas beobachten kann. Ein ebenfalls guter Ort zur Vogelbeobachtung befindet sich im Hauke-Haien-Koog bei Schlüttsiel, auf dem Weg nach Bredtstedt. Der Verein Jordsand bietet geführte Touren durch das Vogelschutzgebiet an *(Tel. 04674/848, www.jordsand.eu).*

❷ Über **Niebüll** mit seiner malerischen Kirche gelangt man nach **Bredstedt**, dessen hübscher Marktplatz mit der Alten Apotheke aus dem 17. Jh. und zahlreichen kleinen Geschäften den Besucher zum Bummeln einlädt.

Sehenswert ist auch die spätgotische Backsteinkirche St. Nikolai aus dem 15. Jh. Taufbecken und Kanzel weisen kunstvolle Schnitzwerke auf.

Ihren Sitz in Bredstedt haben sowohl das Naturzentrum Nordfriesland, in dem man sich über die verschiedenen Landschaftsformen der Region informieren kann, als auch das Nordfriisk Institut, das sich der Pflege der friesischen Sprache und Kultur verschrieben hat.

Emil Noldes Wohn- und Ateliergebäude in Seebüll.

Das Schloss vor Husum wurde im 16. Jh. außerhalb der damaligen Stadtmauer errichtet.

Von Bredstedt aus bietet sich ein Ausflug zum Sönke-Nissen-Koog an, von dem aus man über den Damm zum Vogelschutzgebiet auf die Hamburger Hallig gelangt. Unmittelbar am Damm gibt es im Amsinck-Haus Informationen über die Region, Land und Leute und den Nationalpark Schleswig-Holsteinisches Wattenmeer. Außerdem werden hier auch Fahrräder ausgeliehen. Danach kann man also zu Fuß oder per Rad auf der knapp 4 km langen Strecke eine herrliche Aussicht auf das Meer sowie eine frische Meeresbrise genießen. Auf halber Strecke liegt der Schafberg, wo der Naturschutzwart des NABU zu einem Besuch einlädt. Auf der Hallig können in der Wattwerkstatt des NationalparkService Wattlebewesen, wie Krabben, Muscheln oder Schnecken, unter das Mikroskop genommen werden. Eine geführte Wanderung durch die Salzwiesen ist ebenfalls möglich. Abschließend lädt der gemütliche »Hallig-Krog« zu regionalen Spezialitäten ein.

❸ Die »graue Stadt am Meer« oder »Theodor-Storm-Stadt« – allerlei Beinamen hat man schon gefunden für **Husum**. Neben den verschiedenen Gedenkstätten, die an das Leben und Schaffen des Dichters erinnern, besitzt Husum einen schönen, von Bürgerhäusern gesäumten Marktplatz mit dem Tine-Brunnen und der Marienkirche sowie einen beschaulichen alten Binnenhafen.

So manches über Land und Leute erfährt man in den Museen: Das Ostenfelder Bauernhaus, das Schifffahrtsmuseum und das Nordfriesische Museum »Nissenhaus« sowie das Pole Poppenspäler Museum sind nicht nur an weniger sonnigen Tagen zu empfehlen.

Der Park, der das Schloss aus dem 16. Jh. umgibt, ist besonders im Frühling zur Zeit der Krokusblüte wert, wenn sich ein leuchtender Teppich in Lila ausbreitet, einen Besuch.

Auf der Weiterfahrt nach Friedrichstadt sollte man einen kleinen Umweg über Witzwort machen und den Roten Haubarg – ein prächtiges altes Gehöft mit lohnenswerter Ausstellung und Restaurant – besichtigen. Für diejenigen, die ein oder zwei Tage länger in Husum verweilen, bietet sich eine Radtour zum Roten Haubarg an, denn die einfache Strecke ist knapp 10 km lang und führt durch eine reizvolle Umgebung.

❹ Am Zusammenfluss von Treene und Eider liegt das schmucke Holländerstädtchen **Friedrichstadt**. Im 17. Jh. von Herzog Friedrich III. von Schleswig-Gottorf gegründet erhielt es sein geschlossenes Stadtbild von niederländischen Glaubensflüchtlingen: Die vielen Grachten, auf denen man romantische Bootsfahrten unternehmen kann, und die engen, von Giebelhäusern gesäumten Gassen erwecken den Eindruck eines »Klein-Amsterdam«. Hier sollte man eine gemächliche Paddeltour durch die Grachten unternehmen. Wer es etwas bequemer möchte, dem sei die romantische Fahrt auf einem Schiff empfohlen. Informationen über Bootsverleih und Grachtenfahrt hält der Tourismusverein der Stadt bereit *(Am Markt 9, Tel. 04881/939 30, www.friedrichstadt.de).*

Zu den Sehenswürdigkeiten von Friedrichstadt zählen das Doppelgiebelhaus, die Alte Münze, die Markt-

Wandern & Freizeit

In Schleswig-Holstein verläuft ein Abschnitt des **Nordseeküsten-Radweg** auf einer Länge von 300 km am Meer entlang, durch die Orte **Klanxbüll**, Niebüll, Dagebüll, Husum, St. Peter-Ording, Büsum und Meldorf bis nach Brunsbüttel. Von dort geht es an der Elbe weiter durch Marschlandschaften bis nach Wedel und **Hamburg**. Man fährt fast ausschließlich auf asphaltierten Wegen entlang der Deiche, auf Radwegen, Nebenstraßen und verkehrsarmen Landstraßen. Will man diese mehrtägige Tour in Angriff nehmen, dann sollte man viel Zeit mitbringen, denn es erwarten die Schönheiten des Nationalparks Schleswig-Holsteinisches Wattenmeer. Unterkünfte findet man unter *www.bettundbike.de*

Im **Barfußpark** in **Südfrersbüll** bei Neukirchen kann man durch eine Anlage mit Blumen, Kräutern und Pflanzen barfuß wandern. Der Park auf dem Gelände eines Bauernhofes eignet sich auch für Familien mit Kindern, denn der Parcours führt immer wieder an Tiergehegen entlang, wo man Kaninchen und Meerschweinchen streicheln und Küken, exotische Vögel, Schildkröten, Hühnerrassen, Gänse, Schafe, Schwäne und Pferde entdecken kann. Die Terrasse lädt zu einem Picknick ein *(www.bauernhof-barfussgarten.de)*.

Auf der 19 km langen **Hauke-Haien-Route** rund um den Koog bekommt man radelnd Einblicke in das Leben am Rande der Nordsee. Die Tour startet am Infoturm »Watt'n Blick« in Schlüttsiel, in dessen Obergeschoss sich ein Informationszentrum befindet und führt zunächst landeinwärts. Die Radtour geht am Bongsleier Kanal entlang durch die Köge, zum Gasthaus Bongslei (berühmt für seine Räucheraale) und weiter zum Schöpfwerk mit seinen starken Pumpen. Vorbei an Äckern und Wiesen kommt man dann nach Ockholm, das vor der Eindeichung eine Hallig war. Darauf geht es Richtung Küste zur Schwarzen Wehe, einem Relikt vergangener Sturmfluten, und vorbei an den Speicherbecken. Am Deich und an der Küste entlang geht es dann wieder zum Ausgangspunkt zurück.

Wahrzeichen der Halbinsel Eiderstedt ist der 1906 etwa 1 km vor dem Seedeich auf einer Warft errichtete Leuchtturm Westerheversand.

pumpe und das Paludanus-Haus sowie mehrere Kirchen verschiedener Konfessionen: Die evangelisch-lutherische Kirche, der Mennoniten-Betsaal, die Remonstranten-Kirche und die katholische Kirche sind Zeugen der Glaubensfreiheit an der Eider.
Von Friedrichstadt aus bietet sich ein Besuch von Schwabstedt an. Seine reizvolle Lage an der Treene lädt zu Bootstouren und zum Angeln ein.

5 **Tönning** an der Eidermündung war einst ein wichtiger Umschlagplatz, an dessen frühere Bedeutung noch das gut 200 Jahre alte Packhaus am Hafen mit einer sehenswerten Ausstellung erinnert.
Beim Bummel über den Marktplatz mit seinen malerischen Bürgerhäusern und der das Stadtbild dominierenden romanischen St.-Laurentius-Kirche wird das Geschichtsbild des Besuchers ergänzt.
Familien sollten unbedingt auch das Multimar Wattforum besuchen, das mit seiner Erlebnisausstellung zu Walen und dem Nationalpark Wattenmeer sowie mit zahlreichen Aquarien interessante Einblicke und Eindrücke vermittelt. Verschiedene Aktionsstationen, interaktive Computeranimationen und vieles mehr ergänzen das Ganze. Im angeschlossenen Restaurant kann man dann kleine oder große Gerichte zu sich nehmen.
Auf der Weiterfahrt in Richtung St. Peter-Ording liegen die Ortschaften Tetenbüll, Katharinenheerd, Garding und Tating, die ihrer schönen alten Backsteinkirchen wegen auf alle Fälle einen Kurzbesuch wert sind.

6 Im Südwesten der Halbinsel Eiderstedt liegt **St. Peter-Ording**. Der Kurort verspricht nicht nur Heilung für Erkrankungen der Haut und der Atemwege, sondern auch Erholung und Freizeitspaß für Urlauber: Endlos lange Sandstrände, Pfahlbauten-Restaurants, die bei Flut wie Inseln aus dem Wasser ragen, würzig-salzige Luft, Wind, Wellen und Sonne lassen keine Wünsche offen. Besonders schön ist der Ortsteil St. Peter, dessen Kirche noch aus dem 13. Jh. stammt.

7 Beim Verlassen der Halbinsel **Eiderstedt** sollte man unbedingt einen Zwischenstopp beim Eidersperrwerk einlegen. Dieses Bollwerk gegen die Sturmfluten der Nordsee, eine Meisterleistung der Ingenieurskunst, wurde 1973 fertiggestellt. Auf beiden Seiten des Staudammes wurde durch Aufschüttungen Land gewonnen. Auf der inneren Seite befindet sich das Katinger Watt, ein Naturschutzgebiet, das man gut auf Reit-, Rad- und Wanderwegen erkunden kann.
Über Wesselburen gelangt man in die Krabbenfischerstadt **Büsum**, die einst eine Insel war und im 16. Jh. durch einen Damm zum Festland kam. Die »Büsumer Meereswelten« beherbergen ein interessantes Aquarium mit über 30 Schaubecken, in denen sowohl heimische als auch tropische Meeresbewohner und Lebewesen des Süßwassers gezeigt werden. In der Sturmflutenwelt »Blanker Hans« erwartet den Besucher eine Mischung aus Schauspiel, Fahrattraktion und interaktiver Ausstellung. Im Hafen von Büsum liegen zahlreiche Krabbenkutter. Ein besonderes Ausflugserlebnis für Familien mit Kindern verspricht eine Wattwanderung mit Krabbenfischen wie anno dazumal *(Tel. 04834/3605, www.buesum-fuehrungen.de)*.

Fischerei- und Sportboothafen in Tönning.

8 **Heide** nennt mit einer Fläche von 4,68 ha stolz den größten Marktplatz Deutschlands sein Eigen. Früher tagte dort die Landesversammlung, heute preisen Marktleute ihre Waren an. Am Marktplatz befinden sich die sehenswerte Kirche St. Jürgen und eine Reihe schöner Bürgerhäuser, die aus dem 19. Jh. stammen.
Die Kreisstadt Dithmarschens besitzt mehrere interessante Museen, unter anderem das Heider Heimatmuseum und das Brahmshaus.

9 St. Johannis zu **Meldorf** wird gern als »Dom der Dithmarscher« bezeichnet – eine reich ausgestattete, frühgotische Steinbasilika aus dem 13. Jh. An die wirtschaftliche und kulturelle Vergangenheit der einstigen Hauptstadt der Bauernrepublik Dithmarschen erinnert das Landesmuseum. Interessant ist auch das Landwirtschaftsmuseum, das über die Entwicklung des bäuerlichen Lebens dieser Region informiert.
Auf dem Weg zwischen Meldorf und Brunsbüttel liegt im Westen Friedrichskoog, in dessen Hafen zahlreiche bunte Fischkutter ankern. Die Tierfütterungen in der Seehund-Aufzuchtstation, in der von ihren Müttern verlassene Heuler lebenstüchtig gemacht werden, sind ein interessantes Erlebnis für Jung und Alt.
Auf der Weiterfahrt lohnt eine Besichtigung der Schleusenanlagen von Brunsbüttel. Hier mündet der Nord-Ostsee-Kanal in die Elbe.

10 **Glückstadt** wurde im 17. Jh. vom Dänenkönig Christian IV. gegründet. Die Anlagen der früheren Festungsstadt sind noch zu besichtigen.
Die Stadt beeindruckt mit dem Renaissance-Rathaus am Markt und schmucken Adels-, Bürger- und Beamtenhäusern. Auch ein Besuch des Detlefsen-Museums, wo Wissenswertes zur Geschichte des Walfangs zu erfahren ist, lohnt sich.

Der Strand von St. Peter-Ording mit seinen Pfahlbauten und den für die nordfriesische Küste typischen Strandkörben.

Wandern & Freizeit

Von **Husum** aus in Richtung Simonsberg radelt man bis zur Halbmondwehle. Dort geht es links ab und auf beschilderten Wegen am Westerdeich entlang nach Friedrichstadt. Der Rückweg über Koldenbüttel und durch die Südermarsch ist mindestens ebenso schön.

Die Nase im Wind: Vom **Husumer Dockkoog** aus immer am Deich entlang kann man bis in den kleinen Luftkurort Schobüll marschieren. Auf dem Katastrophenweg auf der anderen Seite des Deiches geht es wieder nach Husum zurück.

Der **Kulturpfad von Husum** führt über mehrere Kilometer quer durch die Stadt und hat historische Gebäude, Theodor-Storm-Stätten, Wohnhäuser weiterer wichtiger Söhne der Stadt sowie große Museen als Etappen. Die Route beginnt am Alten Rathaus am Marktplatz, das bis vor Kurzem die Tourist Information beherbergte *(neue Adresse: Norderstraße 15)*. Rund um den Marktplatz reihen sich weitere Sehenswürdigkeiten, wie etwa die Marienkirche, Husums Wahrzeichen, die »Tine« und das Geburtshaus Theodor Storms. Wer Husum auf den Spuren Storms erkundet, sollte außerdem die Süderstraße nicht auslassen: Im heutigen Hotel »Altes Gymnasium« *(Süderstraße 6)* ging der Dichter zur Schule, im Haus Nr. 12 lebte er mit seiner ersten Frau Constanze und den Schützenhof *(Süderstraße 42)* beschreibt er in der Novelle »Pole Poppenspäler«. Das Theodor-Storm-Zentrum mit Archiv und Museum wurde in Storms letztem Husumer Wohnhaus in der Wasserreihe 33 eingerichtet. Weitere Museen sind das Schiffahrtsmuseum Nordfriesland sowie das Nordsee-Museum Husum im Nissenhaus, wo der Pfad endet.

Ein besonderes Erlebnis für Familien mit Kindern ist der Besuch des **Pole Poppenspäler Museums** in Husum. In den Räumen des ehrenamtlich geführten Museums gibt es Puppen, Requisiten und Bühnenbilder zu bestaunen. Gezeigt werden nicht nur Kasper und Seppl sondern auch Figuren des chinesischen Schattentheaters, aus Indonesien, der Türkei, Tschechien, Sizilien und vielen anderen Winkeln der Welt. Das Museum versteht sich auch als Erlebnisraum: So stehen Handpuppen, Marionetten- und Papiertheater zum Selbstspielen bereit und laden zu spontanem Puppenspiel im kleinen Theater ein. Ferner bietet ein Korb mit Kinderbüchern und Handpuppen die Möglichkeit, Gelesenes zu spielen. Schließlich runden regelmäßig stattfindende Märchenstunden das vielfältige Angebot ab. Unweit lädt das nette Schlosscafé, direkt im Nordflügel des Schlosses vor Husum, zur Stärkung ein.

Mit dem Rad auf dem **Wikinger-Friesen-Weg**, der vom Eidersperrwerk bis nach Holm in der Schlei-Mündung verläuft, fährt man auf asphaltieren Radwegen durch eine malerische Landschaft von Friedrichstadt nach Schwabstedt (um 8 km). Dort kann man am Bootssteg in Mietkanus einsteigen und paddelt auf der Treene wieder zurück nach Friedrichstadt, wo die etwa 9 km lange Tour mit einer Fahrt durch die sehenswerten Grachten ihren Abschluss findet. Auf der Treene und in den Grachten muss man gelegentlich mit Motorbootsverkehr rechnen.

Acht beschilderte Radwanderwege von 2–30 km Länge erschließen den **»Kirchenrundweg«**, auf dem Pedalritter sich an den 18 wunderschönen Kirchen der Halbinsel Eiderstedt orientieren können. Eine ebenso wundervolle Tour verläuft von St. Peter-Ording bis zum Leuchtturm von Westerhever (hin und zurück: 34 km). Die Tour beginnt am »Ording-Hus« in St. Peter-Ording, und führt am Deich entlang auf dem Radwanderweg Nr. 8 in nördlicher Richtung. Die Fahrt geht am Deich weiter über Brösumsiel, Tümlauer Hafen bis Leikenhusen. Schließlich erreicht man den wohl bekanntesten Leuchtturm Deutschlands, den Westerheversand, den man auch besichtigen kann. Danach fährt man den selben Weg wieder zurück nach St. Peter-Ording.

Auf der Weiterfahrt von Friedrichskoog nach Brunsbüttel kommt man durch **Marne**. Hier kann man von Mai bis Oktober einen kleinen Abstecher mit der Fahrrad-Draisine nach **St. Michaelisdonn** machen. Das Schienenfahrzeug wird wie ein Fahrrad von zwei der vier Gäste (pro Draisine) über Pedale bedient. Wer Glück hat, kann bei günstigem Wind aber auch das Segel setzen. Die Strecke der »Marschbahn« führt durch eine typisch küstennahe norddeutsche Landschaft mit Marschweiden und Windkraftanlagen und ist 9 km lang *(www.marschenbahn-draisine.de)*.

Von der **Friedrichskoog-Spitze** am Hauptstrand werden in den Sommermonaten verschiedene Wattwanderungen angeboten (1–2 sowie mehrere Stunden). Die professionell geführten Wanderungen richten sich an verschiedene Zielgruppen, z. B. Kinder (1 Std.), Watt-Interessierte (2 Std.) und Sportliche (4 Std.). Näheres unter *www.watterleben.de*

Nordic Walking in **Brunsbüttel** wird auf zwei Routen angeboten: die eine (Route 10) ist knapp 17 km lang, die andere (Route 11) etwa 7 km. Start- und Zielpunkt ist jeweils das Freizeitbad LUV im Zentrum von Brunsbüttel. Danach führen die Routen entlang der Braake, dem Nord-Ostsee-Kanal, der Kanalschleusen sowie dem Elbdeich.

Entlang der Ostseeküste bis ins Herzogtum Lauenburg

Diese Tour beginnt in Flensburg und führt entlang den Buchten der Ostseeküste in die Metropolen Schleswig und Kiel. Durch die Holsteinische Schweiz geht es in die Lübecker Bucht und anschließend auf die Insel Fehmarn. Hinter Ratzeburg endet die Tour in der Eulenspiegel-Stadt Mölln.

1 **Flensburg** besticht den Besucher durch seine Altstadt. Prächtige Kaufmannshöfe aus dem 16. und 18. Jh. reihen sich in der Norderstraße aneinander. Sie stehen alle auf der zum Hafen gelegenen Seite, weshalb man diese Straßenseite auch Groschenseite nannte. Die gegenüberliegende Seite nannte man Fünf-Pfennig-Seite, denn dort wohnten Handwerker in bescheideneren Häusern. Sehenswert sind auch die kleinen Häuschen, die im Oluf-Samsons-Gang Spalier stehen. Er war einst eine Wohngasse von Handwerkern und Seeleuten, die später zur Rotlichtmeile avancierte. Von dem Reichtum, den die Flensburger durch den Ostseehandel, aber auch durch den bis heute wichtigen Handel mit Rum erlangten, zeugen die Kirchen St. Marien und St. Nikolai mit ihrem prächtigen Rokokoaltar.
Bei einem Spaziergang am Museumshafen kann man historische Segelschiffe bestaunen und einige von ihnen auch besichtigen. Manche der Schiffe nehmen alljährlich Ende Mai an der Rumregatta teil. Am Hafen ist auch das Schifffahrtsmuseum im ehemaligen Zollhaus untergebracht.

2 Inmitten mächtiger Bäume erstreckt sich ein stiller See, auf dem das weiß leuchtende Wasserschloss **Glücksburg** regelrecht zu schweben scheint. In der Ende des 16. Jh. errichteten Residenz der Herzöge von Glücksburg wohnten bis in unser Jahrhundert hinein Mitglieder des europäischen Hochadels – entsprechend glanzvoll zeigt sich das Schlossinnere. Nicht entgehen lassen sollte man sich einen Spaziergang durch das Rosarium im Schlossgarten. Auf gut einem Hektar Fläche blühen dort in der warmen Jahreszeit über 500 verschiedene Rosenarten. Ebenso lädt die heimelige Residenzstadt zu einem Bummel ein.

3 Durch die weiten Landschaften Angelns, an Dörfern und Gehöften vorbei, gelangt man nach **Kappeln**. Der historische Heringszaun am Schleiufer ist das letzte Relikt einer jahrhundertealten Fangmethode.
Über der Schleienge erhebt sich der Ort, den eine imposante Kirche überragt. Der Backsteinbau erweist sich innen als eine der gelungensten Schöpfungen des Spätbarock.
Maasholm an der Mündung der Schlei ist ein Fischerort, der sich im Sommer in einen beliebten Treffpunkt der Ostseesegler verwandelt. Zahlreiche Buden und Kneipen bieten frisch geräucherten Fisch an.

Flensburger Hafen und Marienkirche.

Auf der Weiterfahrt durch die Hügellandschaft von Schwansen sollte man die Straße der Herrenhäuser über Damp und Waabs nach Eckernförde nutzen. Einer kleiner Badestopp lässt sich gut am Sandstrand des Ostseebades Damp einrichten. Bei schlechtem Wetter kann man auch ins Aqua Tropicana ausweichen.

4 **Schleswig**, die Residenz derer von Gottorp, kann auf eine wechselvolle Geschichte zurückblicken. Bei einem Bummel durch die Altstadt, über die Marktplätze und an restaurierten Häusern vorbei, gelangt man zum gotischen Dom St. Petri. In den einstigen Residenzgebäuden auf dem Friedrichsberg befinden sich die Landesmuseen. Zu den Attraktionen zählen u. a. die Moorleichen aus dem Windebyer Moor bei Eckernförde, das Nydam-Wikingerschiff (um 320 n. Chr.), dem ältesten bekannten hochseetüchtigen Schiff Nordeuropas, sowie eines der 49 Exemplare der Gutenberg-Bibel von 1452/54. Südlich der Stadt, am Haddebyer

Schloss Glücksburg am Südufer der Flensburger Förde ist Deutschlands größtes Wasserschloss.

Wandern & Freizeit

Der rund 500 Kilometer lange **Ochsenweg** führt von dänischen Viborg in Jütland über Flensburg bis zum Elbufer bei Wedel und verspricht eine interessante, mehrtägige Radtour. Man fährt auf ausgeschilderten Radwanderwegen durch weite Heidelandschaften und urtümliche Wälder. Zum Sightseeing laden Städte wie etwa das historische Handelszentrum Flensburg, die ehemalige Residenzstadt Schleswig, die alte Festungsstadt Rendsburg oder der alte Fähr- und Marktort Wedel ein. Der Ochsenweg war einst eine wichtige Nord-Süd-Fernverbindung für den Viehhandel. In Dänemark ist der Weg unter dem Namen »Hærvejen« (Heerweg) bekannt, denn der Weg war auch Marschroute für Kriegszüge.

Es gibt verschiedene Möglichkeiten, **Flensburg** auf Schusters Rappen zu erkunden. Die schönsten Seiten der Stadt kann man auf zwei Rundwegen (StadtRundUm) entdecken. Sie führen durch malerische Gassen, vorbei an faszinierenden Altbaufassaden, über steile Treppen zu herrlichen Aussichtspunkten und verbinden Parks, begrünte Höfe und Gärten. Auf den Wegen informieren Auskunftstafeln über Umweltthemen sowie Geschichte, Entstehung und diverse Besonderheiten Flensburgs. Beide Rundwege beginnen und enden an der Spitze im Südteil des Hafens. Der Rundweg West ist 3,5 km lang, und der Rundweg Ost 4 km.

Glücksburg: Durch den Staatsforst Flensburg-Friedeholz führt ein archäologischer Rundwanderweg zu zehn frühgeschichtlichen Monumenten. Der rund 5 km lange Dolmenpfad ist markiert und Infotafeln geben Auskunft über die Relikte aus der jüngeren Stein- u. Bronzezeit. Der Wanderweg beginnt und endet am Parkplatz »Schauenthal« (Holnisstr.) oder am Parkplatz »Friedeholz« (Paulinenallee). Gleich in der Nähe sind das Wildgehege mit Wildschweinen und die Spielplätze Anziehungspunkte für Kinder.

DANMARK
Kieler Bucht
Hohwachter Bucht
Langeland
Ærø
1 Flensburg
2 Wasserschloss Glücksburg
3 Kappeln
4 Schleswig
5 Eckernförde
6 KIEL
7 Plön
8 Eutin
9 Travemünde
10 LÜBECK
11 Ratzeburg
12 Mölln
Theodor-Fontane-Weg
Dolmenpfad
»StadtRundUm«
Ochsenweg
Bismarckturm
Küstenwanderweg
Schleimünde
Aqua Tropicana
Schloss Gottorf
Haithabu
Louisenlund
Nikolaikirche
Naturpark Schlei
Naturpark Hüttener Berge
Nord-Ostsee-Kanal
Olympiahafen
Strandwanderweg
Kieler Woche
Freilichtmuseum
Radtour Westensee
Naturpark Westensee
Naturpark Aukrug
Naturpark Holsteinische Schweiz
Rundtour
Schloss
Hessenstein
Gut
Hansapark
Karl-May-Festspiele
Wildpark Eekholt
Seenradtour
Barlach-Museum
Dom
Naturpark Lauenburgische Seen
Eulenspiegel-museum
Schloss Ahrensburg
Rosarium
Hagenbeck
Kong Humbles Grav
Keldsnor
Rendsburg
Neumünster
Itzehoe
Bad Segeberg
Bad Oldesloe
Norderstedt
HAMBURG
Pinneberg
Elmshorn
Glückstadt
Preetz
Malente
Neustadt in Holstein
Oldenburg in Holstein
Bad Schwartau
Scharbeutz
Timmendorfer Strand
0 5 10 km

Egal, von welcher Stelle aus man sich Lübeck nähert und die Stadt betrachtet, immer fallen die Türme ins Blickfeld, deshalb wird Lübeck auch »Stadt der Türme« genannt.

Noor, lag früher einmal **Haithabu**, der legendäre Wikingerhafen. Dessen noch sichtbare Befestigungsanlagen und das Museum sollte man sich nicht entgehen lassen. Die Befestigungsanlagen, Runensteine sowie einige rekonstruierte Gebäude können bei einer Führung besichtigt werden. Von dem Befestigungswall führt ein Wanderweg zum Museum.

In der alten Stadt **Rendsburg**, deren hübsche Altstadt auf einer Insel in der Eider liegt, trifft man dann auf den Nord-Ostsee-Kanal, dem man in östlicher Richtung folgt.

5 Das Herz der Stadt **Eckernförde** ist noch immer der Hafen, in dem Fischkutter festmachen. Gleich dahinter findet sich die Altstadt mit ihren Giebelhäusern und prächtigen Bürgerbauten. St. Nikolai birgt bedeutende Werke barocker Holzschnitzkunst. Anziehungspunkt für die meisten Besucher ist der vier Kilometer lange Strand, der fast bis ans Ende der Eckernförder Bucht reicht.

Die Aalregatta zu Pfingsten, die Sprottentage Mitte Juli sowie die Piratentage im August locken mit Musik und buntem Treiben im Hafen viele Besucher an. Gleiches gilt für den Hochseilgarten Altenhof und das Ostsee Info-Center mit seinen Meeres-Aquarien und dem großen Fühlbecken, wo kleine Besucher Plattfische, Strandkrabben und Seesterne berühren dürfen.

6 Die Landeshauptstadt **Kiel** ist eine Werft- und Hafenstadt, in der ein lebendiges Kulturangebot mit schönen Museen entstanden ist. Im Norden der Innenstadt kann man dem Treiben auf dem Nord-Ostsee-Kanal zusehen, der hier in die Förde mündet. In Kiel-Schilksee liegt der Olympiahafen, in dem 1972 die Segelwettbewerbe stattfanden. Das Freilichtmuseum Kiel-Molfsee lässt das Landleben in Schleswig-Holstein wieder lebendig werden. Dort wurden Bauernhäuser, Scheunen, Mühlen und Handwerksstätten aufgestellt, die zuvor anderswo im Lande standen. Man kann selbstgebackenes Brot sowie selbstgemachten Schinken und Käse genießen und weitere Produkte kaufen, wie etwa Honig und Geschmiedetes oder Töpfer- und Korbwaren. Bei Kindern steht der alte Jahrmarkt mit Karussell und Schiffschaukel hoch im Kurs.

Und dann lockt der Ausflugs- und Badeort **Laboe** am Ostufer der Förde mit Hafenbetrieb und Stränden.

Plöns weithin sichtbares Wahrzeichen ist das Schloss – heute eine private Bildungsstätte.

Das Ostseeheilbad Travemünde wird gerne als »Lübecks schönste Tochter« bezeichnet.

7 **Plön** am Großen Plöner See liegt im Herzen der Holsteinischen Schweiz. Bei einem Bummel durch die Kleinstadt trifft man auf einige imposante Gebäude, die aus der Zeit stammen, als Plön noch Residenzstadt war. Deren eindrucksvollstes Zeugnis thront über den Ufern des Sees auf dem Burgberg: Das im 17. Jh. erbaute Schloss diente als kaiserliche Residenz und preußische Kadettenanstalt und bis 2001 als Internat. Heute ist es in Privatbesitz der Fielmann Akademie und dient als Bildungsstätte. Besichtigungen sind nach Voranmeldung möglich (*www.fielmann-akademie.com*).

8 Auch **Eutin** kann auf eine Vergangenheit als Residenz zurückblicken: Im historischen Zentrum finden sich viele künstlerische und kulturelle Zeugnisse, die den vergangenen Glanz im »Weimar des Nordens« erahnen lassen. Ganze Straßenzüge sind von der klassizistischen Bebauung aus der Blütezeit Eutins geprägt. Der von Cafés und Kneipen gesäumte Marktplatz ist noch immer das Zentrum des städtischen Lebens. Nach einer Besichtigung des Eutiner Schlosses empfiehlt sich ein Spaziergang durch den Park.

Auf der Weiterfahrt bietet sich für Familien ein Abstecher in den Hansapark an der Neustädter Bucht an. Von dort fährt man entlang der Küste, mit malerische Badeorten und Stränden, über Sierksdorf, Haffkrug, Scharbeutz und Timmendorfer Strand bis nach Travemünde.

9 **Travemündes** markantestes Bauwerk strahlt jede Nacht weit in die Lübecker Bucht hinein: Auf einem Hotelturm in 118 m Höhe blinkt ein Leuchtfeuer. Das Seebad bietet Sandstrände, Promenaden, Kuranlagen, Spielkasino, feudale Hotels und Restaurants. An der Strandpromenade oder entlang der Promenade an der Trave kann man kilometerweit spazieren oder radfahren. Wer es ruhiger mag, macht einen Abstecher mit der Fähre zum Priwall, der auf der anderen Uferseite der Trave liegt. Ein größerer Ausflug führt auf die Insel **Fehmarn**, die seit 1963 durch eine Brücke mit dem Festland verbunden ist. Endlose Strände und weite Landschaften machen den Reiz dieser Insel aus, die geschäftige Seebäder wie Burg oder kleine Fischerorte wie Lemkenhafen zu bieten hat.

10 Die **Freie und Hansestadt Lübeck**, die »Königin der Hanse«, gehört mit ihrer von Wasser umschlossenen Altstadt zum Welterbe der UNESCO.

Glanzstück im Inneren des Sankt-Petri-Doms in Schleswig ist der Bodesholmer Altar von Hans Brüggemann mit seiner Figurenpracht.

Wie durch ein Wunder sind die historischen Bauten, deren Backsteingotik für den gesamten Ostseeraum stilbildend war, erhalten geblieben. Ebenso schön wie kunstgeschichtlich lehrreich ist ein Spaziergang durchs berühmte Holstentor in die Altstadt mit ihren prächtigen Patrizierhäusern und dem riesigen Rathaus. Stiftungsbauten wie das Heilig-Geist-Hospital und einige mächtige Gotteshäuser, etwa die Marienkirche oder der Dom zeugen vom Reichtum der hansischen Kaufleute, die jahrhundertelang den Handel zwischen Nord- und Ostsee kontrollierten.

Ebenfalls in der Altstadt befinden sich das Gängeviertel, das Buddenbrookhaus, mit dem Heinrich- und Thomas Mann-Zentrum, das Günter-Grass-Haus sowie das Café Niederegger, wo man auch das weltberühmte Marzipan bekommt.

11 **Ratzeburg** im Herzogtum Lauenburg liegt auf einer Insel, die durch Dämme mit dem Festland verbunden ist, und besticht durch den historischen Stadtkern. Besonders schön ist der Dombezirk mit der Bischofskirche, einem Meisterwerk der Spätromanik, und dem Domkloster.

Ernst Barlach, der einen Teil seiner Jugend in der Stadt verbrachte, ist ein sehenswertes Museum gewidmet. Und im A.-Paul-Weber-Museum erhält man einen Überblick über die Werke des Karikaturisten.

12 **Mölln** ist durch Salz wohlhabend geworden, denn hier verlief im 10. Jh. die alte Salzstraße von Lüneburg nach Lübeck. Lübischem Einfluss verdanken die Möllner auch ihr prächtiges Rathaus. Beim Bummel durch die mit liebevoll restaurierten Fachwerkhäusern gesäumten Straßen sollte man einen Blick in die spätromanische St.-Nicolai-Kirche werfen. Außen am Westportal befindet sich ein Gedenkstein für einen Mann, der im 14. Jh. in Mölln starb und dem die Stadt ihre Bekanntheit zu verdanken hat: Dem Schelm Till Eulenspiegel sind ein Brunnen und ein ganzes Museum gewidmet.

Entspannend ist ein gemütlicher Spaziergang durch den rund vier Hektar großen Kurpark, der zu den schönsten Norddeutschlands zählt. Hier laden neben Freizeitaktivitäten wie Minigolf, eine Boule-Bahn, Schach- und Mühlebrett sowie verschiedene Themengärten und der Rosengarten zum Verweilen.

Wandern & Freizeit

Ein kleines Stück nördlich von **Glücksburg** lädt auf der Halbinsel Holnis der Theodor-Fontane-Weg zu einer rund 9 Kilometer langen Wanderung ein. Der mit Nr. 1 und roten Markierungen gekennzeichnete Weg beginnt im Dorf Drei und führt zunächst entlang der Außenförde, am Fährhaus vorbei, bis zum 20 m hohen Steilufer der Innenförde Flensburgs. Von dort geht es weiter über Holnis-Hof, Holnis Noor und Leuchtturm Schausende zum Neu Pugumer See, der einer großen Kormorankolonie eine Heimat bietet. Schließlich geht es dann vom See wieder zurück nach Drei.

Den Küstenwanderweg von **Maasholm** nach Norden bis Gelting erwandern: In der Geltinger Bucht liegt die **Geltinger Birk**, ein landschaftlich reizvolles Naturschutzgebiet, in dem über 150 Vogelarten leben. Mittlerweile durchqueren vier Wanderwege und ein Reitweg die Birk, die meist beim Parkplatz bei der Mühle Charlotte beginnen. Zwei Rundwanderwege beginnen bei der Schutzhütte des NABU und führen über die Birkspitze bis zum Leuchtturm Falshöft, wo sich im ehemaligen Lotsenhaus eine weitere Info-Station befindet. Die Wanderwege sind zwischen 3 und 13 Kilometer lang.

Ab **Kiel-Heikendorf** am Ostufer der Förde führt ein kilometerlanger Wanderweg Richtung Laboe und immer am Ostseestrand entlang. Badesachen nicht vergessen!

Mit Blick auf den Wasserstraßenverkehr: Zu Fuß oder noch besser mit dem Rad immer gemütlich auf den Deichen am **Nord-Ostsee-Kanal** entlang.

Eine etwa 25 Kilometer lange Radtour führt um den **Westensee**. Die Tour startet in Achterwehr und führt über die Etappen Gut Marutendorf, Wrohe und Westensee wieder zurück nach Achterwehr. Man kann sich auch per Rundkursbus an die jeweils gewünschte Etappe bringen lassen oder von dort aus zurückfahren und so die Tour abkürzen. Der Westensee selbst lockt mit idyllischen Badestellen zum Verweilen ein. Der See ist Teil eines Naturparks.

Eine schöne Rundfahrt durch die **Holsteinische Schweiz**: Diese vierstündige Radtour führt, ausgehend von Eutin, über Kreuzfeld am Suhrer und Vierer See vorbei zum Großen Plöner See. Anschließend geht es den Bicheler Berg hinauf und an der Braaker Mühle vorbei führt der Weg zurück zum Ausgangsort Eutin.

Die etwa 48 Kilometer lange Seenradtour beginnt und endet in **Ratzeburg** und führt durch den **Naturpark Lauenburgische Seen**. Es geht entlang der Rapsfelder und zahlreiche Seeblicke erwarten den Besucher, wie z. B. in Bäk mit Blick über den Domsee auf die malerische Ratzeburger Domhalbinsel oder vom Aussichtsturm am Mechower See. Der ausgeschilderte Rundweg führt weiter zum Museum Grenzhus in Schlagsdorf, durch die sanft hügelige Landschaft bis an das Ufer des Schaalsees. Einen schönen Blick über den nördlichen Teil des Sees bietet der Aussichtsturm in Dargow. Von hier aus geht es entlang der Ufer des Pfuhl-, des Piper- und des Salemer Sees wieder zurück nach Ratzeburg.

Von der Mecklenburger Bucht in die Boddenlandschaft

Von Wismar aus führt die Tour über die Seebäder Kühlungsborn und Bad Doberan nach Rostock. Nach einer Fahrt durch die Vorpommersche Boddenlandschaft über Fischland, Darß und Zingst endet die Reise in der alten Hansestadt Stralsund. Ein Abstecher führt durch den Klützer Winkel nach Boltenhagen.

Das Wassertor (links) am Hafen von Wismar ist das letzte von fünf Stadttoren.

❶ Die alte Stadt **Wismar** gehörte zu den Gründern der Hanse und hat sich die typische Backsteingotik einer reichen Handelsstadt bis heute erhalten können. Im Zentrum der mittelalterlichen Altstadt, die zum UNESCO-Kulturerbe zählt, liegt der riesige Marktplatz mit dem Pavillon der Wasserkunst, gesäumt von barocken, neugotischen und klassizistischen Gebäuden sowie zahlreichen Giebelhäusern. Am Markt steht auch der Alte Schwede, das älteste Gebäude (1380) und berühmtestes Gasthaus von Wismar zugleich. Die Altstadt wird von den Türmen der drei Hauptkirchen überragt. Die im Zweiten Weltkrieg zerstörte St.-Georgen-Kirche (15. Jh.) präsentierte sich Jahrzehnte lang als gewaltige Ruine. Sie wird sei 1990 nach und nach wieder aufgebaut. Beim Bummel durch die Straßen und Gassen trifft man am Südrand der Altstadt auf die Hanse Sektkellerei, die am nördlichsten gelegene Sektkellerei Deutschlands.

Große Parkflächen am Alten Hafen laden zum Spazieren ein und eignen sich aber auch als Startpunkt für den Bummel durch den Hafen und in die Altstadt. Am Hafen erinnern die Schwedenköpfe vor dem barocken Baumhaus an die Schwedenherrschaft (1632–1803).

Ein Abstecher von Wismar aus führt ins Herz des Mecklenburger Landes: Der Klützer Winkel lag bis 1989 im Schatten der innerdeutschen Grenze. Hier findet man sanftes, einsames Bauernland, winzige Dörfchen mit malerischen Häusern und immer wieder satte Weiden. Der Herr eines der größten Güter im Junkerland Mecklenburg ließ sich das Barockschloss Bothmer in der kleinen Ortschaft Klütz errichten. Dessen Landschaftsgarten gehört wahrlich zu den schönsten des Landes.

Das gemütliche Seebad Boltenhagen wartet mit Kuranlagen und einer Promenade vor alten Logierhäusern auf. Der etwa 4 km lange steinfreie Strand lädt nicht nur zum Baden sondern auch zum Wandern ein. Der Weg führt nach Westen, wo man bei Großklützhöved eine atemberaubende Steilküste sieht, von der man einen herrlichen Ausblick auf Meer und Umgebung hat. Besonders Familien mit Kindern schätzen den breiten, windgeschützten Sandstrand, der sich entlang der Bucht Wohlenberger Wiek östlich von Boltenhagen entlang zieht.

Ein anderer Abstecher führt über einen Damm zur idyllischen Insel Poel, der drittgrößten Insel Mecklenburg-Vorpommerns. Flach und weitgehend waldlos hat man vom rund 27 m hohen Kickelberg eine gute Aussicht. Die schönsten Badestrände der Insel erstrecken sich zwischen Timmendorf und Schwarzer Busch im Nordwesten. Nett ist auch eine Fahrt mit der Barkasse »Salzhaff« von Gollwitz, ganz im Nordosten, bis nach Rerik (nur für Fussgänger und Radfahrer). Auf dem Weg dorthin geht es vorbei an der Vogelschutzinsel Langenwerder mit Zwischenstopps an Orten auf dem Festland und entlang der Halbinsel Wustrow.

❷ Das kleine, reizvoll gelegene Ostseebad **Rerik** hat sich seinen ländlichen Charakter bewahrt. Die Johan-

Das Corps de Logis (Mitte) auf dem Ehrenhof von Schloss Bothmer bei Klütz.

Wandern & Freizeit

Im Klützer Winkel: von der Kurverwaltung im Seebad **Boltenhagen** unter Alleebäumen und durch Waldgebiete zum Schlösschen Bothmer in **Klütz** (ca. 18 km).

An der B105 im **Eversdorfer Forst**, unweit von Grevesmühlen, befinden sich etliche Hünengräber, Dolmen und andere monumentale Relikte aus der Steinzeit. Ein wenige Kilometer langer archäologischer Lehrpfad führt zu diesen Monumenten, die in eine Nordgruppe (10 Gräber) und eine Südgruppe (5 Gräber) unterteilt wurden. An den Stationen geben Info-Tafeln genauere Auskunft über die jeweiligen Objekte.

Von **Wismar** sind es nur ein paar Kilometer bis nach Dorf **Mecklenburg**: Am Ortseingang erwartet den Wanderer eine Windmühle, zu der ein Restaurant und ein Museum gehören.

Unweit von **Rerik** liegen mehrere Großgräber aus der Stein- und der Bronzezeit, die man auf eigene Faust oder im Rahmen einer Führung bei einem Spaziergang erkunden kann.

Die Wasserkunst im Zentrum Wismars diente bis 1897 der Wasserversorgung.

Der Leuchtturm am Hafen von Timmendorf Strand (Poel) ist seit 1871 in Betrieb.

niskirche, ein frühgotischer Backsteinbau, ist mit ihren bezaubernden Innenmalereien eines der schönsten Gotteshäuser an der Ostsee. Der Sandstrand, der sich unter dem Steilufer ausbreitet, lädt zum Schwimmen und Sonnenbaden ein. Von der Reriker Seebrücke legen Ausflugsschiffe zu Rundfahrten ab.

3 Das waldreiche, bis zu 130 m hohe Hügelland der Kühlung gab dem Seebad **Kühlungsborn**, das 1937 aus drei Dörfern entstand, seinen Namen; gleiches gilt für den Beinamen »Grüne Stadt am Meer«. Der Badebetrieb in dem zu DDR-Zeiten größten Ostseebad begann schon 1857. Die prächtigen Villen in den Straßen erinnern an diese Zeit. Hier bleiben keine Wünsche offen, dafür sorgen ausgedehnte Sandstrände, Campingplätze sowie Sport- und Erholungsanlagen. Ein Hauptvergnügen der Gäste ist aber auch das Flanieren auf der vier Kilometer langen Strandpromenade, die von Bauten historischer Bäderarchitektur gesäumt wird. Für Familien

Am Stadthafen von Rostock tummeln sich kleine Kutter und Segelboote.

Der permanente Seewind gab den Bäumen an der Westküste des Darß ihre Form.

mit großen Kindern ist auch der Kletterwald, lediglich 100 m hinter der Strandpromenade (beim Hotel Polar Stern), interessant. Zur Auswahl stehen gleich mehrere Parcours mit unterschiedlichem Schwierigkeitsgrad, Radfahren in 10 m Höhe sowie eine der längsten Seilbahnen (103 m) in ganz Norddeutschland.

Über Heiligendamm, das sich nicht nur erstes deutsches Ostseebad – bereits seit 1793 –, sondern dank seiner klassizistischen Bauten auch »Weiße Stadt am Meer« nennen darf, geht es ins Landesinnere.

❹ **Bad Doberan** geht auf ein Kloster aus dem 12. Jh. zurück. An diese Zeiten erinnert das prächtige Doberaner Münster, ein Meisterwerk der stilreinen Backsteingotik mit reicher Innenausgestaltung.

Das klassizistische Zentrum am Kamp und das Palais der herzoglichen Residenz verdanken ihr Entstehen einem der bedeutendsten Architekten Mecklenburgs. Und hier wurde zu Beginn des 19. Jh. auch die erste Pferderennbahn auf dem europäischen Kontinent angelegt. Ein nostalgisches Abenteuer verspricht eine Fahrt mit der Dampfbahn »Molli« zurück an die Küste; die Mitnahme von Fahrrädern ist natürlich gegen einen kleinen Aufpreis möglich.

❺ An der Warnowmündung liegt die alte **Hansestadt Rostock**. Die größte Stadt Mecklenburg-Vorpommerns ist auch heute noch eine bedeutende Hafenstadt. In der östlichen Altstadt wetteifern schmucke mittelalterliche Patrizierhäuser wie das Kerkhof-Haus miteinander. Sehenswert sind das mächtige Rathaus am Alten Markt und die Marienkirche mit der astronomischen Uhr von 1472 am Neuen Markt.

Im Herzen der Altstadt jedoch liegt das, was Rostock zur »Leuchte des Nordens« gemacht hat: die älteste Universität Nordeuropas, die über Jahrhunderte hinweg das geistige Zentrum im Ostseeraum war. Unweit lädt die Kröpeliner Straße zum Bummeln ein. In dieser Fußgängerzone, die beim Kröpeliner Tor beginnt, kann man viele historische Gebäude bewundern, wie das Ratschow-Haus mit seiner herrlichen Giebelfassade.

Nahe der grünen Wallanlagen finden sich die Gebäude des Klosters zum Heiligen Kreuz mit dem Kulturhistorischen Museum.

Das Adler-Lesepult und der Hochaltar dahinter im Bad Doberaner Münster.

❻ **Warnemünde**, bereits im Jahre 1323 ein Vorposten Rostocks und seit dem 19. Jh. das beliebte Ziel von Sommerfrischlern, ist mit seinen prächtigen Villen und Logierhäusern an der äußeren Küste geradezu der Inbegriff eines modernen Seebades. Markenzeichen ist aber auch der 4 km und an einigen Stellen über 100 m breite Sandstrand.

Auf der Strandpromenade gelangt man zum Alten Leuchtturm, der eine Panoramasicht bis hinüber nach Dänemark bietet. Durch die Kuranlagen und Parks geht es zum alten Fischerort, der mit den kleinen Kapitänshäusern und Katen noch recht ländlich und idyllisch wirkt. Der Ort am Alten Strom, wie der als Hafen genutzte Wasserarm auch genannt wird, ist aber die eigentliche Ader von Warnemünde und lässt sich in einem gemütlichen Spaziergang erkunden. Hier verkaufen Fischkutter ihren Fang, kommen Ausflugsschiffe, Yachten und Segelboote an. Außerdem beherbergen die malerischen Häuser Cafes, Restaurants und Kneipen.

❼ In der Rostocker Heide liegt das See- und Heilbad **Graal-Müritz.** Schon Franz Kafka versprach sich Heilung von einem Aufenthalt in dem größten geschlossenen Waldgebiet (rund 12 000 ha) an einer deutschen Küste. 1938 entstand der Doppelort, der zum Baden und Wandern einlädt. 5 km Sandstrand und ausgedehnte Waldgebiete, an die sich ein Küstenhochmoor anschließt, sind ein Paradies für Naturliebhaber. Die Flora und Fauna des Großen Moores kann man auf dem beschilderten Moorlehrpfad näher erkunden. Besonders zur Blütezeit (Mai/Juni) ist der über 4 ha große Rhododendronpark mit über 50 Sorten und bis zu 10 m hohen Sträuchern sehenswert.

❽ Ein Kuriosum: Mitten durch **Ribnitz-Damgarten** verläuft die Grenze zwischen Mecklenburg, zu dem Ribnitz gehört, und dem Vorpommerschen Damgarten.

Die historische Altstadt lädt zum Bummeln ein; in der Kirche des Klarissenklosters von 1393 stehen die berühmten Ribnitzer Madonnen. Bevor man von hier aus in den einzigartigen Nationalpark Vorpommersche Boddenlandschaft eintritt, sollte man dem Bernsteinmuseum der Kleinstadt unbedingt einen Besuch abstatten. Bei der Gelegenheit kann man in der Schaumanufaktur Ostseeschmuck (an der B105, *www.ostseeschmuck.de*) sehen wie Schmuckgegenstände aus Bernstein angefertigt werden und diese auch kaufen.

❾ Über das **Seebad Dierhagen** am Saaler Bodden mit seinen ausgedehnten Stränden gelangt man ins Fischland, einem schmalen Dünenstreifen, der jahrhundertelang ausschließlich von Fischern und stolzen Seefahrern bewohnt wurde.

Über den Permin, heute eine Bucht, früher eine Durchfahrt, die von den Hanseaten mit versenkten Schiffen kurzerhand geschlossen wurde, erreicht man Wustrow. Im Mittelalter war der Ort ein bedeutender Hafen.

Als 1889 die ersten Maler in dem bettelarmen, reetgedeckten Fischerdorf Ahrenshoop auftauchten, reagierten die Einheimischen mit beißendem Spott. Obschon die Hochzeit mit der Kolonie bald vorüber war, ließen sich in der malerischen Boddenlandschaft auch nach den beiden Weltkriegen sowie zu DDR-Zeiten Kunstschaffende und Prominente nieder. Der 1909 eröffnete »Kunstkaten« und die im Bauhaus-Stil gehaltene »Bunte Stube« erhalten die Tradition der einstigen Künstlerkolonie.

Abendstimmung im Stadthafen von Stralsund, im Hintergrund die Nikolaikirche.

Gleich neben dem Leuchtturm von Warnemünde steht der »Teepott«, ein Restaurant.

10 Ein unberührter Urwald mit jahrhundertealten knorrigen Buchen, dichtem Gestrüpp, finsteren Sümpfen, Moorgebieten und riesigen Farnwäldern bedeckt den größten Teil des Darß.

Das Ostseebad Prerow lockt mit weiten Sand- und Dünengebieten sowie Kuranlagen und dient als Ausgangspunkt für Wanderungen in den **Darßer Urwald**. Born am Saaler Bodden ist ein idyllisches Dorf mit hübschen Häuschen und einer sehenswerten Fischerkirche. Noch romantischer und verschlafener zeigt sich Wieck am Bodstedter Bodden, dessen Fischer reiche Fänge einfahren.

11 Die **Zingst**, eine schmale, 20 km lange Landzunge, beeindruckt durch Dünengebiete und Salzwiesen sowie eine weite, menschenleere Landschaft. Salzwiesen gehen hier in Wattlandschaften und seichte Bodden über. Zweimal im Jahr versammeln sich zehntausende Kraniche auf der Zingst und machen das Gebiet dadurch zu einem der ausgedehntesten Rastplätze Nordeuropas.

Der einzige größere Ort ist das gleichnamige Zingst – längst kein armes Fischerdorf mehr, sondern ein mittlerweile vorbildlich ausgestattetes Ferienzentrum. Martha Müller-Grählert schrieb hier das »Ostsee-Lied«, das später auch für die Nordsee umgedichtet wurde. Vom Turm der Barther Marienkirche genießt man aus 80 m Höhe einen guten Ausblick.

12 Und noch eine Hansestadt: **Stralsunds** mittelalterlicher Kern, auf einer Landzunge im Strelasund gelegen, hat durch seine typische Backsteinbebauung einen besonders anmutigen Charakter. Die Sehenswürdigkeiten drängen sich auf engem Raum. Für das Rathaus mit seiner imposanten Schauwand und die gleich dahinter liegende mächtige Nikolaikirche mit ihren wertvollen Kunstwerken sollte man sich unbedingt Zeit nehmen.

Das Wulflam-Haus von 1370 ist ein meisterhaft gestaltetes spätgotisches Wohnhaus, Knieper- und Kütertor zeugen von den alten Stadtbefestigungen und St. Marien am Neuen Markt beherbergt eine bedeutende Barockorgel. Ebenfalls nicht versäumen sollte man einen Besuch in den Museen der Stadt. Dazu gehören etwa das Deutsche Meeresmuseum mit dem Nautineum, das Kulturhistorische Museum, das u. a. mit seiner Spielzeug- und Puppensammlung nicht nur Kinder begeistert, und das Ozeaneum, das mit seinen eindrucksvollen Aquarien Einblicke in die Unterwasserwelt der Erde gewährt.

Stralsund hat als Knotenpunkt für den Transitverkehr nach Skandinavien heute eine besondere Bedeutung und ist zudem Ausgangspunkt für die Fahrt nach Rügen.

Wandern & Freizeit

Eine nette und leicht zu bewältigende Wanderung ist die rund 18 km lange Tour von **Kühlungsborn** nach **Rerik**. Sie beginnt in Kühlungsborn an der Promenade und führt nach Westen zum NSG Riedensee, einem Süßwassersee aus der Eiszeit, unmittelbar hinter der Stranddünung. Danach folgen die Stationen Kägsdorfer Strand mit seinem Surferparadies und der Campingplatz Meschendorf. Von hier aus macht die Tour einen Abstecher landeinwärts zu einem Hünengrab mit Infotafel. Anschließend geht es zurück zur Steilküste, wo es im weiteren Verlauf immer wieder schöne Ausblicke auf die Ostsee gibt. In Rerik endet die Tour schließlich an der Seebrücke. Die Rückfahrt erfolgt mit dem Bus Linie 121 bis zum Bahnhof Kühlungsborn-Ost.

Eine rund 32 km lange Radrundtour bei **Graal-Müritz** verläuft durch die wunderschöne Landschaft der Rostocker Heide. Die Tour startet im Ortsteil Müritz und führt über die Etappen Hirschburg, Jagdschloß Gelbensande, Köhlerhof Wiethagen, Beckerstein, Hinrichshagen und Krausestein wieder zurück in den Ortsteil Graal. Auf der Tour laden beispielsweise das Jagdschloss Gelbensande und die Landgaststätte Schinkenkrug in Hinrichshagen zum Rasten und Einkehren ein.

Unvergesslich ist eine **Bootsfahrt** im Zeesboot, dem traditionellen Fischerboot mit den braunen Segeln. Bei günstigem Wetter bieten (Mai–Okt.) einige Besitzer dieser bildschönen, mittlerweile selten gewordenen Segelboote Törns über den Bodden an. Die rund 90 Minuten dauernde Fahrt geht entlang der malerischen Küste. Und gelegentlich dürfen auch Gäste Steuermann sein. Warme Kleidung und festes Schuhwerk werden empfohlen. Anbieter gibt es in Ahrenshoop-Althagen *(www.raeucherhaus-ahrenshoop.de)* in Wustrow *(www.kunstscheune-barnstorf.de/butt)* und im Traditionshafen von Bodstedt *(Tel. 0174/442 17 50)*.

Fischland: Von **Ahrenshoop** führt der Weg an der romantischen Steilküste des Hohen Ufers entlang nach **Wustrow**. Bis zu 20 m fällt das Ufer hier ab, an anderen Stellen schlängelt sich der Weg durch dichtes Buschwerk.

Die grüne Stadt **Marlow** hat nach dem Motto »Tour der Steine« die ehemalige Kennzeichnung von Reiserouten mittels Wegsteinen wiederbelebt. Die Steine sind so dicht gesetzt, dass man sein Ziel auch ohne Landkarte erreicht. Unter den Routen befinden sich auch einige Radtouren, wie etwa die gut 17 km lange Tour Nr. 3, die sich auch für Familien mit Kindern eignet. Sie beginnt in Damgarten und führt durch eine abwechslungsreiche Landschaft unweit des Recknitztals nach Marlow. Auf der ersten Etappe in Pantlitz bietet sich ein Halt bei der »Radfahrerkirche« mit ihrem schönen Seitenportal an. Von ihrem Turm hat man eine herrliche Aussicht auf die Umgebung. Nach den folgenden Etappen Tribohm und Camnitz geht es über die Recknitz schließlich nach Marlow. Hier wäre z. B. ein Abstecher in den Vogelpark ein gelungener Abschluss.

Wildromantisch: Quer durch den **Darßer Wald** führt eine markierte Wanderstrecke zum unberührten Darßer Weststrand, an dem die berühmten »Windflüchter« sich gegen den Wind in den Sand krallen.

Über Hiddensee und Rügen entlang der Küste Usedoms

An den Kreidefelsen im Nationalpark Jasmund kommt es immer wieder zu Abbrüchen.

Die Tour führt auf die Inseln Hiddensee und Rügen und weiter den Greifswalder Bodden entlang. Von Greifswald wird ein Abstecher nach Grimmen unternommen. Über Anklam geht es auf die Insel Usedom mit ihren Seebädern bis nach Peenemünde.

❶ **Hiddensee**, die »Perle der Ostsee«, hat unberührte und abwechslungsreiche Landschaften zu bieten. Im Norden erstrecken sich die sanften, von Büschen bewachsenen Hügel des Dornbusch, die im Nordwesten an einer schroffen Steilküste enden. Endlose Dünen und Strände finden sich an der Westküste und im Süden. Mit Ausnahme der hübschen Dörfer steht die autofreie Insel unter Naturschutz. Die Nationalparkverwaltung bietet von Juni bis September naturkundliche Führungen an.

❷ Auf dem Weg zum nördlichsten Punkt Rügens steigt die Halbinsel **Wittow**, das »Windland«, sanft an, um an der Steilküste von Kap Arkona jäh abzufallen. Zu beiden Seiten der Insel erstrecken sich die deutlich gegliederten, seichten Boddengewässer, wo im Schilf und auf den Salzwiesen zahlreiche Vogelarten brüten.

❸ Der Landstrich rund um das **Kap Arkona** lässt sich am besten zu Fuß oder mit dem Rad erkunden. Von Putgarten aus führt ein Wanderweg zum Kap und seinen beiden Wahrzeichen, dem Schinkelturm und dem modernen Rundturm. Ein Hügel erinnert an die 1168 zerstörte Jaromarsburg, einstmals das größte Heiligtum der Slawen.

❹ Das Herz des **Nationalparks Jasmund** ist die Stubnitz mit ihren berühmten Kreidefelsen, deren strahlendes Weiß zwischen den Bäumen und Büschen kilometerweit leuchtet. Ganze 119 m ragt der Königstuhl in die Höhe, von dessen Aussichtsplattform sich ein grandioser Ausblick auf das Meer bietet. Der Hochwanderweg führt an weiteren Aussichtspunkten und dem sagenumwobenen Herthasee vorbei zu den Wissower Klinken. Bei schönem Wetter lohnt sich ein Besuch im Alaris-Schmetterlingspark sowie an die Schmale Heide oder die Schaabe schwimmen zu gehen, den wohl schönsten Badestränden auf ganz Rügen.

❺ Das Hafenstädtchen **Sassnitz**, von dem Fontanes Romanheldin Effi Briest so schwärmerisch sprach, schmiegt sich zwischen die Ostsee und die Hänge der Stubnitz.
Das einst viel besuchte Seebad wurde bald zum Tor nach Skandinavien; zu DDR-Zeiten war Sassnitz mit einer großen Fischereiflotte wichtigster Ort der Fischverarbeitung. Ein netter Spaziergang entlang der 1,5 km langen Hafenmole mit ihren Fischerbooten und Ausflugsschiffen führt an die Strandpromenade, an der Seebrücke vorbei und schließlich zum Kurplatz.

❻ **Bergen** geht auf die 1168 gegründete Residenz des Slawenfürsten Jaromar I. zurück. 1170 wurde mit dem Bau der Marienkirche begonnen, einer der schönsten Backsteinkirchen in Norddeutschland.
Auf dem nicht weit entfernten Rugard steht in 91 m Höhe der Ernst-Moritz-Arndt-Turm, der an den Historiker und Dichter erinnert.

Unverwechselbare Hafenatmosphäre findet man im Stadthafen von Sassnitz.

Wandern & Freizeit

Die reizvolle und sehr bemerkenswerte Steilküste von Hiddensee erschließt sich auf einer ungefähr 8 km langen Rundwanderung vom Ausgangspunkt **Kloster** zum Enddorn und wieder zurück über Grieben.

Eine etwa 20 km lange Radtour auf Hiddensee führt vom Hafen von **Neuendorf** aus in den Nordteil der Insel. Zunächst geht es auf beschaulichen Dorfstraßen und dann entlang einer Pflasterstraße zu den Etappen Leuchtturm Dornbusch, den Orten Kloster und Vitte sowie der Dünenheide, die besonders während der Blütezeit im August sehr schön anzusehen ist. Von dort geht es dann wieder zurück nach Neuendorf. Im Süden von Neuendorf, knapp 2,5 km entfernt, steht außerdem der malerische Leuchtturm von Gellen, der allerdings nur von geübten und gut trainierten Radlern angefahren werden sollte.

Rund um Kap Arkona bestehen verschiedene Möglichkeiten für Fahrradtouren, die man am besten bei Windflaute oder bei mäßigem Wind durchführen sollte. Eine etwa 10 km lange, ausgeschilderte Rundtour verläuft von **Putgarten** über Kap Arkona und das malerische Vitt wieder nach Putgarten zurück, wo man sich beispielsweise im netten Café im Helene-Weigel-Haus stärken kann.

Im hügeligen Nordteil der Insel Hiddensee, dem Dornbusch, steht das Wahrzeichen der Insel: der 28 m hohe Leuchtturm, der schon von Weitem zu sehen ist..

Der Strand und das abends romantisch illuminierte Kurhaus des Ostseebades Binz lassen Urlaubsstimmung aufkommen. Binz ist Rügens ältester Badeort.

7 **Binz** genießt seit nun 100 Jahren den Ruf mit seinem feinsandigen Strand und dem attraktivsten Angebot an Unterkünften das schönste Seebad Rügens zu sein. An der 4 km langen Strandpromenade und den parallel dazu verlaufenden Straßen finden sich prächtige Beispiele der typischen Bäderarchitektur. Mit dem Anschluss an die Kleinbahn von Putbus im Jahre 1895 begann der Aufstieg von Binz zum Paradebad der Wilhelminischen Ära. Den besten Blick auf das imposante Kurhaus hat man heute vom Ende der 370 m langen Seebrücke aus.

In Binz-Prora stößt man auf einen 1936 begonnenen und geradezu gigantoman anmutenden Komplex: das Seebad Prora. Hier reihen sich auf einer Länge von etwa 4,5 km und entlang der Küste acht baugleiche Häuserblocks aneinander. Der »Koloss von Prora« genannte Bau, gilt heute als architektonisches Denkmal. Auf dem 107 m hohen Tempelberg thront das Jagdschloss Granitz.

8 Das Ostseebad **Göhren** auf der Halbinsel Mönchgut mit seinen beiden kilometerlangen Stränden gehört zu den beliebtesten Badeorten Rügens. Am Nordstrand ragt der Buskam, der größte Findling der deutschen Ostseeküste, aus dem Wasser. Keinesfalls versäumen sollte man einen Besuch im Heimatmuseum der Halbinsel.

9 Fürst Malte von Putbus erbaute sich zu Anfang des 19. Jh.s die klassizistische Residenzstadt **Putbus**, die als Badeort die elegante Welt anlocken sollte. An alles war gedacht: Kleine Palais reihen sich um den »Circus« und ein Rathaus sowie ein zauberhaftes Theater zieren den quadratischen Markt.

Aus dem eleganten Kur- und Spielsalon entstand 1892 die Christuskirche. Der Schlosspark lädt mit kostbaren Pflanzen, versteckten weißen Gebäuden und einem Wildgehege zum Spazieren ein.

10 Das altehrwürdige **Greifswald** gehört mit seinen prächtigen Patrizierhäusern und dem Rathaus am Markt und drei stattlichen Kirchen zu den wohl schönsten Hansestädten. Hier wurde die zweitälteste Universität Nordeuropas gegründet. Die Klosterruine Eldena außerhalb der Stadt war im 19. Jh. ein Lieblingsmotiv des Malers Caspar David Friedrich.

11 Die günstige Lage an der Peene machte die alte Hansestadt **Anklam** zu einer mächtigen Stadt. Von der einstigen Befestigung zeugt noch das prächtige Steintor. Nach dem Besuch der Marienkirche sollte man das einzigartige Otto-Lilienthal-Museum besichtigen. Am Oderhaff, von Anklam aus leicht erreichbar, liegt Ueckermünde, das bereits im 12. Jh. erstmals erwähnt wurde. Im Renaissanceschloss residierten früher die Herzöge von Pommern. Bei einem Blick in die barocke Kirche St. Marien entdeckt man reiche Malereien und einen Rokokoaltar. Gut erhaltene Fachwerkhäuser aus dem 18. und 19. Jh. bestimmen das Stadtbild.

12 Von Anklam aus ist **Usedom** der erste Ort auf der gleichnamigen Insel. Das Anklamer Tor und die gotische Marienkirche stammen aus dem 15. Jh. Auf dem Schlossberg erinnert ein Kreuz an die Annahme des Christentums durch die Ostslawen.

13 Wie Perlen reihen sich die Kaiserbäder **Ahlbeck**, **Bansin** und **Koserow** am 40 km langen Sandstrand Usedoms aneinander. **Zinnowitz**, der größte und schönste dieser Badeorte, liegt malerisch zwischen Ostsee und der Bucht Achterwasser.

Im Alten Museumshafen von Greifswald liegen zahlreiche historische Fischerboote.

Der Turm des Greifswälder Doms St. Nikolai ist knapp 100 m hoch.

Die Seebrücke von Ahlbeck mit dem Gaststättenpavillon: Vor allem abends, wenn die Strandkörbe längst verlassen sind, lädt das illuminierte Lokal zu einem gemütlichen Abend.

Das charmante Seebad Ahlbeck auf Usedom ist stolz auf seine schmucke, verspielte Seebrücke mit dem viertürmigen Pavillon, einem ehrwürdigen Denkmal der Bädergeschichte.
Bansin hat die jüngste Geschichte der Bäder auf Usedom: Erst 1887 wurde neben dem mondänen Heringsdorf ein kleines Familienbad gegründet, in dem sich bis heute kaum etwas verändert hat.

⓮ **Wolgast** kann auf eine bewegte Geschichte zurückblicken, von der noch die wuchtige St.-Petrikirche, die spätgotische Gertrudenkapelle, das Rathaus und Fachwerkspeicher zeugen. Der Wolgaster Museumshafen lädt zu einem Spaziergang ein.
Man sollte unbedingt einen Abstecher nach Trassenheide auf der Insel Usedom machen, denn hier steht eine der größten Schmetterlingsfarmen Europas. Ferner gibt es hier einen bis zu 50 m breiten Sandstrand, der sich bis nach Peenemünde zieht.

⓯ **Peenemünde** war über 50 Jahre Sperrgebiet. Von Gras überwuchert werden heute die Betonruinen der einst streng geheimen früheren Heeresversuchsanstalt (HVA). Das Historisch-Technische Informationszentrum (HTI) liefert Auskunft darüber. Hinter dem Kraftwerk der HVA befindet sich im Tiefseehafen das russische U-Boot U461, das heute ein U-Boot-Museum ist. Abwechslung vom Militärischem bieten die Phaenomenta beim HTI und das Spielzeugmuseum in der Museumstraße 14.

Wandern & Freizeit

Auf dem Weg von **Kap Arkona** nach **Jasmund** kommt man an den Badeorten Breege und Juliusruh vorbei. In Juliusruh gibt es einen wunderschönen Landschaftspark im französischem Stil. Das rund 40 Hektar große Areal lädt zu einem Spaziergang ein.

Vom Ernst-Moritz-Arndt-Turm führt ein ausgeschilderter **Naturlehrpfad** nach Buschvitz am Jasmunder Bodden und von dort in nördliche Richtung auf die Halbinsel Pulitz in der Mitte des Boddens.

Über eine etwa 8 km lange Rundstrecke kann man mit dem Rad zum Rugard und zum Nonnensee fahren. Die Tour startet am Markt von **Bergen** und führt zum nahen Rugard auf den Aussichtsturm, wo man einen guten Blick auf die herrliche Umgebung hat. Weiter geht es über Parchtitz zum Nonnensee. Danach führt die Tour nach Bergen zurück.

365 Tage im Jahr Rodelspaß verspricht die **Inselrodelbahn Bergen**, der nördlichsten Sommer- und Winter-Rodelbahn Deutschlands. Die etwa 700 m lange Bahn liegt inmitten der Naturlandschaft des Rugards. Die rasante Abfahrt geht durch 7 Steilkurven und über mehrere Jumps und endet im Tal in Steillage in einem Aktionskreisel. Ein schöner Spielplatz schräg gegenüber dem Parklatz rundet das Angebot ab.

Eine etwa 11 km lange, rund 2,5 Stunden dauernde Wanderung führt vom Ostseebad **Sellin** entlang der malerischen Küste nach **Binz**. Die Tour startet am Selliner Bahnhof und führt vorbei an der Kurverwaltung zum Steilufer auf den Falkenberg. Er ist mit 70 m die höchste Erhebung. Weiter in Richtung Binz folgen Granitzer Ort und Silvitzer Ort. Gleich danach geht es über die Piratenschlucht zum Strand, von wo aus man Binz schon sehen kann. Die Wanderung geht am Strand entlang weiter zur Strandpromenade von Binz und führt schließlich zum Bahnhof der Kleinbahn. Der Rückweg kann dann bequem mit dem Bäderexpress erfolgen.

Mit dem Rad auf der Deutschen Alleenstraße: Auf Rügen verläuft eine der schönsten Teilstrecken, der man von **Putbus** nach **Garz** folgen kann, um anschließend auf einer Parallelstrecke an der Küste wieder zurückzufahren.

Die Attraktionen **Greifswalds** lassen sich auf einem Spaziergang miteinander verbinden: Von der Altstadt geht es zur Ruine Eldena, weiter in das Dörfchen Wiek und über die historische Klappbrücke zurück nach Greifswald.

Ein Ausflug nach Polen: Vom schönen Seebad Swinoujscie setzt eine Fähre über zur **Halbinsel Wollin**, einem Nationalpark mit wunderbaren Wandermöglichkeiten.

Diese gut 35 km lange Radtour verläuft weitgehend entlang der Küste und startet in **Ahlbeck** und endet in **Zinnowitz**, beide traditionsreiche Badeorte. Von Ahlbeck geht es entlang lebendiger Strandpromenaden durch die drei Kaiserbäder (Ahlbeck, Heringsdorf, Bansin) in Richtung Kölpingsee. Dabei stößt man immer wieder auf der einen Seite auf feinsandige Strände und auf malerische Schilfgürtel auf der anderen Seite. Vom Kölpingsee geht es weiter über Koserow und Zempin bis Zinnowitz. Dort kann man mit der Usedomer Bäderbahn die Rückfahrt nach Ahlbeck antreten. In Ueckermünde kann man auf dem Naturlehrpfad »August Bartelt« eine 17,5 km lange Tour zu Fuß oder per Rad unternehmen. Die Tour ist mit der Markierung »Grüner Diagonalstrich auf weißem Grund« gekennzeichnet. Gestartet wird in Liepgarten, Ziel ist der Tierpark.

Lüneburg und die Ostheide

Die Lüneburger Bürgerhäuser und ehrwürdigen Heideklöster, die Fachwerkstadt Celle und die Mühlenmuseen von Suhlendorf und Gifhorn: das sind die Hauptstationen dieser Dreitagesroute von etwa 190 km Länge.

Lüneburg, Alter Kran von 1797 am Hafen, links das Alte Rathaus.

❶ Gleich die erste Station, **Lüneburg**, präsentiert sich als ein Juwel. Der Reichtum, den die Salzvorkommen den Bürger der mittelalterlichen Stadt bescherten, ist bis zum heutigen Tag augenfällig.

Die Geschichte lebt fort in den schmucken roten Wohnhausgiebeln der typisch norddeutschen Backsteingotik, wie vor allem am alten Handelsplatz »Am Sande«, in den großen Kirchen St. Johannis, St. Michaelis und St. Nicolai, im Rathaus mit seiner prunkvollen »Gerichtslaube«, die um 1330 entstand, und der Großen Ratsstube aus dem 16. Jh., aber auch auf dem Markt mit dem Lunabrunnen sowie am idyllischen Hafen samt seiner Kneipenzeile »Am Stintmarkt« mit dem alten Kran von 1797 und der Wassermühle.

Nicht vergessen sollte man das Kloster Lüne am nordöstlichen Stadtrand mit seinen prächtigen mittelalterlichen Bildteppichen. Wissenswertes und Interessantes über die Geheimnisse der Stadtgeschichte und der in Lüneburg betriebenen Künste vermitteln das Brauerei- und das Salzmuseum.

❷ Seit 1968 lebt auch **Bad Bevensen** vom Salz, das heute allerdings – wie in Lüneburg schon seit Längerem – nur für den Kurbetrieb genutzt wird. Die Stadt mit ihrer Jod-Sole-Therme bezaubert durch ihr schmuckes Äußeres und ihren ruhigen Charakter.

Besonders sehenswert ist das 1336 gegründete Medinger Kloster nördlich der Stadt. Nachdem dieses im Jahr 1781 abgebrannt und lediglich das Brauhaus übrig geblieben war, baute man es anschließend im spätbarocken Stil wieder auf, sodass es heute fast wie ein Schloss wirkt.

❸ **Ebstorf** ist weltbekannt – zumindest bei Kartografiehistorikern. Im hiesigen Heidekloster wurde um 1830 die bedeutendste mittelalterliche Weltkarte entdeckt. 12 m^2 groß, stellte sie die Erde als Scheibe mit Jerusalem in der Mitte dar – bis sie 1943 im hannoverschen Staatsarchiv bei einem Bombenangriff den Flammen zum Opfer fiel. Heute ist im Kloster eine Replik der Karte ausgestellt.

Zwar nicht ganz so bekannt, jedoch fast noch schöner sind die Glasmalereien im Kreuzgang sowie die Truhen, in denen die Benediktinernonnen ihr persönliches Hab und Gut verwahrten.

Bockwindmühle »Auguste« im Handwerksmuseum in Suhlendorf.

❹ **Uelzen** ist ein Zentrum der Zuckerindustrie. Trotz zweier Stadtbrände und Kriegszerstörungen ist rings um die gotische Stadtkirche St. Marien aus dem 13. Jh. ein Großteil der Fachwerkromantik erhalten geblieben. Das Gotteshaus birgt einen herrlichen Flügelaltar aus dem Jahr 1506 sowie Uelzens Wahrzeichen, das »Goldene Schiff«, einen im Jahr 1598 aus London erworbenen Tafelaufsatz aus vergoldetem Kupfer.

»Dat Nige Hus«, das »neue Haus«, trägt seinen Namen seit 1647, als es nach dem ersten Stadtbrand erneuert und mit einer Renaissancefassade versehen wurde.

Auf dem rechten Ilmenauufer liegt Oldenstadt, die Keimzelle Uelzens. Die dortige Klosterkirche aus dem 12. Jh. ist die einzige aus Feldsteinen errichtete Basilika in Deutschland. Technikinteressierte fahren ein Stück in Richtung Süden, wo die größte Kanalschleuse Europas die Schiffe auf dem Elbeseitenkanal 23 m in die Höhe hebt.

❺ **Suhlendorf** ist die Stadt der Mühlen, die allerdings meist als Modelle im Handwerksmuseum am Mühlenberg ausgestellt sind. Von denen, die sich als hierher versetzte Originale in voller Größe präsentieren, ist die seit Juli 1999 wieder betriebsfähige Bockwindmühle »Auguste« aus dem Jahre 1810 die bemerkenswerteste. Am Wochenende kann man das Mahlen von Getreide erleben. Auch die Werkstätten ländlicher Berufe wie Stellmacher und Sattler sind zu sehen. Zu den alljährlichen Höhepunkten zählen der Deutsche Mühlentag am Pfingstmontag, das Südheide-Dackelrennen an Himmelfahrt und das Mühlenfest.

❻ **Hankensbüttel** am Südostrand der Lüneburger Heide ist in Tierschützerkreisen ein Begriff: Den stark gefährdeten Fischottern mehr Lebensraum zu verschaffen und ihre Lebensgewohnheiten gründlich zu erforschen ist nämlich Ziel des von einem Verein getragenen Otterzentrums, von dessen Arbeit und Engagement natürlich auch andere Tierarten in der Region profitieren.

Im nahe gelegenen Kloster Isenhagen sind die Ausstattung der Kirche, die Truhen und besonders teilweise über 700 Jahre alte Stickereien mit Flussperlen aus der Heide ausgestellt.

Wer Arno Schmidt, den ungewöhnlichen, 1979 verstorbenen Autor von »Zettels Traum«, kennt, wird seine Reise auf der folgenden Etappe in Bargfeld unterbrechen. Eine Besichtigung des Wohnhauses des bekannten Schriftstellers, der von 1958 bis zu seinem Tod 1979 in dem Heidedorf lebte, sowie ein Besuch der Arno-Schmidt-Stiftung sind allerdings nur nach vorheriger Anmeldung möglich *(Tel. 05148/920 40)*.

Lüneburger Giebelhäuser auf dem Platz Am Sande.

Die Gerichtslaube im Lüneburger Rathaus mit wunderbaren Decken- und Wandmalereien.

Wandern & Freizeit

Die etwa 6 km lange Wanderung (ca. 75 bis 90 Min.) in **Lüneburg** am Hasenburger Bach entlang startet neben der Jugendherberge in der Wichernstraße. In dieser Straße zwischen Haus 10 und 12 führt ein kleiner Pfad in den Wald. Dann folgt man dem mittleren Hauptpfad, der am Anna-Vogeley-Seniorenzentrum vorbeiführt und erreicht den Hasenburger Bach. Der Weg verläuft weitgehend am Bach entlang. Bei der Unterführung der B4 nimmt man den Weg, der auf einem Steg unter der Unterführung durchführt. Direkt danach zweigt man nach rechts ab. Kurz bevor man das Forsthaus Rote Schleuse erreicht, biegt man an einer Kreuzung nach links ab und folgt damit wieder dem Hauptweg. Kurz nachdem man einige der kleinen Teiche erreicht hat, schlägt man den Weg nach dem zweiten Tümpel schräg nach rechts ein. An den Teichen vorbei geht es bis zur Revierförsterei, wo man über eine Treppe die Bockelsberghütte erreicht. Hinter dem Spielplatz verläuft ein Pfad zur Uelzener Straße. Über die Scharnhorststraße erreicht man wieder den Ausgangspunkt.

Zu einer ausgedehnten Wanderung lädt das Waldgebiet Rießel bei **Bad Bevensen** ein. Findlinge markieren dort einen Naturlehrpfad, auf dem sich auch prähistorische Hügelgräber befinden. Nach einem kurzen Abstecher zum Elbeseitenkanal geht es dann zurück über Medingen und durch die Amtsheide.

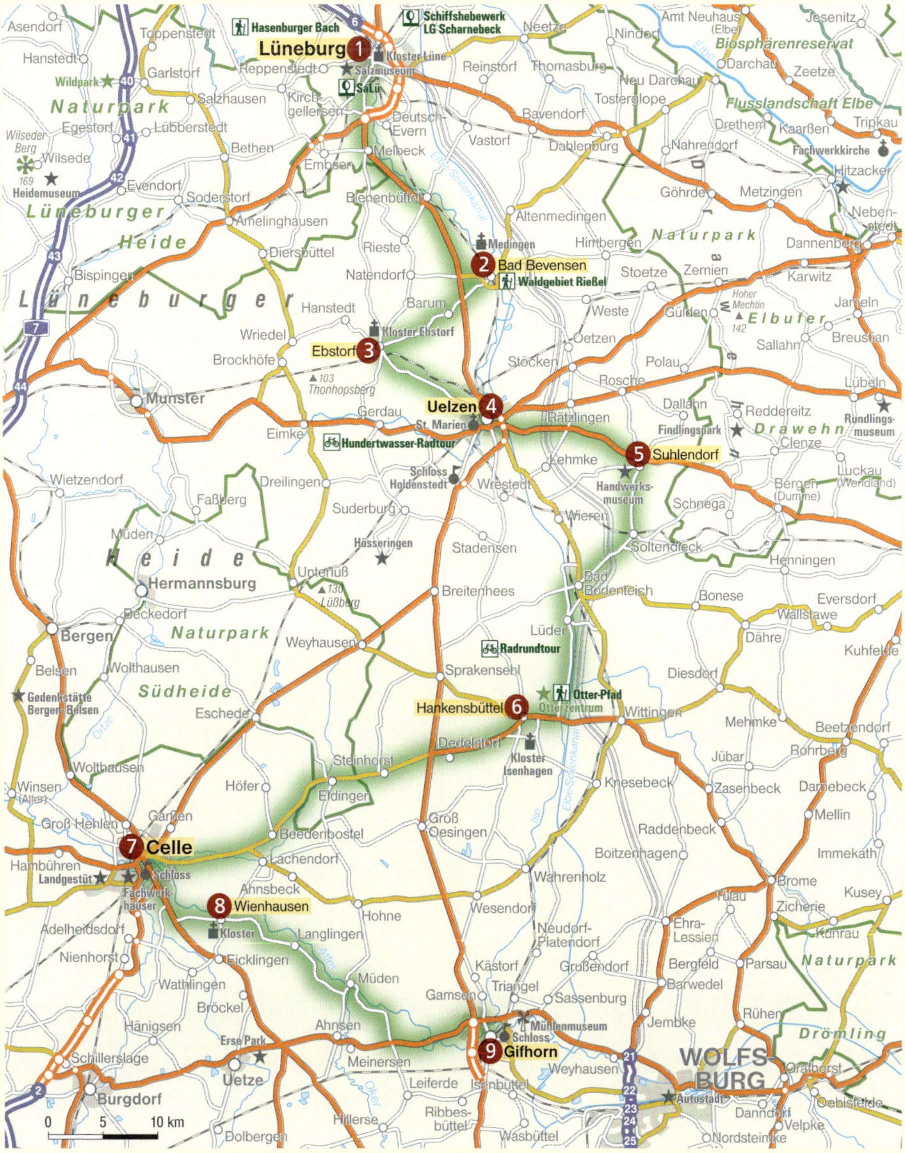

Der Nonnenchor im Kloster Wienhausen ist mit prächtigen Malereien ausgeschmückt.

❼ Die übersichtliche Altstadt von **Celle** ist ein wahrer Besuchermagnet. Hier reiht sich Fachwerkhaus an Fachwerkhaus und auch das Renaissanceschloss der Lüneburger Herzöge mit seiner überreich ausgeschmückten Kapelle und dem Barocktheater, dem ältesten noch bespielten Theatersaal Deutschlands, sollte man auf keinen Fall versäumen.

Vom Schlosspark führt die Stechbahn, auf der einst Turniere ausgefochten wurden und heute besonders schöne Fassaden zu sehen sind, zum Rathaus und zur Stadtkirche. Die Synagoge im Südosten der Altstadt – jetzt eine Gedenkstätte – ist das älteste jüdische Gotteshaus Niedersachsens.

Um Celle dafür zu entschädigen, dass es nach dem Aufstieg Hannovers seine Stellung als Residenzstadt einbüßte, siedelte man hier das Oberlandesgericht an und baute ein Zuchthaus sowie das Landgestüt, die Hannoveraner Pferdezucht.

❽ Um **Wienhausens** größte Schätze zu sehen muss man im Juni kommen, wenn ab dem Freitag nach Pfingsten elf Tage lang die kostbaren Bildteppiche gezeigt und erklärt werden, die die vornehmen Bewohnerinnen des einstigen Klosters und heutigen Damenstifts Wienhausen während des 14. und 15. Jh. schufen.

Die gotischen Backsteingebäude mit dem prächtig ausgemalten Nonnenchor und Glasmalereien machen einen Besuch auch in den anderen elf Monaten des Jahres zu einem eindrucksvollen Erlebnis.

❾ In erster Linie sollte man in **Gifhorn**, das einst aufgrund seiner Lage an der Kreuzung wichtiger Handelsstraßen Bedeutung gewann, das Renaissanceschloss besichtigen, zu dem eine Schlosskapelle aus der Reformationszeit gehört. Außerdem beeindrucken zahlreiche alte Gebäude wie das Kavalierhaus (mit Museum) oder die goldenen Kuppeln einer russisch-orthodoxen Holzkirche, die im Norden der Stadt steht.

Wen sein Weg jedoch bis dorthin geführt hat, der befindet sich auch schon direkt vor Gifhorns Hauptattraktion: dem Mühlenpark, der in der Nähe des Kreuzungspunktes der Bundesstraßen 4 und 188 gelegen ist. Im Mittelpunkt des Freilichtmuseums liegt der Dorfplatz mit einem Ensemble von drei schönen Fachwerkhäusern, die ein Rundlingsdorf darstellen sollen. Auf dem rund 16 ha großen Freigelände mit zahlreichen Gräben und Teichen sowie dem 5 ha großen Mühlensee befinden sich 15 Mühlen – teils Originale, teils Nachbauten in Originalgröße –, davon stammt eine aus Griechenland und eine aus der Ukraine. In Modellen präsentiert sich Mühlentechnik aus aller Welt.

Zahlreiche Mühlen präsentiert der Wind- und Wassermühlen-Museum, u.a. diese Bergholländer-Mühle.

Die Celler Schlosskapelle wurde gegen Ende des 15. Jh. im gotischen Stil errichtet. Im 16. Jh. erhielt sie ihre Renaissance-Ausstattung.

Wandern & Freizeit

Auf dem etwa 3,5 km langen **Otter-Pfad** in **Hankensbüttel** begibt sich der Wanderer sozusagen auf die Spuren und in die Welt eines Fischotters. Der Weg verläuft durch Hankensbüttel, vorbei an Bächen und dem Isenhagener See sowie durch das Waldgebiet Hagen. Dabei folgt man im günstigsten Fall immer der Fährte der Fischotter, die sich seit einiger Zeit hier in freier Wildbahn wieder heimisch fühlen (mal abgesehen vom bekannten Otter-Zentrum). Start des Naturlehrpfads ist das Otter-Zentrum in der Sudendorfallee 1.

Von **Hankensbüttel** aus bietet sich ein Fahrradausflug, der einschließlich Rückweg etwa 26 km beträgt. Über Nebensträßchen und Waldwege führt der Radweg nach Bodenteich. Dabei kommt man über Lüder, das man auch das »Dorf der tausend Eichen« nennt.

Die **»Hundertwasser-Radtour«** beginnt am »Hundertwasser-Bahnhof« **Uelzen** und führt zunächst ins Fleckchen Suhlendorf. Der Streckenverlauf: Hundertwasser-Bahnhof Uelzen – Kunstpfad »Weg der Steine« – Innenstadt Uelzen – Handwerksmuseum, Suhlendorf – ehemalige Wassermühle Oetzmühle – Woltersburger Mühle – historisches Zentrum (ehem. Klosteranlage) Oldendstadt – Oldenstädter See (Badesee, Grill- und Rastplatz) – Uelzen. Die knapp 52 km lange Tour führt an »zwei Feldsteinen« und »neun Eichen« vorbei, durch Heidedörfer bis zu einem Zwischenstopp im Handwerksmuseum Suhlendorf. Behutsam radelt man auf dieser Strecke durch die Natur, stark befahrene Straßen werden auf der »Hundertwasser-Radtour« vermieden.
Sehenswerte Mühlen und historische Gebäude und Museen säumen den Verlauf. Der Radweg ist trotz einer Routenlänge von etwa 52 km Länge ohne Probleme zu bewältigen, da die Tour beinahe durchgehend durch ebenes und flaches Gelände verläuft. Nur im Bereich Suhlendorf gibt es einige kurze, allerdings kaum nennenswerte Steigungen.

Im Bade- und Freizeitparadies **SaLü**, die Salztherme **Lüneburg**, ist für die ganze Familie Erholung, Spaß, Fitness und Vergnügen angesagt. Im 32 °C warmen Außenbecken kann man sich durch den Strömungskanal treiben lassen oder sich im Sole-Wellenbecken mit den Wellen wie an der Nordsee treiben lassen. Wer eher Ruhe und Wohlbefinden sucht, begibt sich ins Sole-Entspannungsbecken zu sanften Klängen klassischer »Unterwassermusik«; dabei »schwebt« man auf 32 °C warmem Wasser mit 4 % Sole. Auf etwa 1200 m² Fläche erstreckt sich die modern gestaltete Sauna- und Wellnesslandschaft, die sich auf zwei Saunabereiche verteilt.
Für Kinderspaß sorgen lustige Wassertiere, die Dreier-Rutsche oder Wasserbretter, mit denen man auf den Wellen surfen kann. Außerdem gibt es einen Staudamm mit Wasserfass, einen Wasserfall und die Seeschlange »Tribolin«. Für die größeren Kinder steht die etwa 90 m lange Riesenrutsche mit Licht- und Farbeffekten sowie einem »Black Hole« bereit *(Salztherme Lüneburg, Uelzener Str. 1-5, 21335 Lüneburg, Tel. 04131/72 30, www.salue.info, Mo–Sa 10–23, So und Feiertage 8–21 Uhr)*.

In **Scharnebeck**, einem nordöstlich gelegenen Vorort von Lüneburg, bietet sich ein Besuch des dortigen Schiffshebewerks an. Das Schiffshebewerk Lüneburg Scharnebeck wurde in den Jahren zwischen 1974 und 1976 als weltgrößtes seiner Art erbaut. Dieses gewaltige Bauwerk am Elbeseitenkanal bietet modernen Frachtschiffen die Möglichkeit eine Höhe von 38 Metern zu überwinden. Ein sehenswertes technisches Schauspiel kann man bei einer Gruppenführung bzw. einer Durchfahrt mit dem Schiff durch das Schiffshebewerk erleben. Angeboten werden technisch informative und gesellige Führungen für Familien oder Gruppen. Anschließend steht die Einkehr ins Landgasthaus Rose Scharnebeck auf dem Programm *(Tel. 0170/247 09 10, info@schiffshebewerk-scharnebeck.de, www.schiffshebewerk-scharnebeck.de)*.

Die Mecklenburger Seenplatte

Ausgangspunkt dieser Tour ist die Landeshauptstadt Schwerin. Über Ludwigslust geht es am Plauer See und der Müritz vorbei durch das »Land der tausend Seen« in das Städtchen Neubrandenburg. Über Burg Stargard endet die Tour in Neustrelitz. Abstecher führen nach Güstrow und Sternberg.

Im Abendlicht, wenn die Uferstraße beleuchtet ist, wirkt das Schweriner Schloss auf seiner

❶ Inmitten von sieben Seen liegt die altehrwürdige Residenzstadt **Schwerin**. Mittelpunkt unter den vielen historischen Prachtbauten der Stadt ist das märchenhafte Schloss mit seinen Türmchen und Erkern, in dessen barockem Schlossgarten sich elegant flanieren lässt. Weitere schöne Bauten spiegeln sich in den Gewässern: das Staatstheater, das Staatsmuseum und der klassizistische Marstall. Die Altstadt wird beherrscht vom Markt, dem Rathaus und dem im 12. Jh. begonnenen imposanten Dom.
Einen Bummel durch die Stadt sollte man mit einem Bootsausflug auf dem Schweriner See abrunden.
Obwohl sie abseits der Route und nördlich von Schwerin liegen, lohnt sich ein Abstecher nach Sternberg und Güstrow durchaus. Das etwa 30 km von Schwerin entfernte Sternberg liegt in einem der schönsten Wandergebiete des Landes inmitten der Sternberger Seenplatte. Auf einem Hügel thront die Stadtkirche, um die sich Gassen und Häuschen des Stadtkerns schmiegen. Unbedingt anschauen sollte man das nahe gelegene Freilichtmuseum von Groß Raden. Gut weitere 30 km von Sternberg entfernt liegt das schmucke Güstrow mit seinem Schloss aus dem 16. Jh. Die imposante Anlage wurde im Stil der Spätrenaissance gestaltet. Am wuchtigen, in seinem Inneren kostbar ausgestalteten gotischen Dom vorbei erreicht man den Markt mit dem Rathaus und den Bürgerhäusern. Die Gertrudenkapelle, ein einschiffiger Backsteinbau aus dem 15. Jh. etwas außerhalb der Altstadt, zeigt eine Sammlung von Werken Ernst Barlachs.

❷ In **Ludwigslust** in der flachen Sandeinöde der »Griesen Gegend« findet sich ein besonderes Juwel: Die große Barockanlage Schloss Ludwigslust errichtete sich Herzog Friedrich II. als Residenz und natürlich nach dem Vorbild von Versailles. Die Staatsfinanzen wurden jedoch bald knapp, und so verfiel der Herzog für die Innengestaltung von Schloss und Schlosskirche auf ein neuartiges Dekorationsmaterial, das sich bis heute als Rarität in Europa erhalten hat: Die Pappmanufaktur im heutigen Rathaus lieferte den preiswerten Baustoff für den »schönen Schein« der prächtigen Ausstattung. 1860 vollendete der Gartenbaumeister Peter Joseph Lenné den überwältigenden Schlosspark mit den beiden Mausoleen und einem neugotischen Kirchlein.

❸ Die Kleinstadt **Neustadt-Glewe** wird dominiert von der Alten Burg, die um 1248 entstand. Auf einem künstlichen Hügel hat sich der älteste Profanbau des Landes erhalten: die Alte Burg aus dem 13. Jh., heute mit Burgmuseum. Im 17. Jh. entstand das Schloss, das als Nebenresidenz der Mecklenburger Herzöge diente.

❹ **Parchim** liegt in einer hügeligen Landschaft inmitten ausgedehnter Waldgebiete. Um die Burg, die um 1170 erstmals erwähnt wird, bildete sich die Altstadt, die mit ihren schmuck gestalteten Fachwerkhäusern um den Marktplatz und dem

Schloss Ludwigslust wird auch das »Versailles des Nordens« genannt.

Wandern & Freizeit

Durch das Naturparadies **Schaalsee**, das leicht von Schwerin aus erreichbar ist, führen Wanderwege mit Hinweisen auf die Flora und Fauna. Das Biosphärenreservat gehört zum UNESCO-Naturerbe; es werden auch geführte Touren durch dieses Gebiet angeboten.

Eine kurze, 5 km lange Radtour führt über asphaltierte und befestigte Wege rund um den **Faulen See** mitten in Schwerin. Die Tour startet beim Parkplatz am Zoo und führt zur Südspitze des Sees, wo sich dem Radler ein herrlicher Blick auf das Gewässer anbietet. Es geht linkerhand, im Uhrzeigersinn auf einem Asphaltweg weiter, bis zu einem Rastplatz und weiter zur Schleifmühle an der Nordspitze des Sees. Info-Tafeln berichten über die Mühlentechnik und die Steinschleiferei im 18. Jh. Die nächsten Etappen auf der Strecke sind das Kanucamp und kurz darauf ein Rastplatz mit Kinderspielplatz. Schließlich geht es wieder zurück zur Südspitze des Sees. Die Tour kann man mit einem Besuch im Zoo Schwerin abschließen.

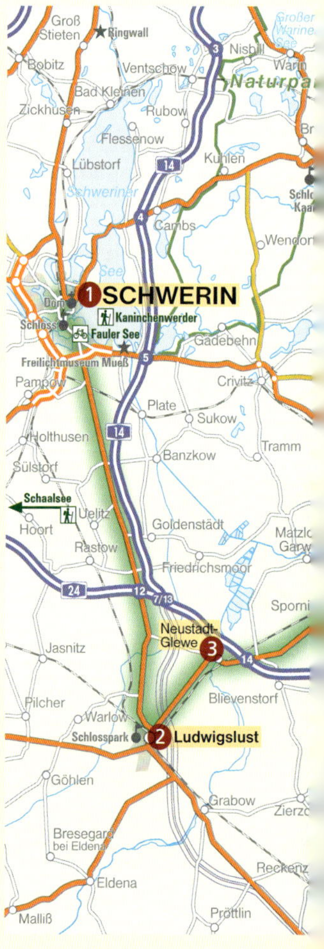

Insel besonders prächtig (rechts). Weiter in der Bildmitte sind Marstall und der Dom zu erkennen.

einzigartigen Rathaus aus dem 14. Jh. absolut sehenswert ist. Die gotische Georgenkirche am Alten Markt birgt in ihren gigantischen Mauern einen schönen Schnitzaltar. Von Parchim bietet sich ein Ausflug in die besonders stille Nossentiner-Schwinzer-Heide an. Hier finden sich klare Seen, unberührte Wälder und eine reiche Fauna.

Auf der Weiterfahrt von Parchim nach Plau sollte man einen Stopp in Lübz einplanen. Die Kleinstadt ist u. a. für das mild-herbe Pils bekannt, das die hier ansässige Brauerei herstellt. Hier bietet sich eine Brauereibesichtigung an *(Tel. 038731/362 00, www.luebzer.de)*.

5 Die liebenswürdige Kleinstadt **Plau** am Westufer des Plauer Sees ist geprägt von einfachen Fachwerkhäusern. Plau ist die höchste Stadt des Landes und Ausgangspunkt der bei Wassersportlern und Wanderern so beliebten Müritz-Elde-Wasserstraße, die hier ihren Weg nach Dömitz aufnimmt, wo sie in die Elbe mündet.

Ein Ausflugsschiff fährt in die Bucht von Röbel, einem kleinen Städtchen am südlichen Zipfel der Müritz. Pittoreske Fischerhütten säumen das Buchtufer.

Von den Anfängen Plaus als Sommerfrische zeugen historische Logierhäuser in Seelust.

Unweit vom Plauer See gibt es weitere interessante Gewässer wie etwa den Fleesensee, der zu einer Bootstour einlädt. Vom Boot hat man einen schönen Blick auf den malerischen See und die neugotische Klosterkirche von Malchow, die ebenfalls bei Ausflüglern beliebt ist.

Das Vortor des Friedländer Tores in Neubrandenburg mit dem Torcafé.

Als letztes Beispiel sei der Krakower See genannt. Er bietet mit seinen zahllosen Inseln und den vielen versteckten Buchten großen Kolonien von Flussseeschwalben und Reiherenten einen Lebensraum. Schon der Heimatdichter Fritz Reuter weilte gern in der »lieblichen Krakowschen Gegend«, einem der reizvollsten Plätze auf der Seenplatte.

6 **Röbel** liegt im Südwesten der Müritz in einer kleinen Bucht und erscheint als verträumte Kleinstadt, geprägt von Kopfsteinpflaster und kleinen Häusern. Der Backsteinbau der Marienkirche stammt aus dem 13. Jh. und war das Gotteshaus der Fischer. In der Neuen Stadt steht am Marktplatz die frühgotische Nicolaikirche aus dem 13. Jh.

7 **Waren**, die »Metropole« der Seenplatte, ist eines der Eingangstore zum Müritz-Nationalpark, der sich über 318 km^2 am Ostufer des zweitgrößten deutschen Sees erstreckt. Bei einem Bummel durch das viel besuchte historische Zentrum, das von zwei sehenswerten Gotteshäusern überragt wird, sollte man unbedingt einen Blick in das Müritzeum werfen, um sich auf einen Besuch im Naturschutzgebiet einzustimmen. Im »Haus der 1000 Seen« befindet sich u. a. Deutschlands größtes Aquarium für einheimische Süßwasserfische.

8 **Neubrandenburg**, am Nordufer des Tollensesees, wird auch die »Stadt der vier Tore« genannt. Das Friedländer Tor aus dem 14. Jh. birgt heute ein Café. Das höchste Tor ist das Treptower Tor aus der zweiten Hälfte des 14. Jh., in dem sich ein kleines Museum befindet. Das Stargarder Tor mit den farbenfrohen Ziegeln und Giebeln ist das schönste.

Die vier prachtvollen Gebäude, reich verzierte Beispiele der Backsteingotik, sind in die vollständigste Stadtmauer Norddeutschlands eingelassen, die kreisrund das historische Zentrum umgibt. Geht man entlang der Mauer um die Stadt, entdeckt man 56 sogenannte Wiekhäuser, Fachwerkbauten, die im Abstand von 30 m wie Nester auf der Mauer sitzen und einst zur Verteidigung dienten. Ein Spaziergang durch die krummen Gässchen der Altstadt bringt den Besucher zur Marienkirche, einem aus dem 14. Jh. stammenden bedeutenden Backsteinbau, der zukünftig als Konzerthalle dienen wird.

Der nahe gelegene Tollensesee bietet vor allem Seglern, Surfern, Tauchern und Paddlern beste Bedingungen für Aktivitäten.

9 In der bewaldeten Hügellandschaft thront, schon von weitem zu erkennen, die wehrhafte **Burg Stargard** über einem kleinen Städtchen. Die Feste entstand im 13. Jh. zur Verteidigung eines wichtigen strategischen Punktes während der deutschen Ostexpansion.

In den kleinen Straßen der Altstadt, die in ihrer heutigen Gestalt aus dem 18. Jh. stammt und immer noch den Charakter einer idyllischen Handwerkerstadt aufweist, befinden sich die Stadtkirche und die Kapelle, in der das sehenswerte Heimatmuseum untergebracht ist.

10 **Neustrelitz** wurde 1733 als letzte geplante Barockstadt Europas angelegt, erkennbar am symmetrischen Stadtplan, auf dem acht Straßen sternförmig auf den zentralen Marktplatz mit seinem herrlichen Rathaus und der Stadtkirche, einem Backsteinbau aus dem 18. Jh., zulaufen.

Von der herzoglichen Residenz sind noch der prächtige Schlosspark, ein Werk Lennés, und die 1755 errichtete Orangerie erhalten. Ein Anziehungspunkt ist der Luisentempel. Das Sehenswerteste an Neustrelitz aber ist wohl die umliegende Landschaft: Mehr als 300 kleine Seen bilden die Neustrelitzer Kleinseenplatte, eine herrliche Gegend voller vielfältiger Möglichkeiten für Wanderungen oder weite Bootsausflüge.

In Plau am See wird die Elde durch eine Hubbrücke von 1916 überspannt.

Denkmal des Großherzogs vor der Schlosskirche von Neustrelitz.

Wandern & Freizeit

Die **Sternberger Seenplatte** hat lohnende Wanderziele zu bieten: Die tiefe Schlucht des Darnow-Durchbruchs ist eine besondere Naturschönheit. Im Mittleren Warnowtal geht es durch Wiesen und an einem begehbaren Großsteingrab vorbei.

Ein Spaziergang über die **Insel Kaninchenwerder** im Schweriner See mit ihren idyllischen Wäldern, wo auf hohen Bäumen auch Seeadler brüten, sollte mit einem Besuch in einem der schön gelegenen Cafés beendet werden.

Eine rund 20 km lange Paddeltour führt auf einem Teilabschnitt der Alten Müritz-Elde-Wasserstraße von **Plau am Plauer See** nach **Lübz**. Die Tour führt auf Kanälen durch mehrere Schleusen, vorbei an einer reizvollen Landschaft. Auf dem Weg bieten sich diverse Gasthöfe am Ufer sowie eine ganze Reihe von Rastplätzen als willkommener Zwischenstopp an.

Im **Müritz-Nationalpark** kann man seit einigen Jahren am sogenannten Kunstring Arbeiten internationaler Künstler betrachten, die mit ihren Werken die Verbindung von Kunst und Natur vertiefen möchten. Ein Naturlehrpfad im Ostteil führt durch den gänzlich unberührten Serrahner Wald.

Mit dem Rad lässt sich eine gut 9,5 km lange Runde um den **Tiefwarensee** bewältigen. Die Tour beginnt am Müritz-Museum und führt in Richtung See zum See-Hotel, wo man vom Cafè und vom anliegenden Schaugarten einen Blick auf Waren genießen kann. Der Weg geht weiter am Freilichtmuseum und um den Mühlenberg herum und dann am Ufer entlang bis ans Nordende des Sees zur »Klinik Amsee«. Anschließend folgt man dem Eiszeit-Lehrpfad, der in eine Waldzone und schließlich zu einem Rastplatz führt. Von hier aus geht es wieder am Ufer entlang zurück. Im letzten Abschnitt laden einige Aussichtsplattformen zum Verweilen ein. An den Bahngleisen angekommen führt die Tour wieder zum Müritz-Museum zurück und endet schließlich dort.

Viele Radtouren in und in der Umgebung von Neubrandenburg haben den **Tollensesee** als Etappe. Die Umrundung des Sees ist etwa 35 km lang und führt vom Radeltreff in **Neubrandenburg** über Klein Nemerow, Usadel, Prillwitz, Alt-Rehse und Broda wieder zurück nach Neubrandenburg. Man fährt auf asphaltierten und befestigten Wegen sowie auf verkehrsberuhigten Nebenstraßen. An einigen Stellen sind hügelige Passagen zu bewältigen. Die Tour verläuft teils am Seeufer, teils durch herrliche Landschaft und Alleen sowie auch durch schöne Dörfer mit Fachwerkhäusern. Zwischen Usadel und Prillwitz kommt man an der Lieps, einem See mit Kormorankolonie, vorbei. Auf der Route laden einige Aussichtstürme zum Aufstieg ein. Gute Einkehrmöglichkeiten gibt es in Klein Nemerow, im Jagdschloss Prillwitz, in Alt Rehse sowie im großen Strandbad Broda, das außerdem diverse Freizeit- und Sportangebote bereit hält.

Die gut 26 km lange Radtour führt zur **Burg Stargard**, die auf einem Hügel rund 50m über dem gleichnamigen Ort steht. Vom Radeltreff Neubrandenburg geht es auf guten, aber unbefestigten Wegen sowie auf beruhigten Nebenstraßen über das Lindetal, mit seinen Wiesen und Wäldern, an den Resten einer alten Papiermühle ins Dorf Hinterste Mühle mit Freizeitzentrum, Kleintierzoo und Findlingsgarten. Anschließend geht es weiter nach Stagard und auf den Hügel zur Burg, von deren Bergfried man Ausblick auf die Umgebung genießen kann. Nach einem weiteren Anstieg geht es abwärts über Rowa zum Ufer des Tollensesees. Schließlich gelangt man über Klein Nemerow wieder zurück nach Neubrandenburg.

Eine angenehme, etwa 14 km lange **Kanutour** führt von **Neustrelitz** nach **Wesenberg**. Die Tour startet im Hafen von Neustrelitz und geht über den Zierker See. Nach der Schleuse Vosswinkel verläuft die Route weiter durch den Kammer-

kanal zum Woblitzsee, wo sich der Camping- und Ferienpark Havelberge mit seinen Lokalen für eine Pause anbietet. Anschließend fährt man auf dem Woblitzsee weiter bis zum Hafen von Wesenberg. Hier kann man die Burganlage besichtigen, einen Bummel durch die Altstadt machen oder nett in einem Café einkehren. Vom Bahnhof aus kann man bequem mit dem Zug zurück nach Neustrelitz fahren.

Das Münsterland

Mit dem Auto lässt sich die Münsterland-Tour von Havixbeck zum Schloss Westerwinkel gut in zwei bis drei Tagen bewältigen. Wer etwas mehr Zeit mitbringt, sollte sich ruhig einmal aufs Fahrrad schwingen und auf den stillen Seitenwegen, den »Pättkes«, durch die Parklandschaft radeln, um die Perlen des Münsterlandes auch wirklich angemessen zu würdigen.

Das Mittelschiff des St.-Paulus-Doms zu Münster; links die Statue des hl. Christophorus.

1 An jeder Ecke der kleinen Stadt **Havixbeck** entdeckt man historisches Gemäuer, zum Beispiel die gotische Hallenkirche St. Dionysius, die Pestkapelle, das mittelalterliche Torhaus sowie zahlreiche Kapellchen, Wegekreuze und Bildstöcke. Eine besondere Besucherattraktion ist das ungewöhnliche Baumberger Sandsteinmuseum, das einen wichtigen Baustoff der Region anschaulich präsentiert. Von der 1000-jährigen Geschichte Havixbecks am Fuße der Baumberge erzählen auch die drei sehenswerten Wasserburgen Haus Havixbeck, Haus Stapel und Burg Hülshoff. Burg Hülshoff, Geburtsort der Dichterin Annette von Droste-Hülshoff, lädt mit ausgedehnten Parkanlagen zu geruhsamen Spaziergängen ein.

2 Die Westfalenmetropole **Münster** ist heute eine lebendige Universitätsstadt mit reichlich historischem Ambiente – eine Stadt, die man am besten zu Fuß oder per Fahrrad erkundet; hier ohnehin das Hauptverkehrsmittel. Um den St.-Paulus-Dom im Zentrum (hier sollte man sich um zwölf Uhr den Auftritt der Figuren an der Astronomischen Uhr anschauen) liegt wie ein Ring der alte Prinzipalmarkt mit seinen schönen Staffelgiebelhäusern aus Sandstein und den berühmten Arkadengängen. Blickfang und Wahrzeichen am Prinzipalmarkt ist das historische Rathaus mit dem Friedenssaal, in dem 1648 über das Ende des Dreißigjährigen Krieges verhandelt wurde. Unweit davon überragt der 90 m hohe Turm der Lambertikirche die Innenstadt; nachts wacht dort bis heute ein Türmer über den Schlaf der Einwohner.

Der berühmte Barockarchitekt Johann Conrad Schlaun erbaute hier das Stadtschloss, die Clemenskirche und den Erbdrostenhof.

Einen guten Eindruck von Münster vermittelt ein Rundgang auf dem lindenbestandenen Promenadenring, der die gesamte Innenstadt umschließt und am Schloss vorbeiführt. Über die Promenade gelangt man auch zum innenstadtnahen Aasee. Dort lockt in der warmen Jahreszeit eine besondere Attraktion: die Fahrt mit dem Ausflugsboot »Solaaris« zum Allwetterzoo. Vom Zoo ist es übrigens nicht weit zum Mühlenhof-Freilichtmuseum, einem hübschen Museumsdorf mit historischen Bauten aus ganz Westfalen.

3 Bis zu 150 000 Pilger zieht es alljährlich zum Gnadenbild der schmerzhaften Muttergottes nach **Telgte**. Der dortige »Dreiklang« setzt sich aus drei historischen Gebäuden zusammen: der barocken Wallfahrtskapelle mit ihrer Pietà aus dem Jahr 1370, der Clemenskirche und dem Westfälischen Museum für religiöse Kultur (Relígio), in dem auch das berühmte Telgter Hungertuch aus dem Jahr 1623 ausgestellt ist. Nicht nur für Kinder interessant ist das Krippenmuseum mit Exponaten aus aller Welt, heute ebenfalls Teil des Museums Relígio.

Nach dem reichhaltigen Kulturprogramm bietet sich ein Bummel durch die historische Innenstadt an, gefolgt von einem gemächlichen Spaziergang am Ufer der Ems.

4 Der »Bauerndom« im Warendorfer Ortsteil **Freckenhorst** gehört zu den bedeutendsten romanischen Bauwerken Westfalens. Die fünftürmige Stiftskirche St. Bonifatius geht auf das 11. und 12. Jh. zurück. Der Taufstein mit seinen beinahe vollplastisch herausgearbeiteten Figuren gilt als bedeutendes Kunstwerk des Mittelalters.

5 **Warendorf** begrüßt den Gast in seiner bezaubernden Altstadt mit den historischen Giebelhäusern rund um den Marktplatz, mit dem Heimathaus aus dem Jahr 1404, dem Münstertor, der St.-Laurentius-Kirche, dem Bentheimer Turm, der Promenade und dem Franziskanerkloster. In erster Linie aber ist Warendorf eine Stadt des Sports – insbesondere des Pferdesports. Die alljährliche Warendorfer Hengstparade lockt Besucher von Weither an.

6 Von der einstigen Burg der Grafen von **Tecklenburg** im Teutoburger Wald stehen heute nur noch Ruinen, in denen regelmäßig die überregional bekannten Freilichtspiele eine Bühne gefunden haben. Auch die malerische Altstadt mit ihren Fachwerkhäusern aus dem 16.–18. Jh. und das im 14. Jh. entstandene Wasserschloss machen einen Besuch zum Er-

Blick vom Münsteraner Domplatz auf das historische Rathaus; links daneben das Stadtweinhaus.

Burg Hülshoff in Havixbeck spiegelt sich im klaren Wasser seiner Gräfte.

Der Weg zum Schlossgelände in Burgsteinfurt führt durch ein Torhaus.

lebnis. Eine wunderschöne Aussicht genießt man vom Wierturm – und ganz generell Richtung Süden, denn die Lage der Stadt am Höhenzug des Teutoburger Waldes ermöglicht einen weiten Panoramablick ins flache Münsterland.

7 Das imposante Schloss **Burgsteinfurt** im gleichnamigen Ortsteil von Steinfurt ist die älteste Wasserburg Westfalens. Die Burganlage mit ihrem schönen Fachwerk-Torhaus befindet sich in Familienbesitz und wird bewohnt, ist also nur von außen und aus einiger Entfernung zu betrachten. Bei einem Rundgang durch die Altstadt von Burgsteinfurt sollte man die Patrizierhäuser und das historische Rathaus am Marktplatz sowie das Stadtweinhaus von 1445, das Kornschreiberhaus aus dem 15. Jh. und das Geisthaus aus dem 16. Jh. keinesfalls versäumen.

Wer gern in reizvoll gestalteter Natur spazieren geht, darf den Steinfurter Bagno nicht auslassen, eine um einen See und Wasserläufe herum gestaltete Parkanlage aus dem 18. Jh. Der

Wandern & Freizeit

Wandern in grüner Parklandschaft, mit Blick aufs Wasser und bunte Segelboote, und das alles in Stadtnähe und mit gutem gastronomischen Angebot? Möglich ist das am **Aasee** in Münster – an einem Anfang des 20. Jh. künstlich angelegten und später noch einmal erweiterten See. Ausgangs- und Zielpunkt sind die stadtnahen Aaseeterrassen; auf einer Strecke von knapp 6 km führen gut ausgebaute Wege am Ufer entlang rund um den See. Unterwegs entdeckt man einige Werke bekannter Künstler, die seit 1977 entstanden sind.

Die **Baumberge** zwischen Münster und Coesfeld eignen sich mit ihren Wäldern, Wiesen und Feldern vorzüglich zur Freizeitgestaltung. Höchste Erhebung der Baumberge ist mit 187 m der Westerberg, der von Billerbeck und Havixbeck aus leicht zu erreichen ist. Oben auf dem Berg steht der Longinusturm, ein 32 m hoher Aussichtsturm, ein beliebtes Ausflugsziel. Von oben reicht der Panoramablick über Münster bis zum Teutoburger Wald, zum Sauerland und zum Ruhrgebiet.

Häuser und Höfe mit typischem Fachwerkstil prägen den Marktplatz von Tecklenburg.

ursprünglich französische Park, der dann zum englischen Garten umgestaltet wurde, war schon im 19. Jh. das Ziel von Wochenendausflüglern.

8 Schon von Weitem grüßen die Türme des 1889 vollendeten Ludgerus-»Doms« von **Billerbeck**. Er steht an dem Ort, an dem der hl. Liudger, Missionar und erster Bischof von Münster, im Jahr 809 gestorben ist. Nicht ohne Stolz nennt sich Billerbeck die »Perle der Baumberge«. Viele Kurzurlauber genießen die Natur der bewaldeten Höhen, bummeln durch den Ort und bewundern Kulturdenkmäler wie den Ludgerusbrunnen, die 1234 fertiggestellte St.-Johannis-Kirche oder das Haus Beckebans.
Auf der Weiterfahrt Richtung Coesfeld bietet sich ein weiterer Stopp bei der Benediktinerabtei Gerleve an. Auf dem Klostergelände kann man einkehren, die hübsche Buchhandlung besuchen, auf den Feldwegen ringsum spazieren gehen – oder einfach mit den Kindern eine Pause auf dem Spielplatz einlegen.

9 Die Kreisstadt **Coesfeld** hat sich zu einer attraktiven Einkaufs- und Kulturstadt entwickelt. Auf dem Marktplatz, der vom Rathaus, der gotischen Lambertikirche und der ehemaligen Jesuitenkirche eingefasst wird, treffen sich die Menschen bei schönem Wetter an den Tischen von Café und Eisdiele. Von hier aus ist man zu Fuß in wenigen Minuten am Kino, beim modernen Konzerttheater und beim COEBad (mit Freibadgelände). Für einen Spaziergang im Grünen eignen sich beispielsweise das Gelände um Schloss Varlar (im Norden), der Aussichtspunkt Dreilinden auf dem Coesfelder Berg oder die Bauerschaft Flamschen: Dort kann man einen Blick auf das schlichte Geburtshaus der Mysterikerin Anna Katharina Emmerick (1774–1824) werfen.

10 Die Dreiburgenstadt **Lüdinghausen** an der Stever ist das ideale Ziel für einen Familienausflug. Der historische Stadtkern, Burg Lüdinghausen und die Pfarrkirche St. Felizitas (mit den dicksten Sandsteinsäulen Euro-

Burg Vischering in Lüdinghausen, eine der besterhaltenen Wasserburgen im Münsterland.

Große Ecktürme bestimmen das Bild von Schloss Westerwinkel in Ascheberg-Herbern.

Eine Sphinx wacht über Schloss Nordkirchen, das inmitten einer weitläufigen Parkanlage mit See liegt.

pas) gehören unbedingt auf das Besichtigungsprogramm. Am beeindruckendsten ist jedoch ein Besuch auf Burg Vischering: Die kompakte Burg mit ihrer hohen Ringmauer und der schützenden Gräfte zählt zu den relativ wenigen Wasserburgen im Münsterland, deren Wehrcharakter noch deutlich zu erkennen ist. Die Burg dient heute als Kulturzentrum und beherbergt ein Museum.
Der Ortsteil Seppenrade ist wegen seiner Vielzahl an Restaurants bei Ausflüglern beliebt; zur Blütezeit sollte man auch dem dortigen Rosengarten einen Besuch abstatten.

⓫ Das hübsche Städtchen **Nordkirchen** kann mit einer ganz besonderen Attraktion aufwarten: Hier steht das barocke Schloss Nordkirchen, das »Westfälische Versailles«, Westfalens größte Wasserschlossanlage. Ein Rundgang durch den 170 ha großen Schlosspark mit seinen Gartenskulpturen ist sehr zu empfehlen. Die UNESCO hat Schloss und Garten übrigens als »Gesamtkunstwerk von internationalem Rang« eingestuft.

⓬ Frische Luft, viel Wald, romantische Wasserburgen, alte Rittersitze und edle Pferde findet man in und um **Ascheberg**. Sehenswert sind Haus Itlingen, die spätgotische Pfarrkirche St. Lambertus, der Davertturm und die Burgkapelle in Davensberg. Die wichtigste Sehenswürdigkeit ist aber wohl Schloss Westerwinkel in Herbern. Die an niederländischen Vorbildern orientierte, im Sinne des Barock streng symmetrisch konzipierte Anlage wurde von drei Architekten entworfen: zunächst von Gottfried Laurenz Pictorius, später von Peter Pictorius d. J. und schließlich vom berühmten Architekten des nord- und westdeutschen Barock, Johann Conrad Schlaun. Das Schloss beherbergt die Fachhochschule für Finanzen.

Wandern & Freizeit

Für Wanderfreunde ist **Tecklenburg** eine gute Adresse, denn der Ort liegt direkt am Hermannsweg, einem 156 km langen Fernwanderweg auf dem Höhenkamm des Teutoburger Waldes. Selbstverständlich kann man auf dem gut beschilderten Hermannsweg auch kleinere Etappen zurücklegen – und dann den gleichen Weg zurückwandern oder die Rückfahrt mit dem Bus antreten. Kleine, familienfreundliche Strecken ab Tecklenburg sind etwa der Weg nach Brochterbeck (Richtung Ibbenbüren im Nordwesten) oder nach Lengerich (Richtung Bad Iburg im Südosten).

Eine etwa 25 km lange Radtour auf den Spuren der Annette von Droste-Hülshoff führt vom **Münsteraner Schloss** über Haus Rüschhaus in Münster-Nienberge, dem langjährigen Wohnsitz der Dichterin, zur Burg Hülshoff in Havixbeck und dann am Aasee (mit Allwetterzoo, Naturkundemuseum und Freilichtmuseum Mühlenhof) entlang wieder zurück nach Münster.

Für vorbildlich gestaltet hält der ADFC den **EmsRadweg**, der den Fluss von der Quelle am Teutoburger Wald bis zur Mündung in die Nordsee begleitet. Selbstverständlich sind auch Teilstücke dieses Radwegs durch die Auenlandschaft lohnend; schön radelt es sich zum Beispiel entlang der Ems zwischen Telgte und Warendorf, sodass man eine Station dieser Rundreise zur Abwechslung einmal mit dem Fahrrad ansteuern kann.

Ein Fahrraderlebnis besonderer Art bietet der Radweg **»RadBahn Münsterland«**, dessen Strecke von Coesfeld bis Rheine 2012 eröffnet wurde. Das Besondere daran: Der Radweg folgt einer stillgelegten Bahntrasse – und so radelt man mitten durch die Landschaft, oft weitab von Straßen, und genießt ganz neue Perspektiven. Wer nur Zeit für ein kurzes Stückchen hat, startet unweit vom Bahnhof Lutum (zwischen Billerbeck und Coesfeld) und fährt zumindest bis zum ehemaligen Bahnhof von Rosendahl-Darfeld, wo man bei gutem Wetter mit etwas Glück sogar Kaffee und Kuchen bekommt.

Von Hannover ins alte Herzogtum Braunschweig

Die rund 135 km lange Tour hat es in sich: Schon für eine kurze Besichtigung Hannovers und Braunschweigs ist jeweils auf jeden Fall ein Tag nötig. Kunstinteressierte brauchen für Hildesheim mindestens ebenso viel Zeit; sonst mag, wie auch für Wolfenbüttel, ein halber Tag genügen.

Blick zum Neuen Rathaus, dem Wahrzeichen Hannovers.

1 Hannover, Niedersachsens Landeshauptstadt, ist kein Touristenmagnet und dennoch weltbekannt: Jedes Jahr strömen Zehntausende zur weltgrößten, mittlerweile in einzelne Bereiche aufgeteilten Industriemesse. Das Messegelände war auch Veranstaltungsort der Expo im Jahr 2000. Aber auch in der Stadt gibt es Einiges zu sehen und zu entdecken. Die meisten Ziele verbindet der aufs Pflaster gemalte, 4698 m lange »Rote Faden«. Wer ihm folgt, gelangt zum klassizistischen Opernhaus; zum gewaltigen, schlossartigen Rathaus von 1913, das repräsentativ im Maschpark liegt; zum Maschsee, einem Segel- und Badesee, um den manche Stadt Hannover beneidet; und schließlich ins historische Zentrum.
Viel von der Altstadt hat der Krieg nicht übrig gelassen, aber das alte Rathaus (15.–19. Jh.) steht noch, ebenso wie die gotische Marktkirche und die Fachwerkhäuser auf der Kramer- und der Burgstraße. Dann der Beginenturm – ein Stadtmauerrest, vor dem sich einige bunte Figuren von Niki de Saint Phalle befinden –; das Leineschloss, der Sitz der niedersächsischen Landesregierung; der Ballhof von 1649 und die Kreuzkirche mit dem Lucas-Cranach-Altar. Nicht am »Roten Faden« hingegen liegt Hannovers größter Schatz: die Herrenhäuser Gärten, allen voran der Große Garten, der größte erhaltene Barockgarten Deutschlands.

2 Das alte **Hildesheim**, bis zur Zerstörung im März 1945 ein einziges Fachwerkwunder, hat seit 1989 seinen großartigen Marktplatz wieder. Dessen Prunkstück, das Knochenhaueramtshaus, wurde – wie auch das Bäckeramtshaus und die Fassaden anderer Häuser – fachmännisch rekonstruiert. Den Krieg beschädigt überlebt hatten einzig das Rathaus und das Tempelhaus.
Weitgehend neu erbaut werden mussten auch der sehenswerte Dom und die Kirche St. Michael, beide fast rein romanisch. Im Dom blieben unter Anderem das Taufbecken, die Bronzetür zu Ehren Bischof Bernwards, die Madonna mit dem Tintenfass, der Hezilo-Radleuchter – der das himmlische Jerusalem darstellt – und die Bernward-Säule erhalten. Der »tausendjährige« Rosenstock im Kreuzgang verbrannte, trieb aber 1946 neu aus. Die bemalte Holzdecke in St. Michael aus dem Jahr 1300 stellt einen Kunstschatz von unermesslichem Wert dar.

Fachwerkhäuser und die Marktkirche in der Altstadt von Hannover.

Ein Aufenthalt in der Stadt wäre unvollständig ohne einen Besuch des Roemer- und Pelizaeusmuseums mit der eindrucksvollen ägyptischen und altperuanischen Sammlung.

3 Salzgitter – eine Stadt ohne Mitte: 1942 wurde der Ort aus 31 Dörfern und Städtchen gebildet, nachdem man mit dem Abbau von Eisenerz begonnen und sich die Schwerindustrie hier angesiedelt hatte. Namengebend war das historische Salzgitter-Bad mit seiner Salzquelle.
Bekannter als die Baudenkmäler – die Barockkirche des Damenstiftes in Steterburg, das Schloss in Salder, der schlossartige Konvent sowie die Klosterkirche mit barocker Ausstattung und dem eintausend Jahre alten Kruzifix in Ringelheim – dürfte jedoch das hervorragende Sport- und Freizeitangebot sein.

4 Wolfenbüttel ist ein Kleinod der Renaissance. Schön ist es dank seiner weitgehend erhaltenen, vom Fachwerk geprägten Altstadt mit romantischen Winkeln an der Oker, dank seines prächtigen Schlosses mit barocker Fassade und Renaissanceturm und dank der Marienkirche, einem prunkvollen Monument des Protestantismus aus dem frühen 17. Jh. Nachdem die Welfen 1255 Wolfenbüttel erobert hatten, wichen sie vor den streitbaren Braunschweigern dorthin aus und wohnten ab 1432 ständig dort. Ab 1553 wurde Wolfenbüttels alte Wasserburg zu einem Renaissanceschloss ausgebaut, die Stadt vergrößert und befestigt.
Richtig berühmt aber wurde die Stadt durch ihre Büchersammlung: Die 1572 gegründete Herzog-August-Bibliothek galt im 17. Jh. als die größte Bibliothek Europas. Zu ihren Leitern zählten u. a. der Philosoph Leibniz und der Dichter Lessing. Zu den 12 000 alten Handschriften dieses Schatzhauses, das besichtigt werden kann, gehört auch das Evangeliar Heinrichs des Löwen, das als teuerstes Buch der Welt bekannt wurde.
Ein gemütlicher Bummel durch die Fußgängerzone des malerischen Städtchens ist empfehlenswert. Und für Hobbyfotografen bieten sich unzählige schöne Motive.

Wandern & Freizeit

Ein 4,2 km langer Stadtspaziergang ist eine perfekte Entdeckungstour durch **Hannover**. Der Spaziergang entlang des »Roten Fadens«, das sind Linien und Pfeile entlang der Wegstrecke, verbindet 35 Sehenswürdigkeiten und Erlebnisstationen. Ausgangs- und Endpunkt ist die Tourist-Info am Ernst-August-Platz 8.

Vor den Toren Hannovers lädt der größte Binnensee Norddeutschlands, das **Steinhuder Meer**, zu einer Radumrundung ein. Dabei sind 30 km ohne Steigungen zu bewältigen. Der Weg ist mit einem »M« gekennzeichnet. Die Uferbereiche sind im nördlichen und südlichen Teil bebaut, während Ost- und Westufer unter Naturschutz stehen. Wer die Strecke abkürzen will, kann in Mardorf ein Schiff der Steinhuder Personenschifffahrt nach Steinhude besteigen.

Hildesheim: Romanischer Säulenwechsel und bemalte Holzdecke von St. Michael.

Augusteerhalle in der Herzog-August-Bibliothek in Wolfenbüttel.

Auf dem Braunschweiger Burgplatz wacht der bronzene Löwe über die alte Welfenstadt.

5 **Braunschweig** wurde trotz wechselvoller Geschichte ein Zentrum von Kultur und Wissenschaft und steht darin auch heute der niedersächsischen Landeshauptstadt kaum nach. Berühmter »Stadtvater« ist Heinrich der Löwe (12. Jh.), der wohl berühmteste Welfe. Er war Herzog von Sachsen und Bayern. Zu seiner Residenz wählte er Braunschweig, wo er ab 1160 die kaiserpfalzartige Burg Dankwarderode errichten ließ. Der Bau brannte mehrfach aus; daher beruht seine heutige Form auf einer Rekonstruktion von 1886–1889. Er war auch der Bauherr des benachbarten Doms und Stifter des Bronzelöwen auf dem Burghof – alle drei Werke sollten seinem Machtanspruch anschaulich Nachdruck verleihen. Kostbar sind die teilweise erhaltene Ausmalung des Doms aus dem 13. Jh. und die dortigen alten Grabmäler.

Der Altstadtmarkt mit dem gotischen Altstadtrathaus (13.–15. Jh.), dem Gewandhaus, dem Kaufhaus der Tuchhändler aus der Zeit vor 1300 und der frühgotischen Bürgerkirche St. Martin bildet ein zweites, ebenso eindrucksvolles historisches Zentrum. Unbedingt besuchen sollte man auch die Museen der Stadt.

6 Bevor es nach Königslutter weitergeht, lohnt ein kleiner Abstecher. Die **Wolfsburg** – ein imposantes Schloss der Weserrenaissance, das zwischen dem 13. und 16. Jh. errichtet wurde – lieh der 1938 gegründeten »Stadt des KdF-Wagens« ihren Namen. Heute hat die am am Reißbrett geplanten Industriestadt einen hohen Freizeitwert.

Der Reichtum der Kommune, den sie dem VW-Werk verdankt, zeigt sich vor allem in der modernen Architektur: im Theater (Architekt: Hans Scharoun), im Planetarium, im Kulturzentrum und in der Heilig-Geist-Kirche (beide von Alvar Aalto) sowie in der Kunsthalle. Als Wahrzeichen der Stadt gilt das Verwaltungshochhaus des VW-Konzerns. In der Auto-Stadt darf man natürlich keinesfalls den Besuch des Volkswagenmuseums versäumen, das vom Oldtimer bis zum Fahrzeug der Jetzt-Zeit die Geschichte von VW, Audi und weiteren in den Konzern eingegangenen Automarken dokumentiert. Fußballfans besuchen vielleicht ein Bundesliga-Heimspiel des VfL Wolfsburg in der neuen Volkswagen Arena, die man an

Die Wolfsburger Autostadt ist ein Erlebnispark und Museum in der Nachbarschaft des VW-Werks.

Die Malereien des 19. Jh. im Kaiserdom in Königslutter erstrahlen in neuem Glanz.

Die prächtige Apsis des Kaiserdoms.

Werktagen im Rahmen einer Stadionbesichtigung (jeweils um 14 Uhr) besichtigen kann.
Im Ortsteil Fallersleben findet man schöne Fachwerkhäuser sowie das Geburtshaus des Dichters der Nationalhymne Hoffmann von Fallersleben. Im Schloss Fallersleben ist heute ein Museum untergebracht, das das Werk des Dichters und die Demokratiebewegung seiner Zeit beleuchtet.

7 **Königslutter** – ein kleiner Ort mit einer großer Kirche, die aus Kalksteinquadern aus dem nahe gelegenen Elm erbaut wurde. Der Stifter des romanischen »Kaiserdoms«, der im Jahr 1135 begonnen wurde, war Kaiser Lothar III., der im nahe gelegenen Süpplingenburg residierte. Berühmt sind das Löwenportal, der Jagdfries an der Apsis – in der Mitte fesseln zwei Hasen ihren Jäger – und der Kreuzgang. Ebenso beeindruckend, wenn auch kunstgeschichtlich vielleicht etwas weniger interessant, ist das historische Ortsbild.

8 An **Helmstedts** jahrzehntelange Funktion als innerdeutscher Grenzübergang erinnern eine Gedenkstätte und ein Museum. Das Städtchen hat jedoch einiges mehr zu bieten, wie das Ludgeri-Kloster mit der Doppelkapelle und der Felicitas-Krypta, die gotische Stephani-Kirche mit einer Renaissancekanzel und das schmucke Juleum. Dabei handelt es sich um den 1592–1597 errichteten Hauptbau der Universität, die Helmstedt bis 1810 besaß.

9 **Schöningen** ist schon seit 748 belegt. Sogar Karl der Große kam 784 hier vorbei. Wo Karl damals wohnte, steht seit 1120 die Pfarrkirche St. Lorenz. In der Stadtmitte besticht der Marktplatz, um den herum und in dessen Nähe das einstige Rathaus, die Kirche St. Vincenz, das Amtsgericht und die Burg versammelt sind.

Wandern & Freizeit

Ein rund 60 Kilometer langer thematischer Kulturradweg auf Till Eulenspiegels Spuren führt durch den **Landkreis Wolfenbüttel**. Eine Radtour, die auch die Kinder begeistert, da an allen 27 Orten der Route Schilder die Eulenspiegel-Geschichte erzählen. Schilder mit einem Till-Kopf weisen den Weg. Der Start ist vor dem Wolfenbütteler Schloss. An der Oker geht es weiter nach Neindorf und Kissenbrück und über Wittmar in die Asse. Wem hier die Strecke zu steil ist, der schiebt das Rad. Über Groß Vahlberg geht es nach Kneitlingen und weiter nach Schöppenstedt, wo ein Besuch des Till-Eulenspiegel-Museums *(www.eulenspiegel-museum.de)* Pflicht ist. Von hier wird der Rückweg angetreten. Wem die gesamte Strecke für einen Tagesausflug zu anstrengend ist, der kann die Tour auch in zwei Abschnitten bewältigen und dabei einmal in Wolfenbüttel und einmal in Schöppenstedt starten.

Vor den Toren Braunschweigs liegt im Osten das romantische **Riddagshausen** mit dem Naturschutzgebiet Riddagshauser Teiche, dessen Gewässer und Baumbestand ein regelrechtes Vogelparadies darstellen. Seine Bedeutung unterstreicht die Bezeichnung Europareservat. Die Mönche des Zisterzienserklosters Riddagshausen schufen im 12. und 13. Jh. in einem sumpfigen Gelände die Teiche, die sie zur Fischzucht nutzten. Ein schöner Spaziergang um das Teich- und Naturschutzgebiet beginnt am besten ab dem Kloster Riddagshausen. Der befestigte Weg führt am Kreuzteich entlang, weiter über den Fischerweg am Ufer des

Mittelteiches und im weiteren Verlauf um den Schapenbruchteich zum Dr.-Bernd- Weg. Eine Einkehrmöglichkeit besteht beim Ausflugslokal Schäfersruh, bevor es wieder nach Riddagshausen über den Dr.-Wilke-Weg gemütlich zurückgeht. Wer den Ausflug noch etwas erweitern will, geht parallel zur Ebertallee zum Wirtshaus Grüner Jäger, wo gegenüber ein Waldweg in den Staatsforst Braunschweig führt. Ein kleiner Wildpark lädt hier zur Beobachtung ein.

Königslutter liegt am Rand des Elm, eines vorwiegend mit Laubbäumen bewaldeten Höhenzugs. Rund drei Stunden braucht man für eine Wanderung einschließlich Rückweg zur Burgruine Langeleben und noch eine Stunde mehr zum Waldgasthof Tetzelstein.

Der **Elm** ist auch ein ideales Gebiet für Radfahrer: entweder mittendurch – anstrengende lange Steigungen sucht man hier vergeblich – oder drum herum; über Schöningen und Schöppenstedt sind dies allerdings knapp 60 km, die oft auch über Straßen ohne einen Radweg führen.

Ein lohnenswertes Ziel für eine ein- bis zweistündige Wanderung ab Helmstedt ist der **Lappwald**, und hier insbesondere das idyllische Brunnental mit seinen Weihern; der winzige Badeort Bad Helmstedt und die Walbecker Warte mit Blick auf die Stadt. Je 5 km hin und zurück sind es durch den Wald zum Kloster Mariental.

Durch den Harz – über und unter Tage

Diese etwa 190 km lange Tour führt von Bad Grund und den Städten am westlichen Harzrand aus tief in den Harz hinein und durch den lieblichen Ostharz wieder hinaus. Um die zahlreichen Zeugnisse des Harzer Bergbaus und die historischen Fachwerkstädte, Schlösser und Kirchen mit Muße zu erleben, sind drei Tage für die gesamte Tour nicht zu lang.

1 Nach **Bad Grund**, dem ältesten Bergbaustädtchen im Oberharz, kommen die Gäste weniger wegen der Kneipp- und Moorbäder: Publikumsmagnet ist vielmehr die Iberger Tropfsteinhöhle mit ihrem steinernen Wasserfall. Seit dem Fall der Grenze haben die Rübelander Höhlen ihr freilich den Rang abgelaufen. Der Albert-Turm oberhalb der Höhle bietet einen grandiosen Rundblick. Nicht nur als Ziel für Familien mit Kindern eignet sich das Uhrenmuseum. Das Arboretum ist ein botanischer Garten mit blühenden Sträuchern aus aller Welt. Ein kurzer Abstecher führt nach Wildemann. Der Name dieses Bergbaudörfchens kommt vom »wilden Mann« – einem Berggeist, der die fleißigen Bergleute mit guter Ausbeute belohnte. Das hiesige Bergwerk, der alte 19-Lachter-Stollen, kann besichtigt werden.

2 Mehr zum Thema Bergbau erfährt man im ausgezeichneten Oberharzer

Die Gießerei Königshütte in Bad Lauterberg ist ein Industriedenkmal.

Der Innenraum der St.-Andreas-Kirche in Bad Lauterberg hat eine Doppelempore.

Portal am Mundloch des Ernst-August-Stollens in Gittelde bei Bad Grund.

Bergwerksmuseum in **Clausthal-Zellerfeld**. Der Ort ist die Metropole des Oberharzes und besitzt eine international bekannte Technische Universität mit dem Schwerpunkt Bergbau, deren riesige Mineraliensammlung sehenswert ist. Die Marktkirche Zum Heiligen Geist gilt als größte deutsche Holzkirche.

3 Ein charmantes Städtchen ist **Osterode** am südwestlichen Harzrand. Eine teilweise erhaltene Stadtmauer, mit Flusskieseln erbaut, umschließt hier eine romantische Altstadt aus Fachwerkhäusern. Besonders schön ist der Kornmarkt, hinter dem sich die äußerlich schlichte, doch in ihrer Ausstattung bedeutende Kirche St. Ägidien erhebt.

4 Über dem südlichen Nachbarort **Herzberg** ragt auf einem Bergrücken das Fachwerk-Renaissanceschloss aus dem frühen 16. Jh. auf, dessen Grundmauern zum Teil aus dem 11. Jh. stammen. Glanzstück des schön renovierten Baus ist der Treppen- und Uhrturm in einer Ecke des Innenhofs. Im Schloss sind unter anderem ein Forst- und ein Zinnmuseum untergebracht.
Die einstige Burg Scharzfels oberhalb der Straße nach Bad Lauterberg ist hingegen nur noch eine Ruine: Sie wurde 1761 im Siebenjährigen Krieg zerstört. Die Aussicht lohnt nach wie vor einen Besuch. Oberhalb des Ortes Scharzfeld liegen die Einhornhöhle, in der Knochen eiszeitlicher Tiere entdeckt wurden, sowie eine weitere Höhle, die »Steinkirche«: Sie wurde im Mittelalter als Kirche hergerichtet.

5 **Bad Lauterberg**, unterhalb des Oderstausees gelegen, machte wie viele andere Harzorte im 19. Jh. den Wandel von einer Bergbausiedlung zum Ferien- und Kurort durch. Mit seinen Fachwerkhäusern und dem kleinen Kurpark wirkt das Städtchen recht gepflegt. Ein Teil der alten Zechenanlagen wurde als Schaubergwerk hergerichtet. Sehenswert – wenn auch nur von außen – ist ebenfalls eine 1733 gegründete Eisenhütte, ein Denkmal aus der Frühzeit der Industrialisierung.

6 Mit seinen steilen Straßen ist **St. Andreasberg** eine echte Heraus-

Wandern & Freizeit

Der **Harz** ist mit seinen Wanderwegen eine der am besten erschlossenen Wanderregionen Deutschlands. Über 8000 km markierte Wanderwege durchziehen den Harz von Norden nach Süden und von Westen nach Osten. Von jedem Ort aus kann man mit Hilfe einer Wanderkarte des Harzklubs (*Bahnhofstr. 5a, 38678 Clausthal-Zellerfeld, Tel. 05323/817 58, www.harzclub.de*) Rundwanderungen unternehmen. Und wie es sich für ein Gebirge gehört, kann man auch einige Gipfel mit Aufstiegshilfen erreichen: Sessellifte führen von Thale zur Rosstrappe und von Bad Lauterberg zum Hausberg, die Brockenbahn verkehrt von Schierke zum Brocken und Kabinenseilbahnen verbinden Braunlage mit dem Wurmberg, Hahnenklee mit dem Bocksberg, Thale mit der Station Hexentanzplatz und Bad Harzburg mit dem Großen Burgberg.

Schmuckstück des Fachwerk-Welfenschlosses in Herzberg ist der reich verzierte Treppenturm mit der Doppeluhr im Innenhof.

Rosen über Rosen blühen und duften im Europa-Rosarium in Sangerhausen vom Frühjahr bis weit in den Herbst um die Wette.

forderung für Flachlandbewohner. Nur schade, dass die moderne Superrutsche ebenso wenig zur Entlastung des innerstädtischen Transportwesens beiträgt wie die wintertags stark frequentierten Skipisten.

Der Silberbergbau wurde in St. Andreasberg im Jahr 1910 eingestellt. Nicht versäumen sollte man einen Besuch der Grube Samson: Sie ist Europas einzige Grube mit noch funktionierender Fahrkunst.

Wandern & Freizeit

Das **Oberharzer Bergwerksmuseum** (*Bornhardtstr. 16, 38678 Clausthal-Zellerfeld, Tel. 05323/989 50, www.oberharzerbergwerks museum.de*) bietet Kindern und der ganzen Familie ein tolles Erlebnis im Rahmen einer Wanderung mit dem elektronischen Emil. Im Museum kann man einen kleinen Computer ausleihen. Spannendes, Wissenswertes und auch Rätselhaftes über die Geschichte, die Spuren des Bergbaus und des UNESCO-Welterbes Oberharzer Wasserwirtschaft, liefert Emil, der kompetente Landschaftsdetektiv-Computer.
Drei interessante Rundgänge werden angeboten: das Freigelände des Museums, die Ringer Halde (eine Einführung in die Oberharzer Wasserwirtschaft) und der Kaiser-Wilhelm-Schacht II.

Die »klassischste« Harz-Wanderroute verläuft von Torfhaus (Start am Nationalparkdenkmal am Großparkplatz) an der B4 nördlich von Braunlage aus auf den Spuren Goethes auf dem nach ihm benannten Goetheweg zum **Brocken** (hin und zurück 16 km). Auf Waldwegen mit teilweise schöner Aussicht, aber auch über Holzbohlen und in Teilstrecken auch entlang eines alten Kolonnenweges, führt der mit »Brocken« ausgeschilderte Weg über den Quitschenberg zum Rastplatz am Eckersprung, der Quelle der Ecker; und weiter über den sogenannten Neuen Goetheweg zum Brockengipfel in 1142 m Höhe. Wer nach einer Rast oder Einkehr am Brockengipfel vor dem Rückweg noch eine rund einstündige leichte Wanderung unternehmen will, der genießt die Ausblicke und die Se-

henswürdigkeiten entlang des ausgeschilderten Brockenrundwanderweges (u.a. mit dem Brockengarten, dem Hexenaltar, dem Brockengipfel mit der Brockenuhr und dem Brockenmuseum).

Direkt von **Braunlage** aus führt ein Wanderweg auf den Wurmberg, der neben der Seilbahnstation auch eine Sprungschanze und einen Aussichtsturm zu bieten hat. Etwa 410 m Höhenunterschied sind auf der 11 km langen Rundwanderung zu meistern. Man kann die Strecke per Seilbahn abkürzen.

Am **Wurmberg** bietet sich Wagemutigen in den Sommermonaten ein neues Erlebnis: Am Großparkplatz in Braunlage kann man sogenannte Monsterroller ausleihen (*www.monsterroller.de*). Das sind äußerst stabile Tretroller mit perfekten Scheibenbremsen und breiten Stollenreifen. Hinauf geht es per Bergbahn auf den Wurmberg. Der Fahrpreis ist im Ausleihpreis inbegriffen. Oben angekommen, wird der Helm, der zur Ausrüstung gehört, aufgesetzt und dann geht es über 400 Höhenmeter eine fast 5 km lange Strecke hinab zum Ausgangspunkt.

Der **Harzer Grenzweg** führt zu den Zeugnissen der deutschen Teilung und zu einmaligen Biotopflächen entlang des alten Grenzstreifens. Der Weg ist Teil des Grünen Bandes, das sich rund 1400 km entlang der ehemaligen Grenze zieht. Etwa 100 km beträgt die Teilstrecke im Harz, die sich vom Grenzturm Rhoden (Osterwieck) im Norden bis zum Grenzlandmuseum Tettenborn (Bad Sachsa) im Süden zieht. Wer die Strecke oder auch nur Teile davon erwandert, ist häufig auch auf den alten Kolonnenwegen unterwegs. Auf den groben Betonplatten patrouillierten die DDR-Grenzsoldaten. Der Harzklub hat den weg gut ausgeschildert. Zahlreiche Informationstafeln am Wegesrand klären über historische Stätten und Ereignisse sowie über interessante Biotope auf.

Idyllisch ist die Wanderung von Stolberg aus auf den 580 m hohen **Großen Auerberg**, auf dem das größte eiserne Gipfelkreuz der Welt als Aussichtsturm dient. Der Weg führt meist durch Laubwald. Der zu bewältigende Höhenunterschied beträgt 300 m, hin und zurück sind es etwa 11 km.

Nur eine Dreiviertelstunde braucht man von Bad Lauterberg aus auf dem mit einem blauen Dreieck markierten Fußweg zum schönen **Oderstausee**.

Der **Harz** ist keine Region für einfache und familiengeeignete Radtouren. Mountainbiker finden aber eine große Auswahl an Strecken aller Schwierigkeitsgrade, wo sie in schöner Natur einige Höhenmeter hinter sich bringen können. Zurzeit bietet der Harz 74 ausgeschilderte Mountainbike-Rundrouten mit etwa 2200 km Strecke. Weitere Informationen und Angebote von geführten Touren: *www.volksbank-arena-harz.de* und *www.mtb-harz.de*

Reichlich Fachwerkschmuck und einladende schmiedeiserne Schilder der Gasthöfe und Hotels kennzeichnen das historische Zentrum von Stolberg.

7 In **Braunlage** hat man die geografische Mitte des Harzes erreicht. Der quirlige Ort ist ein Schwerpunkt des Harztourismus, vor allem des Wintersports. Er selbst besitzt nur wenige Sehenswürdigkeiten, erfreut jedoch mit einem reichen Veranstaltungsprogramm und Wanderwegen in allen Richtungen. Besonders beliebt ist die Tour auf den 971 m hohen Wurmberg, auf dessen Gipfel man mit einem Brockenblick belohnt wird. Auf diesen zweithöchsten Berg des Harzes fährt auch eine Seilbahn.

8 Ebenfalls beliebt, aber dennoch beschaulich, ist das am südlichen Harzrand gelegene **Bad Sachsa**. Obwohl der Ort über 1100 Jahre alt ist, gibt es außer der Kirche St. Nikolai nur wenige historisch wertvolle Gebäude. Das Rathaus hat einen Jugendstil-Saal. Stattdessen locken der Kurpark, ein Teich, auf dem man Boot fahren kann, das Grenzlandmuseum, der Märchengrund, in dem bewegte Märchenszenen zu sehen sind, sowie das Salztal-Paradies – mit Hallengolf, einer Badelandschaft und anderen Sporteinrichtungen. Über dem Ort ragt der Ravensberg (660 m) auf, ein Wanderziel mit Aussichtspunkt und Skipisten.

9 Das imposante Zisterzienserkloster im nahe gelegenen **Walkenried** ist die großartigste Ruine im ganzen Harz. Der erste Bau wurde bereits 1179 bezogen, doch die heute noch zu besichtigenden Teile – die verfallene große Kirche sowie der erhaltene doppelschiffige Kreuzgang – wurden im 13. und 14. Jh. in gotischem Stil neu errichtet. In den Sommermonaten finden im Kreuzgang klassische Konzerte statt.

10 Das sich in waldgesäumten Tälern erstreckende **Stolberg** ist der eigentliche Höhepunkt dieser Tour, ein wahres Schmuckstück. Alles ist hier seit zwei bis sieben Jahrhunderten original erhalten: die in Fachwerk errichteten Wohnhäuser (besonders schön ist das Haus Niedergasse 19 mit dem Heimatmuseum), der Saigerturm aus dem 13. Jh., das prächtige Rathaus mit dem Denkmal für den in Stolberg geborenen Bauernführer Thomas Müntzer, die Martinikirche, ein Stadttor und das Renaissanceschloss auf der Höhe. Übrigens wurden die letzten beiden Hexen 1657 vor dem Rathaus verbrannt. Den besten Blick auf Schloss und Stadt genießt man von der Lutherbuche am gegenüberliegenden Hang.

11 **Harzgerode** liegt fernab von allem Trubel zwischen ausgedehnten Wäldern – ideal für geruhsame Wanderungen. Zentrum der Altstadt mit ihren schönen Fachwerkhäusern ist der Marktplatz mit dem historisierenden Rathaus von 1901. Als Hauptsehenswürdigkeit sind die Marienkirche und das kleine Renaissanceschloss, das im 16. Jh. seine heutige Form erhielt, zu nennen.

12 **Sangerhausen** wird zwar von einer hässlichen Abraumhalde, einem Relikt des inzwischen eingestellten Kupferbergbaus, überragt; doch dafür entschädigt das sehenswerte Rosarium, ein 15 ha großer Rosengarten. Mit über 6500 verschiedenen Arten ist es seit 1903 ein Wallfahrtsziel für Rosenfreunde.

Die Stadt bietet im alten Ortskern noch weitere Sehenswürdigkeiten: die Jakobikirche mit ihrem schiefen Turm, das Rathaus (15.–16. Jh.), das Neue Schloss (16.–17. Jh.) und die romanische Ulrichskirche. Und nicht zu vergessen: das Spengler-Museum.

Der Kreuzgang des Klosters Walkenried ist ein Meisterwerk gotischer Baukunst.

Von der Elbe an die Saale

Die etwa 350 km lange Route (Dauer: mindestens fünf Tage) führt zu den kulturhistorischen Glanzlichtern Sachsen-Anhalts. Man sieht Zeugnisse deutscher Reichsgeschichte und erlebt das Kernland der Reformation. Eigene Akzente setzen die Dessauer Bauhausarchitektur, der Wörlitzer Park und das schöne Saaletal.

Die Kanzel im Magdeburger Dom trägt gotischen Bildschmuck.

❶ Wann **Stendal**, das Zentrum der Altmark, seine Blütezeit erlebte, zeigen die prächtigen Kirchen und das schmuckvolle Ünglinger Tor: Sie stammen aus dem 14./15. Jh., als die Stadt Mitglied der Hanse war. Besuchsziele sind der Marktplatz mit Roland und Rathaus, die dahinter liegende Marienkirche, die Jakobikirche im Norden und der Dom im Süden. Dom und Jakobikirche sind vor allem für die kostbaren mittelalterlichen Chorfenster und Glasmalereien berühmt.

❷ Eine schnurgerade Allee führt nach **Tangermünde**, zur »Perle der Altmark« – mit fast vollständiger Stadtmauer (13. Jh.), drei Stadttoren, der gewaltigen Stephanskirche (14. bis 15. Jh.) und dem Rathaus von 1430, einem Juwel norddeutscher Backsteingotik. Die meisten Wohnhäuser entstanden nach dem großen Stadtbrand von 1617.

Über der Mündung der Tanger in die Elbe wachen die Reste der Burg; sie diente im 10./11. Jh. als Festung an der Grenze zum slawischen Siedlungsgebiet und war die Keimzelle der Stadt. Ein Genuss ist das Elbpanorama vom anderen Ufer aus.

Die 1220 vollendete Klosterkirche von Jerichow sollte den Slawen die Macht des Christentums vor Augen führen. Doch es fehlte an Naturstein, und so entstand hier die erste romanische Backsteinkirche.

Im Stil der Backsteingotik wurde das Rathaus in Tangermünde erbaut.

❸ **Magdeburg**, Landeshauptstadt von Sachsen-Anhalt, war eine Schatzkammer von Kunst und Kultur, ehe 1945 rund 90 % der Innenstadt vernichtet wurden. Es »überlebten« einige Bauten und Kunstwerke höchsten Ranges, allen voran der großartige Dom, der im 13./14. Jh. errichtet wurde. Beeindruckend sind die Figuren der fünf klugen und fünf törichten Jungfrauen am Nordportal sowie etliche Bildwerke im Innern, darunter das Gefallenendenkmal von Ernst Barlach. Glanzlicht des Kreuzgangs ist die hochgotische Brunnenkapelle.

Das nahe Kloster Unser Lieben Frauen bewahrt noch fast überall den romanischen Stil seiner Bauzeit (11./12. Jh.); zu ihm gehört das früheste deutsche Brunnenhaus. Der berühmte Magdeburger Reiter vor dem Rathaus (heute eine Bronzekopie) ist die älteste frei stehende deutsche Reiterfigur. Schöne Aussichten auf die darunter gelegene Stadt gewähren der Turm der Johanneskirche und das gegenüberliegende Elbufer.

❹ **Dessau**, im 18. Jh. ein weithin gerühmter Hort der Aufklärung, wurde weltbekannt durch eine Schule und ihre Lehrer, die hier – ab 1925 – für nur sieben Jahre wirkten: das Bauhaus unter Walter Gropius. Mit dem Schulgebäude, den Meisterhäusern in der Ebertallee, der Bauhaus-Siedlung im Stadtteil Törten sowie dem Arbeitsamt wurden die neuen Bauhausideen, die Architektur und Design fortan weltweit prägten, von Gropius und Kollegen am Ort selbst umgesetzt. Beinahe um die Ecke liegen Schloss und Park Georgium mit Staatlicher Galerie.

❺ Unter den von der Aufklärung geprägten Schlössern und Gärten in und um Dessau ist der Landschaftspark in der Elbaue von **Wörlitz** der älteste und großartigste. Leopold III. Friedrich Franz von Anhalt-Dessau ließ ihn ab 1764 anlegen – aber nicht als Fürstengarten, sondern als Volkspark. Das weitläufige, mit Wasserflächen gesegnete Grün folgt englischen Vorbildern, integriert aber

Mit dem Wörlitzer Park schuf der Landesfürst von Anhalt-Dessau eine riesige Gartenanlage von Weltruf.

Wandern & Freizeit

Der für Kinder konzipierte **Hansepfad** (Markierung: rotes Haus) führt vom Roland am Marktplatz ausgehend zu einigen Sehenswürdigkeiten von **Stendal**. Der Stadtspaziergang führt vom Marktplatz über die Brüderstraße zum Mönchskirchhof, dann weiter über den Westwall, Hartungswall und zum Uenglinger Tor. Die Tourist-Information *(Kornmarkt 8)* hält weitere Infos bereit.

Ein weites Wander- und Radfahrgebiet ist die rechte **Elbaue** südlich von Magdeburg. Sie geht in die teils bewaldete Gommernsche Heide über. Im Sommer locken dort viele Badeteiche.

Der **Elberadweg** erstreckt sich mit einer Länge von 1165 km von der Elbquelle im Riesengebirge bis hin zur Mündung des Flusses in die Nordsee. Ein Abschnitt des Weges liegt auch in und um **Magdeburg** und lädt zu Radtouren ein, sei es entlang der Sehenswürdigkeiten im Stadtgebiet oder zu nahegelegenen Ausflugszielen wie dem Wasserstraßenkreuz oder dem Elbauenpark und dem Herrenkrugpark. Die Strecken sind mit dem blauen Logo »Elbradweg« markiert.

Auf der etwa 10 km langen Altstadt-Tour erfährt man etwas über die Geschichte **Magdeburgs**. Zu den wichtigen Etappen der Tour gehören der Dom St. Mauritius und St. Katharina, die Johanniskirche sowie das Alte Rathaus mit dem Magdeburger Reiter.

Von **Magdeburg** aus bietet sich eine **Bootsfahrt** auf einem Schiff der Weißen Flotte an. Zur Auswahl stehen zwei Richtungen (hin und zurück). Die Tour flussaufwärts führt entlang der Stadtsilhouette am Dom und der Rotehorn-Spitze vorbei. Die Tour flussabwärts geht entlang von Auenwäldern in Richtung Wasserstraßenkreuz, über die Elbe mit der Schiffsschleuse Magdeburg/Rothensee sowie zur Brückenverbindung zwischen Mittelland- und Elbe-Havel-Kanal.

Der Dom St. Peter und Paul in Naumburg bestimmt die Silhouette der Stadt.

Stifterfiguren im Naumburger Dom.

Idealbilder der Antike und Italiens und gibt zum Zeichen aufklärerischer Toleranz über Sichtachsen gleichermaßen den Blick auf Kirche, Schloss und Synagoge frei.

6 In der **Lutherstadt Wittenberg** wirkten neben dem großen Reformator auch sein Mitstreiter Melanchthon und viele andere Gelehrte und Künstler. Kurz bevor Luther 1511 hierher zog, hatte die Blütezeit der Stadt begonnen. 1502 wurde die Universität gegründet, von der nun die Reformation ihren Ausgang nahm.

Hinter dem schönen Markt mit Rathaus ragt die Stadtkirche St. Marien auf, in der Luther predigte. Die befreundete Malerfamilie Cranach prägte deren Ausstattung wie den Reformationsaltar oder die Grabmäler. Das große Cranachhaus war Malakademie und Druckerei. Die Schlosskirche ist nicht nur wegen der darin befindlichen Gräber von Luther und Melanchthon berühmt, sondern auch wegen des Anschlags der 95 Thesen an der Kirchentür. Diese Aktion allerdings – da ist sich die Forschung heute sicher – hat wohl nie stattgefunden. Sie ist eine fromme Legende. Die Schlosskirche fiel einem Brand zum Opfer, der heutige Bau stammt aus den Jahren 1770 und 1892.

Das Lutherhaus, in dem der Reformator ab 1524 bis kurz vor seinem Tod 1546 lebte; die Stadtkirche; das Melanchthonhaus, das 1536 für Luthers Mitstreiter erbaut wurde; sowie die Schlosskirche sind Weltkulturerbestätten der UNESCO (seit 1996). Mit Ausnahme der Kirchen sind alle Gebäude heute Museen. Den besten Einblick in Luthers Wirken geben die Originaldokumente im Lutherhaus. Über die Lebensumstände jener Zeit sagt jedoch das Innere des gut erhaltenen Melanchthonhauses mehr aus.

7 **Halle**, Stadt des Salzes und Heimat Georg Friedrich Händels, trägt die Narben des Sozialismus, jedoch nicht die des Zweiten Weltkriegs. Ein Rundgang könnte beim Marktplatz beginnen. Der frei stehende Rote Turm, davor eine Rolandsfigur, verkörpert seit 1506 städtisches Selbstbewusstsein. Ein ungewöhnlicher spätgotischer Bau ist die viertürmige Marktkirche, die 1537 vollendet wurde. Der nahe gelegene, turmlose Dom entstand bis 1330 als Klosterkirche und wurde zwischen 1520 und 1523 mit antireformatorischem Ziel umgestaltet, ehe das Luthertum auch in Halle siegte. Besonders schön sind das Chorgestühl, die Kanzel und die Pfeilerfiguren.

Die Neue Residenz gleich nebenan diente dem Kardinal als Schloss. Nur gut 30 Jahre, im Geiste aber gleich eine ganze Epoche älter ist die Moritzburg, eine antistädtische Feste des Erzbischofs (um 1500).

1698–1745 wurden die Franckeschen Stiftungen errichtet. Der Armenpfarrer und Professor August Hermann Francke brachte darin ein Waisenhaus, eine Schule und ein Krankenhaus unter. Besichtigen sollte man auf jeden Fall auch das Hallorenmuseum sowie die am Stadtrand gelegene Burg Giebichenstein.

Jenseits von Industriebrache und Plattenbau liegt eine königliche Stadt: Merseburg. In vieltürmiger Silhouette ragen hier Dom und Schloss über einem Hang auf, dessen lieblich begrünten Fuß die Saale umspült. Vom 10. bis 13. Jh. hielten hier immer wieder deutsche Könige und Kaiser Hof. Am Dom wurde ab dem Jahr 1015 gebaut. Aus jener Zeit stammt

Luther predigte oft in der Stadtkirche in Wittenberg; sie ragt hinter dem weiten Markt auf.

Scheinbar blickt Händel auf Marktkirche und Roten Turm in Halle.

Das Lutherdenkmal auf dem Marktplatz in Eisleben.

die romanische Krypta. Das Langhaus wurde 1510–1517 neu errichtet. Von der reichen Ausstattung seien hier nur die bronzene Grabplatte von 1080 (ältestes deutsches Grabbildnis), die reich geschnitzte Kanzel und die prunkvolle Orgel erwähnt. Das Schloss beeindruckt als Gesamtanlage; es enthält jedoch kaum noch Kunstschätze.

8 In der **Lutherstadt Eisleben** stehen Luthers Geburts- sowie sein Sterbehaus. Sehenswert ist auch das hübsche Marktensemble mit Lutherdenkmal, Rathaus und Andreaskirche.
1996 wurden Luthers Geburtshaus mit einer Gedächtnisstätte (Lutherstr. 16) und sein Sterbehaus (Andreaskirchplatz 7) von der UNESCO als Weltkulturerbe anerkannt.

9 Vier Türme ragen über dem idyllischen Saaletal auf und künden von **Naumburgs** größtem Schatz: dem frühgotischen Dom St. Peter und Paul. Berühmt sind die lebensgroßen Stifterfiguren (um 1250) am Lettner des Westchors, die sich in lebendigem Ausdruck anblicken oder voneinander abwenden.
Eine wahre Freude ist auch das unzerstörte und von den Spuren sozialistischer Vernachlässigung weithin befreite historische Stadtbild: Neben Renaissance-Rathaus und Wenzelskirche als Mittelpunkt der Bürgerstadt sind Reste der Stadtmauer (15. Jh.) zu besichtigen.

Wandern & Freizeit

Radfahrer können der **»Deutschen Alleenstraße«** folgen – zu empfehlen vom Wörlitzer Park aus über Dessau nach Halberstadt mit seinem berühmten Dom (110 km, beinahe nur ruhige Nebenstrecken). Von dort aus geht es auf der »Fachwerkstraße« rasch nach Quedlinburg.

Auf der sogenannten »Bauhaustour« kommen Freunde der Bauhausarchitektur auf ihre Kosten. Die ausgeschilderte Rundtour startet am Hauptbahnhof und führt etwa 22 km durch das Stadtgebiet von **Dessau**. Vorbei an Bauhaus und Meisterhäusern (UNESCO-Weltkulturerbe) geht es zum Kornhaus und nach Dessau-Süd in die Gropiussiedlung Dessau-Törten. Die kürzere Nordroute ist etwa 8,5 km lang, die längere Südroute umfasst 13,5 km.

Eine etwa 29 km lange Radtour verbindet die beiden Elbstädte **Lutherstadt Wittenberg** und **Dessau**. Die ohne nennenswerte Höhenunterschiede, vorwiegend auf befestigten Wegen und ruhigen Nebenstraßen verlaufende Tour startet am Hauptbahnhof von Wittenberg. Am Schloss vorbei geht es durch die Stadt in Richtung Wörlitz. Auf dem Weg liegt das große Gebiet des Wörlitzer Parks, der ausschließlich für Fußgänger zugänglich ist. Von Wörlitz geht es weiter Richtung Vockerode und von da ab gut 5 km am Ufer der Mulde entlang. Danach führt der Weg vom Ufer weg Richtung Waldersee zum Park Luisium mit seinem bezauberndem Schlösschen. Hinter der Parkanlage verläuft die Route entlang einer Hauptstraße (B 185) in Richtung Hauptbahnhof Dessau, wo diese Fahrt schließlich ihr Ende findet.

Eine interessante, an verschiedenen Natur- und archäologischen Sehenswürdigkeiten vorbeiführende Radtour bietet der gut ausgeschilderte Himmelsscheibenradweg. Er verbindet den Fundort der »Himmelsscheibe von Nebra«, den **Mittelberg bei Wangen**, mit ihrem Aufbewahrungsort, dem Landesmuseum für Vorgeschichte in Halle. Die rund 71 km lange Route lässt sich an verschiedenen Punkten, beispielsweise mit der Bahn abkürzen (Nebra, Querfurt, Röblingen oder Halle).

Sehr lieblich ist das **Unstruttal** mit seinen Weinbergen. Ab Naumburg bietet sich die Winzerstadt Freyburg mit Schloss Neuenburg als Wander- und Radelziel an.

Ein Radwanderweg führt das gesamte **Saaletal** entlang. Am schönsten ist sicherlich das Teilstück von der Ilm-Einmündung bis Naumburg. Die malerischen Ruinen von Rudelsburg und Saaleck, die der Weg vor Bad Kösen passiert, sind von Naumburg aus auch sehr gut zu Fuß erreichbar (etwa 10 km über Kloster Schulpforta und Kösen).

Etwa 42 km liegen zwischen den beiden Domstädten **Naumburg** und **Merseburg**, die sich gut per Rad und entlang der Saale erschließen lassen. Vom Hauptbahnhof in Naumburg geht die Tour am Dom vorbei zum Marktplatz und zum Marientor in Richtung Saale-Radweg bis nach Schönburg. Vorbei an der Burgruine geht es weiter entlang dem Saaleufer nach Leißling, wo man mit der Fähre nach Lobitzsch ans andere Ufer übersetzt. Von dort verläuft die Tour über Uichteritz und Marktwerben weiter nach Weißenfels. Nach Überquerung der Saalebrücke geht es weiter nach Burgwerben, Kriechau, Schkortleben und Großkorbetha.

Von Brandenburg durch den Spreewald bis nach Frankfurt/Oder

Von Brandenburg aus führt die Tour in die Landeshauptstadt Potsdam und weiter durch den Spreewald südlich von Berlin nach Cottbus, bevor nach einem Besuch in Eisenhüttenstadt die polnische Grenze in Frankfurt an der Oder erreicht ist. Für diese Tour empfiehlt es sich, mindestens vier Tage einzuplanen.

Schloss Babelsberg im Stil der englischen Neugotik mit der Havel im Vordergrund.

❶ Im fluss- und seenreichen Gebiet der mittleren Havel liegt die älteste Stadt der Mark, die ihr auch den Namen gab. In **Brandenburg** ist vor allem der reich ausgestattete Dom St. Peter und Paul aus dem 13. Jh. sehenswert. Auf einen Besuch des Dommuseums sollte man in keinem Fall verzichten. Weitere sehenswerte Gotteshäuser sind die Gotthard-, die Katharinen- und die Nikolaikirche. Außerdem lohnt sich eine Besichtigung des Rathauses, der Altstadt und der alten Befestigung. Im Heimatmuseum kann man sich über die Stadtgeschichte informieren und Plastiken von August Wredow sehen.

Wenn die Zeit reicht, sollte man Ausflüge zum Kloster Lehnin und zur Burg in Plaue einplanen.

❷ Entlang der Havel geht es weiter nach **Potsdam**. Ein Besuch von Schloss Sanssouci ist ebenso wie die Besichtigung des UFA-Geländes in Babelsberg ein Muss.

Der Krieg hat der Stadt arg zugesetzt, sodass die Garnisonskirche und das Stadtschloss nicht mehr vorhanden sind. Trotz aller Verwüstungen ist noch genug stehen geblieben um einen ganzen Tag mit Besichtigungen in der Stadt verbringen zu können: die Nikolaikirche von Schinkel, das alte Rathaus, Jäger-, Nauener und Brandenburger Tor, Schloss Cecilienhof, das Lustschloss Belvedere, der Einsteinturm sowie Schloss und Park in Babelsberg. Erhalten geblieben ist auch das malerische Holländische Viertel, das Friedrich Wilhelm I. 1737 für niederländische Immigranten hatte errichten lassen. An der Glienicker Brücke, auf der zu Zeiten des Kalten Krieges Agenten ausgetauscht wurden, legen heute die Ausflugsdampfer der Weißen Flotte ab.

Von Potsdam aus lohnt sich ein Abstecher nach **Neuruppin**, wo Denkmäler an die berühmten Söhne der Stadt, Schinkel und Fontane, erinnern. Die Stadt mit ihrer Marienkirche, der Dominikanerklosterkirche, dem Rathaus, dem Tempelgarten und dem Stadtpark von Lenné ist denkmalgeschützt.

Wandern & Freizeit

An die Wanderungen durch die Mark Brandenburg erinnert der **Fontane-Wanderweg**. Ausgangs- und Endpunkt dieser rund 10 km langen und mit einem blauen Strick markierten Strecke ist Bad Freienwalde.

Ein schöner und interessanter Stadtspaziergang bietet sich in **Brandenburg** an: Vom Ausgangspunkt Katharinenkirche folgt man weiter der Beschilderung.

Von **Potsdam** aus lohnt es sich, den Besuch der ehemaligen DEFA-Studios mit einer Radtour zu verbinden. Die 10 km lange Strecke führt vom Jägertor aus über die Humboldtbrücke und danach weiter durch den Park Babelsberg. Eine etwa 8 km längere Alternativroute führt von Schloss Glienicke durch Potsdam und die Havellandschaft bei Schloss Babelsberg. Die insgesamt 18 km lange Tour beginnt in der Königstraße bei Schloss Glienicke. Sie führt zunächst über die »Brücke der Einheit« und die Havel nach Potsdam. Auf der »Stadtwanderroute nach Sanssouci« (Markierung: Gelber Punkt) geht es über Schloss Cecilienhof nach Schloss Sanssouci. Danach folgen die Etappen DEFA-Studios (Filmmuseum), Holländer Viertel und Humboldtbrücke. Dann geht es auf dem Uferweg zum Schlosspark Babelsberg und der Havel folgend zum Schloss Glienicke zurück.

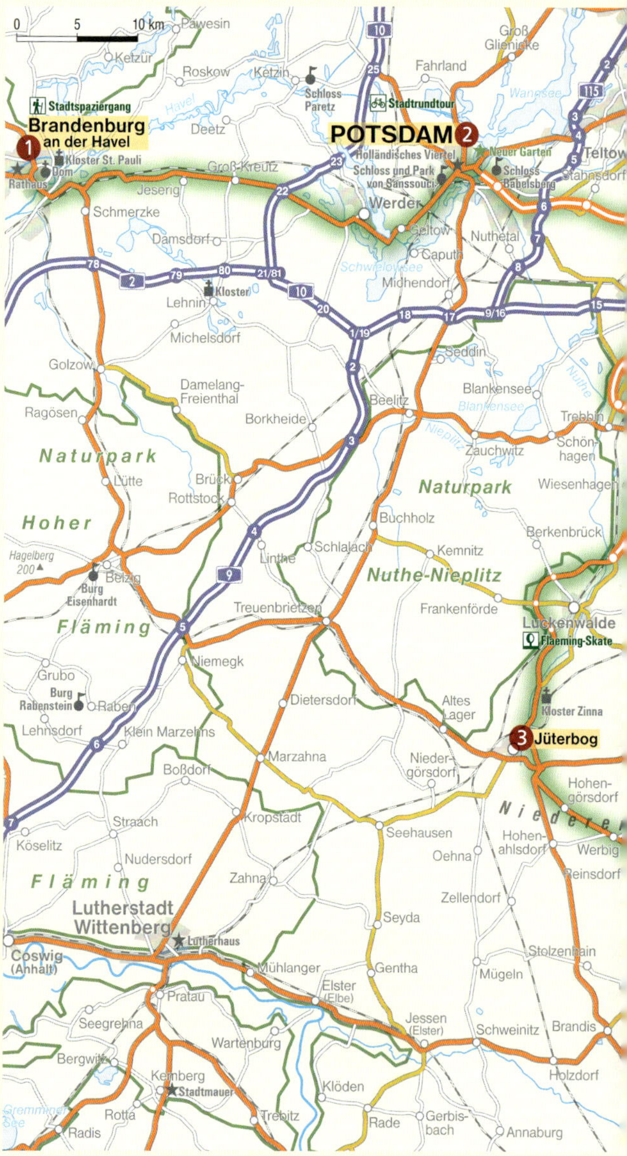

Die Westseite des Parks von Sanssouci wird vom Neuen Palais flankiert. Dieses Schloss ist ein bedeutendes Gebäude des preußischen Barock.

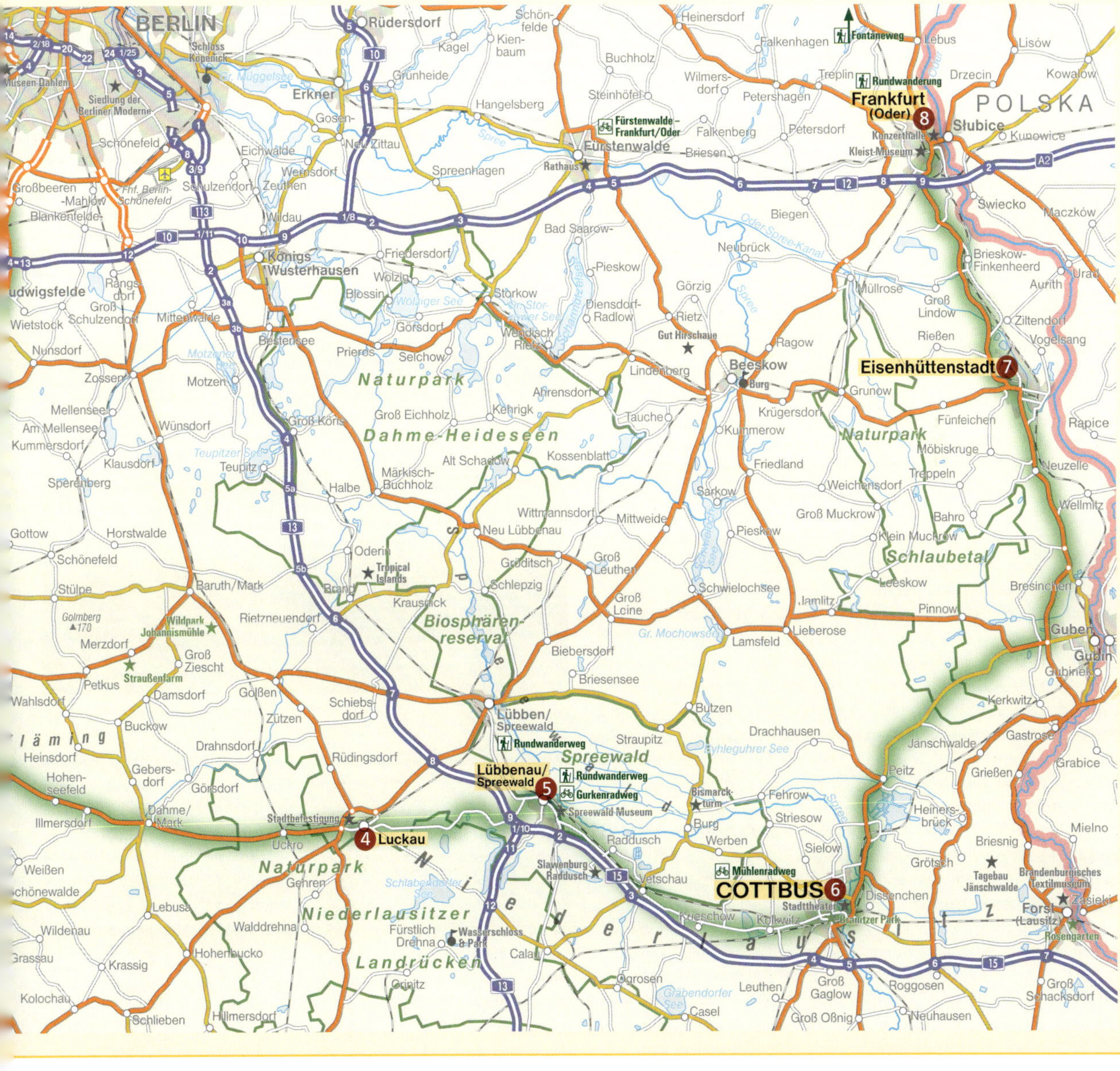

Die Zisterzienserklosteranlage Chorin ist eine Tochtergründung des Klosters Lehnin.

Das Neue Schloss im Fürst Pückler Park von Bad Muskau spiegelt sich malerisch im See.

Das nach holländischem Vorbild 1655 fertig gestellte Wasserschloss in **Oranienburg** bewohnte einst Kurfürstin Luise Henriette, die aus Nassau-Oranien stammte und der Stadt den Namen gab.

Im 4 km entfernten ehemaligen Konzentrationslager Sachsenhausen sind Gedenkstätten für die 100 000 Menschen errichtet worden, die hier dem Naziregime zum Opfer fielen.

Im Norden von Berlin sollte man die gut erhaltene Ruine des Zisterzienserklosters **Chorin** besichtigen. Die eindrucksvolle Anlage gilt als eines der Meisterwerke brandenburgischer Backsteingotik. Am besten kombiniert man den Besuch von Kloster Chorin mit dem des nahe gelegenen Schiffshebewerks Niederfinow. Diese Schleusenanlage von 1934 ermöglicht es den Schiffen, einen Höhenunterschied von 36 m zwischen Havel und Oder zu überwinden.

❸ Am Nordwestrand des Niederen Fläming gründete Erzbischof Wichmann 1174 die Stadt **Jüterbog**, die erst 1815 an Brandenburg-Preußen fiel. An die mittelalterliche Vergangenheit erinnern die Liebfrauenkirche, die seit dem 12. Jh. ständig erweitert und umgebaut wurde, die Nikolaikirche aus dem 13. Jh. mit dem »Tetzelkasten«, einer Baumtruhe als Zeugnis der Ablasspredigten Johann Tetzels von 1517, und die Mönchskirche des ehemaligen Franziskanerklosters. Von der Stadtbefestigung sind weite Teile mit Wiekhäusern, sieben Wehrtürme und drei Stadttore erhalten. Am Marktplatz steht das spätgotische Rathaus.

Etwa 4 km nördlich findet man das 1171 gegründete Zisterzienserkloster **Zinna**. Um 1220 begann der Bau der Klosterkirche, die bis zum 18. Jh. mehrfach erweitert und umgebaut wurde. Von den Klostergebäuden sind Siechen- und Gästehaus aus dem 14. Jh. sowie das Abthaus aus dem 15. Jh. erhalten. Im Abthaus ist auch das Heimatmuseum untergebracht, das die Geschichte von Abtei und Ort für die Nachwelt festhält.

❹ Am Westrand der Niederlausitz wurde nahe einer heute nicht mehr existierenden Burg um 1300 **Luckau** gegründet. Aus dieser Zeit stammt auch die Stadtkirche St. Nikolai, an der man mehrere hundert Jahre lang baute. Nach einem Brand 1644 wurde die Kirche im barocken Stil neu gestaltet.

Ebenfalls aus dem 13. Jh. stammt die Georgenkapelle mit ihrem dominierenden Hausmannsturm. Die mittelalterliche Stadtmauer ist in weiten Teilen erhalten geblieben, wobei insbesondere der Rote Turm sehenswert ist. In der Umgebung des Marktes stehen noch viele alte Schmuckgiebelhäuser aus dem 18. Jh. Das Rathaus wurde 1852 im spätklassizistischen Stil fertiggestellt, die mittelalterlichen Ursprünge sind aber teilweise noch erkennbar.

❺ Lubnjow ist der sorbische Name für **Lübbenau**, einen Ort, den man getrost auch zur »Saure-Gurken-Zeit« besuchen kann, denn bei den köstlich eingelegten grünen Kürbisgewächsen handelt es sich um eine bekannte lukullische Spezialität des Spreewaldes.

Eine recht beliebte touristische Attraktion sind die Kahnfahrten auf den vielen Wasserstraßen durch eine idyllische Landschaft, die im krassen Gegensatz zum Braunkohlentagebau im Süden steht. Ähnlich wie die Gondolieri in Venedig staken Bootsleute die Gäste durch die ruhigen Wasserarme vorbei an bewaldeten Inseln und Kaupen (Schwemmsand) mit sorbischen Streusiedlungen.

Das klassizistische Schloss der Grafen von Lynar mit seinem großzügigen Park dient heute als Hotel. Das Spreewaldmuseum ist im ehemaligen Kanzleigebäude untergebracht. Bis 1970 wurde die Kleinbahn »Spreewaldguste« betrieben. Die Dampflok und ein Waggon von 1897 können in einer Halle besichtigt werden.

❻ Die Herren von **Cottbus** verkauften die heutige Stadt 1455 an Brandenburg. Von ihrem Schloss ist nur der Amtsturm erhalten. Von der Backsteinstadtmauer stehen noch einzelne Teile, dazu gehören ein Wiekhaus, der Münzturm und der Spremberger Turm.

Romantische Kahnfahrt durch das naturbelassene Wasserlabyrinth der Spree.

Backstein war auch das Baumaterial der Oberkirche St. Nikolai aus dem 13. Jh. und der Franziskanerklosterkirche. Die Schlosskirche wurde 1730 für die eingewanderten Hugenotten errichtet. Sehenswert ist auch das in den 1980er-Jahren restaurierte Jugendstiltheater. Rund um den Markt finden sich einige sehr schöne Wohnhäuser aus der Zeit des Barock und des Klassizismus.

4 km weiter südöstlich liegt das Gut der Grafen von Pückler. Fürst Hermann von Pückler-Muskau erfand nicht nur das berühmte Eis, sondern baute auch das Schloss in Branitz um und ließ den Epoche machenden Garten anlegen.

❼ Bei **Fürstenberg** handelt es sich um eine alte slawische Siedlung, die später zu Böhmen und Kursachsen gehörte, bevor sie 1815 an Preußen fiel. Sehenswert ist allenfalls die gotische Pfarrkirche, interessant dagegen Stalinstadt, eine 1951 auf dem Reißbrett entworfene sozialistische Industriesiedlung.

Rund um die Hochöfen und die Hafenanlagen entstand in mehreren Bauphasen eine Stadt, an der sich der Geschmack der SED-Planer von den 1950er- bis in die 1980er-Jahre ablesen lässt. Nachdem Stalin auf dem XX. Parteitag der KPdSU postum in Ungnade gefallen war, wurde der Name des Eisenhüttenkombinats geändert und Stalinstadt und Fürstenberg 1961 zu **Eisenhüttenstadt** zusammengelegt.

❽ An der polnischen Grenze zwischen Oderbruch und Spreewald liegt **Frankfurt an der Oder**. Im Zwei-

Frankfurt an der Oder: Blick über die Oder – Grenzfluss zwischen Deutschland und Polen – bei Niedrigwasser auf die Friedenskirche und die Konzerthalle Carl Philipp Emanuel Bach.

ten Weltkrieg wurde die Stadt großteils zerstört.
1506 hatte man hier eine Universität gegründet, an der zahlreiche bedeutende Gelehrte wirkten. Die 1811 geschlossene Alma Mater wurde 1991 als Europa-Universität wieder eröffnet. Die Franziskanerklosterkirche wird heute als Konzertsaal genutzt, die ursprünglich gotische Gertraudenkirche wurde immer wieder umgestaltet. Die Ruine der Marienkirche wird seit 1980 wieder aufgebaut. In der ehemaligen Garnisonsschule, die Friedrich Knoblauch 1777 erbaute, befindet sich das Kleist-Museum. Sehenswert ist auch das mittelalterliche Rathaus. Mit dem Lenné-Park und dem Park am Zehmeplatz verfügt die Stadt über zwei besuchenswerte Grünanlagen. Im ehemaligen Junkerhaus sind im Bezirksmuseum Viadrina Exponate zur Früh-, Vor- und Stadtgeschichte ausgestellt. Ebenfalls bemerkenswert sind die Schuhsammlung mit Lederschuhen des 13. bis 17. Jh. und die Musikinstrumentensammlung.

Wandern & Freizeit

Unweit von **Jüterbog** befindet sich die **Flaeming-Skate**, eine insgesamt 220 km lange Strecke für Skater durch Wälder, Wiesen und Felder, fernab von störendem Straßenverkehr. Die zwei bis drei Meter breite Bahn aus feinstem Asphalt führt vorbei an idyllischen Dörfern und Städten im Niederen Fläming und Baruther Urstromtal. Es gibt mehrere verschiedene Rundkurse zwischen 11 und 90 km, von denen einige auch für Radfahrer zugänglich sind.

Eine gut 1,5-stündige, knapp 4,5 km lange Rundwanderung durch den **Spreewald** bietet sich in **Lübbenau** an. Vom Ausgangspunkt am Kahnhafen folgt man den Schildern mit dem grünen Balken. Nach Überquerung der Spree über eine Holzbrücke geht es auf einer asphaltierten Straße nach Lehde. Kurz nach dem »Logierhaus im Blockbaustil« lädt der Gasthof »Zum Fröhlichen Hecht« zu einer Rast ein. Wem das noch zu früh ist, geht weiter bis zum sorbischen Freilandmuseum. Anschließend wandert man auf der Asphaltstraße, vorbei an malerischen Gehöften, bis nach Lübbenau zurück.

Nur wenige Kilometer nördlich von Lübbenau lädt die Stadt **Lübben** zu einer etwa 2-stündigen Wanderung (ca. 5 km) ein. Die Wanderung beginnt am Hauptbahnhof, führt an einem Fabrikgelände vorbei, über den Stadtkanal und den Marktplatz zum Ständehaus, das Lessing in seinem Lustspiel »Minna von Barnhelm« (1767) einfließen ließ. Kurz darauf folgt das Schloss, das an der Stelle einer alten Burg erbaut wurde. Weiter geht es zum »Strandcafé« am Kahnhafen und anschließend über die Spree zum Süddeich. Dem Deich folgend kommt man zum Burglehn, einer slawischen Wallanlage aus dem 5./6. Jh., und anschließend zur Wehrkirche aus dem 13. Jh. Schließlich geht es am Krankenhaus vorbei wieder zurück zum Hauptbahnhof.

Wer etwas Zeit mitbringen kann, sollte vielleicht an einer geführten Radtour teilnehmen, bei der es sich alles um die berühmte Spreewald-Gurke dreht. Die rund 32 km lange Tagestour startet ab der Touristinformation **Lübbenau** *(Tel. 03542/36 68)*. Die Tour führt weitgehend über Sand und asphaltierte Wege und beinhaltet mehrere Stationen. Zu diesen gehören die Gurkeneinlegerei RABE in Boblitz, Raddusch, Göritz, Leipe und das Gurkenmuseum in Lehde sowie in Lübbenau die »Gurkenmeile«. Für die Tour benötigt man ein eigenes oder gemietetes Rad.

Eine insgesamt 26 km lange schöne Radtour führt entlang einer malerischen Landschaft und der Cottbuser Altstadt zu verschiedenen alte Mühlen im **Cottbuser Land**. Die Tour beginnt am Parkplatz beim Spremberger Turm. Anschließend geht es in Richtung Cottbus, wo Stationen in der Altstadt z. B. der Altmarkt, die Stadtmauer, die Oberkirche St. Nikolai, das Wendische Museum, und die Baumkuchenmanufaktur sind. Weitere Etappen sind die Spreewehrmühle im Norden der Stadt mit Mühlenmuseum, die Wilhelmsmühle im Stadtzentrum, die Madlower Mühle und schließlich die Kutzeburger Mühle ganz im Süden der Stadt. Alle Mühlenstandorte laden zum Verweilen ein. Die erste Teilstrecke vom Spremberger Turm bis zur Kutzeburger Mühle beträgt etwa 15 km, die Strecke von dort zurück zum Ausgangspunkt knapp 11 km.

Eine etwa 45 km lange Radtour führt von **Fürstenwalde** auf alten Handelswegen durch kleine, beschauliche Ortschaften mit alten Dorfkirchen nach Frankfurt an der Oder. Die Tour beginnt am Bahnhof von Fürstenwalde und führt zunächst nördlich und bergauf nach Trebus. Hier lohnt sich ein Besuch der Kirche, die bereits aus dem 13. Jh. stammt. Nach einer steilen Abfahrt zum Trebuser See geht es auf asphaltierten Nebenstrecken weiter nach Alt Madlitz und von dort am See entlang nach Kersdorf und Pillgram. Durch eine malerische Landschaft verläuft die entspannte Tour nach Frankfurt/Oder, wo schließlich mit der imposanten Marienkirche das letzte Etappenziel erreicht wird.

Eine 17 km lange Rundwanderung führt von **Frankfurt/Oder** u. a. zur Lossower Wallanlage. Die Tour startet am Frankfurter Hauptbahnhof und verläuft nach Nordosten zum Eichwald (nach 2 km). Der durch einen schattenspendenden Wald führende Weg ist bis zum Eisenbahntunnel mit einem grünem Punkt gekennzeichnet. Anschließend folgt man dem Wanderweg bis zu einem Querweg (nach 4,5 km) und folgt diesem nach Osten Richtung Lossow (Wegmarkierung ab hier: gelber Punkt). Nach weiteren 3,5 km erreicht man die Steile Wand, die schon zur Bronzezeit erfolgreich als Wehranlage genutzt wurde. Folgt man dem Weg entlang der Wallanlage erreicht man eine Querstraße. Dieser Straße Richtung Norden folgend kommt man wieder zum Eisenbahntunnel und von dort nach Frankfurt/Oder zurück.

Den Rhein entlang nach Düsseldorf, Köln und Bonn

Von der Seidenweberstadt Krefeld folgt diese Drei- bis Vier-Tage-Tour dem Rhein gen Süden. Über Mönchengladbach führt der Weg nach Düsseldorf und in die Domstadt Köln. Weiter geht es über Brühl, den einstigen Sitz der Kölner Erzbischöfe, und die ehemalige Bundeshauptstadt Bonn bis an den Fuß des Siebengebirges.

Von der Mole im Düsseldorfer Hafen blickt man auf Fernsehturm und Rheinkniebrücke.

❶ **Krefelds** Wohlstand gründete sich in früheren Zeiten auf die Seidenweberei. Daran erinnern das Deutsche Textilmuseum mit seiner renommierten internationalen Sammlung, die alten Weberhäuser am Andreasmarkt sowie die imposante klassizistische Stadtresidenz des Seidenbarons Konrad von der Leyen, seit 1860 das Rathaus der Stadt. Aus dem 12. Jh. stammt die malerische Burg Linn, eine wehrhafte Wasserburg, die heute das Niederrheinische Landschaftsmuseum beherbergt, das zahlreiche archäologische Funde aus der Römerzeit zur Schau stellt. Kunst des 20. Jh. wird im Kaiser-Wilhelm-Museum gezeigt, weitere Ausstellungen in Haus Lange und in Haus Esters. Beide Häuser weisen typische Eigenarten des Bauhausstils auf; sie wurden von Ludwig Mies van der Rohe geplant.

Das ehemals städtische Theater ist ein Dreispartenhaus mit Schauspiel, Musiktheater und Ballett; es wurde mittlerweile mit dem Theater von Mönchengladbach zusammengeführt. Marionettentheater in Krefelder Mundart und für erwachsene Zuschauer bietet seit über 30 Jahren die Bühne »Krieewelsche Pappköpp«. Krefeld ist eine grüne Stadt; nicht nur dank des 120 ha großen Stadtwalds, sondern auch dank zahlreicher öffentlicher Parkanlagen, von denen viele auf Stiftungen von Textilfabrikanten zurückgehen. Am bekanntesten sind der Greiffenhorstpark und der Sollbrüggenpark (bei Haus Sollbrüggen; heute Musikschule).

❷ Auch in **Mönchengladbach** blühte einst die Textilindustrie, wie das Städtische Museum im Wasserschloss Rheydt eindrucksvoll dokumentiert. Neben Exponaten zur Stadtgeschichte findet man dort eine interessante Sammlung von Textilmaschinen.

Die Ursprünge des Klostergebäudes auf dem Abteiberg, das seit dem 19. Jh. als Rathaus dient, reichen bis ins 10. Jh. zurück. Nur wenige Schritte entfernt liegt das romanisch-gotische Münster St. Vitus mit seinem berühmten Bibelfenster aus dem 13. Jh. Mit dem mittelalterlichen Erbe korrespondiert das 1982 eröffnete Städtische Museum Abteiberg, wo der Wiener Architekt Hans Hollein weltweit für Aufsehen sorgte. Die Sammlung moderner Kunst des 20. und 21. Jh. mit Werken von Beuys, Warhol, Duchamp und Lichtenstein hält tatsächlich, was das Gebäude schon von außen verspricht.

Die Altstadt wartet rund um den Markt mit unzähligen Kneipen, Cafés und Diskotheken auf. In der Eickener Fußgängerpassage trifft man auf die in Bronze gegossenen Fußballlegenden Netzer, Vogts und Wimmer. Sie erinnern an eine weitere städtische Tradition – den Fußball. Borussia Mönchengladbach spielt in der Ersten Bundesliga und war in den 1970er-Jahren immerhin fünfmal Deutscher Meister.

Auf der Weiterfahrt sollte man einen Zwischenstopp in Neuss mit seinem eindrucksvollen spätromanischen Quirinusmünster einlegen. Die Stadtgeschichte ist im Clemens-Sels-Museum anschaulich dargestellt. Hinzu kommt dort eine sehenswerte Kunstsammlung.

Die Burg Linn, vor Krefelds Toren, gehört zu den ältesten Burganlagen am Niederrhein.

❸ Auf der anderen Rheinseite liegt die Landeshauptstadt **Düsseldorf**, deren Lebensfreude und Schick ihrem einst so geschmähten Sohn Heinrich Heine heute sicher gefallen würden. Direkt an der Rheinpromenade beginnt die Altstadt. Unermüdlich tragen die »Köbesse« Altbiernachschub zu den durstigen Gästen in den unzähligen Kneipen und Brauhäusern.

Düsseldorfs jahrhundertealten Ruf als Kulturstadt rechtfertigen heute die Deutsche Oper am Rhein, das Schauspielhaus, die Kunstsammlung Nordrhein-Westfalen sowie zahlreiche kleine Theater und Galerien. Zu den kleinen Bühnen zählt auch das Kom(m)ödchen mit einem politischen Kabarettprogramm. Die Kunstsammlung ist gleich an drei Standorten präsent, darunter im K20 am Grabbeplatz 5 mit der markanten geschwungenen Fassade aus schwarzem Granit. An der namhaften Kunstakademie Düsseldorf hat u. a. Joseph Beuys gelehrt.

Alte Malerei, Malerei des 19. und des 20. Jh. werden im Museum Kunstpalast gezeigt, das im sogenannten Ehrenhof aus den 1920er-Jahren untergebracht ist. Wer sich für Literatur interessiert, wird sich ganz sicher auf den Weg ins Goethe-Museum im Schloss Jägerhof machen.

Die Düsseldorfer Symphoniker musizieren in der – neuen – Tonhalle, einem ungewöhnlichen Konzerthaus: Der runde Kuppelbau am Rande des Ehrenhofs war ursprünglich sogar als Planetarium zu nutzen.

Richtig mondän geht es auf der Königsallee zu, an der sich die großen Bankhäuser, die exklusiven Modeboutiquen und die Designerpäpste befinden. Die Auslagen der Geschäfte an der »Kö« und das Outfit der illustren Gäste in den sündhaft teuren Straßencafés erlauben einen Vergleich mit den bedeutenden europäischen Haute-Couture-Metropolen Mailand und Paris.

Eines der repräsentativsten Gebäude von Düsseldorf ist Schloss Benrath, ein bedeutendes Schloss des 18. Jh. Mit den weitläufigen Gartenanlagen stellt es ein sehenswertes Gesamtkunstwerk dar.

Zu den markanten Bauten aus jüngerer Zeit gehören die Rheinkniebrücke, eine Schrägseilbrücke aus dem Jahr 1969, und die Bauten im angrenzenden Regierungsviertel, darunter der Landtag und die Staatskanzlei im Stadttor.

Blick vom Schlossweiher auf den Corps de Logis (Mitte), das Hauptgebäude von Schloss Benrath. Es wird links und rechts von den Kavaliersflügeln flankiert.

Wandern & Freizeit

Kein zweiter Fluss in Deutschland erfreut sich schon seit dem 19. Jh. einer solchen Beliebtheit wie der Rhein – und viele Gäste schätzen die Perspektive vom Wasser aufs abwechslungsreiche Ufer. **Ausflugsfahrten** sind während der Saison von Düsseldorf *(www.w-flotte.de)* oder von Köln *(www.d-d.de)* aus möglich.

In **Krefeld** bietet sich der Stadtwald für kürzere oder längere Spaziergänge an – und natürlich auch fürs Joggen oder Nordic Walking. Ein Rundkurs, der weitgehend am Waldrand entlangführt und im Osten das Waldgebiet verlässt, ist 6 km lang. Jedoch kann hier jeder problemlos seine eigenen Wege suchen.

Wandern im **Siebengebirge** lohnt sich am Drachenfels, am Großen Ölberg sowie am Petersberg. Überall gibt es gut ausgeschilderte Wanderwege.

Ein reizvoller Radwanderweg am Niederrhein ist der **Niers-Radwanderweg**, der dem Verlauf des gleichnamigen Flusses folgt. Auf dem Stadtgebiet von Mönchengladbach liegt ein 22 km langes Teilstück des Weges. Ein möglicher Ausgangspunkt ist die Erlebnisbrücke am Nordkanal; der Weg führt an Schloss Myllendonk und Schloss Rheydt vorbei Richtung Süden bis zum Burgturm Odenkirchen und zum Schloss Wickrath.

Die im 19. Jh. errichtete Drachenburg auf dem Drachenfels in Königswinter birgt verschiedene Stile in sich. Sie steht auf der östlichen Rheinseite gegenüber von Bad Godesberg.

❹ Auch im 40 km südlich gelegenen **Köln** flaniert man am Rhein, trinkt obergäriges Bier und feiert Karneval. Und doch ist hier alles anders – kölsch eben. Kölsch ist eine Sprache, ein Getränk und eine Lebensart, die man nur in der Domstadt findet.

Wahrzeichen Kölns ist der Dom: Die beiden knapp 160 m hohen Türme der mächtigen gotischen Kathedrale grüßen bereits von Weitem. Nachdem der Bau über 300 Jahre geruht hatte, wurde er erst im Jahr 1880 fertiggestellt. Im Inneren sind vor allem der Schrein mit den Reliquien der Heiligen Drei Könige, die Schatzkammer und mehrere alte Fenster beachtenswert.

Trotz schwerer Kriegsschäden wurden die meisten romanischen Kirchen wieder aufgebaut, so Groß St. Martin, St. Maria im Kapitol oder St. Aposteln am Neumarkt. Direkt an der Domplatte befindet sich das Römisch-Germanische Museum, in der Innenstadt liegt auch das Wallraf-Richartz-Museum mit einer umfangreichen Sammlung von Malerei des Mittelalters. Das in einem modernen Haus (2001) untergebrachte Museum geht auf das Jahr 1824 zurück. Erweitert wurden die Bestände um die Sammlungen der Fondation Corboud.

Beim Bummel durch die Altstadt über den Alten Markt und vorbei am gotischen Rathaus zum Heumarkt sollte man in einem der traditionellen Brauhäuser wie dem »Früh« oder dem »Päffken« einkehren. Sehenswert, wenn vielleicht auch ein wenig kitschig, ist das »4711-Haus« in der Glockengasse.

Direkt am Rhein liegt das Schokoladenmuseum, das an die große Zeit der Stollwerck-Fabrik erinnert. In unmittelbarer Nähe befinden sich auch die Ablegestellen der Ausflugsdampfer der »Weißen Flotte«. Opernhaus, Philharmonie und Schauspielhaus sorgen ebenso wie die vielen Kleinkunstbühnen und Musikclubs für ein reiches kulturelles Leben.

Aus den 1990er-Jahren stammt der nahe am Hauptbahnhof errichtete Musical Dome mit dem blauen Kuppeldach. Der als Provisorium gedachte Bau hat sich zunächst gut behaupten können.

Liebhaber kunstvoll gestalteter Keramik können auf der Weiterfahrt einen Zwischenstopp in Frechen einlegen. Die Stiftung Keramion hat dort ein architektonisch sehenswertes Museum für historische und zeitgenössische Keramik eingerichtet.

❺ Die Kölner sind zwar katholisch, doch das Verhältnis zur geistlichen Obrigkeit war nie besonders herzlich. So fühlten sich die Erzbischöfe seit 1288 im nahe gelegenen **Brühl** sehr viel sicherer. Die Residenz der geistlichen Würdenträger wurde 1689 zwar von französischen Truppen gesprengt, doch der von Erzbischof Clemens August im Jahr 1725 begonnene Neubau tröstet darüber hinweg.

Schloss Augustusburg besticht durch seinen bezaubernden Barockgarten und das Treppenhaus von Balthasar Neumann. Nach dem anstrengenden Geschäft der Diplomatie entspannten sich die hohen Herren gern bei der Falkenjagd. Zu diesem Zweck schuf François Cuvilliés zwischen 1729 und 1740 das Jagdschloss Falkenlust. Die gesamte Anlage gilt als herausragendes Meisterwerk des Barock und wurde von der UNESCO als Weltkulturerbe anerkannt.

Nicht weit von Schloss Augustusburg entfernt befindet sich das Max Ernst Museum, das dem bedeutenden Maler und Bildhauer gewidmet ist. Max Ernst wurde ganz in der Nähe in Brühl geboren.

Unbestritten aber ist das Phantasialand das Ziel der meisten Gäste. Besonders Familien mit Kindern zieht es in den Sommermonaten in diesen großen Freizeitpark. Eröffnet wurde der Vergnügungspark schon 1967, also in einer Zeit, als Freizeiteinrichtungen dieser Art in Europa noch nahezu unbekannt waren.

Wandern & Freizeit

Ausgiebige Wanderungen sind auch im **Freizeitpark Rheinaue** auf der rechten Bonner Rheinseite möglich. Die 45 km Fußweg führen am verschlungenen Auensee vorbei und bieten auch die Möglichkeit zu einem Biergartenbesuch oder einer Ruderpartie. Der ausgedehnte Park geht auf die Bundesgartenschau von 1979 zurück.

Von **Köln** aus bietet sich eine Radtour nach **Düsseldorf** an. Von der Hohenzollernbrücke geht es, vorbei am Niehler Hafen und den Ford-Werken, über die Rheinauen nach Kasselberg und über Worringen bis Zons praktisch immer am Rheinufer entlang. Ein Bummel durch Zons führt nach Neuss und über die Düsseldorfer Südbrücke direkt ins Zentrum.

Wer mit dem Rad von **Bonn** nach **Köln** will, kann sich überhaupt nicht verfahren: immer am Ufer entlang, und am besten rechtsrheinisch.

Die Bundesstadt Bonn bemüht sich mittlerweile sehr um die Tourismusförderung und hat in diesem Zusammenhang eine ganze Reihe von Fahrradrouten ausgearbeitet, für die auch Routenbeschreibungen und -karten zur Verfügung stehen. Ein historisch-politischer Rundkurs von 20 km Länge führt u. a. an wichtigen Orten aus der Zeit der alten »Bonner Republik« vorbei. Ausgangs- und Endpunkt ist die Godesburg; von dort geht es durch Bad Godesberg und Muffendorf zur Rheinpromenade. Stationen am Wege sind u. a. das Forschungszentrum caesar, der »Lange Eugen«, Palais Schaumburg und Villa Hammerschmidt.

Eine der vielen Kölner Brücken über den Rhein ist die Hohenzollernbrücke mit ihren drei Bögen. Sie gehört genauso zum Stadtbild wie der Dom (links im Bild) mit seinen beiden Türmen.

Das Beethoven-Denkmal steht vor dem Bonner Hauptpostamt auf dem Münsterplatz.

Der Bonner Münsterplatz ist bekannt für historische Bauten und zahlreiche Lokale.

6 Über 50 Jahre lang wurden die Geschicke der Bundesrepublik vom 30 km rheinaufwärts gelegenen **Bonn** gelenkt. Den Abzug der meisten Bundesbehörden und die Verlagerung des Regierungssitzes nach Berlin hat das heute Bundesstadt genannte Bonn recht gut verkraftet – in der ohnehin mehr als 2000-jährigen Stadtgeschichte war die Zeit der »Bonner Republik« ohnehin eine vergleichsweise kurze Episode.

Auf dem Münsterplatz steht das Denkmal Beethovens, der hier geboren wurde und dem zu Ehren Jahr für Jahr das internationale Beethovenfest ausgerichtet wird. Hörrohre, Büsten, Handschriften und Instrumente des Meisters können in seinem Geburtshaus in der Bonngasse bewundert werden.

Rings um das ursprünglich romanische, später allerdings mehrfach umgebaute und erweiterte Münster erstreckt sich eine ausgedehnte Fußgängerzone, die zum Shoppen einlädt. Museen gibt es ebenfalls reichlich, so auf der »Museumsmeile« die Kunst- und Ausstellungshalle der Bundesrepublik Deutschland, das Kunstmuseum Bonn mit Werken des sog. Rheinischen Expressionismus und das Haus der Geschichte der Bundesrepublik Deutschland. Dieses Museum ist vor allem der Zeitgeschichte nach 1945 gewidmet. An den berühmten expressionistischen Maler erinnert eine Ausstellung im August-Macke-Haus, das der Künstler zeitweilig bewohnt hatte.

Wissenswertes über die Fauna erfährt man im Zoologischen Forschungsmuseum Alexander Koenig in der Adenauerallee, einer bedeutenden naturkundlichen Einrichtung.

Sehenswert sind selbstverständlich auch die Bauten, die an Bonns Zeit als Sitz der Bundesregierung erinnern. Dazu zählen u.a. das Bundeskanzleramt (heute: Bundesministerium für wirtschaftliche Zusammenarbeit und Entwicklung), der Kanzlerbungalow, das Palais Schaumburg (heute: zweiter Dienstsitz des Bundeskanzlers) und die Villa Hammerschmidt, nach Schloss Bellevue in Berlin der zweite Amtssitz des Bundespräsidenten.

7 Die Godesburg ist das Wahrzeichen der einst selbstständigen Stadt **Bad Godesberg**. 1210 wurde mit dem Bau begonnen, der 1583 im Truchsessischen Krieg einer Sprengung zum Opfer fiel. Vom Turm der Ruine aus genießt man eine wunderschöne Aussicht über die Kölner Bucht auf das Siebengebirge. Die Michaelskapelle stammt ursprünglich aus dem 7. Jh., erhielt aber erst im Barock ihr heutiges Aussehen. Sehenswert ist auch der in Terrassen angelegte Burgfriedhof. Die spätklassizistische Redoute, das Ballhaus, diente zeitweilig für repräsentative Staatsbankette und Diplomatenempfänge.

8 Ob das **Siebengebirge** tatsächlich die Hinterlassenschaft jener sieben fleißigen Riesen ist, mag dahingestellt bleiben – jedenfalls sind die reich bewaldeten Erhebungen ein ideales Terrain für Spaziergänger und Erholungsuchende. Der Drachenfels kann sich der Besuchermassen am Wochenende kaum erwehren und sollte deshalb am besten während der Woche erwandert oder mit der Zahnradbahn erobert werden. Der markante Felsen direkt am Strom mit der Ruine der Burg Drachenfels galt schon im 19. Jh. als Inbegriff deutscher Rheinromantik. Dass es ihn heute noch gibt, ist übrigens Preußen zu verdanken, dessen Regierung den dortigen Trachytsteinbruch 1836 kaufte und sofort stilllegte – und damit ein weiteres Abtragen des Felsens verhinderte.

In Bad Honnef lohnen sich eine Besichtigung der ursprünglich romanischen, später gotisierten Basilika St. Johann Baptist und natürlich ein Besuch des Wohnhauses von Konrad Adenauer im Ortsteil Rhöndorf.

Das westfälische Ruhrgebiet

Die dreitägige Tour startet in der alten Hansestadt Hamm und folgt in etwa dem Hellweg, der einstmals bedeutendsten Verbindung zwischen Rhein und Weser. Auch Unna, Werne, Lünen, Kamen und Dortmund gehörten früher zu dem mächtigen Städtebund unter der Führung Lübecks. Weiter geht es dann nach Solingen, der »Stadt der Klingen«.

Der Glaselefant von dem Künstler Horst Rellecke im Maximilianpark in Hamm.

❶ An den Ufern von Lippe und Datteln-Hamm-Kanal liegt die ehemalige Hansestadt **Hamm**. Von deren mittelalterlicher Bedeutung zeugen noch die Kirchen St. Pankratius, St. Paulus, St. Regina sowie die Wasserschlösser Heessen (heute ein Landschulheim und ein privates Gymnasium) und Oberwerries. Das Wasserschloss Oberwerries liegt besonders schön in den Lippeauen. Ältester Teil der heutigen Anlage ist das Torhaus aus dem 17. Jh. Das Schloss dient heute als Tagungsort und Bildungseinrichtung und für städtische Empfänge.
Auf dem Gelände der ehemaligen Zeche Maximilian befindet sich seit 1984 ein Freizeitpark mit vielen Attraktionen. Sein Wahrzeichen ist der »Gläserne Elefant«, eine umgebaute Kohlenwäsche, mit Aufzug und Aussichtsplattform in 35 m Höhe. Sehenswert sind auch die ägyptische Sammlung, die Münzsammlung, die Sammlungen moderner Kunst und die Wechselausstellungen im Gustav-Lübcke-Museum, das in einem entsprechenden, modernen Museumsgebäude untergebracht ist.

Das Colani-Ei (auch »Lüntec-Tower«) in Lünen ist ein beliebtes Fotomotiv.

❷ Folgt man der Lippe, gelangt man bald nach **Werne** mit einem liebevoll sanierten historischen Stadtkern und hübschen alten Fachwerkhäusern. Zu erwähnen sind vor allem das alte Rathaus, das Kapuzinerkloster und die Pfarrkirche St. Christophorus. Für die Gesundheit ist das auch im Umland bekannte Natursolebad, für die Bildung das Karl-Pollender-Stadtmuseum zu empfehlen. Das Museum mit seiner stadtgeschichtlichen Sammlung hat die vier Etagen des Alten Amtshauses bezogen, einem im klassizistischen Stil umgebauten Fachwerkhaus aus dem 17. Jh.

❸ Sowohl die Hanse als auch der Bergbau haben ihre Bedeutung für **Lünen** längst verloren. Etw 60 % des Stadtgebiets bestehen aus Freizeit- und Erholungsanlagen, von denen der Cappenberger See besonders hervorzuheben ist. Auch ein Besuch der evangelischen Stadtkirche St. Georg bietet sich an. Ein modernes Baudenkmal ist das Hauptgebäude des Freiherr-vom-Stein-Gymnasiums, ein Backsteinbau im Stil des Spätexpressionismus (1931). Auch eine zweite Schule trägt die Handschrift eines berühmten Architekten: Die Geschwister-Scholl-Schule wurde von Hans Scharoun entworfen, von dem auch das Konzerthaus der Berliner Philharmonie stammt.
Ein nicht weniger aufsehenerregendes Gebäude lässt unvorbereitete Betrachter eher an ein gelandetes UFO denken: Im Technologiezentrum Lüntec, auf einem ehemaligen Zechengelände, hat der italienische Designer Luigi Colani einen Förderturm auf futuristische Weise umgestaltet: In 35 m Höhe schwebt dort das sogenannte Colani-Ei über dem Areal.
Nur ein Jahrhundert älter ist Schloss Schwansbell, das man allerdings nicht besichtigen kann; der Schlosspark ist aber für die Öffentlichkeit zugänglich.
Einen Abstecher nach Selm in den unmittelbar an Lünen grenzenden Ortsteil Cappenberg rechtfertigt das wunderschön in einem herrlichen Park gelegene Schloss. Prunkstück ist die Klosterkirche mit ihrer reichen Innenausstattung. Nach der Säkularisierung wurde die Anlage 1803 zur preußischen Staatsdomäne. Der berühmte Reformer Freiherr vom Stein sorgte für die Erhaltung der historischen Schlossräume und verbrachte hier seine letzten Jahre.

❹ **Kamen** ist vor allem wegen der vielen Staus am berüchtigten Kamener Kreuz ein Begriff. Dennoch sollte man den Weg nicht scheuen, um die spätromanische St.-Margarethen-Kirche in Methler zu besichtigen. Speziell auf die Bedürfnisse von Sportlern zugeschnitten sind die Angebote des SportCentrums Kamen-Kaiserau, das zuweilen auch von Profimannschaften als Trainingslager genutzt wird.

❺ An die Zeit der Hanse erinnern noch die Fachwerkfassaden zu Füßen der evangelischen Stadtkirche von **Unna**. In der Burg der früheren Grafen von der Mark befindet sich das stadtgeschichtliche Hellweg-Museum. Auf dem Gelände der ehemaligen Lindenbrauerei ist im Jahr 2002 das Zentrum für internationale Licht-

Das zweiflügelige Wasserschloss Oberwerries steht in Hamm-Heessen.

Das Haus Bodelschwingh (13. Jh.) ist das größte Wasserschloss in Dortmund.

kunst eingezogen – eine einzigartige Einrichtung, die es in dieser Form weltweit nur in Unna gibt.

❻ Seit dem 10. Jh. besaß **Dortmund** eine überragende Bedeutung als freie Reichs-, später als Hansestadt und seit der Mitte des 19. Jh. als Industriemetropole. In der heute größten Stadt Westfalens gibt es trotz schwerer Kriegszerstörungen noch eine ganze Reihe von Bauten, die vom ehemaligen Glanz Dortmunds zeugen, darunter die gotische Hallenkirche St. Johannes Baptist westlich vom Hansaplatz, die mehrfach zerstörte und wieder aufgebaute Reinoldikirche aus dem 13. Jh., die gotische Petrikirche am Hellweg und die romanische Marienkirche sowie die Ruine Hohensyburg.

Von einer äußerst lebendigen Kulturszene zeugen das Schauspielhaus, die Oper und das moderne Konzerthaus. Auch die Museumslandschaft kann sich durchaus sehenlassen: Hier findet man das Museum für Naturkunde, das Westfälische Schulmuseum,

Wandern & Freizeit

Ein interessanter thematischer Rundweg ist der Bergbauwanderweg Muttental im **Mutten** bei Witten. Entlang der etwa 9 km langen, landschaftlich durchaus reizvollen Strecke entdeckt man zahlreiche mit erläuternden Tafeln versehene Zeugnisse des Ruhrbergbaus – Stollen, Fördergerüste, Halden, Bergbauanlagen und vieles mehr. Die Wanderung kann an jedem der Parkplätze an der Route beginnen; eine dieser Stationen ist beispielsweise die Zeche Nachtigall am Eingang zum Muttental, heute Teil des Westfälischen Industriemuseums. Im Muttental bewegt man sich ohnehin auf historischem Grund, denn hier soll der Kohlebergbau im Revier seinen Anfang genommen haben.

Ideal für einen ausgedehnten Spaziergang ist der **Kemnader See**, an der Stadtgrenze zwischen Bochum, Hattlingen und Witten. Der See ist rund 1,25 km² groß und der jüngste der sechs Ruhrstauseen sowie ein Naherholungsgebiet. Zwei Rundkurse, ein großer (10 km) und ein kleiner (gut 8 km), bieten Ausblicke auf einen der schönsten Stauseen im Ruhrgebiet. Beide Rundkurse gehen zu Fuß oder auch mit dem Fahrrad.

Die Maschinenhalle der Zeche Zollern in Dortmund wurde mit Jugendstilelementen ausgeschmückt. Ein Beispiel bietet etwa der Eingang zur Halle.

das regionalgeschichtliche Museum für Kunst und Kulturgeschichte und mit der stillgelegten Zeche Zollern einen wichtigen Standort des LWL-Industriemuseums.

In Dortmund wird aber auch Freizeit groß geschrieben. So bietet der Revierpark Wischlingen neben einer Naturschau mit Herbarium ein breites Freizeitangebot; schöne Grünanlagen besitzt ebenfalls der Rombergpark. Der Dortmunder Zoo eignet sich wunderbar als Ziel für Erholungsuchende und natürlich auch für Familien mit Kindern.

Dortmunds »Flaggschiff« ist jedoch der im Jahr 1899 eingeweihte Westfalenpark mit Sportangeboten, Sesselbahn, Abenteuerspielplatz, Biergarten, Cafés, Ausstellungshalle, dem Deutschen Rosarium und dem rund 220 m hohen Florianturm, zur Bauzeit das höchste Gebäude Deutschlands. Der Park wurde – teils auf dem Gelände älterer Grünanlagen – zur Bundesgartenschau im Jahr 1959 angelegt; er zählt immer noch zu den größten innerstädtischen Parks in ganz Europa.

Für Großveranstaltungen aller Art steht die Westfalenhalle zur Verfügung. Fußballfans können im größten Fußballstadion Deutschlands – mit einem Fassungsvermögen von 80645 Zuschauern – ein Heimspiel der Borussia besuchen.

Die Eisenbahnbrücke (Ruhr-Viadukt) zwischen Herdecke und Hagen wurde aus Sandstein der Region gebaut.

7 In der Ruhrstadt **Witten** soll der Überlieferung nach der Ruhrbergbau begonnen haben – und dieser industriellen Tradition ist man sich allerorten bewusst. So erinnert die Ruhrschleuse Herbede an die damalige Frachtschifffahrt.

Aber auch der Freizeitwert der Hohensteiner Spielwiesen und des Kemnader Sees zwischen Witten, Bochum und Hattingen ist nicht zu verachten. Lohnend ist eine Motorschifffahrt von Bommern bis zur Burgruine Hardenstein.

Ein interessantes Baudenkmal ist das Wasserkraftwerk Hohenstein an der Ruhr aus den 1920er-Jahren. Es stellt eine Station auf der Route der Industriekultur dar, kann allerdings nicht besichtigt werden.

8 **Herdecke** mit seinen sehenswerten Fachwerkhäusern und der gotischen ehemaligen Stiftskirche St. Marien in der Altstadt ist vor allem durch Deutschlands erste Privatuniversität bekannt. Abwechslungsreiche Freizeit- und Sportvergnügungen garantieren der Harkort- und der Hengsteysee, zwei Ruhrstauseen. Am Beginn des Harkortsees überquert eine markante Eisenbahnbrücke die Ruhr – der 30 m hohe und über 300 m lange Ruhr-Viadukt mit seinen zwölf aus Bruchstein gemauerten Bögen.

9 Seit 150 Jahren ist **Hagen** von der Metallindustrie geprägt; deren Geschichte wird im Kaltwalzmuseum auf Schloss Hohenlimburg anschaulich präsentiert. Stahl- und Eisenverarbeitung, aber auch andere frühindustrielle Techniken der Region dokumentiert das weitläufige LWL-Freilichtmuseum Hagen im Mäckingerbachtal.

Obwohl der größte Teil der Kunstsammlung des Hagener Bankiers Karl-Ernst Osthaus 1921 nach Essen verkauft wurde und den Grundstock für das Folkwangmuseum bildete, lohnt sich ein Besuch des nach diesem Mäzen benannten Museums. Zusammen mit dem Emil-Schumacher-Museum bildet das Osthaus Museum heute das sogenannte Kunstquartier Hagen. Auf dem Weg ins Naturschutzgebiet Weißenstein lohnt sich ein Zwischenstopp beim Schloss Hohenlimburg, der einzigen noch gut erhaltenen Höhenburg in Westfalen.

Die Müngster Brücke zwischen Solingen und Remscheid wurde 1897 eingeweiht. Sie ist ein Teil der Bahnstrecke Wuppertal-Solingen.

Der Westfalenpark in Dortmund mit beleuchtetem Florianturm am Abend.

Das Schloss mit seinen Museen und dem Barockgarten, einem wundervollen Höhengarten mit geometrischer Aufteilung aus dem 18.Jh., ist ein sehr populäres Ausflugsziel.

10 Fachwerkromantik im bergischen Stil findet sich in der Altstadt von **Schwelm**. In der Wasserburg Haus Martfeld ist das Schwelmer Heimatmuseum untergebracht.

11 Die Tour endet im Südwesten des Bergischen Landes. Seit dem Mittelalter ist **Solingen** das Zentrum der bergischen Kleineisenindustrie. Im Deutschen Klingenmuseum werden Bestecke, Säbel, Degen und reich verzierte Jagdwaffen aus Solinger Produktion sowie verschiedene Schneidwerkzeuge von der Steinzeit bis zur Gegenwart ausgestellt.

Ein bekanntes Bauwerk der Stadt ist die Müngstener Brücke, eine Bogenbrücke aus Stahl und mit 107 m Höhe die höchste deutsche Eisenbahnbrücke. Das Gelände an der Wupper unterhalb der Brücke, bei Besuchern wegen der imposanten Brückenkulisse schon immer sehr beliebt, wurde im Jahr 2006 zum Müngstener Brückenpark umgestaltet; eingerichtet wurde sogar eine Schwebefähre zum Überqueren der Wupper.

Jenseits des Flusses findet man in Schloss Burg das Bergische Museum mit sehenswerten Möbeln, Waffen und Tafelgerät, die überwiegend aus dem Mittelalter und der Zeit der Renaissance stammen.

Wandern & Freizeit

Insgesamt 240 km gut ausgeschilderte Wanderwege gibt es im Stadtwald und im Rombergpark in **Dortmund**.

Hagen liegt bereits im Grenzbereich zwischen Ruhrgebiet und Sauerland und bietet deshalb besonders attraktive Wandermöglichkeiten. Schön ist beispielsweise eine ca. 19 km lange Rundwanderung über den Volme-Höhenring. Startpunkt ist die Bushaltestelle »Volmeburg« im Ortsteil Delstern. Ab hier über die Volme und die B54 unterqueren; hinauf auf den Eilper Berg. Dort an Kuhfeld und Hamperfeld vorbei zum Ambrocker Berg und ins Hoffnungstal. Über Volme und B54 zum Steinigen Berg. Über die A45 bei Milchenbach links und die A45 unterqueren, dann geht es zurück nach Delstern.

Die **Emscher**, ein lange vernachlässigter Fluss im Revier, wird mittlerweile durch Uferwege erschlossen und gewinnt ihren Charakter als Naherholungsgebiet zurück. Radtouren entlang der Emscher führen durch Grünanlagen und Parks, aber auch zu Zeugnissen der Industriekultur. Lohnend ist das 101 km lange Teilstück des Emscher-Wegs von Dortmund-Holzwickede bis Dinslaken. (Der Emscher-Weg ist nicht identisch mit dem Emscher Park Radweg!)

In rund vier Stunden schafft man mit dem Rad die Strecke vom **Dortmunder Freizeitpark Fredenbaum** vorbei am Schiffshebewerk Henrichenburg zur Talsperre bei Haltern am See.

Familienfreundlich und ohne große Steigungen ist die Radtour durchs **Tal der Ruhr** von Witten bis Herdecke. Ausgangspunkt ist die Ruhr im Stadtteil Bommern; von dort folgt man dem ausgebauten und beschilderten Uferweg.

Liebhabern nostalgischer Eisenbahnerlebnisse ist die RuhrtalBahn (www.ruhrtalbahn.de) ein Begriff: An bestimmten Tagen fahren historische Bahnen auf zwei Linien durchs Ruhrgebiet – vom Eisenbahnmuseum **Bochum-Dahlhausen** über Witten nach **Hagen** bzw. von **Herdecke** nach **Ennepetal-Klutert-höhle** (Linie Teckel).

Durch den Thüringer Wald ins Osterland

In einem großen Bogen südlich von der »Via Regina«, der Königsstraße über Eisenach und Erfurt nach Gera, erschließt diese etwa viertägige Fahrt die nördlichen Ausläufer des Thüringer Waldes und das Gebiet der Weißen Elster, das einst sorbische Weida ebenso wie die Skat-Stadt Altenburg.

❶ Das Tor zum Thüringer Wald bildet **Arnstadt**. Das Herz des Ortes schlägt am lang gestreckten Marktplatz, dem das Renaissance-Rathaus von 1586 seinen schwungvollen Volutengiebel zuwendet. Von der Stadtgeschichte erzählt das Museum im Haus »Zum Palmbaum«. Johann Sebastian Bach ist das Denkmal auf dem Markt gewidmet; der Komponist hatte hier als 18-jähriger seine erste Organistenstelle angetreten.

Zu den bedeutendsten Kirchenbauten aus der Übergangsphase von der Romanik zur Gotik zählt die Liebfrauenkirche, um 1300 vollendet. Südlich vom Markt lohnt die gotische Oberkirche einen Besuch; nordöstlich von ihr trifft man in einem Kranz alter Bäume auf die um 1680 neu errichtete Bachkirche, deren Ursprünge auf die Zeit der Gotik zurückreichen. Von Schloss Neideck gibt es keine Spur mehr – an seiner Stelle steht nun die Dreiflügelanlage des Neuen Palais (1735). Es empfiehlt sich ein Besuch des Schlossmuseums, das die historische Puppensammlung »Mon Plaisir« und ein schönes Porzellanmuseum beherbergt.

❷ Mit dem Geheimrat Goethe ist die Kreisstadt **Ilmenau** verbunden, die direkt am Fuße des Thüringer Waldes liegt. Der Dichterfürst schätzte sie wegen ihrer »Berg- und Waldnatur« als Erholungsort. Als Vorsitzender der hiesigen Bergwerkskommission residierte er im Amtshaus aus dem Jahr 1616, das zu einer Gedenkstätte umgewandelt wurde.

Wie das Amtshaus geht auch das Rathaus von Ilmenau auf die Renaissancezeit zurück. Letzteres hat man allerdings um 1786 erneuert. Ebenfalls im 18. Jh. wurde die gotische Stadtkirche St. Jakob nach einem verheerenden Brand im Stil der Zeit wieder aufgebaut.

Der prunkvolle Rokoko-Festsaal von Schloss Heidecksburg (um 1750).

❸ Ein hervorragendes Beispiel romanischer Baukunst stellt die Klosterkirche **Paulinzella** dar – selbst als Ruine. Die schweren Säulen und die wuchtigen Rundbögen verdeutlichen, dass die dreischiffige Basilika stark von der Hirsauer Reformbewegung beeinflusst war, die sich wiederum an die klösterliche Strenge des französischen Cluny anlehnte. Die Klostergründerin Paulina, deren Grab sich unter dem Chorquadrat befindet, hatte diesen Stil aus dem Schwäbischen mitgebracht. Sehenswert sind auch die Fachwerkbauten des ehemaligen fürstlichen Amtshauses und des Zinsbodens, einem Gästehaus.

❹ Oberhalb des im malerischen Tal der Schwarza gelegenen Luftkurorts **Bad Blankenburg** thront die Ruine Greifenstein. Früher hatte die 170 m

Die Ruine der Klosterkirche Paulinzella ist heute von Efeu umrangt.

Das Rathaus von Arnstadt wurde nach dem Stadtbrand von 1581 wieder aufgebaut.

Wandern & Freizeit

Etwa sechs Stunden braucht man für den **Goetheweg**. Er führt – gut markiert – auf 22 km von **Ilmenau** über den Kickelhahn und das Goethehaus in Stützerbach zurück nach Ilmenau, wobei man 650 Höhenmeter überwindet. Der durch ein »g« gekennzeichnete Weg zählt zu den schönsten Wandertouren Thüringens und ist hervorragend ausgeschildert. Entlang der Route gibt es eine Vielzahl an Rastplätzen und herrliche Aussichten sowie jede Menge Hinweise zu Geschichte, Natur und Landschaft.

Zwischen Moorbad Lobenstein und Saalfeld bildet die gestaute **Saale** zahlreiche Seen, an deren Ufer es sich ohne Anstrengung wandern lässt. Besonders schön ist beispielsweise die rund 10 km lange Strecke zwischen dem malerischen Schloss Burgk und dem Dorf Ziegenrück.

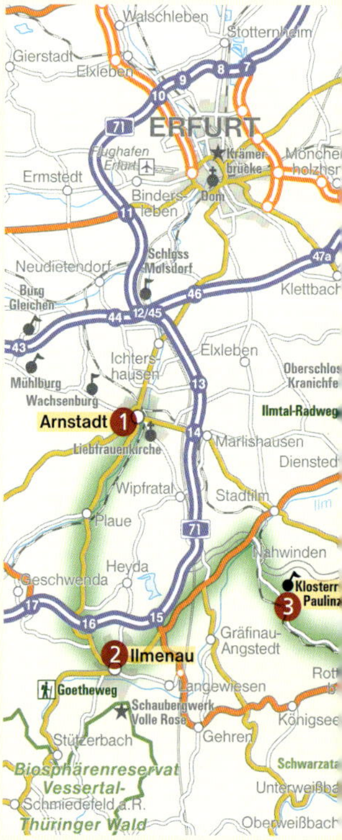

Unweit von Arnstadt liegt das Ensemble der »Drei Gleichen«, einem Gebiet, das mit der Burg Gleichen, der Mühlburg und der Wachsenburg (im Bild), zum Wandern einlädt.

hoch gelegene Feste Blankenburg geheißen, wurde im 17. Jh. jedoch umbenannt.
In der Stadt sind die Kirche Unser Lieben Frauen mit ihrem Turm aus dem 14. Jh. sowie das Fröbelmuseum sehenswert. Dieses erinnert an den Pädagogen Friedrich Fröbel, der hier 1840 den ersten Kindergarten einrichtete und die Bewahranstalt auflöste. Rund 10 km flussaufwärts steht eine weitere Burg hoch über der Schwarza. Mittelpunkt der Schwarzburg ist der Kaisersaal mit Herrscherbildnissen und einer Sammlung von Waffen und Rüstungen.

5 Zum ersten Zusammentreffen der Dichterfürsten Goethe und Schiller kam es nicht in Weimar, sondern in **Rudolstadt**, einer kleinen Residenzstadt an der Saale. In der hiesigen Glockengießerei hat sich Schiller zu seinem »Lied von der Glocke« inspirieren lassen.
Die Altstadt besitzt einen großen Marktplatz mit dem Neuen Rathaus. Aus der Gotik stammt das Alte Rathaus, das im Barock eine Umgestaltung erfuhr. Umgebaut wurde auch die im Kern gotische Stadtkirche St. Andreas; sie hat man im Stil der Renaissance vergrößert.
Vom Schloss Ludwigsburg, einer 1734 errichteten barocken Dreiflügelanlage mit kostbarer Rokokoausstattung führt der Weg nach Schloss Heidecksburg. Es gehört zu den prächtigsten Barockschlössern Deutschlands. Der Südflügel beherbergt heute die große Kunstsammlung, der Nordflügel die naturkundlichen Sammlungen und der spätgotische Gewölbesaal das »Schwarzburger Zeughaus«, eine Waffensammlung. Ein paar Kilometer außerhalb der Stadt lohnt das malerische Renaissanceschloss Kochberg einen Umweg.

6 Ein gut erhaltenes mittelalterliches Stadtbild zeichnet **Saalfeld** aus. Alle vier Stadttore der alten Befestigungsmauer haben die Jahrhunderte überdauert. Das heutige Rathaus wurde 1526–1537 im Stil der Renaissance errichtet.

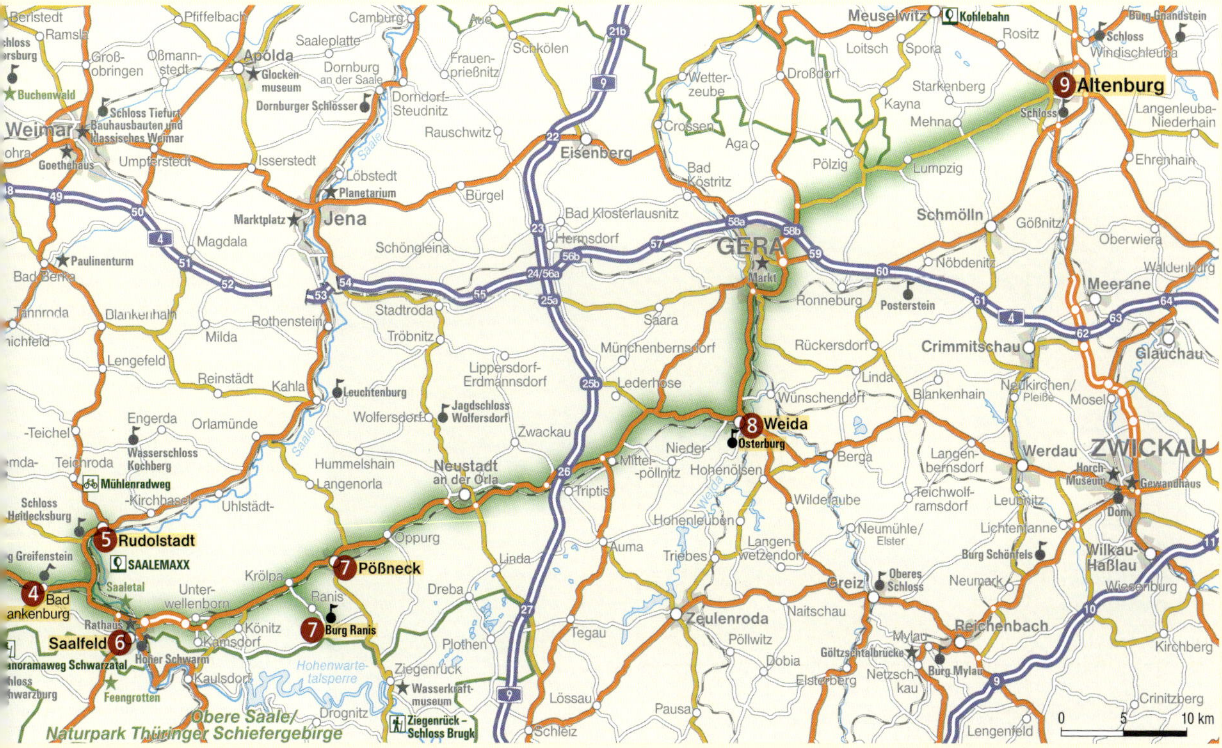

Geradezu malerisch thront die Burg Ranis auf einem Höhenzug über der Altstadt von Pößneck. Markant ist der Südflügel des Hauptteils der Burg durch seine vier Giebel. Im Hintergrund

Auf das 12. Jh. geht der Wohnturm zurück, in dem sich seit über 570 Jahren die Marktapotheke befindet. Im 13. Jh. wuchs die Stadtkirche St. Johannes empor, die vor allem wegen ihres prächtigen Bauschmucks einen Besuch lohnt. Auch einige Patrizierhäuser sollte man aus diesem Grund aufsuchen.

Die einzige erhaltene mittelalterliche Klosteranlage Thüringens, das Franziskanerkloster (um 1250 gegründet), findet man auf dem Münzplatz.

❼ Eine der schönsten thüringischen Burgen erhebt sich nahe **Pößneck**, einer Stadt mit einem reizvollen Marktplatz, einem Rathaus aus Spätgotik und Renaissance und der gotischen Stadtkirche St. Bartholomäus.

Die **Burg Ranis** besitzt alles, was eine Bilderbuchburg ausmacht: Vor-, Haupt- und Unterburg sowie einen mächtigen Bergfried. Dieser stammt aus dem 12. Jh., während die Renaissanceflügel der Hauptburg um 1600 auf Fundamenten der Vorgängerburg emporwuchsen. Diese brannten allerdings nieder und sind im 17. Jh. neu entstanden. Unter die Vorburg duckt sich die Ilsenhöhle, in der sich schon vor 40000 Jahren Menschen versammelten.

❽ Zwischen den Flüsschen Weida und Auma ließen die elsterländischen Herren im 12. Jh. ihre Feste, die Osterburg, bauen. Einen Ort namens **Weida** hat es zu dieser Zeit bereits gegeben. Das 12. Jh. repräsentiert die Basis des wuchtigen Bergfrieds, zur Spätgotik zählen dessen Oberbau und das benachbarte Giebelhaus. Der Renaissance ist das dreigeschossige Schloss verpflichtet.

Auch der Ort Weida offenbart verschiedene Bauepochen. So gehören die Widenkirche in die Spätromanik und die Hochgotik, die Stadtkirche in die Gotik und das Rathaus ins 16. Jh. Eine große technische Leistung des 19. Jh. stellt die Eisenbahnbrücke über das Oschütztal dar.

Enge Sträßchen und Gassen prägen das Ortsbild des alten Weida. Im Hintergrund steht die Osterburg mit mächtigem Bergfried.

❾ Im Zusammenhang mit dem Namen **Altenburg** fallen den meisten Menschen Spielkarten ein. Hier wurde das Skatspiel erfunden. Noch heute liegt die letzte Entscheidung über die Auslegung der Spielregeln beim hiesigen Skatgericht. Kein Wunder also, dass Altenburg über die größte Sammlung an Spielkarten verfügt. Sie ist im Schloss untergebracht.

Dazu gehören der Torturm, der Manteltum, ein Wohnturm, der Bergfried sowie der barocke Westflügel. Er enthält den Festsaal sowie den Johann-Sebastian-Bach-Saal. Auf der großen Barockorgel in der Schlosskapelle hat schon Bach gespielt.

Die Altstadt gruppiert sich um Marktplatz und Rathaus. Dieses ist eines der schönsten Renaissancehäuser. Die backsteinernen »Roten Spitzen« sind ein Überbleibsel der Marienkirche, die 1588 abbrannte.

ist der Bergfried zu sehen.

Ein Blick in die Kartenmacherwerkstatt des Spielkarten- und Schlossmuseums in Altenburg.

Wandern & Freizeit

Landschaftlich und geologisch interessant ist eine Wanderung im Tal der nur 53 km langen **Schwarza**, das über zahlreiche markierte Wege verfügt. Cañonartig stürzen die Talwände auf den 8 km zwischen Bad Blankenburg und Schwarzburg ab. Auf wildromantischen Wegen und Pfaden verläuft der Panoramaweg Schwarzatal von der Mündung der Flüsschens in die Saale auf der rechten Seite bis zu ihrer Quelle und auf der linken Seite wieder zurück zur Saale. Dabei führt der Wanderweg am felsigen Schwarza-Ufer entlang, um so dann und wann in eines der Seitentäler abzubiegen. Von dort geht es dann hoch auf einen der Berggipfel, von wo man einen herrlich Blick ins Tal genießen kann. Einen verkürzten Abschnitt stellt die knapp 11 km lange Wegstrecke von Bad Blankenburg über Eberstein, Schweizerhaus, Botanischen Garten nach Schwarzburg dar (Markierung: rotes Dreieck auf weißem Feld). Die Wanderzeit für den Hinweg beträgt etwa 3 Stunden.

Der **Ilmtal-Radweg** hat seinen Ausgangspunkt in Allzunah/Rennsteig, seinen Endpunkt hat der etwa 125 km lange Weg in Kaatschen-Weichau. Dieser leichte bis mittelschwere Radweg führt dabei auf gut 90 km über Asphalt.
Auf der etwa 16 km langen Etappe von Ilmenau bis Kranichfeld startet man in der Südstadt von Ilmenau. Dann geht es durch das Schortetal entlang des Ilmufers nach Langewiesen und Gräfinau-Angstedt. Über die Saline Oberilm und die sehenswerte Museumsbrauerei in Singen kommt man nach Griesheim und dann nach Stadtilm.

Der **Mühlenradwanderweg Saale-Ilm** von Rudolstadt nach Remda-Teichel erhielt seinen Namen wegen der vielen Mühlen, die an seinem Verlauf an der Remdaer Rinne stehen, u. a. die Unter- und Mittelmühle in Rudolstadt, die Ammelstädter Mühle, die Obermühle und die Feldmühle in Teichröda. Gut 12 km dieser etwa 14 km und gut eine Stunde langen Radtour führen auf dem ausgeschilderten Mühlenradwanderweg Saale-Ilm. Vom Saale-Radwanderweg im Heinrich-Heine-Park (Startpunkt), in dem sich auch das Freilichtmuseum Thüringer Bauernhäuser befindet, fährt man dann durch die Bahnunterführung und folgt der Ausschilderung über Pflanzwirbach, Ammelstädt, Teichröda und Eschdorf nach Remda-Teichel.

Im Erlebnisbad SAALEMAXX in **Rudolstadt** sind neben Sport und Spaß auch Erholung und Entspannung angesagt. In dem Bad stehen den Besuchern eine Vielzahl von Attraktionen zur Verfügung, darunter ein separates 25m-Sportbecken mit fünf Bahnen, vier verschiedenen Rutschen, das größte Wellenbecken Thüringens, ein Kinderbereich und ein Strömungskanal. Natürlich hat das Freizeitbad auch einen großen und weitläufigen Außenbereich; dazu gehören ein beheiztes Erlebnisaußenbecken, eine aus drei Feldern bestehende Beachvolleyball-Anlage, zwei Tischtennisplatten und eine Liegewiese mit Blick auf die Heidecksburg. In der Saunawelt gibt es neben den finnischen Saunen mit unterschiedlichsten Temperaturen auch eine Dampfsauna sowie eine separate Damensauna mit dazugehörigem Saunagarten, einen Ruheraum im Innenbereich, eine Blockhaussauna, ein Steinbad und einen Sole-Inhalationsstollen außen. Im Badehaus befindet sich der Wellnessbereich; dazu gehören verschiedene Becken (mit Temperaturen von 33 bis 35 °C), Sprudelliegen, Massagedüsen sowie eine Kneippstrecke. Zum Angebot gehören zahlreiche Anwendungen, darunter klassische Massagen sowie Hamam und Rassul oder verschiedene Bäder und Packungen *(SAALEMAXX, Freizeit- und Erlebnisbad Rudolstadt GmbH, Hugo-Trinckler-Str. 6, 07407 Rudolstadt, Tel. 03672/314 50, www.saalemaxx.de).*

Bereits seit Mai 1998 geht die Kohlebahn im nördlichen **Altenburger Land** auf knapp 13 km Schmalspurgleisen des ehemaligen Braunkohlebergbaus mit ihren Gästen auf Fahrt durch die Landschaft. Die Bahnstrecke führt von Regis-Breitingen über Haselbach, Wintersdorf und das Schnaudertal zum Auholz Meuselwitz. Mehr Informationen über den Fahrplan und den Streckenverlauf sowie Veranstaltungen, Sonderfahrten und das Museum der Kohlebahn findet sich unter *www.kohlebahnen.de*, der Website des Vereins Kohlebahnen Haselbach e.V. *(Büro Meuselwitz, Georgenstr. 46, Tel. 03448/75 25 50).*

Quer durchs kurfürstliche Sachsen

Von Meißen, berühmt für sein »weißes Gold«, das hier entwickelte Porzellan, geht es entlang der Elbe zur Residenzstadt Dresden und weiter zum Sommerschloss Pillnitz. Die Tour endet in der »Sächsischen Schweiz«. Für Dresden allein kann man zwei Tage planen. Karl-May-Fans aufgepasst: Pflichtbesuch in Radebeul!

Der Dresdner Zwinger, ein Gebäudekomplex mit Gartenanlage, entstand von 1710 bis

❶ Über 500 Jahre lang wurde Sachsens politisches Geschick von **Meißen** aus bestimmt. Den wahren Ruhm brachte jedoch erst das »weiße Gold«: das Porzellan.
August der Starke hatte den nach einem Rezept für die Herstellung von Gold forschenden »Alchimisten« Johann Friedrich Böttger in den Kellern der Dresdener Elbuferbefestigung gefangen gehalten. Böttger fand kein Gold und wurde 1704 der Obhut des Naturforschers Ehrenfried Walther von Tschirnhaus unterstellt, dem es um 1707 gelang weißes Porzellan herzustellen. Nach Tschirnhaus' Tod führte Böttger die Versuche weiter und leitete die 1710 gegründete Porzellanmanufaktur, die sich damals in der Albrechtsburg befand. Dieser sollte man unbedingt einen Besuch abstatten, bietet sie doch außer einer Kunst- und Porzellansammlung ein erlesenes Beispiel höfischer Architektur der Spätgotik. Neben der Burg ragt eines der am meisten besuchten Baudenkmäler Sachsens auf: der Dom St. Johannes und St. Donatus mit seiner hochgotischen Architektur und besonders mit seinen berühmten Steinskulpturen aus der Werkstatt des »Naumburger Meisters« (1250).

Die Albrechtsburg thront auf einem Felsen über Meißen. Hinter der Burg sind die beiden Türme des Meißner Doms gut zu sehen.

Das Barockschloss Moritzburg wird von einer Teich und Waldlandschaft umgeben. Eine Attraktion ist das »Federzimmer«.

❷ Als Jagdschloss hat sich Kurfürst Moritz (1541–1553) in der Teichlandschaft des Friedewaldes die **Moritzburg** errichten lassen. Vom ehemaligen Grundriss, der eine nahezu quadratische Anlage mit Wehrmauern und dicken Rundtürmen in jeder Ecke zeigte, zeugen heute nur noch die vier Türme.

Aber auch die hat der baufreudige August der Starke aufstocken lassen, als er das Wasserschloss zu einem eleganten barocken Lustschloss von seinen Lieblingsbaumeister Matthäus Daniel Pöppelmann umbauen ließ (1722–1730). Das Sächsische Barockmuseum hätte keine adäquatere Behausung finden können. Ein wahres Kleinod ist auch das knapp 40 Jahre nach der Moritzburg von Schade und Hauptmann im Schlosspark errichtete Fasanerieschlösschen.

❸ Die Umgebung Dresdens erkundet man am besten per Schiff auf der Elbe. So gelangt man an Weinbergen entlang nach **Radebeul**. Der berühmteste Sohn des Ortes ist Karl May (1842–1912). Der wohl meistgelesene Autor deutscher Sprache hat hier den größten Teil seines Lebens verbracht. Seit 1928 gibt es das Museum. In der »Villa Bärenfett«, einem Blockhaus, kann man den indianischen Alltag nachempfinden und in der »Villa Shatterhand«, dem ehemaligen Wohnhaus, erfährt man alles über Leben und Werk des Schriftstellers.

❹ Der Kosename »Elbflorenz« sagt alles: **Dresden** ist eine bedeutende Kulturmetropole. Gegründet bereits im frühen 12. Jh. begann der Aufstieg der Stadt erst unter den Wettinern, als diese im ausgehenden 15. Jh. ihre Residenz hierher verlegten. Auf diese Zeit gehen auch die Anfänge des Schlosses zurück. Unter den Kurfürsten Moritz (1541–1553) und August (1553–1586) wurde dieses großzügig erweitert.
Der Motor des Ausbaus von Dresden zu einer Kunststadt ersten Ranges waren die Kurfürsten von Sachsen

1728 als Orangerie und Festspielplatz.

Der Neumarkt in Dresden: Die im Zweiten Weltkrieg zerstörte Frauenkirche (Bildmitte) wurde neu aufgebaut und 2005 geweiht.

und Könige von Polen, August der Starke und dessen Sohn August III. (1733–1763). Beider Herrschaft, das »Augusteische Zeitalter«, gilt als Blüte sächsischer Kultur.

Ihren baulichen Ausdruck fand die Stärke Sachsens z. B. im weltberühmten Zwinger mit dem imposanten Kronentor, beides Arbeiten unter der Leitung des Baumeisters Matthäus Daniel Pöppelmann und des Bildhauers Balthasar Permoser. Der vielleicht schönste Teil des Zwingers, dessen offene Anlage übrigens erst Mitte des 19. Jh. durch Gottfried Sempers Galeriebau geschlossen wurde, ist der Wallpavillon. Weitere äußerst bemerkenswerte Bauten sind die Schlösser Pillnitz, Moritzburg und Großsedlitz, aber auch die protestantische Frauenkirche sowie die katholische Hofkirche.

Auch August III. war ein begeisterter Kunstsammler und ließ, wie bereits sein Vater, in ganz Europa Kunstschätze aufkaufen. Dadurch wuchs die Gemäldegalerie »Alte Meister« zu einer der bedeutendsten der Welt heran. Als ihr berühmtestes Werk gilt Raffaels »Sixtinische Madonna«, mit den zwei Engelchen am unteren Bildrand, die für die damals ungeheuerliche Summe von 20 000 Zechinen von einem Kloster in Piacenza gekauft worden war.

Als letzter großer Baumeister Dresdens gilt Gottfried Semper. Von ihm stammen die Pläne für die Gemäldegalerie, die den Zwinger zur Elbseite hin abschließt (1847–1854), und für das Hoftheater (1870–1878), besser bekannt als »Semper-Oper«.

Auf das 19. Jh. geht auch der berühmte »Fürstenzug« zurück, ein Wandbild aus Porzellankacheln, das 35 sächsische Fürsten aus der Dynastie der Wettiner zeigt.

Zum Fluss hin öffnet sich das linkselbische Dresden mit der Brühlschen Terrasse, einem imposanten Bauensemble im Rokokostil. Den Abschluss der Terrasse nach Osten bildet das Albertinum, das neben einer Skulpturensammlung auch die Gemäldegalerie »Neue Meister« beherbergt. Gesehen haben muss man das »Grüne

Wandern & Freizeit

Von **Radebeul** führt eine etwa 30 km lange Radtour auf dem Elbradweg über Coswig und Meißen bis in die Elbweinanbaugebiete bei **Diesbar-Seußlitz**. Es geht durch das malerische Elbtal mit Blick auf das Weinbaugebiet der Lößnitz. Nahezu alle Abschnitte der Strecke sind als gut befahrbarer Radweg ausgebaut. Die Tour startet in Radebeul unweit der Autobahnbrücke und führt entlang der Elbe nach Coswig und weiter nach Sörnewitz, wo die Herberge im Handwerkerhof zu einer Rast einlädt. Als nächste Etappe folgt Meißen. Wer möchte kann hier einen Abstecher in die sehenswerte Altstadt machen. Ansonsten geht der ausgebaute Elbradweg hinter Meißen am Hotel »Knorre« weiter und führt durch eine Landschaft mit Weinbergen und Steinbrüchen. Schließlich erreicht man Diesbar-Seußlitz. Die Rücktour lässt sich ab Meißen (Hauptbahnhof) nach Radebeul (Ost) mit der S-Bahn verkürzen.

Das aus drei Gebäudeteilen bestehende Schloss Pillnitz gilt als Barockjuwel. Im Bild das Bergpalais (links), der Garten und die Teichanlage.

Gewölbe« im Residenzschloss, das reichste Schatzkammermuseum Europas.

5 Ein Baudenkmal ersten Ranges ist das Sommerschloss **Pillnitz**. August der Starke ließ sich hier ein bereits seit dem Jahr 1403 urkundlich erwähntes Rittergut zu einem eindrucksvollen Gesamtkunstwerk aus Natur und Architektur unter der Leitung von Baumeister Matthäus Daniel Pöppelmann ausbauen.
Das Schloss vereint die Exaktheit barocker Bausymmetrie mit der Weichheit der geschwungenen Flusslandschaft. Wie aus den Fluten geboren, erhebt sich das dreiflügelige Wasserpalais, dessen doppelt geschweiftes Dach mit seinen schlanken Helmen oben und den chinesischen Motiven unten erstmals die Leichtigkeit fernöstlicher Architektur an die Elbe brachten. Das Bergpalais wiederholt dieses architektonische Spiel und alles zusammen gipfelt in der Symmetrie des Neuen Palais (1818–1826). Der Schlosspark mit seinen im chinesischen, französischen, holländischen und englischen Stil gehaltenen Gärten samt ihren zahlreichen Pavillons ist einen Bummel wert.

6 Ein Kleinod der Sächsischen Schweiz ist **Pirna**. Nur wenige Orte können eine so schöne historische Altstadt ihr Eigen nennen. Am Marktplatz erhebt sich das Rathaus, dessen ältester Teil auf die Zeit der Renaissance zurückgeht. Manche Bürgerhäuser sind sogar noch älter: Sie stammen aus der Zeit der Spätgotik. Das trifft auch auf die Stadtkirche St. Marien (1502–1546) zu. Mit ihr hat der Baumeister Peter Ulrich von Pirna eine der bedeutendsten spätgotischen Hallenkirchen geschaffen. Berühmt sind das dichtmaschige Rippengewölbe und die Skulpturen der ins Gewölbe hochkletternden »Wilden Leute« und anderer Fantasiegestalten. Der Hauptaltar gilt als Meisterwerk der Renaissanceplastik.
Dem gotischen Baustil verpflichtet zeigt sich die ehemalige Dominikanerkirche St. Heinrich (14. Jh.), die mit Wandmalereien aus der Zeit der Erbauung erfreut.

7 Der wohl berühmteste Teil der Sächsischen Schweiz erhebt sich majestätisch über der Elbe: die **Bastei**. »Nur« rund 200 m hoch ist sie, doch ihre schroffe Sandsteingestalt ist ungleich beeindruckender als diese schlichte Zahl. Die rund 500 000 Touristen, die sich jährlich hier einfinden, wissen warum: Der Ausblick über Elbe und in die Ferne ist einfach überwältigend.

8 Zu Füßen der Bastei liegt der **Kurort Rathen**, mit nur 600 Einwohnern ein beschaulicher Ort. Er ist einer der günstigsten Ausgangspunkte für Wanderungen durch die Felsen der Sächsischen Schweiz oder zur Felsenbühne hinauf. Eine interessante Sehenswürdigkeit am Rande: die historische Gierseilfähre.

Eines der fünf Portale der Marienkirche in der Altstadt von Pirna.

9 Düster überragt die Festung **Königstein** den Ort. Als die mittelalterliche Trutzburg im Jahr 1408 an die Wettiner fiel, die Markgrafen von Meißen und späteren Kurfürsten von Sachsen, begann ihr Ausbau zur heutigen Größe.
August der Starke (1694–1733), ein Inbegriff des absolutistischen Barockherrschers, feierte auf dem 360 m hohen Burgberg üppige Gelage, nutzte die Festung in kriegerischen Zeiten aber auch als Tresor für die Dresdner Kunstsammlung. Das taten übrigens auch die Nationalsozialisten. Niemand weiß genau, wie viele Kisten die Sowjetarmee 1945 von hier abtransportierte.

10 Der südliche Zielhafen der »Weißen Flotte« heißt **Bad Schandau**. Er ist für seine eisenhaltige Quelle berühmt, die bereits um 1730 entdeckt wurde. Die Kirche St. Johannis geht auf den Anfang des 18. Jh. zurück.
Ganz besonders erfreut die bauliche Einheit des Stadtzentrums rund um Kirche und Marktplatz. Kein Wunder, dass das ganze Ensemble unter Denkmalschutz gestellt wurde.

Klippen und Tafelberge wie die bizarren Felsnadeln der Bastei sind die Reste einer einst kompakten Sandsteinplatte.

Wandern & Freizeit

In Radebeul lädt die historische **Lößnitzgrundbahn** zu einer Fahrt ein. Mit der Dampflok angetrieben geht es von Radebeul-Ost über Moritzburg und Bärnsdorf nach Radeburg. Auf der etwa eine Stunde dauernden Fahrt (einfache Strecke) durch eine reizvolle Umgebung gibt es viel zu sehen *(Tel. 035207/892 90).*

Berühmt ist der **»Malerweg«**. Auf ihm spazierte schon Caspar David Friedrich. Er verläuft von Dresden über die Stadt Wehlen bis Bad Schandau. Wer will, kann dabei Abstecher zu den Burgen Königstein und Lilienstein unternehmen, ist aber dann bestimmt drei Tage unterwegs.

Der **Kletterpark Dresdner Heide** ist auf einer mittelschweren, 21 km langen Strecke mit dem Fahrrad erreichbar. Die Radtour beginnt am Hauptbahnhof von Dresden und führt nach Norden, über die Elbe in die Neustadt. Anschließend geht es weiter über Albertstadt in ländliche Regionen bis nach Kloztsche. Von dort ist es nicht mehr weit bis zum Kletterpark, der sich mitten in einem Landschaftsschutzgebiet befindet. Im Park geht es von Baum zu Baum, sei es über die Netzbrücke, über schwankende Bohlen oder mit dem Tarzan-Seil. Getränke und kleine Snacks hält ein Kiosk bereit. Die Rücktour lässt sich bequem mit der S-Bahn zurück zum Ausgangsort erledigen, der Bahnhof Klotzsche liegt unweit des Kletterparks. Der Kletterpark wird für Kinder erst ab 5 Jahren und 1,10 m Größe empfohlen.

Rund vier Stunden braucht man, wenn man die 12 km von **Wehlen** durch den Höllengrund zur Felsformation der Bastei, weiter nach Rathen und zurück hoch über der Elbe und am Fluss entlang zurück nach Wehlen wandert.

Wer nach bizarren Felslandschaften Ausschau hält, ist im Bielatal im Süden der Sächsischen Schweiz richtig. Rund vier Stunden dauert der 12 km lange Rundweg von **Schweizermühle** über Ottomühle und Brausenstein zurück nach Schweizermühle.

Eine etwa 7 km lange Bergwanderung kann man bei den Schrammsteinen, östlich von **Bad Schandau** durchführen. Die knapp 3 Stunden dauernde Tour beginnt mit dem Fahrstuhl in Bad Schandau auf die rund 300 m hohe Ostrauer Scheibe. Ab der Bushaltestelle ist der Bergwanderweg mit dem Symbol blaues Kreuz gekennzeichnet. Während der Wanderung durch die Landschaft mit ihren mächtig aufragenden Felsen, erreicht man immer wieder Stellen, die einen herrlichen Ausblick auf das Elbetal bieten. Die Route verläuft von den Vorderen Schrammsteinen, über den Abstieg von Zahngrund zum Lattengrund zum Jägersteig hinauf zum Gratweg und Schrammsteinweg bis zu den Hinteren Schrammsteinen, wo man am Carolafelsen den höchsten Punkt erreicht (453m). Von dort geht es auf dem gleichen Weg wieder zurück.

Eine beeindruckende, etwa 6 km lange Schlucht- und Höhenwanderung führt aus dem Kirnitzschtal zur 400 m aufragenden **Hohen Liebe**. Die 2,5 Stunden-Wanderung beginnt an der Haltestelle Nasser Grund der Kirnitzschtalbahn, die zwischen hier und dem unweiten Bad Schandau verkehrt. Die Route folgt in Richtung Nasser Grund, einer Schlucht die zur Quelle Günthers Börnel hinaufführt. Von dort folgt man den gelben Markierungen bis zu einer Gabelung. Dort geht es weiter zum Liebentor und hinauf zur Hohen Liebe. Dieser Gipfel aus Sandstein bietet eine hervorragende Aussicht auf den Falkenstein und die Schrammsteinkette. Danach geht es über den Butterweg (rote Markierung) wieder zurück ins Tal und zum Ausgangspunkt.

Eine attraktive Möglichkeit, die Sächsische Schweiz per Zug kennenzulernen bietet die **Kirnitzschtalbahn**. Diese historische Überland-Straßenbahn fährt durch das malerische Kirnitzschtal und verbindet die knapp 7,5 km lange Strecke zwischen Bad Schandau und dem Lichtenhainer Wasserfall.

Durch die Oberlausitz und das Land der Sorben

Einmalig schöne Schlösser und eine zauberhafte Landschaft prägen diese dreitägige Rundfahrt durch die Landkreise Bautzen und Görlitz. Die slawischen Sorben leben seit der Völkerwanderung im 5. Jh. in der Lausitz und haben sich ihre Sprache ebenso bewahrt wie ihre Trachten, Bräuche und Volksfeste.

Die Frontfassade von Schloss Rammenau bei Bischofswerda.

❶ Der berühmteste Sohn von **Kamenz** heißt Gotthold Ephraim Lessing (1729–1781). An den Schöpfer der »Minna von Barnhelm« und des »Nathan« erinnert das 1931 eröffnete Lessing-Museum.
Das Zentrum der »grünen Stadt der Lausitz« rund um den Markt zeigt sich als ein geschlossenes Bauensemble, gruppiert um das neugotische Rathaus und die spätklassizistischen Fleischbänke.
Zwar besitzt Kamenz auch ein paar außergewöhnliche Bürgerhäuser, so das Malzhaus und das Ponickauhaus, doch die herausragende Sehenswürdigkeit ist die spätgotische Hallenkirche St. Marien (1440–1480). Ihre verschiedenen Altäre, darunter der Marienaltar vom Ende des 15. Jh., zählen zu den Meisterwerken sächsischer Kunst. Altäre sind auch die besonderen Schmuckstücke der St.-Annen-Kirche, während die Justkirche Sachsens wertvollste Wandmalereien besitzt, die Anfang des 13. Jh. geschaffen wurden.

❷ In der Umgebung von Kamenz stößt man auf zwei herrschaftliche Barockschlösser: Das der Grafen Dohna in **Königsbrück** – mit 19 Fensterachsen eines der stattlichsten in Sachsen – entstand um 1700, das in **Oberlichtenau** (inkl. Barockpark) geht auf das Jahr 1720 zurück.

Der König-Friedrich-August-Turm auf dem Löbauer Berg.

Auch das benachbarte **Pulsnitz** – bekannt für seine Pfefferkuchen, die hier seit 1558 gebacken werden – besitzt großartige Herrensitze. Das Alte Schloss stammt aus der Renaissance (um 1600), aus der ebenfalls das Rathaus datiert, das Neue Schloss repräsentiert den Barock (1718). Neben allem Weltlichen sollte man auch die prachtvoll ausgeschmückte Hallenkirche St. Nikolai besuchen – oder eventuell den Perfert: Der von Wasser umspülte wehrhafte Speicher aus dem Jahr 1420 ist der älteste Fachwerkständerbau in Sachsen.

❸ Die Meißener Bischöfe hatten ihren Stammbesitz in **Bischofswerda**. Da die gesamte Stadt 1813 von Napoleons plündernden Soldaten dem Erdboden gleich gemacht wurde, fasziniert das Stadtbild heute vor allem durch die Einheitlichkeit der klassizistischen Architektur des frühen 19. Jh., wie sie auch das um 1818 neugebaute und dreigeschössige Rathaus am Altmarkt aufweist.
Zu Sachsens schönsten Schlössern gehört unzweifelhaft das Barockschloss Rammenau (1721–1737). Nach Entwürfen von Johann Christoph Knöffel entstand über einem hufeisenförmigen Grundriss ein zweigeschossiger Dreiflügelbau aus Sandstein. Man kann sich leicht vorstellen, dass die enormen Baukosten den repräsentationssüchtigen Bauherrn letzten Endes ruiniert haben. Die Zwangsversteigerung folgte auf dem Fuße.
Erst nach 1744 ließ der Zweitbesitzer den Innenausbau vollenden: äußerst prunkvoll mit Spiegelsaal sowie einem goldenen und einem chinesischen Zimmer, wie es die damalige Mode dem Adel vorschrieb. Der ehemals barocke Garten präsentiert sich heute als englischer Landschaftspark. Von Bischofswerda lohnt sich ein Abstecher zur Burg Stolpen. Die auf einem dunklen Basaltfelsen aufragende Burg diente den Meißener Bischöfen wie auch den sächsischen Kurfürsten als Staatsgefängnis. Der berühmteste Häftling war die Reichsgräfin Cosel, die einflussreiche Favoritin Augusts des Starken, der sie hier einsperren ließ, als er ihrer überdrüssig geworden war.

❹ Den Mittelpunkt der Lausitz markiert **Bautzen** (sorbisch: »Budissin«). Nach Funden steinzeitlicher Werkzeuge und bronzezeitlichen Schmucks weiß man, dass dies eines der am längsten besiedelten Gebiete Europas ist. Die wertvollsten Funde werden im Stadtmuseum gezeigt.
Rund um den Hauptmarkt liegt die gut erhaltene Altstadt, eine der schönsten in Sachsen. Mit ihren schmalen Gassen und den barocken Fassaden der zahlreichen Bürgerhäuser hält sie »die gute alte Zeit« noch immer lebendig. Der Preußenkönig Friedrich II. und Napoleon nächtigten am Hauptmarkt im Jahreshaus (erbaut 1720), das seinen Namen wegen seiner vier Treppen, der zwölf Schornsteine, der 52 Zimmer und der 365 Fenster trägt.
Ein Pflichtbesuch sollte der Inneren Lauenstraße gelten, deren Beginn das Gewandhaus, das älteste der Oberlausitz, markiert, und die besonders schöne Barockbauten besitzt. Verstärkt wird die mittelalterliche Atmosphäre durch die trutzige Wehrmauer, die vor allem im Westen und im Norden die an Türmen reiche Altstadt noch immer schützt.

Abendliche Stimmung in Bautzen: die Alte Wasserkunst (links) und dahinter die Michaeliskirche. Im Hintergrund die Mönchskirche, der Dom und der Reichenturm (v. l. n. r.).

Das Zentrum überragen der gotische Petridom, das Rathaus mit seinen Uhren und die Ortenburg, in der sich auch das Museum für sorbische Geschichte und Kultur mit museumspädagogischem Kabinett befindet.

Eine technische Meisterleistung stellt die Alte Wasserkunst dar, die sich mit der nahe gelegenen Michaeliskirche und der Stadtmauer zu einem hübschen Bauensemble vereint. Das aufgestaute Wasser der Spree wurde in den Turm hochgepumpt und stellte so die Versorgung der Stadt sicher.

5 Eine überraschende Stilmischung weist das Rathaus in **Löbau** auf, dessen mittelalterlicher Bergfried aus einem bilderbuchschönen barocken Umbau von 1711 emporsteigt. Das benachbarte Stadthaus von 1720 gilt als einer der beeindruckendsten Bürgerbauten des Ortes und einige weitere stehen in der Rittergasse hinter dem Rathaus.

Einmalig in seiner Art ist der auf dem Löbauer Berg 28 m in die Höhe ragende Friedrich-August-Turm, ein technisches Denkmal meisterlich gestalteter Eisenschmiedekunst mit zerbrechlich und filigran wirkenden Wänden und drei umlaufenden Balkonen. Nach oben gelangt man über eine im Turm befindliche Wendeltreppe mit 120 Stufen.

6 Auf halber Strecke nach Zittau erreicht man am Hutberg **Herrnhut**, Stammsitz und Ausgangspunkt der Missionstätigkeit der Herrnhuter Brüdergemeinde.

Reichsgraf von Zinzendorf, der Besitzer des Gutes, hatte den 1727 wegen religiöser Verfolgung aus dem katholischen Mähren geflohenen evangelischen Exilanten Grund und Boden zur Verfügung gestellt. Der Mittelpunkt der Anlage ist das in schlichtem Barock gestaltete »Gemeindehaus«: die Kirche, deren Inneres von äußerst strenger Einfachheit gekennzeichnet ist.

Eine durchaus ähnliche bauliche Klarheit vermittelt der Vogtshof, in dem heute die Verwaltung untergebracht ist. Das Schloss des Reichsgrafen hingegen ist dem Barock verpflichtet.

Wandern & Freizeit

Die für die Lausitz so typischen »Umgebindehäuser« findet man zahlreich auf der 15 km langen Wanderung in der Umgebung des Ortes **Weifa**, die etwa 4,5 Stunden in Anspruch nimmt.

Berühmt ist der **Oberlausitzer Bergweg**. Von dem gut ausgeschilderten, 115 km langen Wandersteig zwischen Neukirch und Zittau kann man natürlich auch überall nur Teilstrecken erwandern.

Von **Neukirch** nach **Sohland** mit einem Abstecher zum »Sonnenuhrdorf« Taubenheim braucht man zu Fuß rund 6,5 Stunden. Aussichtspunkte und Gaststätten säumen den 24 km langen Weg.

Die Spreequelle am Kottmar kann man auf der 20 km langen Wanderung zwischen **Neusalza** und **Eibau** besuchen. Sie ist eine von drei Quellen und liegt auf 583 m Höhe.

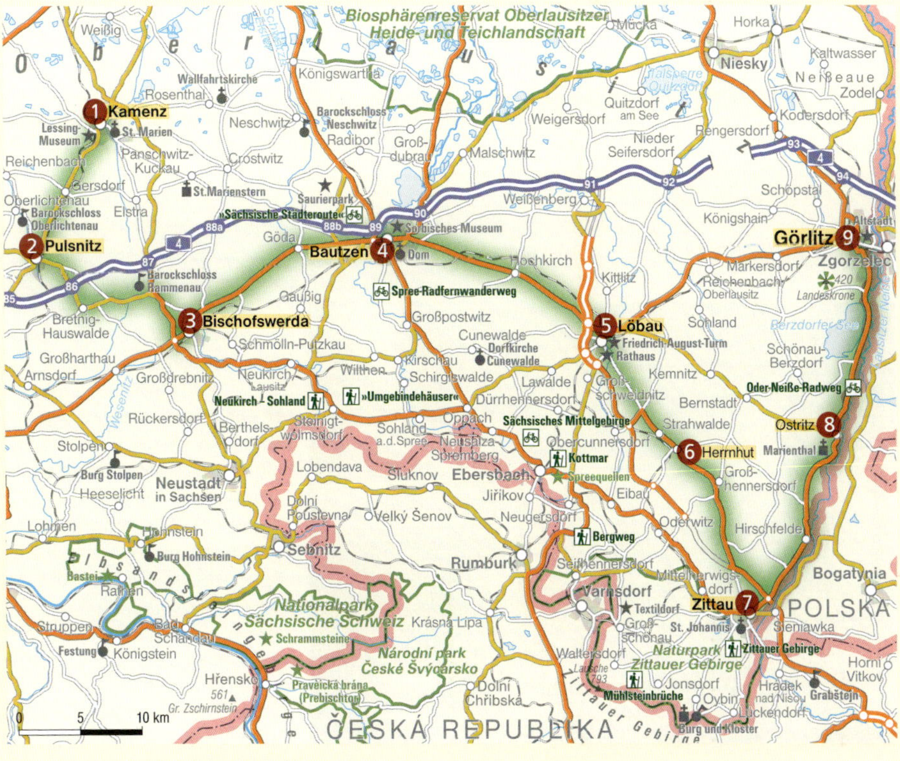

Der Rathausplatz in Zittau am späten Abend. Im Mittelpunkt steht das im Neorenaissancestil errichtete Rathaus. Der 50 m hohe Turm stellt den Rest eines Vorgängerbaus dar.

7 Im Grundriss einen Kreis beschreibt die denkmalgeschützte Altstadt von **Zittau**, denn wie ein Ring umgaben die ehemals doppelt angelegten Stadtmauern diesen nach Leipzig wichtigsten sächsischen Handelsplatz. Er ist bereits im 13. Jh. schriftlich bezeugt. Den Mittelpunkt des Kreises nimmt der Markt mit dem Mars- oder Rolandbrunnen ein. Barocke Bürgerhäuser wenden ihm ihre Fassaden zu, so das Noack'sche Haus (Nr. 4), das alte Hotel zur Linde (Nr. 9), die ehemalige Ratsapotheke (Nr. 10) und die Fürstenherberge (Nr. 13) in der auch Napoleon im August 1813 übernachtete.

Das Rathaus in historisierenden Formen geht auf den berühmten Baumeister Karl-Friedrich Schinkel (1781 bis 1841) zurück, dem die Schinkel-Säule gewidmet ist. Er hatte auch beim Wiederaufbau der klassizistischen Kirche St. Johannis seine Hand im Spiel, denn ursprünglich datiert das Gotteshaus aus der Spätgotik.
Böhmische Bautradition zeigt die gotische Kreuzkirche von 1410 mit ihrem quadratischen Grundriss und dem auf nur einem Mittelpfeiler ruhenden Sterngewölbe.

8 Im Neißetal nordwärts geht es nach **Ostritz**, einem Ort, der bereits 1005 urkundlich erwähnt, und damit älter als alle »bedeutenderen« Nachbarstädte ist.
1243 legte in der Nähe die böhmische Königin Kunigunde den Grundstein zum Zisterziensernonnenkloster Marienthal. Nach einem Brand in der Mitte des 17. Jh. errichtete man Kirche, Konvent und Propstei im damals vorherrschenden Stil des Barock neu. Die Anlage ist reich an Kunstschätzen. Hervorzuheben sind die Ausmalung der Kreuzkapelle durch Giovanni Battista Casanova, den Bruder des bekannten Frauenhelden, die Ausstattung der Bibliothek und der Klosterkirche sowie verschiedene Skulpturen, die bis auf das 15. Jh zurückgehen. Stärken kann man sich nach so viel Kultur in der Klosterschänke mit uriger Einrichtung.

Blick in den Altarraum der Klosterkirche St. Marienthal.

9 **Görlitz** ist die östlichste deutsche Stadt – und einer der schönsten historischen Orte. Bauliche Einheit aus Renaissance und Barock zeichnet den Untermarkt, das mittelalterliche Herz der Altstadt, aus. Der älteste Teil des Rathauses, das die Westseite beherrscht, datiert von 1378. Eine besonders aufwendige Gestaltung ziert den Schönhof, das älteste bürgerliche Renaissancehaus Deutschlands von 1526. In den Langen Lauben am Markt fand der Tuchhandel statt, der Görlitz reich gemacht hat.

Nördlich vom Markt trifft man auf die Pfarrkirche St. Peter und Paul, die Stilelemente von der Romanik über die Renaissance bis hin zur Neugotik vereinigt.
Durch die von Renaissance- und Barockhäusern gesäumte Brüderstraße gelangt man vom Unter- zum auffallend lang gezogenen Obermarkt. Auch er besitzt eine vollkommen geschlossene Bebauung, hier allerdings ist sie rein barock.
Vom Balkon der heutigen Stadtinformation hatte schon Napoleon heruntergeblickt. Nach Westen schließen der Rechenbücher Turm und der Kaisertrutz den Platz ab, sie sind Teile der alten Wehranlagen von 1490. In Letzterem ist die Städtische Kunstsammlung untergebracht.
Wer noch etwas Zeit hat, sollte unbedingt noch einen Abstecher nach Bad Muskau machen, etwa 52 km nördlich von Görlitz. Hier breitet sich nämlich einer der schönsten Landschaftsparks Europas über knapp 600 ha im Neißetal aus: die Gartenanlage des Fürsten Pückler-Muskau, der Muskauer Park. Der Abenteurer und Ästhet Pückler schuf hier, angeregt durch seine Englandreisen, ein Gesamtkunstwerk nach englischem Vorbild. Der Ort Muskau selbst oder das liebevoll restaurierte Neue Schloss liegen angrenzend an bzw. eingebettet in den weitäufigen Park.

Am Görlitzer Untermarkt, dem zentralen Platz in der Altstadt, blickt man aus den Laubengängen auf das Rathaus mit dem Uhrenturm.

Wandern & Freizeit

Geologisch interessant wird es bei den Mühlsteinbrüchen Jonsdorf, auf die man auf der 12 km umfassenden Wanderung von **Waltersdorf** zum Luftkurort **Lückendorf** trifft.

Rund 16 km misst eine mittelschwere Wanderung durch das Zittauer Gebirge von **Lückendorf** nach **Zittau**. Sie beginnt in Lückendorf und führt vorbei am Scharfenstein und dem Sandsteinmassiv des Berges Oybin. Danach geht es talwärts nach Hartau. In Richtung Dreiländereck folgt der Weg dann dem Verlauf der Grenze bis Zittau.

Der **Radfernwanderweg (RFW) Sächsisches Mittelgebirge** führt von Neukirch über Taubenheim, Sohland, Neusalza, Obercunnersdorf und weitere Etappen bis nach Zittau durch das Oberlausitzer Bergland und das Zittauer Gebirge. Auf der knapp 100 km langen Strecke laden viele der bewaldeten Kuppen mit Berggasthöfen und wunderschönen Aussichten zum Verweilen ein. Der etwa 60 km lange Abschnitt zwischen Ebersbach und Großschönau folgt weitgehend verkehrsarmen Straßen. Ansonsten fährt man vorwiegend auf gut befestigten Wald- und Wiesenwegen. Die gesamte Route eignet sich für individuell geplante, kürzere Touren, wie z. B. die Strecken Zittau–Großschönau, Neusalza – Obercunnersdorf – Herrnhut oder Neukirch – Taubenheim. Wegen der hügeligen bis gebirgigen Landschaft sollte man ein wenig Kondition mitbringen, Sportler muss man aber nicht sein. Öffentliche Verkehrsmittel wie Busse des ZVON erleichtern die eine oder andere Rückfahrt. Zwischen Oybin/Jonsdorf und Zittau verkehrt die Zittauer Schmalspurbahn.

Eine nette, rund 30 km lange Tagestour auf dem insgesamt 630 km langen Oder-Neiße-Radweg führt von **Zittau** bis nach **Görlitz** entlang der deutsch-polnischen Grenze. Von Zittau geht es flussabwärts durch das romantische Neißetal über Hirschfelde nach Ostritz zum Kloster Marienthal. Von dort gelangt man dann über Hagenwerder, mit Blick auf den Berzdorfer See, weiter bis nach Görlitz. Hier kann man beispielsweise vom Hauptbahnhof mit dem Zug wieder zurück zum Ausgangsort der Tour gelangen. Der weitere Oder-Neiße-Radweg führt über die Kultureinsiedelei bei Zentendorf und Bad Muskau durch Brandenburg und Mecklenburg-Vorpommern bis zum Stettiner Haff.

Der Spree-Radfernwanderweg beginnt an der Spreequelle am Kottmar und führt am Fluss entlang bis ins rund 295 km entfernte Berlin. Der Abschnitt durch die Oberlausitz ist etwa 120 km lang. Eine kurze Tagestour (35 km) beginnt am **Kottmar** (583 m) an der höchsten der insgesamt drei Spreequellen, wo man mit etwas Glück Ausblick bis zum Iser- und Riesengebirge hat. Die Gegend um den Kottmarwald ist sehr hügelig und waldreich. Auf gut ausgebauten und ausgeschilderten Wegen geht es teilweise am Flussufer entlang über Eibau nach Neugersdorf, wo die ergiebigste Spreequelle entspringt, und schließlich weiter nach Ebersbach, wo sich die dritte Spreequelle befindet. Ebersbach bietet einen schönen neu angelegten Stadtpark mit Bäumen und einer großen Spielwiese mit Wasserspielplatz. Schließlich radelt man durch das waldreiche und bergige Umgebindeland über Oppach, Sohland und Obergurig bis nach **Bautzen**.

Eine insgesamt rund 30 km lange Tour führt vom Zentrum **Bautzens** zum Saurierpark und anderen Freizeitparks im Ortsteil Kleinwelka und wieder zurück. Die Strecke entlang der »Sächsischen Städteroute« ist mit einem roten »S« gekennzeichnet und führt vom Rathaus nach Norden stadtauswärts in Richtung Salzenforst. Kurz hinter Temritz quert die Kreisstraße K 7274 den Weg. Hier biegt man rechts ab und fährt weiter in den Bautzener Ortsteil Kleinwelka und praktisch auf den Eingang zum Saurierpark zu (nach 15 km). Neben dem Sauriergarten mit seinen Erlebnisstationen locken auch der benachbarte Irrgarten sowie der Miniaturenpark große und kleine Besucher an. Einkehrgelegenheiten gibt es in den Freizeitparks sowie in unmittelbarer Nähe. Für die Rückfahrt zum Ausgangspunkt der Tour bietet sich der gut ausgebaute Radweg entlang der B96 an.

Von der Mosel an die Saar

Diejenigen, die es eilig haben, können die romantische Tour in zwei Tagen bewältigen. Doch die Strecke von der Burg Eltz vorbei an Weinbergen, alten Burgen und idyllischen Ortschaften verleitet immer wieder zum Verweilen. Über die alte Römerstadt Trier geht es noch ein Stück saaraufwärts nach Saarburg. Beidseitig der Mosel kann man die Landschaft sehr gut per Rad genießen.

Der Pulverturm von Zell, hier malerisch von einem Weinberg ausgesehen.

❶ Manchmal wird die Fantasie der Kulissenmaler von der Wirklichkeit um Längen übertroffen. Märchenhaft schimmern die Erker und die Türmchen von **Burg Eltz** durch das Laub der umliegenden Wälder. Außer der traumhaften Lage sind die vollständig original erhaltene Bausubstanz und die reiche Schatzkammer einzigartig. Vom 12. Jh. bis zum heutigen Tag besitzen die Grafen von Eltz die auf einem bis zu 70 m hohem Felskopf stehende Anlage, die jeden Sommer mehr als 500 000 Besucher anzieht. Sie gehört zu den bekanntesten Burgen in Deutschland.

❷ Wer die romantische Altstadt des 5000-Seelen-Städtchens **Cochem** in Ruhe erkunden will, sollte früh aufstehen, denn während der Saison zählt der Ort bis zu 20 000 Besucher am Tag. Vom Kapuzinerberg mit der Klosteranlage aus dem 17. Jh. hat man eine wunderbare Aussicht auf die Reichsburg, aber auch eine Fahrt mit der Sesselbahn zur Ruine Winneburg sollte man sich nicht entgehen lassen.

Von Cochem aus lohnt es sich, einen Abstecher nach Daun zu machen. Trotz schwerer Zerstörungen im Zweiten Weltkrieg sind die Pfarrkirche St. Nikolaus, die Reste der Befestigung, das Haus Rodemacher aus dem 16. Jh. und der spätmittelalterliche Waldenhof durchaus eine Besichtigung wert. Das Heimatmuseum präsentiert Funde aus römischer und vorrömischer Zeit, Mineralien und Versteinerungen sowie volkskundliche Exponate. Den eigentlichen Reiz aber macht die landschaftliche Schönheit der südlich gelegenen Maare Weinfelder, Gemündener und Schalkenmehrener Maar aus.

Der Winzerort Beilstein wird von der 1689 zerstörten Burg Metternich auf einem rund 60 m hohen Felssporn überragt.

Über Cochem thront die in ihren Fundamenten aus dem 11. Jh. stammende Reichsburg.

❸ Moselaufwärts geht es nach einer Besichtigung der Propstei Ebernach weiter in den Winzerort **Beilstein** am Fuße des Klosterbergs. In gut einer Stunde spaziert man vom entzückenden Marktplatz mit dem alten Amtshaus vorbei am Zehnthaus von 1577, in dem man ein Weinmuseum eingerichtet hat, und wunderschönen Fachwerkhäusern durch das ehemalige Ghetto. 112 Stufen führen hinauf zur barocken Klosterkirche. Nach dem Aufstieg zur Burgruine Metternich gelangt man durch die Weinberge zurück ins Dorf.

❹ Über Senheim-Senhals geht es weiter nach **Ediger** mit seiner gut erhaltenen Stadtmauer und den zahlreichen historischen Baudenkmälern, die zu den schönsten Fachwerkensembles Deutschlands zählen. Berühmt ist das Geläut der spätgotischen St.-Martins-Kirche. Nach einer Besichtigung der Kapelle der Muttergottes von Einsiedeln führt der Weg in den Ortsteil Eller, wo sich schon im 5. Jh. ein Kloster befand.

Daran schließt sich ein Besuch von Pestkapelle und St. Hilarius an, der mit einer Wanderung über den Calmot seinen würdigen Ausklang findet. Mit 65 % Hangneigung ist der 378 m hoch aufsteigende Bergrat der steilste Weinberg der Welt.

❺ Über Bremm mit seinem Storchenhaus und der spätgotischen Laurentiuskirche geht es über Alf weiter nach **Enkirch**. Auf der Fahrt sollte man keinesfalls einen Spaziergang in Zell,

Die Burg Eltz erscheint wie ein wahr gewordenes Märchenschloss, das alle Wirren der Geschichte unversehrt überstanden hat.

Wandern & Freizeit

Etwa eine Stunde dauert der Weg durch das **Eltztal** über den romantischen Fußweg von Moselkern bis zur Burg Eltz.

Eine Moselwein-Wanderung von Cochem nach Bernkastel, eine Orgelwanderung, eine Burgenwanderung, Rundwandertage usw. werden von den einzelnen Moselgemeinden angeboten. Informationen erhält man von der Moselland-Touristik in Bernkastel-Kues *(Tel. 06531/973 30)*.

Auf dem etwa 2 km langen Weinlehrpfad in **Trier** erfährt man auf interessanten Didaktiken viel »Sehenswertes und Merkwürdiges« über Rebsorten und Weinanbau. Entlang des Weges geben viele Hinweistafeln Auskünfte über Rebsorten, Klima und Bodenverhältnisse, u. a. über den für die Mosel typischen Devonschiefer und die Vielseitigkeit der Arbeit des Winzers im Weinberg, von Erziehungsarten sowie Direkt- und Seilzuganlagen. Startpunkt des Lehrpfades ist das römische Amphitheater. Das Ziel befindet sich im Trierer Weinort Olewig, wo man das Ganze mit einer Kellerbesichtigung und einer Weinprobe abschließen kann.

Die Ortsteile Bernkastel (vorne) und Kues (hinten) sind durch zwei Brücken miteinander verbunden, darunter die Moselbrücke.

der Stadt der »Schwarzen Katz«, entlang der Mosel auslassen.

Auch ein kleiner Abstecher in den Hunsrück nach Simmern ist lohnenswert. In Simmern wurde einst der legendäre Räuberhauptmann Johannes Bückler im Schinderhannesturm gefangen gehalten. Die Pfarrkirche St. Joseph besticht durch ihre barocke Ausstattung und in der Pfarrkirche St. Stephan befinden sich die sehenswerten Grabdenkmäler der Pfalzgrafen von Simmern.

Enkirch mit seinen Lagen Steffensberg, Batterieberg und Monteneubel wird auch als »Ankerplatz für Weinkenner« bezeichnet. Keinesfalls sollte man sich nach einem Rundgang durch die malerische Altstadt und einem Besuch der Heimatstuben einen guten Tropfen in der Ratsweinschänke entgehen lassen. Wer es einrichten kann, sollte am ersten Wochenende im August zum allseits beliebten Weinfest anreisen.

Die Pfarrkirche St. Laurentius (links) und die Stadt Saarburg vom Fluss aus gesehen.

Traben-Trarbach an der Mosel lädt mit seinen Jugendstilbauten und weitläufigen Weinkellern zu einem Besuch ein.

6 Mit Jugendstil vom Feinsten kann **Traben-Trarbach** aufwarten, aber auch ältere historische Gebäude und zahlreiche Weinkneipen verleihen der Doppelstadt ihren Charme.

Auf der Starkenburg trotzte die wehrhafte Lauretta einst den unverschämten Ansprüchen des Erzbischofs Balduin, den sie kurzerhand als Geisel nahm. Vom Lösegeld erbauten ihre Söhne um 1250 die Grevenburg, die in den Reunionskriegen 1735 von den Truppen Ludwigs XIV. gesprengt wurde. Ein Meisterwerk der Festungsbaukunst ist Mont Royal, eine Anlage, von der heute leider nur noch eine Ruine erhalten ist.

7 **Bernkastel-Kues** wurde weder von französischen Truppen noch von den gefürchteten Feuersbrünsten im 19. Jh. heimgesucht. Deshalb ist der Ort an der Mittelmosel in seiner mittelalterlich-romantischen Ursprünglichkeit erhalten geblieben. Die verwinkelten Gässchen mit ihren hübschen Fachwerkhäusern, das alte Rathaus, die Stadtkirche St. Michael, das Graacher Tor, in dem das hübsche Heimatmuseum untergebracht ist, die wunderschöne Aussicht von der Landshut, einer Burgruine aus dem 16. Jh., das Weinmuseum (s. u.) und das Nikolaushospital, das der Humanist Nikolaus von Kues im Jahr 1458 stiftete, locken jährlich abertausende von Besuchern an.

An Nikolaus Cusanus, den berühmten mittelalterlichen Gelehrten, erinnert außerdem sein Geburtshaus in Kues und der »Bernkasteler Doctor« – der Legende nach ein Wein, mit dem Cusanus einst den schwer kranken Bischof kurierte.

In Bernkastel-Kues informiert das Weinmuseum über die Geschichte des Mosel-Weinbaus und zeigt viele Geräte und Werkzeuge der Winzer sowie eine Sammlung wertvoller Trinkgefäße. Das Weinfest findet jedes Jahr zu Peter und Paul statt. Dort wird dann der berühmte »Doctorwein« ausgeschenkt. Auch eine Kellerbesichtigung der Winzergenossenschaft sollte man sich keinesfalls entgehen lassen.

8 Bei **Neumagen-Drohn** traf die römische »Via ausonia« auf die Mosel. Kaiser Konstantin ließ hier ein Kastell errichten und der Sage nach soll Siegfrieds Mörder Hagen von Tronje von der Nicetiusburg stammen, die angeblich hier stand. Entsprechend reichhaltig sind die Funde, die man im Heimatmuseum und auf dem archäologischen Rundweg bewundern kann. Das berühmte Weinschiff, das einst als Grabmal eines römischen Weinhändlers diente (um 220 n. Chr.), und die Schulszene sind jedoch im Rheinischen Landesmuseum in Trier zu besichtigen. Auf der Weiterfahrt kann man einen Zwischenstopp in Trittenheim einlegen und hier die St.-Laurentius-Kapelle besichtigen.

Die Porta Nigra von Trier fungierte einst als Nordtor der römischen Stadtbefestigung.

Blick zum Hochaltar in der Domkirche St. Peter zu Trier.

9 »Roma secunda«, das zweite Rom, nannten die Römer »Augusta Treverorum« und tatsächlich war **Trier** unter Kaiser Diokletian die Hauptstadt des weströmischen Teilreiches.

Das imposanteste Zeugnis aus der Antike ist die Porta Nigra, ein um das Jahr 180 entstandener Repräsentationsbau, der später in die Verteidigungsanlagen integriert wurde. Das Schwarze Tor wurde im 11. Jh. zu einer Doppelkirche umgebaut. Im Jahr 1794 wurde das Gebäude schließlich von französischen Truppen geplündert und größtenteils demontiert.

Im Simeonsstift befindet sich das Stadtmuseum. Ebenfalls noch aus römischer Zeit stammen Thermen, das Amphitheater und die Römerbrücke. Ob nun »Paffennest«, wie Goethe abschätzig urteilte, oder Metropole des christlichen Abendlandes – Trier ist reich an bedeutenden Sakralbauten. Im Dom lockt der Heilige Rock seit Jahrhunderten Tausende von Pilgern an. Darüber hinaus gibt es eine Reihe sehenswerter Profanbauten und der Hauptmarkt gilt als einer der schönsten Plätze Europas. Man benötigt schon zwei Tage um allein die wichtigsten Sehenswürdigkeiten besuchen zu können.

Seit 2000 Jahren wird in Trier Wein angebaut und verkauft. Von den insgesamt 350 ha Rebfläche befinden sich die besten Lagen in Eitelsbach und Avelsbach. Zweimal im Jahr werden dort die besten Gebietsweine öffentlich versteigert.

10 Zwischen Burgberg, Leukach und Saar lockt **Saarburg** mit seinem historischen Stadtkern. Nachdem Stadt und Burg in den Reunionskriegen zerstört worden waren, baute man den Ort und Schloss Warberg in barockem Stil neu auf.

Die Leuk stürzt mitten in der Stadt 20 m in die Unterstadt mit ihren alten Fischer- und Fischerhäusern hinab. Ins Ferienzentrum Warberg gelangt man mit einer Sesselbahn und kann von dort die Aussicht genießen.

Wandern & Freizeit

Der rund 304 km lange **Moselradweg** beginnt in Metz in Frankreich und endet am Deutschen Eck in Koblenz, an der Mündung der Mosel in den Rhein. Der Abschnitt zwischen Trier und Koblenz ist etwa 190 km lang und durch grüne Schilder, mit einem weißen Fahrrad als Logo, markiert. Die Route verläuft ausnahmslos auf asphaltierten Wegen. Um dem Autoverkehr möglichst aus dem Weg zu gehen, wechselt die Radroute mehrfach die Moselseite. Nur zwischen Cochem und Kobern-Gondorf verläuft der Radweg auf einem Radstreifen direkt neben der Bundesstraße.

Von **St. Aldegund** bis **Trier** führt eine abwechslungsreiche Fahrradstrecke über den ausgeschilderten Moseluferpfad. Der Moselradweg bietet sich aber auch für kürzere, individuell geplante Radtouren an.

Eine rund 23 km lange Radtour führt auf dem Moselradweg von **Neumagen** nach Bernkastel. In diesem Abschnitt fließt die Mosel in herrlichen Schleifen durch eine Landschaft mit hohen Weinbergen und malerischen Orten. Die Route startet in Neumagen und führt nach Überquerung der Mosel auf der linken Seite flussabwärts. Entlang steiler Weinberge geht es nach Ferres und weiter Piesport, wo verschiedene Weingüter zur Verkostung einladen. Bei Piesport wechselt der Radweg wieder auf das rechte Moselufer. Von dort aus sind weitere Etappen Wintrich, Filzen, Brauneberg, Mülheim und Andel. Schließlich erreicht man in Bernkastel am großen Parkplatz zwischen Mosel und Bundesstraße die letzte Etappe. Wer wieder zurück nach Neumagen möchte, kann dies z. B. per Schiff tun. In der Regel nehmen Schiffe auch Fahrräder gegen Aufpreis (2–5 Euro) mit.

Ein schöner Spazierweg führt vom Klosterberg in **Beilstein** vorbei an Kirche und Marienkapelle zur Burgruine Metternich. Über die Armesünderkapelle und den jüdischen Friedhof geht es über die Weinberge zurück ins Dorf.

Eine etwa 4,5 km lange Wandertour führt auf den **Petrisberg**, den »Hausberg« der Trierer. Man wandert größtenteils auf asphaltierten Wegen. Die Tour startet in Trier am Kreuzweg/Ecke Kurfürstenstraße und führt hinauf zum Fernsehturm. Die etwa 120 m Höhenunterschied führen zum Teil über Treppen dorthin. Der Lohn für die kleine Anstrengung ist ein beeindruckender Ausblick auf die Stadt und in das weite Moseltal. Dann geht es weiter in den Petrispark mit dem Turm Luxemburg und einem Abenteuerspielplatz. Anschließend geht man dem Weg wieder zurück und folgt an der Abzweigung links der Baumallee »Beim alten Weingarten« in Richtung Petrisberg. Vom Aussichtspunkt bietet sich wieder ein herrlicher Ausblick auf Trier. Anschließend folgt man dem Fußweg bergab vorbei am Kloster Sankt Klara. Am »Hotel Petrisberg« führt ein Serpentinenpfad durch den Wald hinab ins Tal.

Ebenfalls abwechslungreich zeigt sich das Moseltal zwischen **Trier** und **Neumagen-Drohn**. Hier kann man eine etwa 40 km lange Radtour auf dem Moselradweg machen. Die Strecke ist durchgehend asphaltiert und beinhaltet keine nennenswerte Steigungen. Mit dem Schiff (Fahrrad gegen Aufpreis, zwischen 2–5 Euro) oder per Bus *(www.regio-radler.de)* geht es von Trier nach Neumagen-Drohn. Von dort geht es flussaufwärts entlang steiler Weinberge und charakteristischer Flussschleifen Richtung Trier. Auf dem Weg laden Straußwirtschaften und Winzerhöfe zu Zwischenstopps ein. Bis Longuich liegt der Weg auf dem rechten Moselufer. Lohnenswert sind Abstecher zu den Römischen Villen in Longuich und im davor liegenden Mehring. Hinter Longuich wechselt man die Uferseite und fährt auf dem linken Moselufer weiter. Kurz vor Trier wechselt die Route zum letzten Mal die Uferseite.

In **Riol** lockt eine Allwetterrodelbahn große und kleine Besucher an. Die knapp 1200 m lange Bahn sorgt mit Kurven, Wellen und Kreiseln für Vergnügen. Für das leibliche Wohl sorgt die Gastronomie in der Talstation.

Imposantes Fachwerk und große Kirchen an der Lahn

Diese Route, die aus dem Tal der Eder zu den Höhepunkten entlang der Lahn führt, kann man in drei bis vier Tagen »erfahren«. Prächtiges Fachwerk, Burgen, Schlösser und eine schöne Natur laden zur aktiven Erkundung ein.

Ein Lettner trennt Chor und Hauptschiff der Elisabethkirche in Marburg.

1 Im Waldecker Land liegt am rechten Ufer der Eder das Fachwerkstädtchen **Frankenberg**. Zwischen Obermarkt und Untermarkt steht das Rathaus. Es ist der erste neuzeitliche Fachwerkbau Hessens. Er wurde 1510 errichtet und gewinnt seine optische Leichtigkeit durch die zehn schlank emporragenden Turmspitzen. Auf das Jahr 1538 geht der Steinbau des Obersten Brauhauses zurück, das Steinhaus am Ostende des Obermarkts ist noch einige Jahrzehnte älter. Hochgotisch zeigen sich die im 14. Jh. errichtete Liebfrauenkirche und die an sie nachträglich angegliederte Marienkapelle.
Zwischen Frankenberg und Marburg erstreckt sich der nur mäßig hohe Burgwald, der sich für kleinere Wanderungen anbietet.

2 Werden und Wachsen von **Marburg**, der ersten Hauptstadt Hessens, hingen unmittelbar mit der frommasketischen thüringischen Landgräfin Elisabeth zusammen. Sie hatte die Wartburg 1227 verlassen und ein Jahr später das hiesige Schloss zum Witwensitz erkoren. Nach ihrer Heiligsprechung 1235 entwickelten sich ihr vom Deutschen Orden betreutes Grab und damit auch Marburg zu einem Wallfahrtszentrum.
Nach der Abspaltung Hessens von Thüringen im Jahre 1248 machten die hessischen Landgrafen Marburg zu ihrer Residenzstadt. Heinrich I., Elisabeths Enkel, ließ die thüringische Burg zum hessischen Schloss ausbauen. Außergewöhnlich sind die von der französischen Gotik beeinflusste Schlosskapelle mit dem Christophorus-Bild, der Saalbau aus dem 14. und der Wilhelmsbau aus dem 15. Jh.
Ebenfalls französischen Einfluss verrät die Elisabethkirche. Von ihrer Ausstattung her sind der Kreuzaltar, der Marienkrönungsaltar, der Hochaltar, der Schrein der hl. Elisabeth und die Glasfenster hervorzuheben. Der Südchor der Elisabethkirche diente als Grablege der Landgrafen.
Herz der Altstadt sind Ober- und Untermarkt. Der Erstere ist der meistfotografierte Teil Marburgs, ein Ensemble von Fachwerkhäusern aus dem 16. Jh., den Zweiten schließt nach Süden hin das Rathaus von 1524 ab. Marburg ist eine lebendige Universitätsstadt mit einem Umland, das mit verschiedenen Rad- und Wanderwegen, die häufig entlang der Lahn führen, abwechsungsreiche Ausflugsmöglichkeiten bietet.

3 Als Landgraf Moritz von Hessen-Kassel 1607 die lutherischen Professoren aus Marburg vertrieb, schlug die große Stunde von **Gießen**, das damals zu Hessen-Darmstadt gehörte. Die Stadtväter nahmen die Gelehrten auf und gründeten eine Universität. Hier lehrten u. a. Conrad Wilhelm Röntgen und Justus von Liebig, dessen Namen die Universität seit 1946 trägt. Heute ist die Hochschule in wichtigen Gebäuden wie dem Neuen Schloss und dem Zeughaus untergebracht. In der Innenstadt sollte man dem viergeschossigen Haus Leib, einem Adelssitz des 14. Jh. in Fachwerkbauweise, einen Besuch abstatten.
In der nahen Umgebung laden bei Heuchelheim ehemalige Baggerseen zur Naherholung beim Baden, Segeln, Surfen, Wasserskilaufen, Radfahren oder Angeln ein.

4 In »Die Leiden des jungen Werthers« hat Goethe seine Erlebnisse während der Zeit am Reichskammergericht von **Wetzlar** verarbeitet. So wie sich 1772 der Dom St. Maria dem Dichter als bauliches Konglomerat von Romanischen und Gotischen Elementen zeigte, sehen auch wir ihn heute noch. Im 15. Jh. wurde der markante Südturm des neuen Westbaus fertiggestellt, hielt aber noch

Heute finden im Marburger Schloss auch Konzerte und Theateraufführungen statt.

Wandern & Freizeit

Der **Lahn-Radweg** ist eine bis zu 245 km lange Mehrtages-Radtour durch eine abwechslungsreiche Mittelgebirgslandschaft. Die Lahnquelle im Rothaargebirge markiert den Startpunkt und Lahnstein das Ende der Tour. Bei Tagesetappen von 40 bis 65 km Länge ist die Radtour für sportliche Fahrer in sechs Tagen zu bewältigen, wobei Zeit für die Besichtigungen des ein oder anderen Städtchens einkalkuliert ist. Bei weniger Zeit kann die Tour verkürzt werden: Der Start erfolgt in Marburg und im Kurort Bad Ems kann man sich zum Abschluss der Tour erholen.
Der Marburger Fahrradreisenspezialist Velociped bietet unterschiedliche organisierte Touren an. Übernachtung in ausgewählten Hotels, Gepäcktransport und Leihräder gehören dann zum Angebot *(www.velociped.de)*.

Der **Lahn-Eder-Radweg** verbindet von der Gemeinde Lahntal/Ortsteil Sarnau die Lahn mit Frankenberg an der Eder. Die Strecke führt über 29 km parallel zur Burgwaldbahn, meist durch das schöne Tal der Wetschaft, der westlichen Begrenzung des Burgwaldes. Über Wetter, Münchhausen und Wiesenfeld geht es nach Frankenberg. Die Strecken führt auf gut ausgebauten Wegen oder verkehrsarmen Straßen entlang. Die Rückfahrt kann mit der Burgwaldbahn angetreten werden.

Die Alte Lahnbrücke in Wetzlar entstand im 13. Jh.; sie ist eine der ältesten Brücken Hessens.

Fast 400 m lang erstreckt sich die Anlage des Weilburger Schlosses hoch über der Lahn.

immer an seiner romanischen Urform fest, auch wenn die Ausstattung des Inneren bis zu Goethes Zeiten noch reicher war. Im Zweiten Weltkrieg ging viel verloren, erhalten blieben aber das Vesperbild aus dem 14. Jh. und der schmiedeeiserne Kronleuchter aus dem 16. Jh.

Als ganz neu hat Goethe die Hospitalkirche erlebt, die 1755–1764 errichtet wurde. Als man das benachbarte Bürgerhospital erbaute (1784), hatte der Dichter Wetzlar bereits wieder verlassen.

In Wetzlar, das im Rahmen einer Gebietsreform auch für einen kurzen Zeitraum mit Gießen zu Lahnstadt politisch und verwaltungsmäßig vereinigt worden war, beginnt für viele Wasserwanderer das Lahnerlebnis.

5 Hochmittelalterliche Türme prägen die romantische Skyline von **Braunfels**. Der Kern des Schlosses geht auf das Jahr 1260 zurück. Trotz des Märchenhaften der Burg ist nicht alles alt, was alt aussieht. Nach einem Großbrand im Jahre 1679 wurde fast die gesamte Anlage barock überarbeitet. In der ersten Hälfte des 19. Jh. ordnete Fürst Ferdinand an, die Kernburg mit mittelalterlichen Ecktürmen und einem Zinnenkranz zu bewehren. Der scheinbar alte Bergfried sowie der Nordtrakt entstanden erst zwischen 1881 und 1885. Das erfreulich geschlossene Stadtbild wird von Fachwerkhäusern aus dem Barock bestimmt.

6 Die mit Abstand älteste Burg an der Lahn ist die **Weilburg**, die hoch über einer Lahnschleife die gleichnamige Stadt dominiert. Eine erste Feste auf der Höhe über der Lahnschleife gab es bereits in merowingischer Zeit, ihr folgte im 9. Jh. ein konradinischer Bau und diesem im 14. Jh. wiederum eine Feste der Herren Nassau-Weilburg. Auf diesen Fundamenten entstand ein den Loire-Schlössern durchaus vergleichbares Renaissanceanwesen. Die weitläufige Anlage besteht aus mehreren Baukomplexen. Der schönste Teil ist das Renaissanceschloss aus dem 16. Jh., dessen von Arkadengängen, Treppentürmen, Portalen und Galerien geprägte vier Flügel sich um einen Innenhof gruppieren. Später wurde dem Repräsentationswillen der Besitzer entsprechend eine Barockanlage mit formalem Garten hinzugefügt.

Unter Fürst Johann Ernst (1675 bis 1719) entstanden die beiden Orangeriegebäude im Stil des Barock und die Schlosskirche, in die das alte Rathaus integriert ist.

Die bauliche Einheit setzt sich im Städtchen fort, denn auch die dortige Planung unterstand dem Hofarchitekten J. L. Rothweil.

Burg Runkel wurde zur Sicherung der Lahnbrücke im 12. Jh. erbaut.

7 Ein paar Lahnbiegungen flussabwärts setzt die **Burg Runkel** einen Akzent. Die im Kern romanische Residenz der Grafen Wied wächst förmlich aus dem steilen Naturfels empor. Vom Hof der mit meterdicken Mauern versehenen wehrhaften oberen Burg aus hat man einen weiten Blick auf das Lahntal.

Auf dem gegenüberliegenden Lahnufer erhebt sich Burg Schadeck, als Trutzburg gegen Runkel in Auftrag gegeben. Die Burg ist im Privatbesitz und deshalb auch nur von außen zu besichtigen.

8 Zwar geht die Gründung der Stadt **Limburg**, wie der Name besagt, auf eine Burg zurück. Wichtiger war jedoch die Stiftskirche St. Georg, der Dom. Heute birgt die Burg das Diözesanmuseum und dieses wiederum

Stark von französischen Vorbildern geprägt ist der weithin sichtbare, imposante Limburger Dom.

den kostbarsten Domschatz: die »Limburger Staurothek«, ein byzantinisches Reliquiar, das einen Splitter vom Kreuz Christi enthält.

Mit dem Bau der siebentürmigen Stiftskirche hatte man 1220 begonnen, 15 Jahre später wurde der Hochaltar geweiht. Heute zeigt sich das Kircheninnere wieder in seiner ursprünglichen, farbigen Ausmalung.

Limburg besitzt Deutschlands ältestes Fachwerkhaus (»Römer 1«): Untersuchungen zufolge wurde dessen Rückseite im Jahr 1296 erbaut. Die Vorderseite des Hauses wurde im 16. Jh. im spätgotischen Stil errichtet; ebenso wie die meisten anderen Fachwerkbauten an Domplatz, Bischofsplatz, Kornmarkt, Rossmarkt oder Fischmarkt. Auf der Lahnbrücke, die einen schönen Blick auf die Stadt und den Dom gewährt, wacht der Heilige Nepomuk.

9 Hoch über **Montabaur**, der Kreishauptstadt des Unterwesterwalds, thront das Schloss, erbaut im 13. Jh. als erzbischöfliche Grenzburg gegen die Grafen Nassau und barock umgestaltet um 1700. Es blickt auf eine von schmalen Gassen mit Fachwerkhäusern des 17. Jh. geprägte Altstadt.

10 Bei der Burgruine von **Nassau** interessiert vor allem der Stein'sche Hof. In dem Fachwerkgebäude von 1621 wurde 1757 der als preußischer Reformer bekannte Reichsfreiherr vom und zum Stein geboren. Der neugotische Turm wurde dem Hof 1814 angefügt.

Wandern & Freizeit

Die **Lahn** ist wohl zweifellos einer der beliebtesten Kanuwanderflüsse Deutschlands. Und wer es sich einrichten kann, der sollte auch die Durchquerung des Weilburger Schifffahrtstunnels in die Routenplanung mit einbeziehen. Start für eine Wochenendfahrt ist die Schleuse in Solms-Oberbiel, möglicher Endpunkt ist das romantische Runkel. Verschiedene Anbieter verleihen Kanus. Einen guten Überblick über den Fluss sowie interessante Adressen vermittelt die Internetseite des Bootsclubs Limburg *(www.bcl-lahn.de)*.

Der **Burgwald** nördlich von Marburg ist eine ideale Region zum Wandern. Hier bieten sich der **»Herrenweg«** früherer fürstlicher Jagdgesellschaften oder die **»Wein- und Wagenstraße«** an, die früher Frankfurt mit Bremen verband. Im Lahntal nördlich von Marburg verlaufen mehrere Fernwanderstrecken wie beispielsweise der **Lahn-Höhenweg**. Zahlreiche gut ausgebaute und markierte Wege gibt es zwischen Biedenkopf und Cölbe.

Ausgangspunkt einer leichten Familienwanderung im Burgwald, die hinauf zum **Christenberg** führt, ist der Ort Münchhausen an der Einmündung der Bundesstraße 236 in die Bundesstraße 252, die Frankenberg mit Marburg verbindet. Am Sportplatz wird das Auto geparkt und die Wanderung geht ostwärts in Richtung Christenberg. Man passiert einen kleinen Waldsee, den Spiegelteich. In der Nähe findet man Spuren mittelalterlicher Wüstungen und gelangt dann zu den Resten einer keltischen Siedlung, der Kesterburg. Auf dem Gipfel stehen die Martinskirche und das kleine Küsterhaus, das dem Maler Otto Ubbelohde als Vorlage für die Illustration des Hexenhauses im Brüder Grimmschen Märchen Hänsel und Gretel gedient hat und heute eine kleine Ausstellung beherbergt. Von hier wird der Rückweg angetreten.

Wer die Route erweitern will, folgt dem roten C auf weißem Grund hinab in das Naturschutzgebiet Christenberger Talgrund und weiter durch den Burgwald südwärts in das Fachwerkdorf Mellnau. Von der Ruine der Burg Mellnau hat man einen schönen Ausblick. Vorbei am Rastplatz Riebe Eck geht es entlang des Lüneburg zurück zum Ausgangspunkt in Münchhausen.

Zauberhaft ist die Annäherung an **Weilburg**, wenn man die 5 km von Biskirchen an der Lahn entlang bis zur großen Flussschleife im Süden des Schlosses zu Fuß oder per Rad zurücklegt.

Von der Lahn bei Nassau aufsteigend kann man durch den Naturpark Nassau über zehn gut markierte Kilometer durch Buchen- und Buchenmischwälder bis nach Montabaur wandern.

In der Nähe des Freizeitgeländes Quendelberg in Montabaur führt eine kurze Wanderung hinauf zu Montabaurer Höhe, dem größten und höchsten geschlossenen Waldgebiet im Naturpark Nassau. Der Aussichtsturm Köppel bietet gegen eine Gebühr von einem Euro einen fantastischen Panoramablick über Westerwald, Taunus, Eifel und Hunsrück. Eine bewirtschaftete Hütte lädt zur Rast ein, bevor es entlang des Biedrichsbachs wieder zurück zum Ausgangspunkt geht.

Insbesonders für Familien mit Kindern ist ein Besuch des schönen **Wild- und Freizeitparks Westerwald** in Gackenbach *(Wildparkstr. 1, 56412 Gackenbach, www.wild-freizeitpark-westerwald.de, So vor Ostern–1. Nov. 9–18 Uhr)* mitten im Naturpark Nassau empfehlenswert. Über 20 meist heimische oder ehemals heimische Tierarten leben in dem 64 ha großen Gelände, darunter Braunbären, Wisente, Waschbären und Füchse. Ein Streichelzoo, ein Spielplatz und eine Sommerrodelbahn lassen keine Langeweile aufkommen.

Von Kassel bis nach Wiesbaden, einmal quer durch Hessen

Die etwa siebentägige Reise ist eine »Tour d'horizon« quer durch ganz Hessen und orientiert sich an Landschaft und kulturellen Höhepunkten zwischen Kassel und Wiesbaden. An Kunst und Kultur ist die Region reich – man denke nur an die Pfalzen der Stauferkaiser, das Bistum Fulda und Kassels hessische Landgrafen oder auch an die vielen Museen, z. B. in Frankfurt.

❶ Erinnert wird man an die Größe, die **Kassel** in Renaissance und Barock besaß, beim Besuch von Schloss und dem Bergpark Wilhelmshöhe. Eine erste Anlage hatte schon Landgraf Karl im 17. Jh. planen lassen. Er wünschte sich eine Barockresidenz, so repräsentativ wie Versailles. Auf ihn geht auch die Orangerie in der Karlsaue zurück. Landgraf Wilhelm VIII. ließ sich 1753–1760 vom Münchner Hofarchitekten Cuvilliés nordwestlich von Kassel das Rokokoschloss Wilhelmsthal bauen, das als Höhepunkt dieser Epoche gilt.
Landgraf Friedrich gab das Fridericianum (1769–1776) als Museumsbau in Auftrag und ein solcher ist es bis heute geblieben: Hier ist der Hauptsitz der »documenta«. Das »neue« Schloss Wilhelmshöhe, mit dessen Bau im Jahr 1786 begonnen wurde, verdankt seinen Namen dem Landgrafen Wilhelm IX.

❷ Hessen ist für seine wunderbaren Fachwerkhäuser berühmt. Ein besonders schönes Exemplar steht mit dem 1563 fertig gestellten Rathaus im Zentrum von **Melsungen**. Zahlreiche mittelalterliche Fachwerkbauten finden sich auch entlang der kleinen Seitenstraßen des Marktplatzes. Die gotische Stadtkirche hat romanische Grundlagen. Das Schloss ließ Landgraf Wilhelm IV. in der Mitte des 16. Jh. ausbauen.

❸ Ebenfalls auf Wilhelm IV. geht das Schloss in **Rotenburg an der Fulda** zurück. Der Landgraf von Hessen hat von 1570 an am Fluss eine Vierflügelanlage errichten lassen. Der Ostbau wurde später abgerissen – weshalb der Blick heute frei über der Flusslandschaft schweifen kann – und die Westfassade barockisiert.
Die Altstadt ist voll von mittelalterlichen Fachwerkbauten. Hervorzuheben sind hier die Häuser Breite Straße 39 aus dem 15. Jh. und Löbergasse 16, das aus dem 16. Jh. stammt. Ein Fachwerkgiebel von 1656 schmückt schließlich das Rathaus.

❹ Auf mehr als 1200 Jahre Geschichte kann **Bad Hersfeld** zurückblicken. 736 wurde hier eine erste Einsiedelei gegründet. Ihr folgte alsbald ein Kloster. Aus diesem ging im 9. Jh. die bedeutende Abtei hervor.
Vom Beginn des 17. Jh. an verlagerte sich die Bedeutung Hersfelds auf die Heilquellen. Sie locken noch heute Gäste in die Stadt, genauso wie die Festspiele in der Ruine der Abteikirche. Das karolingisch-romanische Baudenkmal war 1761 im Siebenjährigen Krieg von französischen Soldaten angezündet worden. Im Ort und rund um den Marktplatz finden sich schöne Fachwerkbauten aus Gotik und Renaissance. Von der Weserrenaissance beeinflusst präsentiert sich das 1597 erneuerte Rathaus.
Zwischen Hersfeld und Fulda lohnt es sich, einen Umweg nach Schlitz zu machen, zu einer noch heute vollständig von einer mittelalterlichen Mauer geschützten Stadt. Die vielen sich dahinter emporreckenden Türme bilden eine faszinierende Silhouette. Fast alle gehören zu den bekannten vier Burgen Vorder-, Hinter-, Schachten- und Ottoburg; von denen die verwinkelte Vorderburg, mit ihrem in der Mitte liegenden Bergfried, die interessanteste ist.
Den Turm der Hinterburg kann man besteigen und wird dann durch eine herrliche Aussicht auf den von Fachwerk aus dem 16. Jh. geprägten, kreisrunden Ort sowie auf die Stadtkirche belohnt, deren Geschichte bis in karolingische Zeit zurückreicht.

Das Glockenspiel des Melsunger Rathauses zeigt auch die Neckfigur »Bartenwetzer«.

Herkulesstatue in Kassel.

❺ Älter und bedeutender als Kassel ist **Fulda**, der Sitz der Fürstbischöfe. Es wurde 744 von einem Schüler des Missionars Bonifatius gegründet. Nach Bonifatius' Ermordung im Jahr 754 setzte man den Leichnam in der Klosterkirche bei, dem damals größten Gotteshaus auf deutschem Boden. Heute erhebt sich über des Märtyrers Gruft eine dreischiffige Basilika. Vom ursprünglich karolingischen Bau wurden Teile in die 1704–1712 durch Johann Dientzenhofer weitgehend barock gestaltete Stiftskirche übernommen.
Sehr viel kleiner, aber kunstgeschichtlich nicht weniger bedeutend

Wandern & Freizeit

Rund 4 km landschaftlich einmaliger Strecke liegen zwischen der Herkulesstatue in **Kassel-Wilhelmshöhe** und dem 615 m **Hohen Gras**, der den Beginn des Habichtswaldes ankündigt und ein schönes Panorama bietet. Die »Jugendbewegtheit« in der ersten Hälfte des 20. Jh. hat dem Hohen Meißner einen schalen Beigeschmack verliehen, aber immerhin auch für ein dichtes Netz von gut 200 km bestens markierter Wanderwege gesorgt. Einer der schönsten führt rund um den Frau-Holle-Teich zur rund 720 m hohen Kalbe.

Der etwa 200 km lange Fulda-Radweg führt von der Fuldaquelle, im südlichen Teil der Wasserkuppe in der Rhön, entlang des Flusstals über Hann. Münden bis nach Bad Karlshafen, wo Fulda und Werra sich zur Weser vereinen. Der Weg ist mit dem grünen Symbol »R1« ausgeschildert (Hessischer Radfernweg R1). Die mehrtägige Tour gilt ab Gersfeld auch für Familien geeignet. Kürzere, individuell geplante Teilstrecken, sind natürlich möglich.
So etwa die 36 km lange Strecke zwischen **Kassel** und **Melsungen**. Mit dem Zug geht es zunächst vom Kasseler Hauptbahnhof zum Bahnhof von Melsungen. Die Bartenwetzerstadt ist u. a. für ihre Fachwerkbauten und die Bartenwetzerbrücke bekannt. Von Melsungen führt die Kurztour an der Fuldaschleife in Büchenwerra nach Guxhagen und über Fuldabrück bis Kassel. Man fährt auf Wiesen- und Feldwegen und zwischen Melsungen und Guxhagen auch auf kleineren Nebenstraßen.

Beliebte Ausflugsziele für Familien sind die Waldspielparks von **Frankfurt**, die besonders im Sommer mit ihren Wasserspielen große und kleine Besucher anlocken. Zu den Parks gehören u. a. der Abenteuerspielplatz Riederwald und die Anlagen am Goetheturm, im Scheerwald, im Heinrich-Kraft-Park sowie jene in Schwanheim – die letzten drei verfügen auch über Grillplätze.

KASSEL 1
2 Melsungen
3 Rotenburg a.d.Fulda
4 Bad Hersfeld
FULDA 5
6 Steinau a.d.Straße
7 Bad Soden-Salmünster
8 Bad Orb
9 Wächtersbach
10 Gelnhausen
11 Büdingen
12 BAD HOMBURG
13 FRANKFURT
14 WIESBADEN
SIEGEN
MARBURG
GIESSEN
WETZLAR
LIMBURG
MAINZ
RÜSSELSHEIM
OFFENBACH
HANAU
DARMSTADT
ASCHAFFENBURG
WÜRZBURG
Hann. Münden
Bad Arolsen
Korbach
Wolfhagen
Baunatal
Fritzlar
Borken
Homberg (Efze)
Bad Wildungen
Frankenberg
Biedenkopf
Alsfeld
Lauterbach (Hessen)
Hünfeld
Schlüchtern
Dillenburg
Herborn
Weilburg
Bad Camberg
Idstein
Königstein
Oberursel
Bad Vilbel
Friedberg
Bad Nauheim
Butzbach
Nidda
Schotten
Lich
Seligenstadt
Dieburg
Rodgau
Langen
Ingelheim
Bingen
Rüdesheim
Eltville
Bensheim
Wertheim
0 5 10 km

Imposant wirkt die Frankfurter Skyline im Abendlicht und die illuminierten Brücken über den Main bieten eine schöne Kulisse für eine Schifffahrt den Main entlang.

ist die benachbarte Michaelskapelle. Deren Krypta datiert aus karolingischer Zeit. Von Interesse sind auch die Wandmalereien.

Auf Pläne Dientzenhofers geht das Barockschloss zurück. Sehenswert sind das barocke Treppenhaus, der Kaisersaal, der Gobelin- und der Festsaal. Jenseits des Schlossgartens erstreckt sich die Orangerie, die wie das Bischöfliche Palais und das Paulustor 1722–1737 im Stil des Barock errichtet wurde.

❻ Zum Stift Fulda gehörte ursprünglich auch das Gebiet um **Steinau an der Straße.** Dieses erlangte aber erst Bedeutung, als Ulrich I. von Hanau hier im 13. Jh. einen Etappenort an der wichtigen Durchgangsstraße von Frankfurt nach Mitteldeutschland gründete. Auf ihn geht die Burg zurück, aus der sich dann ab 1429 die spätgotische Grafenresidenz und in der Mitte des 16. Jh. das Schloss entwickelt haben.

❼ Erholung und Genesung – dafür steht **Bad Soden-Salmünster.** Salzhaltige Quellen lieferten hier schon zur Römerzeit Kochsalz, seit etwa 150 Jahren dienen sie der Linderung von allerlei Krankheiten. Der Ortskern mit seinen Fachwerkbauten lädt zum Bummeln ein. Auch die Burgruine Stolzenfels und die barocke Klosterkirche lohnen einen Besuch.

❽ Seine Salzquellen bescherten **Bad Orb** seit dem 11. Jh. Wohlstand. Dieser trug zu der reichen Ausstattung der Pfarrkirche St. Martin bei. Das Schmuckstück ist der Hochaltar, der um 1440 entstand.

❾ Das ehemalige Jagdschloss der Fürsten zu Ysenburg in **Wächtersbach** liegt in einem malerischen Park. Sehenswert sind außerdem die Pfarrkirche mit ihrem gotischen Flügelaltar sowie das Heimatmuseum im Alten Rathaus.

❿ Die Blütezeit von **Gelnhausen** beschränkt sich auf die Herrschaft der Stauferkaiser. Friedrich I. erwarb die Burg im Jahre 1170 und ließ sie zu einer prächtigen Pfalz ausbauen. Auf die Initiative von Friedrich I. hin entstand auch die romanische Marienkirche. Sehr gut erhalten sind die staufische Stadtbefestigung und, als große Rarität, einige romanische Häuser am Untermarkt.

⓫ Den altertümlichen Charakter einer Residenzstadt hat sich **Büdingen** in weiten Teilen bewahrt. Deshalb sollte man dem von Fachwerk geprägten Stadtbild insgesamt Aufmerksamkeit schenken, nicht nur den touristischen Höhepunkten wie der Stadtbefestigung oder dem Schloss.

⓬ Bereits 1723 hatte man bei **Bad Homburg** einen dem Römerkaiser Caracalla gewidmeten Stein gefunden. Bei weiteren Grabungen stieß man auf die Fundamente eines Römerstützpunkts, der wahrscheinlich aus dem 2. Jh. datiert. 1897 ließ Kaiser Wilhelm II. das Kastell Saalburg re-

Das Wiesbadener Kurhaus beherbergt zwölf prachtvolle Säle und Salons und beeindruckt schon von außen mit seiner Kolonnadenhalle.

Der Frankfurter Römer: ein Gebäudeensemble; im Vordergrund der Justitia-Brunnen.

Kaiser-Wilhelms-Bad im Kurpark von Bad Homburg.

konstruieren – ganz offensichtlich »historisierend«. An die Hohenzollern, denen Homburg 1866 zugefallen war, erinnern Bauten im Kurpark wie das Kaiser-Wilhelm-Bad. »Hessisch« sind das 1680 in Auftrag gegebene Schloss und der »Weiße Turm«, ein Überrest der spätromanischen Burg derer von Eppstein.

⓭ Im Zentrum von **Frankfurt**, am Römerberg, stehen die historisch wichtigsten Bauten, von denen die Stadtentwicklung ihren Ausgang nahm. Ihren heutigen Höhepunkt hat sie in den Stahl- und Glastürmen des Bankenviertels von »Mainhattan« gefunden. Die Saalhofkapelle, um 1175 entstanden, ist nicht nur das älteste Gebäude der Stadt, sondern ein wichtiges Zeugnis dafür, dass hier früher eine staufische Pfalz stand. Nahe diesem weltlichen Mittelpunkt befindet sich der Dom. Die im 9. Jh. gegründete Kirche baute man im 13. Jh. zu einer dreischiffigen Halle um und setzte im 14. Jh. ein gewaltiges Querhaus ein.
Den beeindruckendsten mittelalterlichen Innenraum besitzt die Pfarrkirche St. Leonhard, während das schönste hochgotische Relief Frankfurts das Südportal der Liebfrauenkirche ziert. In der Paulskirche (1787–1830) hat die Nationalversammlung 1848/1849 versucht, ein neues Deutschland aufzubauen.
Im Zweiten Weltkrieg wurde Frankfurts Innenstadt fast vollständig zerstört. So erinnern an das mittelalterliche Ensemble am Römerberg nur noch wenige Fassaden. Auch das Rathaus, »der Römer«, wurde 1951 nur in Anlehnung an das frühere Gebäude wieder errichtet. Berühmt ist Frankfurt für seine Museen, die am Schaumainkai aufgereiht sind. Ebenso berühmt ist das Senckenbergmuseum, eines der größten Naturkundemuseen in Deutschland, das, nicht nur mit seinen Dinosaurier-Exponaten, jedes Jahr zahlreiche junge und ältere Besucher anlockt.

⓮ Schon die alten Römer wussten **Wiesbaden** als Badeort zu schätzen. Die Hauptstadt des Bundeslandes Hessen ist ein anschauliches Beispiel für den eleganten Klassizismus der Gründerzeit. Davon geprägt sind auch das Schloss der Herzöge von Nassau und das Kavaliershaus.
Das Schloss der nassauischen Herzöge in Biebrich entstand 1744.

Wandern & Freizeit

Von **Bad Hersfeld** kann man auf dem mit dem Symbol »R1« ausgeschilderten Fulda-Radweg 56 km nach **Melsungen** radeln. Die Route startet am Bahnhof von Bad Hersfeld und führt aus der Innenstadt heraus in Richtung Bebra. Teils auf asphaltierten Radwegen und teils auf verkehrsarmen Nebenstraßen erreicht man nach etwa 18 km die Stadt Bebra mit ihrem berühmten Wasserturm. Es folgt ein teils bewaldeter, landschaftlich schöner und etwa 7 km langer Abschnitt in die mittelalterliche Fachwerkstadt Rotenburg an der Fulda. Hier sollte man unbedingt einen Stopp zum Fotografieren einlegen. Außerdem laden zahlreiche Lokale zur Einkehr ein. Schließlich geht es dann weiter auf verkehrsarmen Nebenstraßen und über Feldwege nach Altmorschen (nach ca. 15 km) und zum Kloster Haydau und weiter nach Binsförth. Kurz vor Beiseförth (nach 6 km) erreicht man die in Deutschland bislang einmalige Rad-Seilbahn: In einem Stahlkorb schwebt man an einem 50 m langen Stahlseil über die Fulda. Die Seilbahn wird von den Reisenden mit Handkurbeln und Muskelkraft bedient. Am anderen Ufer angelangt geht es weiter durch Beiseförth und in Flussnähe durch die Wiesen und Felder bis nach Melsungen (nach 10 km). Hier laden wiederum die Altstadt und diverse Lokale zum Verweilen ein. Anschließend kann man per Bahn zurück nach Bad Hersfeld fahren.

In der Umgebung von **Bad Soden-Salmünster** gibt es 240 km gut bezeichneter Wanderwege. Dienstags und donnerstags veranstaltet der Kurort auch fachlich geführte Wanderungen.

Absolut lohnswert für Familien ist ein Besuch auf die **Saalburg**, wo sich Groß und Klein auf Spurensuche in die Römerzeit machen können. Wertvolle Ausgrabungsstücke und diverse Veranstaltungen geben einen Einblick in das einstige Alltagsleben im Kastell und dem dazugehörigen Dorf. Dazu gehören Führungen und Aktivprogramme (z. B. Bogenschießen und Speerwerfen) für jede Altersgruppe. Sehr beliebt sind auch die Aktionswochenenden, an denen Akteure in zeitgenössischer Kleidung und Ausrüstung das militärische und zivile Leben der Römerzeit wieder auferstehen lassen *(www.saalburgmuseum.de)*.

Der **Palmengarten** im Frankfurter Stadtteil Westend lädt immer wieder zu einem angenehmen Spaziergang ein. Auf dem 22 ha großen Areal leben über 2500 verschiedene Pflanzenarten aus aller Welt. Zwischen Spazierwegen und Grünflächen mit Liegestühlen präsentiert dieser Schaugarten verschiedenste thematische Gärten und Gewächshäuser, wie etwa das Palmenhaus oder das Tropicarium oder auch der Rhododendronpark sowie der Kakteenpark. Für Kinder gibt es verschiedene Spielplätze, Minigolf und im Sommer auch einen kleinen Weiher mit Ruderbooten. Weitere Attraktionen sind z. B. das Papageno-Musiktheater oder die Parkeisenbahn Palmen-Express *(www.palmengarten.de)*.

Der **GrünGürtel-Radrundweg** führt auf knapp 63 km einmal rund durch den Frankfurter GrünGürtel (gekennzeichnet mit grünblauen Schildern). Auf dem Weg fährt man durch Landschaften mit Wald, Streuobstwiesen und durch malerische Flussgebiete. Die Tour startet an der Nidda beim Fähranleger in Höchst und geht auf flacher Strecke den Niddalauf entlang bis Bonames. Es geht weiter bis Berkersheim und dann bergauf nach Bergen-Enkheim. Südlich des Mains führt der Abschnitt von Oberrad bis Schwanheim durch den Frankfurter Stadtwald. Wer wieder an der Mainfähre zwischen Schwanheim und Höchst ankommt, hat die Rundtour geschafft. Die Tour kann an verschiedenen Stellen mit öffentlichen Verkehrsmitteln abgekürzt werden.

Von der Bayerischen Rhön in den Frankenwald

Ausgangspunkt der Tour sind die Kurorte Bad Neustadt und Bad Kissingen. Über Haßberge und Steigerwald geht es weiter in die Kunststadt Bamberg. Danach verzaubern großartige Barockbauwerke: das Kloster Banz und die Basilika der Wallfahrtskirche Vierzehnheiligen. Ebenso eindrucksvoll ist das Zusammenspiel von Natur und Kunst rund um Coburg.

Außen Neobarock, innen Jugendstil – das Kurtheater in Bad Kissingen.

1 Die Stadtbefestigung von **Bad Neustadt** an der Saale ist größtenteils erhalten geblieben; dazu zählt auch das 1580 erbaute Hohntor, das Wahrzeichen des Ortes.
Östlich der Stadt thront auf einem Bergvorsprung über der Saale die Salzburg, die zu den interessantesten mittelalterlichen Anlagen Deutschlands zählt. Die Burg bzw. ihr Vorläuferbau beherbergte einst möglicherweise so berühmte Gäste wie Karl den Großen oder Ludwig den Frommen. In den Jahren 804, 841 und 842 wurden dort Reichstage abgehalten. Das heutige Gebäude stammt aus dem 12. Jh.

2 Zu den wichtigsten Bauten von **Münnerstadt** zählt die katholische Stadtpfarrkirche St. Maria Magdalena. Der Magdalenenaltar stammt von keinem Geringeren als Tilman Riemenschneider; die Hauptfigur des Altars jedoch, Maria Magdalena, wurde bereits 1776 entfernt, da ihr spärlich bedeckter Körper Anstoß erregte. Heute kann man die Figur im Bayerischen Nationalmuseum in München besichtigen. Auch der spätgotische Bildhauer Veit Stoß war maßgeblich an der Innenausstattung der Kirche beteiligt. Das Stadtbild von Münnerstadt beeindruckt durch seinen mittelalterlichen Charakter mit vielen schmucken Fachwerkhäusern. Die Stadtmauer ist noch in großen Teilen erhalten, zu sehen sind auch die markanten Tore, darunter das Jörgentor mit seinem ungewöhnlichen Fachwerkaufbau aus dem 16. Jh. sowie das Obere Tor und der Dicke Turm.
Im ehemaligen Deutschordensschloss aus dem 13. Jh. ist das Henneberg-Museum untergebracht, das neben Exponaten aus der Geschichte des Deutschen Ordens wertvolle kunstgeschichtliche Zeugnisse aus der Region präsentiert und auf diese Weise auch die alte Grafschaft Henneberg ins Gedächtnis ruft.

3 Die Salzquellen von **Bad Kissingen** wurden bereits zur Römerzeit genutzt. Der Aufschwung des Badeortes nahm in der Biedermeierzeit seinen Lauf. Auf Geheiß von König Ludwig I. vollendete Friedrich von Gärtner 1838 den Arkadenbau im Kurpark. Später kamen die Wandelhalle mit neubarockem Schmuckhof und das Theater mit einer Innenausstattung in reinem Jugendstil hinzu.

Immer im Mittelpunkt: das Hohntor in Bad Neustadt.

Zu den treuesten Kurgästen zählte Otto von Bismarck. Während seiner Aufenthalte wohnte er meist in der Oberen Saline. Diese Räume beherbergen heute ein Bismarck-Museum; sie spiegeln in einmaliger Weise die Wohnkultur der Gründerzeit wider. Bei seinem ersten Kuraufenthalt in Bad Kissingen, damals noch nicht in der Oberen Saline, ereignete sich sogar ein Attentatsversuch auf den Reichskanzler, weil dieser im Zuge des sogenannten Kulturkampfes als Gegner der römisch-katholischen Kirche agierte. Bismarck ließ sich davon allerdings nicht abschrecken und kam auch weiterhin regelmäßig zur Kur hierher. In Bad Kissingen richtete man nicht nur das genannte Museum ein, sondern baute zum Gedenken an den treuen Gast auch ein Bismarck-Denkmal und den Bismarckturm – Ehrungen des Politikers, wie sie im späten 19. und frühen 20. Jh. relativ beliebt waren.
Im Übrigen entsprach Bismarcks Wahl des Kurortes dem Geschmack der Zeit: Bad Kissingen zählte zu den beliebtesten Kurorten des europäischen Adels, von Künstlern und Wissenschaftlern; auf der Liste prominenter Kurgäste stehen u. a. Ludwig I. von Bayern, Karl Friedrich Schinkel, Zar Alexander II. von Russland, König Ludwig II. von Bayern, Elisabeth von Österreich (»Sisi«), Heinrich Schliemann, Justus von Liebig oder Alfred Nobel, der Stifter des Nobelpreises.
Von der kulturellen Vielfalt der Stadt zeugt u. a. die Russisch-Orthodoxe Kirche von 1898, ausgeführt im neobyzantinischen Stil; da Zar Alexander II. als Kurgast in Kissingen weilte, kamen im 19. Jh. regelmäßig zahlreiche weitere russische Gäste in den Ort. Die bemerkenswerte Neue Synagoge von 1902 ist leider nicht erhalten; sie wurde in der Reichspogromnacht von 1938 erheblich zerstört und später abgerissen. Die katholische St.-Jakobus-Kirche geht vermutlich auf das 14. Jh. zurück.

4 Im Ortskern von **Schweinfurt** steht das 1570–1572 erbaute Rathaus mit einem in Stein gehauenen Schwein, dem Wahrzeichen der Stadt. Der Name Schweinfurts geht jedoch vermutlich auf das Wort

Wandern & Freizeit

Wer die Möglichkeit hat, in der zweiten Augusthälfte nach **Bamberg** zu reisen, sollte sich nach dem Termin der sogenannten Sandkerwa (Sandkirchweih) erkundigen. Im Rahmen dieses großen Volksfestes in der historischen Altstadt findet seit dem 15. Jh. in »Klein-Venedig« das Bamberger Fischerstechen statt.

Bamberg ist nicht nur ein Paradies für Stadtspaziergänger, im Umland gibt es unzählige Wanderwege, auf denen man die reizvolle **oberfränkische Landschaft** erkunden kann, die man hier gern »fränkische Toskana« nennt. Und nicht einmal in der Natur muss man auf Kunstwerke verzichten: Bei Lohndorf im Landkreis Bamberg lädt die Fränkische Straße der Skulpturen, ein origineller Skulpturen-Rundweg, zu einem überaus abwechslungsreichen Bummel durch die Natur ein.

Denkmal des bayerischen Königs Max II. vor dem Arkadenbau in Bad Kissingen.

Die 90 m lange Wandelhalle am Kurpark von Bad Kissingen entstand 1910.

»swin« zurück, was so viel wie »Sumpf« bedeutet. Das Museum Georg Schäfer lockt mit einer bedeutenden Sammlung von Kunst des 19. Jh. Werke von Caspar David Friedrich, Adolph Menzel, Carl Spitzweg und vielen anderen sind seit 2000 im preisgekrönten neuen Museumsbau von Volker Staab zu sehen.

Schweinfurt ist jedoch vor allem auch als Industriestadt bekannt. Die Erfindung der Kugelschleifmaschine im Jahr 1883 leitete den Aufschwung der Kugellagerindustrie ein. Auf die Bedeutung des Industriestandorts weist u. a. das Schweinfurter SKF-Hochhaus hin.

Vom historischen Schweinfurt ist vieles den Bomben des Zweiten Weltkriegs zum Opfer gefallen. An ältere Zeiten erinnern aber beispielsweise das Renaissance-Rathaus und der Schrotturm aus dem 17. Jh. Historische Schrottürme sind mittlerweile sehr selten; ein Schrotturm gehörte nicht zur Stadtbefestigung, sondern diente der Herstellung von Schrotkugeln: Oben im Turm ließ man flüssiges Blei durch ein Sieb tropfen, im freien Fall bildeten sich die Tropfen, die unten in ein Wasserbecken eintauchten und abkühlten.

5 Die Stadt **Haßfurt** wurde im 13. Jh. erstmals urkundlich erwähnt. Die spätgotische Ritterkapelle, das Wahrzeichen der Stadt, zeigt im Inneren 248 mittelalterliche Wappen des fränkischen Adels. Das Tympanon über dem Westportal erzählt die Geschichte vom Zug der Heiligen Drei Könige und ihrem Besuch im Stall von Bethlehem. Die spätgotische Stadtpfarrkirche St. Kilian besticht durch die beeindruckenden Statuen Johannes des Täufers und der Muttergottes mit Kind von der Hand Tilman Riemenschneiders. Zwischen diesen beiden Kirchen spiegelt sich der Gegensatz zwischen Rittertum und Bürgerschaft wider, der die Stadt einst prägte.

6 Wegen seiner Lage auf sieben Hügeln, den Ausläufern des Steigerwaldes, wird **Bamberg** auch als das

In seiner Schlichtheit beeindruckend – das Innere des Bamberger Doms.

Der weltberühmte Bamberger Reiter.

Malerisch liegt Bambergs Altes Rathaus auf einer Brücke über die Regnitz.

»deutsche Rom« bezeichnet. Der Bischofssitz mit seiner bekannten Universität, einer weit verzweigten Industrie, einem weltbekannten Orchester und einer verträumten Altstadt macht einen Besuch zu einem vielschichtigen Erlebnis. Die UNESCO hat die bedeutende Altstadt von Bamberg in die Liste des Weltkulturerbes aufgenommen.

Im Stadtzentrum befinden sich das Alte Rathaus, das im Mittelalter auf einer Insel mitten im Fluss entstand, sowie das alte Fischerviertel »Klein-Venedig« am Ufer der Regnitz. Im großartigen spätromanischen Dom steht der ebenso berühmte wie rätselhafte Bamberger Reiter, die bedeutendste Steinskulptur des 13. Jh. Das Kaisergrabmal wurde 1499–1513 von Tilman Riemenschneider gestaltet. Im Westchor befindet sich das einzige Papstgrab Deutschlands (für Papst Clemens II.) und im Diözesanmuseum kann man den beeindruckenden Domschatz bewundern.

Weitere imponierende Bauten aus vergangenen Jahrhunderten sind die Alte Hofhaltung (die Wohngebäude des Bischofs aus dem 15. Jh., Nachfolgebau einer einstigen Kaiserpfalz) sowie die Neue Residenz der Bischöfe aus dem 17. Jh. Ein Teil der Räume kann besichtigt werden; schön ist auch der zum Anwesen gehörige Rosengarten.

7 In **Bad Staffelstein** wurde die mit einer Wassertemperatur von 52 °C und einem Salzgehalt von 9 % wärmste und stärkste Thermalsole Bayerns erschlossen. Sie speist die Obermain-Therme, ein weitläufiges Thermalbad mit allen dazugehörigen Wellness-Angeboten. Im Geburtsort des Rechenmeisters Adam Ries(e) (1492 oder 1493–1559) findet man eine Reihe stattlicher Bürgerhäuser sowie ein herrliches Fachwerkrathaus aus dem 17. Jh.

Geradezu ein Muss ist ein Besuch der prächtigen Wallfahrtskirche des Klosters Vierzehnheiligen, das 1743–1772 vom berühmten Barockbaumeister Balthasar Neumann errichtet wurde. Mittelpunkt der Barockkirche ist der Gnadenaltar mit der Darstellung der 14 Nothelfer und dem Kind mit dem roten Kreuz auf der Brust. Die kunsthistorisch bedeutende Kirche liegt direkt gegenüber dem ehemaligen Kloster Banz, das Ende des 17./Anfang des 18. Jh. von Leonhard und Johann Dientzenhofer erbaut wurde und heute als Tagungsstätte dient. Auf dessen Klosterwiesen findet im Sommer ein zweitägiges Musikfestival statt, bekannt unter dem Namen »Songs an einem Sommerabend«.

8 **Lichtenfels** war einst im Besitz der Grafen Andechs-Meran und fiel später durch eine Schenkung an das Hochstift Bamberg. Noch heute existiert das alte Stadtschloss; im 17. Jh. wurde es als Getreidespeicher genutzt. Im 21. Jh. ist Lichtenfels eine vom Gewerbe geprägte Stadt. Hier entstand Deutschlands einzige Staatliche Berufsfachschule für Flechtwerkgestaltung. Alljährlich am dritten Wochenende im September findet der Korbmarkt statt. Im 3 km entfernten Michelau liegt das Deutsche Korbmuseum.

Aus Lichtenfels stammte Thomas Dehler (1897–1967), in den 1950er-Jahren Justizminister und angesehener Vorsitzender der FDP.

9 Die »Fränkische Krone« – der Ehrenname der **Veste Coburg** – liegt hoch über der Stadt und ist eine der größten Burganlagen Deutschlands. Während des Augsburger Reichstags 1530 hielt sich hier der Reformator Martin Luther auf. In seiner Studierstube befindet sich ein lebensgroßes Bildnis Luthers von Lucas Cranach.

Das älteste Wahrzeichen der Stadt ist jedoch die Morizkirche, mit deren Bau im späten 14. Jh. begonnen wurde. Das Zentrum von Coburg, der Marktplatz, wird dominiert vom Rathaus mit dem Coburger Erker, einem doppelgeschössigen Schmuckerker auf einer Stützsäule, und der Cantzley, dem früheren Stadthaus. Nicht

Auch heute noch suchen zahlreiche Wallfahrer Hilfe bei den 14 Nothelfern in der Basilika Vierzehnheiligen.

minder interessant sind die zahlreichen Jugendstilbauten, darunter das Sonnenhaus.

Ebenfalls sehenswert ist Schloss Ehrenburg, die herzogliche Residenz, die nach einem Brand in großen Teilen wieder barock aufgebaut wurde. Nicht zuletzt auch wegen des angesehenen Landestheaters, Nachfolger eines Hoftheaters, gilt Coburg als kulturelles Zentrum des oberfränkischen Nordwestens.

⑩ Auf dem Marktplatz von **Kronach** ließ Bischof Melchior Voigt im Jahr 1654 eine Ehrensäule zur Erinnerung an die überstandene Belagerung durch die Schweden errichten. Noch heute findet alljährlich am Sonntag nach Fronleichnam die sogenannte Schwedenprozession statt.

Hoch über der Stadt erhebt sich die Festung Rosenberg, die ihre heutige Gestalt im Form eines Fünfecks 1656 bis 1700 erhielt. Im Kommandantenbau, der nach den Plänen von Balthasar Neumann errichtet wurde, ist die »Fränkische Galerie« als Zweigstelle des Bayerischen Nationalmuseums untergebracht.

⑪ **Kulmbach** ist vor allem für zwei Dinge bekannt: Bier – und die Plassenburg, in der die Grafen von Andechs-Meranien ihren Sitz hatten. Besonders die Waffenhalle und der Markgrafensaal aus dem 16. Jh. sind noch gut erhalten. In der Oberburg befindet sich der »Schöne Hof«, einer der bedeutendsten Renaissance-Arkadenhöfe Deutschlands. Ebenfalls in der Plassenburg befindet sich das Deutsche Zinnfigurenmuseum.

Geistliche und weltliche Macht – Morizkirche und Veste in Coburg.

Der Langheimer Amtshof, ehemals ein Klosterhof, ist eines der prachtvollsten Gebäude der Stadt und geht auf Pläne von Leonhard Dientzenhofer zurück.

Am Westrand von Kulmbach vereinigen sich die Quellflüsse des Mains, der Weiße Main (entspringt im Fichtelgebirge) und der Rote Main (entspringt in der Fränkischen Schweiz).

Wandern & Freizeit

Von **Bad Staffelstein** aus führt eine schöne, etwa 11 km lange Rundwanderung nach Vierzehnheiligen. Ausgangspunkt ist der Friedhof kurz hinter dem Ortseingang von Staffelstein. Ein teilweise durchaus nicht zu unterschätzender Anstieg führt hinauf auf den Staffelberg; auf der Alb geht es dann relativ entspannt weiter nach Vierzehnheiligen. Der Rückweg verläuft entlang einer wenig befahrenen Straße.

Der aussichtsreiche, ca. 71 km lange **Carl-Escher-Weg** führt über die höchsten Berge rund um **Coburg**, darunter Lauterberg, Sennigshöhe und Georgsberg; er ist bestens beschildert. Ein guter Ausgangspunkt ist die Veste Coburg. Der Höhenweg verläuft über die Gemeinde Rödental und zu den Ruinen der einstigen Lauterburg. Endpunkt ist Schloss Falkenegg, ein neugotischer Bau im Coburger Stadtteil Neuses.

Der **Main-Radweg**, einer der großen Radfernwege Deutschlands, wurde vom ADFC als besonders vorbildlich ausgezeichnet. Zum allergrößten Teil führen die gut ausgebauten Strecken durch besonders reizvolle Landschaften. In der hier vorgestellten Region liegt der Abschnitt von Kulmbach über Lichtenfels und Bamberg bis Haßfurt und Schweinfurt. Auch kürzere Etappen sind selbstverständlich lohnend.

Durch das Saarland in die Pfalz

Vom Dreiländereck an der Saar entlang durch die Pfalz sollte man drei bis vier Tage einplanen. Ausgangspunkt ist der Weinort Perl-Nennig, weiter geht es durch das Saargebiet nach Kaiserslautern und durch die Weinstraße in die alte Kaiserstadt Speyer.

Bedeutendes Werk des Barock-Baumeisters Stengel ist die Ludwigskirche in Saarbrücken.

❶ Der Weinort **Perl** ist vor allem wegen seiner Spielbank bekannt, die in Schloss Berg, einer Anlage aus dem 16. Jh., untergebracht ist. Das nahe gelegene Schloss Bübingen aus dem 14. Jh. existiert seit dem Zweiten Weltkrieg leider nur noch als Ruine. Im Ortsteil Nennig ist vor allem der riesige Mosaikboden sehenswert, den man in einer alten römischen Villa gefunden hat.

❷ Die ehemalige Benediktinerabtei in **Mettlach** wurde wahrscheinlich bereits um 700 gegründet. Erhalten blieb der etwa 1000 Jahre alte Turm. In den im 18. Jh. neu errichteten Klostergebäuden ist heute das Museum der Keramikfabrik Villeroy & Boch untergebracht. 2 km weiter südlich steht auf einem steilen Felsen über der Saar die Burgruine Montclaire.

❸ Wenn man der Saar wenige Kilometer folgt, gelangt man nach **Merzig**. Die ehemalige Stiftskirche St. Peter stammt aus dem 12. Jh., wurde jedoch bis ins 19. Jh. hinein immer wieder umgebaut.
Das Rathaus in der Poststraße wurde 1650 als Jagdschloss für den Kurfürsten von Trier fertiggestellt. Wer sich für Wölfe interessiert, sollte das Expeditionsmuseum Werner Freunds und das Wolfsfreigehege besuchen.

❹ Über Dillingen geht es weiter nach **Saarlouis**. Seit der Sonnenkönig 1680 hier von Vauban eine Festung anlegen ließ, war die Stadt vom Militär geprägt. Die Festung »Halber Mond« erinnert daran. In den ehemaligen Kasematten befinden sich heute zahlreiche Weinlokale, Restaurants und Diskotheken.
Die Ruine der Teufelsburg kann nach Voranmeldung besichtigt werden.

❺ **Völklingen** war eine Stadt des Stahls, bis die Alte Völklinger Hütte 1986 stillgelegt wurde. Die Anlage wurde von der UNESCO zum Weltkulturerbe erklärt. Der Hochofen und die enorme Gasgebläsehalle können besichtigt werden.
In der Eupener Straße ist eine typische Arbeitersiedlung aus der Jahrhundertwende erhalten geblieben. Der nahe Staatsforst Warndt lockt mit einem attraktiven Freizeitangebot und im Heimatmuseum in Ludweiler erfährt man Wissenswertes über die einstigen Waldbewohner.

❻ Schon die alten Römer hatten in **Saarbrücken** ein Kastell angelegt, dessen eindrucksvolle Reste in der Mainzer Straße besichtigt werden können. Im Zweiten Weltkrieg wurden viele historische Gebäude stark in Mitleidenschaft gezogen; das Barockschloss und die Schlosskirche aus dem 15. Jh. wurden wiederaufgebaut.

Wandern & Freizeit

Geübte Radler können die etwa 400 km lange Fahrradtour »SaarLorLux« durch das **Saarland** mit diversen Abstechern nach Luxemburg, nach Lothringen und ins Elsass in ungefähr acht Tagen bewältigen.

Ob auf Schusters Rappen oder sogar auf einem richtigen Pferd – der **Saarlandrundweg** ist über 330 km lang. Man muss lediglich den dreieckigen Schildern mit dem weißen Hufeisen auf dem blauen Grund folgen.
In Mettlach führt ein ausgeschilderter Wanderweg zur Ruine der Burg Montclair, von wo man eine herrliche Aussicht auf die Saarschleife hat. Auf einem gut ausgeschilderten Wald- und Vogellehrpfad geht es zum Aussichtspunkt Cloef.

Auf dem etwa 9,5 km langen **Wolfsweg** können geübte Wanderer vom Wolfspark bei Merzig zum »Garten der Sinne« und wieder zurück wandern. Beide Teilstrecken der Rundtour sind etwa gleich lang und mit der Wegmarkierung »Wolfstatze« gekennzeichnet. Die Route führt durch die schattigen Mischwälder des Merziger Kammerforstes, vorbei an Hecken und Streuobstwiesen sowie durch das wildromatische Tal der Grät. Die größte Höhendifferenz (knapp 100 m) erreicht man im Abschnitt vom Wolfspark hinauf zum Kreuzberg. Als Einkehrmöglichkeiten empfehlen sich am Wolfspark ein Gasthof und im »Garten der Sinne« ein Café oder der 1,5 km vom Garten entfernte Ellerhof *(Tel. 06861/ 24 61)*. Sowohl der Wolfspark, als auch der Garten verfügen über ausreichend Parkplätze.

Von **Neustadt** an der Weinstraße bieten sich insgesamt 60 km Radwege und etwa 100 km markierte Wanderwege zur Wahl.

Bei Orscholz in der Gemeinde Mettlach hat man von der Cloef, einer Felsformation, den besten Blick auf die große Saarschleife.

Barocke Fassaden findet man auch rund um den Markt der St. Johanner Altstadt, zu dem man vom Schlossberg über die Alte Brücke gelangt. Das alte Rathaus ist wie das Schloss ein Werk Friedrich Joachim Stengels und wurde 1760 fertig gestellt.
Sehenswert ist auch der Große Brunnen des Stadtbaumeisters. Ebenfalls von Stengel stammt die Friedenskirche am Nateser Platz direkt gegenüber dem saarländischen Landtagsgebäude aus dem Jahr 1866, einem zweigeschossigem Solitärbau.
Das Saarlandmuseum zeigt alte und neue Meister in der Alten Sammlung und neue Werke in der Modernen Galerie. Gegenwartskunst ist in der Stadtgalerie zu sehen.
Wer sich für die Erdgeschichte interessiert, ist im geologischen Museum genau richtig. Über Kelten und Römer informiert das Museum für Vor- und Frühgeschichte.
Nicht nur für Familien mit Kindern empfiehlt sich ein Besuch des Zoos am Eschberg oder des rund 17 ha großen Wildparks im Stadtwald.

7 Vorbei an Neunkirchen gelangt man nach **Homburg**. Die mittelalterliche Burg der gleichnamigen Grafen wurde im 16. Jh. im Renaissancestil umgestaltet. Ludwig XIV. ließ die Anlage und die Stadt zu einer Festung ausbauen. Viel ist davon allerdings nicht mehr erhalten, aber es existiert noch ein unterirdisches Gängesystem, das besichtigt werden kann.
Sport- und Freizeitmöglichkeiten gibt es im Kulturpark Homburg und einen Einblick in die römische Zeit vermittelt das archäologische Freilichtmuseum Schwarzenacker. Mit dem Boot fahren, windsurfen, schwimmen und segeln kann man auf dem Jägersburger Brückweiher.

8 Seit der Zeit einer ersten Siedlung vor etwa 2500 Jahren am Flüsschen Lauter hat **Kaiserslautern** eine wechselvolle Geschichte erlebt.
Das ehemalige Kloster wurde 1511 aufgelöst und seither ist die Stiftskirche St. Martin und Maria evangelisch. Der romanische Urbau wurde im 13. Jh. gotisiert, im 16. Jh. kamen die

Schon äußerlich beeindruckt der Kaiserdom in Speyer durch seine Architektur.

Die Krypta des Kaiserdoms von Speyer präsentiert sich als imposante Säulenhalle.

Westtürme hinzu. Weitere Umbauten erfolgten im 19. Jh. und beim Wiederaufbau nach den schweren Kriegsschäden.
Im 13. Jh. errichteten die Franziskaner die heutige Pfarrkirche St. Martin. Nach der Reformation wurde der Bau säkularisiert und vom 18. Jh. bis 1803 mit barocker Neuausstattung wieder als Klosterkirche genutzt.
Von der Pfalz Friedrich Barbarossas und dem Schloss des Pfalzgrafen Johann Casimir haben die Franzosen 1703 nicht mehr viel übrig gelassen. Teile der Außenmauern und der Casimir-Saal, in dem das Burgmuseum untergebracht ist, blieben erhalten. Über die Stadtgeschichte informiert das Theodor-Zink-Museum.
Die Pfalzgalerie diente einst als Gewerbemuseum, heute findet man neben spätgotischen Plastiken, Keramik und Porzellan auch eine Sammlung moderner Gemälde.

9 **Worms** ist der Schauplatz der Nibelungensage, hier wurde in der Antike und im Mittelalter Geschichte geschrieben. Bomben verwandelten die Stadt im Zweiten Weltkrieg in ein Trümmerfeld, doch von der einstigen Pracht zeugt immer noch der Dom St. Peter. Das Gotteshaus wurde im Jahr 1018 in Anwesenheit Kaiser Heinrichs II. geweiht, brannte 1689 ab und wurde dann im Stil des Rokoko wieder aufgebaut.
Sehenswert sind darüber hinaus die Kirchen St. Martin, St. Paul und St. Magnus sowie die mittelalterliche Synagoge und der alte Judenfriedhof. Die Stiftung »Kunsthaus Heylshof« wartet mit Kunstwerken vom Mittelalter bis zum 19. Jh. auf.

10 Bereits die Römer wussten um die Heilkraft der Quellen in **Bad Dürkheim**. Mönche des 12. Jh. nutzten die Quellen zur Salzgewinnung. Sie lebten und beteten im Kloster Limburg, das von Kaiser Konrad III. gegründet wurde. Die Klosteranlage besteht heute nur noch als Ruine, die im Sommer Schauplatz von Konzerten und Theateraufführungen ist. Die mächtige Burgruine Hardenberg ist eine der größten Burganlagen. Die beliebte Kurstadt ist auch eine der bedeutendsten deutschen Weinbaugemeinden an der Deutschen Weinstraße. Alljährlich im September findet der traditionelle »Dürkheimer Wurstmarkt« statt. Ursprünglich versorgte der Wurstmarkt die Michelsberg-Pilger. Bei diesem Weinfest werden so manche Liter heimischen Weines im traditionellen Dubbeglas getrunken.

Die Altstadt von Kaiserslautern beleben zahlreiche Cafés und Restaurants.

11 Nachdem **Neustadt an der Weinstraße** im Dreißigjährigen Krieg schwer zerstört worden war, zeigte sich die spätere Geschichte gnädiger. Da es im Zweiten Weltkrieg kaum Schäden gab, kann man die alten Fachwerkhäuser der Altstadt im Originalzustand bewundern.
Nicht verzichten sollte man auf eine Besichtigung der ehemaligen Stiftskirche Liebfrauen aus dem 14. Jh.; des Collegiums Casimirianum von 1579, einer Gegengründung zur Heidelberger Universität; des Jesuitenkollegs, in dem heute das Rathaus untergebracht ist; und des Haardter Schlösschens. Im Ortsteil Hambach befindet sich das Hambacher Schloss. Hier versammelten sich am 27. Mai 1832 rund 30000 Menschen zum Hambacher Fest um unter schwarz-rot-goldenen Fahnen einen liberalen deutschen Nationalstaat einzufordern. Eine Gedenkstätte hält die Erinnerung an diese frühe demokratische Tradition wach.
Auch im Heimatmuseum findet man Informationen über dieses Ereignis. Alte Lokomotiven und Wagen sind in einem historischen Lokschuppen zu besichtigen, der zum Eisenbahnmuseum umgebaut wurde. Eine nostalgische Fahrt mit dem »Kuckucksbähnel« sollte unbedingt eingeplant werden. Freunde eines guten Tropfens reisen am besten im Herbst zum Deutschen Weinlesefest an.

12 An der Mündung des Speyerbachs in den Rhein hatten bereits Römer und Franken Stützpunkte eingerichtet, doch erst ab dem 10. Jh. wurde **Speyer** eine Metropole des mittelalterlichen Reichs. Deutlichster Ausdruck der einstigen Herrlichkeit ist der romanische Dom St. Maria und St. Stephan, der auch als Grablege der deutschen Kaiser diente. Die Teilnahme an einer Führung ist die beste Möglichkeit die kunsthistorische Bedeutung der Kirche angemessen zu würdigen. Außerdem sollte man die Dreifaltigkeitskirche, die Reste der Stadtbefestigung und das barocke Rathaus besichtigen. Im Feuerbach-Haus wurde der Maler Anselm Feuerbach geboren. Gemälde, Zeichnungen und weitere Exponate erinnern an diesen großen Sohn der Stadt. Die wechselvolle Stadtgeschichte ist im Historischen Museum der Pfalz und im angegliederten Dom- und Diözesanmuseum dokumentiert.

Mittelpunkt des Wormser Doms ist der von Balthasar Neumann 1749 gestaltete Hochaltar.

An einem lauen Sommerabend in der Altstadt von Neustadt an der Weinstraße.

Wandern & Freizeit

In **Saarlouis** bieten sich für Wanderer und Spaziergänger verschiedene Touren an. Der insgesamt 150 ha große Stadtwald erstreckt sich vom Stadtteil Fraulautern bis in die Nachbargemeinden Hülzweiler und Saarwellingen. An der Landstraße L 343 hinter dem Ortsausgang Fraulautern (in Richtung Hülzweiler) befindet sich ein Waldparkplatz, von dem man einen markierten, etwa 5 km langen Rundweg erreichen kann. Unweit des Parkplatzes gibt es außerdem einen Waldspielplatz.
Nur wenige Minuten Fußweg vom Stadtzentrum entfernt, lädt der reizvolle Stadtpark mit seinem weitläufigen Wegenetz zu ausgiebigen Spaziergängen ein. Die Gartenanlage mit üppigem Baumbestand erstreckt sich über ein Areal von insgesamt 35 ha.

Auf dem insgesamt 42 km langen großen Stadtrundweg von **Saarbrücken** erleben Spaziergänger und Wanderer (und auch Radfahrer) die enge Verwandtschaft der unterschiedlichen Stadtgebiete. Der Weg ist einheitlich mit dem roten »S« im blauen Kreis gekennzeichnet und Start und Ziel ist der Marktplatz in St. Arnual.
Es gibt natürlich auch deutlich kürzere Routen in Saarbrücken, wie etwa die 4 km lange »Saarbrücker Runde«, die vom Hauptbahnhof durch die Altstadt und entlang des Saarufers zum Schloss führt. Auf dem Weg locken neben Museen und schönen Aussichten auch Cafés, Bistros und Restaurants zu Zwischenstopps ein. Die Strecke ist mit dem Logo »Saarbrücker Runde« ausgeschildert.
Diverse Überschneidungen gibt es mit der »Stengel-Promenade«, einem anderen, etwa 3 km langen Stadtspaziergang. Diese Route führt an den Bauwerken des Barockbaumeisters Friedrich Joachim Stengel vorbei und ist mit einem entsprechendem Logo markiert.

Zwischen **Saarbrücken** und **Homburg** kann man mit dem Fahrrad eine 38 km lange Rundtour von St. Ingbert nach Wörschweiler machen. Die Tour führt durch idyllische Waldgebiete und verträumte Dörfer und lädt zu einem Abstecher ins Freilichtmuseum Schwarzenacker (bei Wörschweiler), wo u. a. Reste einer römischen Siedlung zu sehen sind. Auf der Strecke gibt es zwei nennenswerte Steigungen: gleich zu Beginn bei St. Ingberg (40 m Höhenunterschied auf 1 km) sowie vor Kirkel im Kirkeler Wald (100 m Höhenunterschied auf 2,5 km). Die Tour beginnt in St. Ingberg und führt über Ober- und Niederwürzbach nach Reichenbrunn und weiter über Alschbach, Lautzkirchen und Bierbach ins Bliestal nach Wörschweiler. Von dort geht es auf der Landstraße über die Autobahn (A8) bis zur Hochspannungsleitung, danach links ab und durch den Tunnel unter der Autobahn in Richtung Kirkeler Wald. Über Kirkel und Hassel geht es anschließend wieder zurück nach St. Ingberg.

Nahe **Homburg** lädt eine etwa 30 km lange Tour, durch Wälder, Wiesen und malerische Täler, von Zweibrücken zur Sickinger Höhe zum Radfahren ein. Die Strecke startet bei den Rennwiesen und Sportanlagen von Zweibrücken und führt über den Ortsteil Niederauerbach gen Norden nach Oberauerbach. Durch das untere Auertal und am Auerbach entlang, der im weiteren Verlauf seinen Namen in Wiesbach ändert, geht es durch eine immer reizvollere Landschaft in den Ort Wiesbach. Jetzt folgt auf 4 km Länge eine Steigung (teils Weg, teils Straße) nach Käshofen und weiter bis zur Sickinger Höhe; Höhenunterschied: 125 m. Von da ab geht es wieder talwärts und über Großbundenbach, Mörsbach wieder nach Oberauerbach. Schließlich gelangt man durch das untere Tal des Flüsschens Auer wieder zurück nach Zweibrücken.

Von April bis Oktober lädt jedes Jahr die **Gartenschau** in **Kaiserslautern** zum Besuch ein. Neben dem prachtvollen Blütenmeer, locken auch Themen-Hallenblumenschauen, der Kakteengarten und die Dinosaurier-Ausstellung zahlreiche Besucher an. Diverse Sport- und Spielmöglichkeiten, beispielsweise Minigolf und Wasserspiele, sowie Veranstaltungen (Musik, Theater) runden das Angebot ab.

Eine etwa 23 km lange Radtour führt von **Ludwigshafen** und teilweise auf der Deutschen Weinstraße nach **Bad Dürkheim**. Die Route startet in Ludwigshafen auf der Frankenthaler Straße nach Oggersheim (5 km). In Oggersheim biegt man links in die Straße nach Ruchheim ein, das nach 4 km erreicht wird und weiter nach Fußgönheim (3 km). Von dort geht es weiter auf der ruhigen Landstraße nach Ellerstadt (2 km) und Gönnheim (2 km), wo man auf erste Weinberge trifft. Es folgen Friedelsheim (1 km) und Wachenheim (3 km), wo man die Haardt, eine Bergkette mit weiträumigen Weinbergen, und die Deutsche Weinstraße erreicht. Nun fährt man auf dem Radweg parallel zur Weinstraße bis nach Bad Dürkheim. Von dort kann man mit der Bahn wieder nach Ludwigshafen zurückfahren.

Von Aschaffenburg zur Romantischen Straße

Die Tour führt von Aschaffenburg durch eine reiche Kulturlandschaft: über Würzburg mit den Zeugnissen seiner großen Vergangenheit und Rothenburg, das bis heute in mittelalterlichem Glanz erstrahlt, nach Ansbach, wo der Geist der Hohenzollern fortlebt. Eingebettet sind die historischen Orte in eine weinreiche Gegend.

❶ Die Siedlung Ascaffaburc, das heutige **Aschaffenburg**, wurde bereits zwischen 450 und 500 erstmals genannt. Sie war zunächst eine keltische, dann eine alemannische Volksburg und wurde um 550 von den Franken erobert. Von Menschen bewohnt war die Gegend sogar schon in der Steinzeit.

In dieser geschichtsträchtigen Stadt lohnt sich eine Besichtigung des Renaissanceschlosses Johannisburg, das 1605–1614 nach Plänen von Georg Ridinger entstand. Obwohl der aus Rotsandstein errichtete Bau 1945 fast vollständig zerstört wurde, gelang ein recht genauer Wiederaufbau des Äußeren; die Innenräume wurden allerdings nicht originalgetreu rekonstruiert. Die heute im Schloss untergebrachte Staatsgalerie Aschaffenburg ist eine Außenstelle der Bayerischen Staatsgemäldesammlungen und damit gewissermaßen eine »Schwester« der Münchner Pinakotheken; gezeigt werden dort u. a. Gemälde von Lucas Cranach d. Ä. und Rubens.

Die Stadt besticht durch grüne Parkanlagen. Besonders hervorzuheben ist der Park Schönbusch, der im 18. Jh. angelegt wurde und zu den ältesten englischen Landschaftsgärten Deutschlands zählt. Hier befinden sich neben einem kleinen Schloss auch eine Orangerie, dekorative Hirtenhäuser und ein Irrgarten.

❷ Über der idyllischen Altstadt von **Wertheim** ragt der Burgberg mit einer der am besten erhaltenen Burgruinen Deutschlands auf. Graf Wolfrum I. ließ die Burg zu Anfang des 12. Jh. erbauen. Sehenswert sind die Vorburg, die hohen Mauern der Oberburg, Bergfried, Palas und ein Treppenturm. Von hier oben hat man einen wunderbaren Blick weit in den Spessart und das Taubertal.

Im Stadtzentrum befindet sich die gotische Pfarrkirche aus dem 14. Jh. mit den Renaissance-Grabmälern der Wertheimer Grafen. Auf dem Marktplatz, den beiderseitig gut erhaltene Fachwerkhäuser zieren, steht der Engelsbrunnen.

❸ Schon in vorgeschichtlicher Zeit war der links des Mains gelegene Würzberg besiedelt. Die Stadt **Würzburg**, die der Beiname »Perle am Main« ziert, wurde schon im 7. Jh. durch schottisch-irische Missionare christianisiert.

Zu den wichtigsten Sehenswürdigkeiten zählt heute die Festung Marienberg hoch über dem Main, in der das Mainfränkische Museum seinen Sitz hat. Hier beeindrucken in erster Linie die Werke des bedeutenden Bildhauers und Bildschnitzers Tilman Riemenschneider, der in Würzburg lebte und dort lange Jahre im Rat der Stadt saß und sogar das Amt des Bürger-

Aschaffenburger Schloss mit seiner Schaufront zum unteren Main.

Wandern & Freizeit

Die Städte und Dörfer im **Taubertal** haben sich zur »Ferienregion liebliches Taubertal« zusammengeschlossen – und weisen eine ganze Reihe von Wanderrouten durch das idyllische Tal aus. In dem Gebiet gibt es beispielsweise den etwa 20 km langen »Wein-Tauber-Wanderweg«, eine Rundtour, die das Zisterzienserkloster Bronnbach mit Reicholzheim, Waldenhausen und Wertheim verbindet und an Weinbergen entlangführt. Insgesamt wurden

zwischen Rothenburg ob der Tauber und Wertheim an die 30 Rundwanderwege ausgewiesen. Fernwanderwege in der Region sind der »Panoramawanderweg Taubertal« und der »Jakobswanderweg durch Odenwald, Main- und Taubertal«. Streckenempfehlungen hält der Tourismusverband Liebliches Taubertal bereit *(Gartenstraße 1, 97941 Tauberbischofsheim, Tel. 093 41/82 58 06, www.liebliches-taubertal.de).*

Eine wundervolle Sicht auf **Rothenburg** hat man von der Engelsburg, einer ehemaligen keltischen Wallburg. Auf dem reizvollen Taubertalweg wandert man zunächst zur Burg. Über einen nicht allzu steilen Abstieg erreicht man Detwang mit seiner Riemenschneider-Kirche. Die Klingentorbastei ist die Pforte zurück.

Durch ein blaues »M« gekennzeichnet ist der etwa 490 km lange **Main-Wanderweg**, der von der Quelle des Weißen Mains bis zur Mündung führt. Stationen an dieser Autoroute sind u. a. Würzburg, Wertheim und Aschaffenburg. Dort kann sich jeder ganz nach Belieben seine Teilstrecken heraussuchen.

0 5 10 km
Lohr am Main
Karlstadt
Werneck
Gerolzhofen
Volkach
3 WÜRZBURG
Wertheim 2
Marktheidenfeld
Kitzingen
Ochsenfurt 4
Tauberbischofsheim
Lauda-Königshofen
Bad Mergentheim
Walldürn
Rothenburg ob der Tauber 5
Uffenheim
Bad Windsheim
Neustadt a.d.Aisch
Steigerwald
Naturpark Steigerwald
Naturpark Frankenhöhe
Frankenhöhe
6 Ansbach
7 Feuchtwangen
Dinkelsbühl 8
9 Nördlingen
Crailsheim
Schwäbisch Hall
Künzelsau
Hohenloher Ebene
Öhringen
Obersulm
Naturpark Schwäbisch-Fränkischer Wald
Löwensteiner Berge
Murrhardt
Gaildorf
Backnang
Welzheim
Winnenden
Ellwangen
Aalen
Bopfingen
Gunzenhausen
Ries
Main-Wanderweg
Fränkischer Marienweg
Wein-Tauber-Wanderweg
Taubertalradweg
Taubertal
Schloss Weikersheim
Kloster Bronnbach
Burg Wertheim
Kastell Walldürn
Deutschordensschloss
Madonna
Herrgottskirche
Engelsburg
Altstadt
Schloss Schillingsfürst
Fränkisches Freilandmuseum
Schloss Seehaus
Schloss Frankenberg
St. Gumbertus
Residenz
Storchenturm, Altmühlbrücke
Stadtmauer und Tore
Stiftskirche
Stadtmauer & Türme
St.Georg
Schloss Baldern
Schloss Wallerstein
Stiftskirche
Johanneskirche
Marktplatz
Comburg
Museum Würth
Schloss Langenburg & Dt. Automuseum
Schloss Bartenstein
Kloster Schöntal
Götzenburg
Schaubergwerk Tiefer Stollen
Limesmuseum
Ostkastell
Maria im Weingarten
Mainschleife
Dom
Festung Marienberg
Residenz

Die kleine mittelfränkische Stadt Rothenburg ob der Tauber im Landkreis Ansbach steht als Inbegriff einer bürgerlichen deutschen Stadt aus alten Tagen. Die nahezu unveränderte

meisters innehatte. Ein herausragendes Kulturdenkmal des Barock ist die fürstbischöfliche Residenz aus dem 18. Jh. Sie wurde, ebenso wie die Pilgerkirche »Käppele«, von Balthasar Neumann entworfen. Das Schloss war nicht nur Stadtpalais für Johann Philipp Franz von Schönborn, sondern auch ein Denkmal für die ganze Familie. Der erlesene Barockbau besitzt ein Deckengewölbe über dem Treppenhaus mit einem gewaltigen Fresko von Giovanni Battista Tiepolo.
Die bedeutendsten Kirchen der Stadt sind der romanische Kiliansdom, das Neumünster mit einer herrlichen Barockfassade und die mittelalterliche Marienkapelle auf dem Marktplatz. Der Kiliansdom, Zentrum der Diözese Würzburg, wurde ab 1040 erbaut und zählt heute zu den größten romanischen Kirchen Deutschlands.
Eine weitere Attraktion ist die Alte Mainbrücke, in ihrer heutigen Form eine Bogenbrücke, die im Wesentlichen auf das 15. Jh. zurückgeht. Die Brückenstatuen wurden im 18. Jh. aufgestellt. Im April 1945 sprengten deutsche Truppen zwei der alten Bögen; 1950 wurden die beiden Teile wieder hergestellt.

❹ Zwei Brücken ermöglichen die Mainüberquerung zum Ortszentrum nach **Ochsenfurt**. Die Siedlung war 1295–1803 im Besitz des Würzburger Domkapitels. Eine der beiden Brücken, die Alte Mainbrücke der Stadt, geht im Kern auf eine große mittelalterliche Brücke zurück. Die noch erhaltenen Teile wurden denkmalgerecht saniert und um moderne Elemente erweitert.

Die Altstadt wird dominiert von wunderschönen Fachwerkhauszeilen und dem dreigeschossigen Rathaus mit einem Uhrtürmchen. Dieser Glockenturm ist das Wahrzeichen der Stadt; stündlich erscheinen im Glockenspiel die beiden Ochsen des Stadtwappens; ein menschliches Skelett, das an die Vergänglichkeit alles Irdischen erinnert; und zwei Ratsherren, die der stummen Rede des Bürgermeisters lauschen.
In der im 13. Jh. erbauten gotischen St.-Andreas-Kirche befinden sich eine herausragende Skulptur von Tilman Riemenschneider, die Holzstatue des heiligen Nikolaus, ein Bronzetaufbecken von Peter Vischer und ein 16 m hohes Sakramentshäuschen. Die Wolfgangskapelle wurde 1463 zu Ehren des einstigen Bischofs von Regensburg erbaut.
Sehenswert ist auch die mittelalterliche Stadtbefestigung von Ochsenfurt; Ringmauer, Stadtgraben und mehrere Stadttore sind noch erhalten und veranschaulichen, auf welche Weise Städte einst für ihren Schutz sorgten.

❺ Das romantische Städtchen **Rothenburg ob der Tauber**, dessen mittelalterliches Erscheinungsbild nahezu ohne Schäden bis heute erhalten geblieben ist, pries der Maler Ludwig Richter als »Märchen einer Stadt«.
Das einzigartige Stadtbild mit seinen roten Dächern, den unzähligen Türmchen, breiten niedrigen Zollhäuschen, viel Fachwerk und der Hafengasse aus dem späten Mittelalter, die noch original erhalten ist, versetzt den Besucher in eine andere

Die Würzburger Residenz, der einstige Sitz der Fürstbischöfe, ist ein Hauptwerk des Barock.

Zeit. Allein die 1350–1380 erbaute Stadtmauer, deren Wehrgänge auf einer Länge von 2 km vom Spitaltor zum Klingentor führen, besitzt zwölf Türme. Einen Altar von Tilman Riemenschneider, das sogenannte Heiligblut-Retabel, kann man in der St.-Jakobs-Kirche bestaunen.
An der Nordseite des Marktplatzes liegt die Ratstrinkstube, an deren Giebelfront sich eine Kunstuhr befindet. Hier leert Altbürgermeister Nusch täglich um 11 und um 14 Uhr einen Humpen, bekannt als Meistertrunk, und sein damaliger Gegner, der Feldherr Graf von Tilly, schwingt erstaunt den Marschallstab. Dieses Spektakel geht auf eine angebliche Wette der beiden im Jahr 1631 zurück, bei der Nusch behauptete, einen Humpen mit 3,25 l Wein in einem Zug leeren zu können. Mehr über diese Zeit des Dreißigjährigen Krieges erfährt man im sehenswerten Reichsstadtmuseum.

Sehr eindrucksvoll ist auch ein Besuch im Kriminalmuseum. Anhand zahlreicher Schaustücke lernt man allerlei über das mittelalterliche Rechtswesen, über Strafvollzug und Folter.

❻ Die einstige Residenzstadt **Ansbach** ist stark vom Rokoko geprägt. Einer der bedeutendsten Schlossbauten des 18. Jh. ist das am Stadtrand gelegene Markgrafenschloss. Seine herrliche Barockfassade schuf Gabriel de Gabrieli. Hier beeindrucken der Prunksaal von 1734 mit üppigen Fresken von Carlo Carlone und das Spiegelkabinett mit seinen sehenswerten Porzellanfiguren.
Im Hofgarten, um 1723 angelegt, erinnert ein Gedenkstein an den hier am 17.12.1833 ermordeten Kaspar Hauser, der auf dem hiesigen Friedhof begraben liegt. Noch heute sind seine genaue Herkunft und der Name des Mörders ungeklärt. Die Pfarrkirche St. Gumbertus erhebt sich mit ih-

mittelalterliche Stadt wird von einer intakten Stadtmauer umgeben.

In den Galerien des Ansbacher Markgrafenschlosses hängen zeitbezogene Gemälde.

ren drei Türmen von 1594 über der Stadt. Die Hofkirche wurde mit ihrer ausladenden Saalkonstruktion zum Vorbild von vielen anderen Kirchen in Bayern. Im ihrem Inneren befinden sich die Grabstätten zahlreicher Herrscher Ansbachs, insbesondere der Hohenzollern. Der Ort ist am Ende jedes ungeraden Jahres Schauplatz eines internationalen Musikfestivals, der Bachwoche Ansbach.

7 Die Stiftskirche mit ihren beiden kräftigen Türmen beherrscht den Marktplatz des mittelalterlichen Städtchens **Feuchtwangen**. Bedeutend sind das Portal und ein Fresko aus dem 13. Jh. sowie das Chorgestühl aus dem 14. Jh. Den Marienaltar bemalte 1484 der Dürer-Lehrer Michael Wolgemut. Das Taubenbrünnlein erinnert an eine Stadtgründungslegende: Karl der Große, angeblich der Gründer von Feuchtwangen, wurde hier einst auf der Jagd von heftigem Durst geplagt, als ihm eine Taube den Weg zu einer Quelle wies. Aus Dankbarkeit ließ er an dieser Stelle eine Kirche erbauen.
Auch das Fränkische Museum mit Zeugnissen des Alltagslebens in Rokoko, Empire und Biedermeier ist einen Besuch wert.
Zu den Sehenswürdigkeiten der Stadt zählen außerdem die erhaltenen Teile der mittelalterlichen Stadtmauer sowie der Marktplatz, den ein maßgeblicher Kunstführer einst als »Festsaal Frankens« pries.
Die Feuchtwangener führen den berühmten mittelalterlichen Dichter Walther von der Vogelweide auf der Liste der großen Söhne ihrer Stadt; das tun jedoch noch andere Orte.

8 **Dinkelsbühl** an der Romantischen Straße erreicht man durch vier Tore: das Wörnitztor im Osten, das Nördlinger im Süden, das Segringer im Westen und das Rothenburger im Norden. Als Teil der 2,5 km langen Stadtmauer sind aber noch weitere Tore erhalten. Um den Marktplatz gruppieren sich die Ratstrinkstube (16. Jh.), die »Schranne«, ein Steinbau mit Renaissancegiebel, und das Kornhaus (1508). Einer der schönsten fränkischen Fachwerkbauten ist das Deutsche Haus (15. Jh.). Zu den wohl sehenswertesten Zeugnisse der deutschen Gotik zählt das Münster St. Georg aus dem 15. Jh. mit seinen prächtigen Portalen. Einen besonderen Eindruck von der malerischen, ungewöhnlich vollständig erhaltenen Stadt mit ihren Winkeln und Türmen erhält man zweifellos bei einem Gang entlang der Stadtmauer.

9 Durch die vollständig erhaltene Stadtmauer (14. Jh.), den begehbaren Wehrgang, die fünf Stadttore und 16 Türme fühlt man sich in **Nördlingen** wie ins Mittelalter zurückversetzt. Am Marktplatz mit Fachwerk- und Barockhäusern liegt das spätgotische Rathaus mit seiner Freitreppe aus der Renaissance. Den besten Ausblick über die Stadt hat man vom 90 m hohen Turm der Georgskirche aus. Er wird auch »Daniel« genannt. Von der Turmstube aus wacht abends ein Türmer über die Stadt.
Das Land ringsum geht auf ein gewaltiges Naturereignis zurück: Es handelt sich um einen 22 x 24 km großen Krater, den vor 14 Mio. Jahren ein riesiger Meteorit bei seinem Einschlag hinterlassen hat. Dabei entstand das sogenannte Nördlinger Ries, in dessen Zentrum heute die mittelalterliche Stadt liegt.

Wandern & Freizeit

Für Wanderer und in Teilen auch für Radfahrer geeignet ist der **Fränkische Marienweg**, ein ca. 800 km langer Fernwanderweg, der etwa 50 fränkische Wallfahrtskirchen miteinander verbindet. Das Schild zeigt eine Muttergottes in rotem Gewand mit einem Jesuskind in Dunkelblau. Zu den Stationen auf dem Weg zählen die Marienkapelle und das Käppele in Würzburg und die Kirche Mariä Heimsuchung in Aschaffenburg. Hinweise und einen Routenplaner bietet die Website *(www.fraenkischer-marienweg.de)*.

Ein landschaftlich wie kulturell reizvoller Radweg von ca. 100 km Länge ist der gut beschilderte **Taubertalradweg** zwischen Rothenburg ob der Tauber und Wertheim. Für die verkehrsarme Strecke mit geringer Höhendifferenz werden rund sieben Stunden Fahrzeit veranschlagt; hinzu kommt natürlich die Zeit, die man für Besichtigungen einrechnen sollte. Der Taubertalradweg gilt als »Klassiker«; neueren Datums ist die Strecke »Liebliches Taubertal – der Sportive«, die nicht durchs Tal, sondern parallel dazu über die Anhöhen führt.

Von Bayreuth bis ins Fränkische Seenland

Die Tour führt von der Wagner-Stadt Bayreuth über die Fränkische Schweiz nach Gößweinstein mit seiner Bilderbuchburg. Von hier geht es weiter über Schnaittach, die Rokoko-Festung Rothenberg und Nürnberg ins Fränkische Seenland mit den Städten Hilpoltstein, Beilngries und Eichstätt im Altmühltal.

Die alte Burg Pottenstein wurde nach einem Graf Botho benannt.

Bayreuth besitzt ein Rokoko-Opernhaus mit zauberhafter Loge.

❶ Heute kennt man **Bayreuth** vor allem als Schauplatz der von Richard Wagner selbst begründeten Festspiele. Doch nicht nur für Wagner-Anhänger ist ein Besuch des im Stil der Neurenaissance erbauten Wagner-Wohnhauses, der »Villa Wahnfried«, ein Genuss. Die nach Kriegsschäden wieder in den Originalzustand versetzte Villa des Komponisten beherbergt heute das biografische Richard-Wagner-Museum.

Berühmt ist natürlich auch Wagners Festspielhaus auf dem Grünen Hügel, ein nach Wünschen des Komponisten von griechischer Architektur inspirierter Bau (1872–1875). Das nicht zuletzt für seine hervorragende Akustik gepriesene Opernhaus unterhält kein festes Ensemble, sondern richtet alljährlich zwischen Ende Juli und Ende August die Bayreuther Festspiele aus, die den Musikdramen Richard Wagners gewidmet sind. Die Festspiele sind stets ein vieldiskutiertes künstlerisches, aber auch gesellschaftliches Ereignis.

Ihre Glanzzeit erlebte die Stadt aber bereits vor Wagner, nämlich im 18. Jh. unter der Regierung des Markgrafen Friedrich und seiner Frau Wilhelmine, die den Bau des Neuen Schlosses, des Markgräflichen Opernhauses und der Eremitage in Auftrag gaben; die Eremitage ist eine weiträumige Parkanlage. Friedrich war es auch, der eine der ältesten Freimaurerlogen gründete; diese tagt noch heute im Deutschen Freimaurermuseum.

Insbesondere das Markgräfliche Opernhaus aus der ersten Hälfte des 18. Jh. gilt als einzigartiges Juwel; es zählt zu den wenigen erhaltenen europäischen Barocktheatern und steht mittlerweile auf der UNESCO-Liste des Weltkulturerbes.

Zu den weiteren Sehenswürdigkeiten Bayreuths zählen mehrere Schlösser, darunter Schloss Colmdorf, Schloss Birken und das Jagdschloss Thiergarten, außerdem bemerkenswerte Gebäude in der Innenstadt, etwa die Mohren-Apotheke von 1610 oder das ehemalige Waisenhaus in der Friedrichstraße. Eine schöne Aussicht genießt man vom Siegesturm auf der Hohen Warte, der an den militärischen Erfolg im Deutsch-Französischen Krieg von 1870/71 erinnert. Unter den Gotteshäusern in der Innenstadt befindet sich auch die Synagoge aus dem 18. Jh.

Seit 1975 ist Bayreuth als Universitätsstadt nicht nur ein Kultur-, sondern auch ein wichtiger Wissenschaftsstandort.

❷ Am Ostufer des Roten Mains liegt die kleine Stadt **Creußen**, deren Ruhm im 17. und 18. Jh. durch Töpferwaren begründet wurde. Einige der bunt bemalten Apostelkrüge kann man im Krügemuseum besichtigen, das die Vielfalt des einst vielgerühmten Creußener Steinzeugs vor Augen führt. Das Museum ist im ehemaligen Scharfrichterhaus von 1770 untergebracht. Sehenswert ist auch das Eremitenhäuschen, eine äußerst ungewöhnliche bürgerliche Einsiedelei aus dem beginnenden 18. Jh., die der Theologe Johann Theodor Künneth nach fürstlichen Vorbildern als Ort der Besinnung errichten ließ.

Die im 15. Jh. erbaute Stadtkirche St. Jakobus besitzt bemerkenswerte Schnitzereien sowie eine Orgelempore von Elias Räntz aus dem frühen 18. Jh. Da die Kirche am Hang steht, befinden sich ihre Eingänge auf mehreren Ebenen. Von der Stadtmauer und ihren Türmen und Toren lohnt sich ein Blick auf die schönen Bürgerhäuser der Altstadt. Creußen liegt inmitten eines Hügellandes.

❸ Beherrscht wird **Auerbach** vom ehemaligen Benediktinerkloster Michelfeld, das vom Bamberger Bischof Otto I. dem Heiligen 1119 gegründet wurde. Ende des 17. Jh. errichtete Wolfgang Dientzenhofer dann einen Neubau. Teile des Klosterkomplexes sind noch heute erhalten, so etwa die barocke Klosterkirche und heutige Pfarrkirche St. Johannes Evangelista, für deren Innenraumgestaltung u. a. die Brüder Asam verantwortlich zeichneten.

❹ Inmitten der Fränkischen Schweiz liegt **Pottenstein**: Natur, so weit das Auge reicht, durchzogen von einer bizarren Karst- und Felslandschaft. Nahe beim Ort befindet sich die »Teufelshöhle«, die größte unter den vielen Tropfsteinhöhlen der Fränkischen Schweiz. Die Höhle ist gut für Besucher erschlossen und gilt als wichtige Touristenattraktion der Re-

Bayreuths Eremitage hat ein Altes und ein Neues Schloss. Die »neue« Flügelanlage krönt eine Quadriga.

Wandern & Freizeit

Der kleine Ort **Pottenstein** bietet seinen Besuchern gleich mehrere höchst reizvolle Familienattraktionen. So kann man sich im Sommer nach einem Gang durch die tropfsteinbestückte Teufelshöhle *(www.teufelshoehle.de)* in einem ganz besonderen Freibad entspannen: Das im Jahr 1924 eröffnete Felsenbad Pottenstein *(www.felsenbad.eu)* bietet nach seiner Renovierung einen Naturbadeteich zu Füßen einer spektakulären Wald- und Felskulisse. Reichlich Aufregung garantieren dagegen die Sommerrodelbahn *(www.sommerrodelbahnen-pottenstein.de)* und der Kletterwald *(www.kletterwald-pottenstein.de)*.

Gößweinstein ist eine Station an der Strecke von Ebermannstadt und Behringersmühle, auf welcher der Verein DFS – Dampfbahn Fränkische Schweiz e.V. – an Sonn- und Feiertagen historische Züge auf die Schiene schickt. Die Strecke verläuft durchs idyllische Wiesenttal. Genaue Termine und aktuelle Tarife finden sich auf der Homepage *(www.dfs.ebermannstadt.de)*.

Etwa 16 km lang ist der reizvolle **Muggendorfer Rundwanderweg** im Wiesenttal. Ausgangspunkt ist die Wandertafel an der Muggendorfer Schule. Der Weg führt zur Oswaldhöhle und durch die Höhle hindurch, dann zu einem Felsen namens Quackenschloss und zum Aussichtsfelsen »Adlerstein«. Nächste Station ist Engelhardsberg. Bei der Ortslinde geht es rechts zur Riesenburg, von dort nach Doos und bis zur Kuchenmühle. Von da aus wandert man bergauf nach Albertshof.

Auf einem Spaziergang gleich auch noch naturkundliches Wissen zu vermitteln ist das Ziel eines Geologischen Erlebnispfades, der die Besonderheiten der Gesteine im **Wiesenttal** näher erläutert. Ausgangspunkt des 3,6 km langen Rundwegs mit 12 Stationen ist der Parkplatz im Schauertal am nördlichen Rand von Streitberg. Vom Weg ist es außerdem nicht weit bis zur Binghöhle und zur Ruine Streitburg. Die Höhle kann mit Führer begangen werden und zeigt eine Tropfstein-»Galerie«.

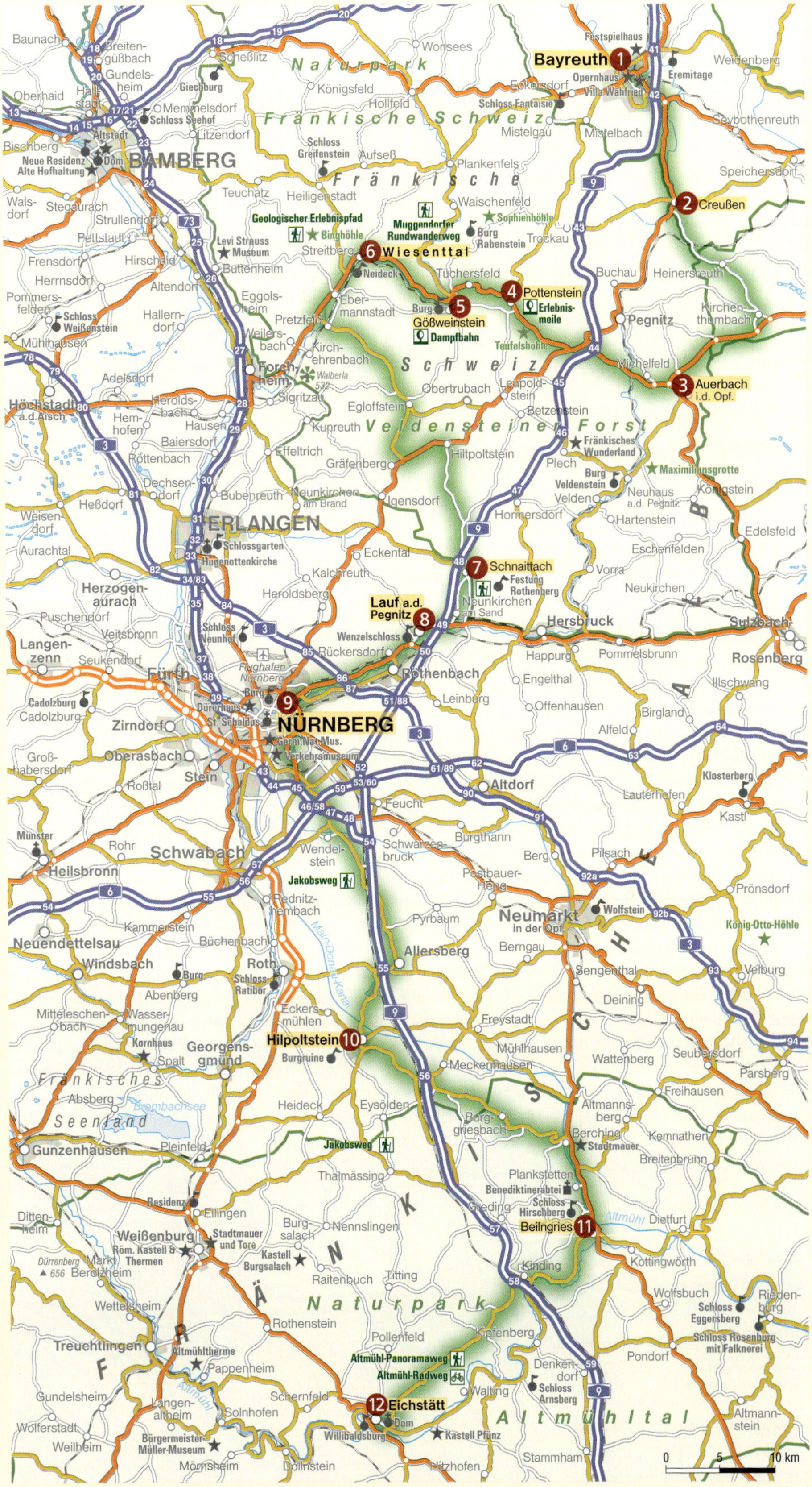

Die mächtige Verteidigungsanlage der Nürnberger Burg, hier mit Kaiserburg und Sinwellturm, überragt die historische Altstadt.

gion. Was den Namen betrifft, kursieren etliche schaurige Legenden; u.a. soll der Teufel diese Höhle als Zugang zur Hölle nutzen.
In der südöstlich gelegenen Burg lebte im Jahr 1227 die hl. Elisabeth von Thüringen nach dem Tod ihres Gatten. Ihr zu Ehren wurde am Marktplatz der Elisabeth-Brunnen erbaut. Auf der Burg befinden sich heute ein kleines Museum und sogar Ferienwohnungen.

5 Der anerkannte Luftkurort **Gößweinstein** steht ganz im Zeichen seiner gotischen Burg. 1890 wurde sie im Sinne der damaligen Burgenromantik im neugotischen Stil saniert.
Im Ortszentrum steht die Wallfahrtskirche zur Hl. Dreifaltigkeit, die nach Plänen von Balthasar Neumann erbaut wurde. Mit ihren filigranen Stuckarbeiten und dem Gnadenbild auf dem Hochaltar ist sie ein Meisterwerk barocker Baukunst.

6 Der Weg führt nun durchs **Wiesenttal**, das vielleicht meistbesuchte Tal der Fränkischen Schweiz. Ziele sind Burgruine Streitburg, Burgruine Neideck, die Binghöhle, eine als Schauhöhle gestaltete Tropfsteinhöhle und der kleine felsübersäte Druidenhain bei Wohlmannsgesees oder das Walberla. Hinzu kommt die Nordkuppe der Ehrenbürg mit Felsheide, von der aus man auf die schöne Landschaft hinabblickt.

7 Von **Schnaittach** aus lohnt sich eine kurze Wanderung zur Festung Rothenberg, der einzigen Rokoko-Festung Deutschlands. Sie wurde 1729–1750 von den bayerischen Kurfürsten nach französischen Vorbildern errichtet und galt als eine der modernsten Fortifikationen ihrer Zeit. Ihr Zweck war die Sicherung des bayerischen Territoriums vor allem gegen das nahe gelegene Nürnberg. Die auf dem namengebenden Berg gelegene, verwinkelt sternförmige Festung kann besichtigt werden.
Im Ort selbst interessiert vor allem die Synagoge, Zeugnis jahrhundertelangen jüdischen Lebens in Schnaittach und in Franken allgemein. Die Synagoge von 1570 ist zusammen mit dem Rabbinerhaus und dem Ritualbad heute einer von drei Standorten des Jüdischen Museums Franken.

8 Einen malerischen Stadtkern voller Fachwerkhäuser und Reste der alten Befestigungsmauer besitzt **Lauf an der Pegnitz**. Kaiser Karl IV. ließ 1356–1360 das Wenzelschloss als Station an der Goldenen Straße von Nürnberg nach Prag errichten. In dessen Obergeschoss befindet sich eine der bedeutendsten Sehenswürdigkeiten Frankens, der Kaisersaal oder Wappensaal mit seiner großartigen steinernen, farbig gefassten Wappensammlung.
Eine ungewöhnliche Kultureinrichtung ist das Dehnberger Hof Theater. Das Theater wurde 1976 in einem ehemaligen Bauernhof eingerichtet, Spielstätte war zunächst die Hopfenscheune. Durchaus sehenswert ist auch der historische Marktplatz mit reizvollen Fachwerkhäusern.
Einst hatte es an den Stromschnellen der Pegnitz Mühlen und Hammerwerke gegeben, die – neben der Braukunst – der Stadt zu ihrem Reichtum verhalfen.

9 Die romantische Stadt **Nürnberg** wird für gewöhnlich mit Spielzeug, Bratwürsten, Lebkuchen, dem Christkindlesmarkt und alten Fachwerkhäusern in Verbindung gebracht. Darüber hinaus hat die noch vollständig ummauerte Altstadt jedoch einiges mehr zu bieten, vor allem die überragende Burg. Dieses Wahrzeichen der Stadt besteht aus Kaiserburg und Burggrafenburg. Besonders bemerkenswert sind der Innere Burghof, der Palas mit seinem spätgotischen Kern und die Kaiserkapelle, die den bedeutendsten Teil der Burg markiert. Schön ist auch der Blick von der Burganlage hinunter auf die Stadt.
In der Dürer-Stadt kann heute noch das Wohnhaus des Malers besichtigt

Das überaus malerische Städtchen Gößweinstein in der Fränkischen Schweiz.

Das Wiesenttal verheißt Wander- und Bootsfreuden. Die Wiesent ist ein rechter Nebenfluss der Regnitz und kommt aus der Fränkischen Alb.

werden, in dem dieser bis zu seinem Tod im Jahr 1528 lebte. Das Germanische Nationalmuseum beherbergt die größte Sammlung von Meisterwerken deutscher Kunst und Kultur.

Die Frauenkirche ist die älteste Hallenkirche Frankens; sie wurde im 14. Jh. erbaut und enthält eine berühmte Kunstuhr, das »Männleinlaufen«. Die Uhr mit Figurenumlauf von 1509 ist bis heute in Betrieb.

Die berühmten Nürnberger Lebkuchen sind, was die Herkunftsbezeichnung betrifft, in Europa gesetzlich geschützt. Die bekannte Weihnachtsköstlichkeit wurde hier schon im 15. Jh. hergestellt.

10 Bereits im 13. Jh. wurde in **Hilpoltstein** 30 km südlich von Nürnberg eine Burg errichtet, deren Halbruine, etwas oberhalb der Stadt gelegen, immer noch sehenswert ist. Sie wurde mit immensem Aufwand restauriert. Im Bereich der Vorburg steht der alles überragende Bau des ehemaligen Kornspeichers aus dem 15. Jh., der sogenannte Traidkasten (»Getreidekasten«).

Auch die Altstadt ist einen Besuch wert. Die herrlichen Fachwerkhäuser im Stadtkern werden nur noch vom alten Rathaus und dem Jahrsdorfer Haus, datiert von 1523, übertroffen. Hilpoltstein liegt am Main-Donau-Kanal und besitzt eine wichtige Schleusenanlage.

11 Der fast 1000 Jahre alte Ort **Beilngries** liegt idyllisch in einem von Wäldern umgebenen Talkessel. Überragt wird die Stadt von der alten Grafenburg Schloss Hirschburg, von der noch die beiden Bergfriede, große Teile der Ringmauern sowie der Kern der romanischen Burgkapelle erhalten sind. Das Schloss gehört heute der Diözese Eichstätt und wird als Bildungseinrichtung genutzt.

Die mittelalterliche Altstadt wird von der alten Stadtmauer aus dem 15. Jh. eingefasst. Am nördlichen Stadtgraben steht der Bürgerturm, der einst als Arresttурm diente. Am bekanntesten ist der Flurerturm.

Von 1911 bis 1913 entstand die katholische Pfarrkirche St. Walburga im Stil des Neubarock. Der Nordturm ist mittelalterlichen Ursprungs.

12 **Eichstätt** im Herzen des Altmühltals wird von einem dichten Netz von Ortschaften, Klöstern und Burgen umringt. Der Dom ist ein herausragendes Denkmal katholischer Kirchenbaukunst und wurde im 18. Jh. von der »Avantgarde« barocker Baumeister errichtet: Gabriel de Gabrieli, Leopold Retty und Jakob Engel. Vor dem ehemaligen fürstbischöflichen Schloss liegt der barocke Residenzplatz, der zu den schönsten Plätzen Deutschlands zählt.

Eichstätt liegt im Naturpark Altmühltal, einer einzigartigen Natur- und Freizeitlandschaft. Das zum Park gehörige Informationszentrum hat seinen Sitz in der Bischofsstadt.

Mit seinem Dom besitzt Eichstätt ein wichtiges Kunstdenkmal.

Wandern & Freizeit

Eichstätt liegt am Altmühl-Panoramaweg, einem 200 km langen Wanderweg zwischen Gunzenhausen und Kelheim. An der Strecke entlang der Altmühl sind alle Etappen reizvoll.

Immer beliebter werden Wanderungen auf den vielen Strecken des historischen **Jakobsweges**, der letztendlich bis nach Santiago de Compostella in Spanien führt. In der Regel gibt es eine gute Infrastruktur, also Einkehr- und Übernachtungsgelegenheiten. Ein schöner Streckenabschnitt führt von Nürnberg über Hilpoltstein nach Eichstätt.

Eine aussichtsreiche und sonnige Bergwanderung verläuft vom engen **Schnaittachtal** zur Festung **Rothenberg**. Hier befindet sich ein Plateau mit Fernsicht über den Enzenstein und die Sieben Quellen. Südwärts geht es weiter durch das Tal des Dörningbachs zurück nach Schnaittach.

Auch für Radler ist das **Altmühltal** geradezu ideal – insbesondere auf dem Altmühl-Radweg, einem rund 165 km langen bayerischen Fernradweg. Auf dem Weg durch den Naturpark Altmühltal passiert der Radweg auch Eichstätt.

Durch das untere Neckartal

Mannheim ist der Ausgangspunkt für diese Tour entlang der Burgenstraße. Bei Heidelberg verlässt man die Rheinebene und folgt dem Neckar flussaufwärts durch den Odenwald. Es geht an mittelalterlichen Burgen und Burgruinen sowie romantischen Städtchen vorbei bis Heilbronn.

Obwohl zu großen Teilen eine Ruine, gilt das Heidelberger Schloss als eines der schönsten

❶ Die **Mannheimer** Innenstadt ist eine stadtplanerische Rarität des 17. und 18. Jh., denn sie wurde schachbrettartig in 136 – mittlerweile sind es 148 – Rechtecken angelegt. Im 18. Jh. blühten in der Residenzstadt der Pfälzer Kurfürsten Kunst und Kultur. Ein Spaziergang führt zu den Zeugnissen der barocken Blütezeit, zum Schloss, das größtenteils von der Universität genutzt wird, zur Schloss- und zur Jesuitenkirche und natürlich zum Wahrzeichen der Stadt, dem 1888 erbauten Wasserturm. Zu den wichtigsten Museen Mannheims gehören das Landesmuseum für Technik und Arbeit sowie das kulturhistorisch orientierte Reiss-Museum.

Erholung findet man in dem um 1900 angelegten und 1975 für die Bundesgartenschau erweiterten Luisenpark mit Seebühne, Chinesischem Garten, Grillplatz, Freizeithaus, Tiergehegen, Cafés und Restaurants.

❷ In der Rheinebene liegt das Städtchen **Ladenburg**. Bis in die römische Zeit datiert die Geschichte der Stadt am Neckar, die als Hauptort des Lobdengaus während der fränkisch-karolingischen Herrschaft und als Sitz der Wormser Bischöfe im Mittelalter ihre Blütezeiten erlebte.

Im gut erhaltenen mittelalterlichen Zentrum erinnert eine Markierung vor der gotischen St.-Gallus-Kirche an die ehemalige römische Marktbasilika. Sehenswert sind auch die frühromanische St.-Sebastians-Kirche und der Bischofshof aus dem 16./17. Jh., in dem das Lobdengau-Museum über die Ortsgeschichte informiert. Der Lobdengau war in Südhessen und Nordbaden.

❸ Nicht nur als Zentrum des Spargelanbaus ist die Stadt **Schwetzingen** berühmt, sondern auch wegen eines herrlichen Lustschlosses. Im 18. Jh. kam die kurpfälzische Hofgesellschaft aus Mannheim, um den Sommer im Schloss und seinen herrlichen Gärten zu verbringen. Seine heutige Form erhielt die Residenz unter Kurfürst Johann Wilhelm (1690–1716). Karl Theodor ließ ein Rokokotheater erbauen und den Park neu anlegen. Ab 1777 wurde die Anlage durch den Gartenarchitekten Ludwig Sckell um einen englischen Landschaftsgarten erweitert. In die mit Skulpturen, Wasserflächen, Alleen und Terrassen ausgestatteten Gärten ist historisierende Architektur eingestreut. Die »Moschee« spiegelt die im 18. Jh. aufkommende Kunstrichtung des Orientalismus wider.

Seit 1952 finden sich alljährlich im Mai Liebhaber klassischer Musik zu den Festspielen im Schloss ein.

❹ Im Schutz der Ausläufer des Odenwalds und mit freiem Blick auf die

Das Schwetzinger Schloss dominiert eine prächtige Gartenanlage und besitzt ein Rokoko-Theater.

Schloss Mannheim gehört zu den größten Barockschlössern überhaupt und soll die Macht der pfälzischen Kurfürsten demonstrieren.

Bauwerke Deutschlands. Am Hang des Königstuhls überschaut es die darunter gelegene Neckarstadt.

Rheinbene liegt die Stadt **Heidelberg**. Im Mittelalter gab es hier ein Fischerdorf, das sich bis zum 14. Jh. zur Residenzstadt der Pfälzer Kurfürsten vergrößerte. Als die Residenz 1720 nach Mannheim verlegt wurde, verlor Heidelberg zwar an Bedeutung, doch das kulturelle Leben der Universitätsstadt blühte weiter und schuf den fruchtbaren Boden für die deutsche Romantik.

Beherrscht wird die Stadt von der Ruine des kurfürstlichen Schlosses aus dem 13. Jh., dessen berühmtester Bauteil, der Ottheinrichsbau, aus der Zeit der Renaissance stammt. 1693 fiel das Schloss den Angriffen der Franzosen zum Opfer. Größter Beliebtheit erfreut sich das Große Fass im Weinkeller der Residenz. Mit einem Volumen von 221 000 Litern Wein legt es ein beredtes Zeugnis über die Weinseligkeit der pfälzischen Kurfürsten ab.

Flaniert man vom Bismarckplatz über die von Läden und Cafés gesäumte Hauptstraße und ihre Nebenstraßen zum Karlstor, besucht man sozusagen im Vorbeigehen die meisten Sehenswürdigkeiten, darunter den Marktplatz mit Rathaus von 1700 und die Heilig-Geist-Kirche aus dem 15. Jh., die Friedrich-Ebert-Gedenkstätte und das Großherzogliche Palais mit seinen prunkvollen Repräsentationsräumen. Ein sehr beliebtes Fotomotiv ist der Blick von der Karl-Theodor-Brücke auf das zweitürmige Brückentor und das Schloss.

5 Die einst freie Reichsstadt **Neckargemünd** drängt sich auf engem Raum um die Mündung der Elsenz in den Neckar. Im gut erhaltenen historischen Stadtkern erwarten den Besucher prächtige Fachwerkhäuser, das klassizistische Karlstor von 1788 und das ursprünglich als Kirche erbaute Alte Rathaus von 1771.

6 Von vier Burgen aus bewachte man einst das Städtchen **Neckarsteinach** am Zusammenfluss von Steinach und Neckar. Zwei der alten Adelssitze der Ritter von Steinach sind heute Ruinen. Das Wahrzeichen

Wandern & Freizeit

Der **Neckartal-Radweg**, der rund 70 km zwischen Neckargemünd und Bad Wimpfen verläuft, ist für Liebhaber von Burgen und Schlössern eine wahre Freude. Aber auch Naturfreunde kommen bei dieser Tour durch das Neckartal, das von dicht bewaldeten Bergen gesäumt wird, ins Schwärmen. Entlang der Burgenstraße liegen die sogenannten »Romantischen Vier« (Neckargemünd, Neckarsteinach, Hirschhorn und Eberbach), die die Radtour zu einem Ausflug ins Mittelalter machen. Natürlich muss man nicht die gesamte Strecke auf dem Drahtesel bewältigen, man kann sich auch auf den Routenabschnitt von Neckargemünd bis Eberbach (ca. 22 km) beschränken. Nach Lust und Laune oder respektive konditionsbedingt kann man die Radtour in einzelnen Abschnitten befahren und zwischendurch immer wieder ein Stück mit der S-Bahn fahren. Auch die Rückfahrt kann man mit der Bahn bestreiten.

Neckarsteinach, die südlichste Stadt Hessens, liegt an der Mündung der Steinach in den Neckar.

der Stadt, die aus dem 13. Jh. stammende Ruine Schadeck, wird wegen ihrer Lage auf einer Bergkuppe auch »Schwalbennest« genannt. Einen herrlichen Blick auf den Ort, das Neckartal und den Odenwald genießt man vom Aussichtsturm der Ruine Hinterburg aus.

❼ Dort, wo der Neckar in einer großen Schleife die Berge des Odenwalds umfließt, liegt der Erholungs- und Luftkurort **Hirschhorn**, der sich im Geo-Naturpark Bergstraße-Odenwald befindet. Die »Perle des Neckartals« wird von der Burg der Herren von Hirschhorn bewacht. Die als Stadtmauern weitergeführten Burgmauern umfassen die malerische Altstadt mit dem spätgotischen Karmeliterkloster und der Marktkirche aus dem 17. Jh., deren Turm ursprünglich ein Tor der Stadtmauer war.

❽ Die ehemals staufische Stadt **Eberbach** wird gern besucht. Den sorgfältig renovierten Ort mit Resten einer ausgedehnten Burganlage, zahlreichen Fachwerkhäusern und dem Alten Rathaus mit Stadtmuseum schützte einst eine Stadtmauer, von deren Sichtwarten der Blaue Turm, der Pulverturm, der Mantelturm, der Haspel- und der Rosenturm noch erhalten sind.

❾ Auf einem Höhenzug über dem Neckar erstreckt sich die gut erhaltene Anlage der Burg **Zwingenberg** mit der gleichnamigen Ortschaft. Über den Resten der im 13. Jh. zerstörten Burg errichtete man im 15. Jh. einen Neubau, der im 16. Jh. Veränderungen erfuhr. Der Komplex wird alljährlich im August zur Bühne der Schlossfestspiele.

❿ Die Große Kreisstadt **Mosbach** an den südlichen Ausläufern des Odenwalds lädt ein zu einem Bummel durch die malerische Altstadt. Der Spaziergang führt an liebevoll restaurierten Wohnhäusern aus dem 15.–19. Jh. vorbei zum Marktplatz, zur spätgotischen Stadtkirche St. Juliana und zur ebenfalls spätgotischen Friedhofskapelle mit Wandmalereien. Im Landesgartenschau-Park, Veranstaltungsort der 15. baden-württembergischen Landesgartenschau von 1997, lässt es sich wunderbar spazieren; für Kinder sind Spielplätze vorhanden. Der Kern des Parks ist der alte Stadtgarten, der Anfang des 20. Jh. angelegt wurde.

⓫ Vorbei an der Burg Hornberg, dem Alterssitz Götz von Berlichingens, erreicht man das Soleheilbad **Bad Wimpfen**. Schon von Weitem sichtbar sind die Türme und Tore des Stadtteils Wimpfen am Berg. Der von den Staufern als Kaiserpfalz gegründete Ort liegt auf einem Höhenzug über dem Neckar und grüßt Besucher mit seinem Wahrzeichen, dem Blauen Turm, dem mächtigen Bergfried der Kaiserpfalz. Der Ortsteil Wimpfen im Tal steht an der Stelle eines Römerkastells und wird von einer niedrigen Stadtmauer umschlossen. Wichtigstes Bauwerk ist dort die frühgotische Stiftskirche St. Peter, die wahrscheinlich an der Stelle eines römischen Tempels entstand.

⓬ Zu beiden Seiten des Neckars erstreckt sich die Handels- und Industriestadt **Heilbronn**. Ihr verkehrsgünstig gelegener Hafen avancierte einst zum siebtgrößten Binnenhafen Deutschlands. In der im Zweiten Weltkrieg stark zerstörten Altstadt auf dem rechten Flussufer beeindrucken das Renaissance-Rathaus mit seiner astronomischen Uhr und die Kilianskirche. An ihrer Außenseite steht mit dem Siebenröhrenbrunnen ein Alemannen-Heiligtum, auf das der Name Heilbronn zurückgeht.

Bad Wimpfen ist reich an Fachwerk-Stadthäusern der Renaissance-Zeit.

Unterstes Zifferblatt der astronomischen Uhr am Heilbronner Rathaus.

Die kleine südhessische Stadt Hirschhorn nennt sich »Perle des Neckartals«. Der alte Ortsadel trug ein Hirsch-»Horn« im Wappen.

Wandern & Freizeit

Seit 1980 wird die Bahntrasse der ehemaligen, Anfang des 20. Jh. gebauten Bahnstrecke von **Mosbach** nach **Mudau** von einem Wander- und Radweg, der sogenannten Wanderbahn, genutzt. Dabei verläuft die idyllische Strecke (Mosbach–Lohrbach–Sattelbach–Fahrenbach–Trienz–Krumbach–Limbach–Laudenberg–Langenelz–Mudau) durch viel Wald. Lediglich 300 Höhenmeter sind zu überwinden, steile Abschnitte gibt es nur selten. Die ideal für Familien geeignete Route führt in ihrem Verlauf an einigen alten Bahnhöfen vorbei, am Wegesrand finden sich immer wieder Rastplätze sowie kleine Ortschaften, die zur Einkehr laden. Gut 21 km, der etwa 27 km langen Strecke (einfach), entfallen auf die ehemalige Bahntrasse *(http://radfahren.tg-odenwald.de)*.

Im südlichen Odenwald gibt es mehrere steile Tälchen, die Klingen genannt werden. Eines der eindrucksvollsten schluchtenartigen Tälchen im **Neckar-Odenwald-Kreis** ist die Wolfschlucht (auch Wolfsschlucht) bei Zwingenberg. Selbst im gesamten Naturpark Neckartal-Odenwald und im UNESCO Geo-Naturpark Bergstraße-Odenwald ist diese Felsenklamm des Klingenbachs von ganz besonderem Reiz. An mehreren Stellen fällt der Bach in meterhohen Abstürzen über Felsbänke herab. Das Tälchen, das Carl-Maria von Weber als Vorlage für die Wolfsschlucht-Szene in seiner Oper »Der Freischütz« inspirierte, wird mancherorts von Felswänden oder -überhängen aus Buntsandstein begrenzt.

Ausgangspunkt für die Wanderung durch die wildromantische Wolfsschlucht ist der Landgasthof Zur Wolfsschlucht, wohin ein teilweise alpiner Wanderweg führt. Der enge und abenteuerliche Pfad ist nicht befestigt; gutes, festes Schuhwerk ist deshalb unbedingt erforderlich (vor allem bei Regen wird der Weg glitschig). Dabei klettert man über umgestürzte Bäume und quert einige Male den Bach. Bei vorangegangenen Regenfällen ist der Weg rechter Hand oberhalb des Baches zu empfehlen, der an den Burgmauern vorbeiführt. Nach Erreichen der Höhe (gut 100 Höhenmeter), wandert man von dort durch den Wald an einem kleinen Steinbruch zum Schloss Zwingenberg hinunter. Vor dem Schloss hat man einen wunderschönen Panoramablick auf das Neckartal.

Die etwa 16 km lange Wanderung durch das **Fünf-Mühlen-Tal** zur Burg Guttenberg beginnt am Bahnhof in Bad Wimpfen und führt zunächst über »Kirschenbänkchen« zum »Häldeweg« bis oberhalb vom Schwimmbad. Danach überquert man weiter links die Straße und geht den Hang hinauf zum Bahngleis. Weiter rechts folgt man den Gleisen bis Hohenstadt. Etwa 600 m hinter dem Ort zweigt ein Weg rechts ab über die Felder, der nach Zimmerhof führt. Danach geht es entlang der Hauptstraße nach links bis zum Golfplatz. Hier beginnt das »Fünf-Mühlen-Tal«. Am Golfplatz, an der Kneippanlage, am Karpfenteich, am Wildgehege und am Grillplatz vorbei wandert man bis zur Schnepfenhardter Mühle. Dahinter führt ein Steg über den Mühlenbach, der gleichzeitig den Aufstieg zur Burg Guttenberg markiert. Für den Rückweg macht man sich vom Burgtor auf und nimmt die Straße nach links durch den Burgwald und danach die Straße über die Felder zurück nach Hohenstadt, bis man Bad Wimpfen erreicht.

Von Schwetzingen aus empfiehlt sich ein Abstecher nach **Hockenheim**, das für seine Grand-Prix-Rennstrecke, den Hockenheimring, bekannt ist. An die sportliche Tradition des Hockenheimrings knüpft das Motorsport-Museum an. Täglich um 11 Uhr (außer bei Großveranstaltungen) wird auf dem Hockenheimring eine Insider-Führung über den Traditionskurs angeboten; wer sich mal als Rennfahrer versuchen möchte, kann dies bei Touristenfahrten tun *(www.hockenheimring.net)*.

Der Besuchermagnet der Stadt **Sinsheim** ist das Auto- und Technikmuseum, das über die Geschichte von Automobil- und Fahrzeugbau informiert. Zu den Ausstellungsstücken gehören Oldtimer, Motorräder, Renn- und Sportwagen sowie Lokomotiven und Flugzeuge, z. B. eine original Concorde der Air France und eine russische Tupolev TU-144, die für die Besucher von innen begehbar sind *(http://sinsheim.technik-museum.de)*.

Die **Burg Guttenberg** erhebt sich auf einem Bergsporn zwischen dem Neckar- und Mühlbachtal. Die Stauferburg (12. Jh.) ist noch immer bewohnt und zählt zu den beliebtesten Ausflugzielen im Neckartal. Neben dem Burgmuseum und der Burgschenke verdient die Greifenwarte ein besondere Erwähnung. Die Flugvorführungen der Deutschen Greifenwarte sind überregional bekannt und begeistern Jung und Alt. Vom Frühjahr bis zum Herbst kann man die Flüge von Adlern und Geiern bestaunen, die dann hoch über dem Neckartal oder über der Burg ihre Kreise ziehen *(www.burg-guttenberg.de)*.

Nördlicher Schwarzwald, Kraichgau und zurück

Die Ausläufer des Nordschwarzwalds sind der Ausgangspunkt für eine Tour, die zunächst in die Rheinebene führt. Anschließend geht es nach Osten in den Kraichgau und in südlicher Richtung wieder zurück in den Schwarzwald.

1 Der schmucke Luftkurort **Gernsbach** zieht sich links der Murg die Hänge des Schwarzwalds hinauf. Ein Spaziergang durch die von Fachwerkhäusern gesäumten Gassen führt in den großen Kurpark mit Konzertbühne. Ein Stück flussaufwärts thront auf einem Felsvorsprung Schloss Eberstein aus dem 13. Jh. Es wurde Anfang des 19. Jh. renoviert.

2 **Baden-Baden**, der mondäne Kurort im Oostal, lebt immer noch ganz von der Pracht vergangener Zeiten. Nachdem bereits die Römer das heilende Wasser genutzt hatten, entwickelte sich erst im 19. Jh. ein Kurbetrieb in großem Stil.
Links der Oos errichtete Friedrich Weinbrenner 1821–1823 das Kurhaus, mit seiner von korinthischen Säulen getragenen Vorhalle. Hier befindet sich heute auch das Kasino. Die freskengeschmückte Trinkhalle im Kurpark stammt von Friedrich Hübsch.
Rechts der Oos zieht sich die mittelalterliche Altstadt den Berg hinauf. Dicht beieinander stehen hier das prunkvolle Friedrichsbad – erbaut 1869–1877 – und die Caracalla-Therme. Im Stadtzentrum erheben sich die Ruine des Alten Schlosses sowie das Neue Schloss.

3 Barock ist der vorherrschende Baustil in **Rastatt**, der ehemaligen Residenz des »Türkenlouis« genannten Markgrafen Ludwig Wilhelm. Er errichtete die älteste Barockresidenz Deutschlands (1699–1705) nach dem Vorbild von Versailles.
Unter den Barockbauten der Stadt fallen die Pagodenburg, das Rathaus, die St.-Alexander-Kirche und das Franziskanerkloster auf. Vor den Toren Rastatts ließ sich Sibylla Augusta von Baden, die Witwe Ludwig Wilhelms, das Lustschloss »Favorite« errichten.

Kolonnaden im Kurhaus von Baden-Baden.

4 Die lebendige Kongress- und Universitätsstadt **Karlsruhe** ist der Sitz von Bundesverfassungsgericht und Bundesgerichtshof. Das Herz der Stadt bildet die weitläufige barocke Schlossanlage von 1715, auf die die Straßen fächerförmig zulaufen. Ihr Bauherr war der Markgraf Karl Wilhelm von Baden-Durlach. In den Räumen der Residenz zeigt das Badische Landesmuseum Exponate zu Kunst und Kultur der Region. Im Schlosspark befindet sich die Staatliche Kunsthalle. Zu einem Bummel lädt der weitläufige Schlossgarten – teils französischer Barockgarten, teils englischer Landschaftspark. Seit 1968 fährt die Schlossgartenbahn auf einem 2,7 km langen Rundkurs.
Der Mittelpunkt des Marktplatzes ist eine kleine rote Sandsteinpyramide mit der Gruft des Stadtgründers, Markgraf Karl Friedrich.

5 Der wichtige Verkehrsknotenpunkt **Bruchsal** wurde während des Zweiten Weltkriegs stark zerstört;

Die weitläufige Schlossanlage der Markgrafen-Residenz in Rastatt.

Eine barocke Dreiflügelanlage gehörte den Fürstbischöfen in Bruchsal.

Nach einer Legende ließ sich Markgraf Karl Wilhelm von Baden an der Stelle, wo er unter einem Baum geträumt hatte, Schloss Karlsruhe errichten.

Wandern & Freizeit

Der 370 km lange **Neckartal-Radweg** hat seinen Ausgangspunkt an der Neckarquelle im Stadtpark von **Villingen-Schwenningen** und verläuft entlang des Neckars durch eine abwechslungsreiche und interessante Landschaft bis nach Mannheim, wo der Fluss schließlich in den Rhein mündet. Der Neckartal-Radweg führt meist auf gut ausgebauten Feld- und Wirtschaftswegen jenseits des üblichen Straßenverkehrs. Nur im Ausnahmefall muss eine Nebenstraße befahren werden.

Für Familien mit Kindern empfiehlt sich eine kürzere Etappe beispielsweise von Villingen-Schwenningen nach Rottweil 16 km.

Der Neckartal-Radweg beginnt an der Neckarquelle im Stadtpark Möglinshöhe in Schwenningen. Von dort führt er über gut ausgebaute Wald- und Feldwege mit schönen Ausblicken auf die Berge der Schwäbischen Alb über Deißlingen und Lauffen nach Rottweil, in die alte freie Reichsstadt, die eine Besichtigung lohnt. Die Rückfahrt kann man entweder wieder mit dem Rad oder auch mit der Bahn antreten.

Seit 31. März 2011 existiert diese neue, gut ausgeschilderte Radtour. Die **Tour de Spargel** ist nicht nur zur Spargelzeit empfehlenswert. In der Rheinebene, die für ihr beinahe schon mediterranes Klima bekannt ist, gleitet man mit dem Rad mühelos auf der etwa 108 km langen Rundroute dahin. Die Strecke ist mit dem Spargelrouten-Logo oder mit Radwegweisern ausgeschildert. Die durchgehend flache Route weist nur wenige, leichte Steigungen auf. Die Strecke führt über geteerte bzw. asphaltierte, teils geschotterte Rad- und Wirtschaftswege. Auf kurzen Passagen befährt man Kreisstraßen bzw. Orte und Waldstrecken. Die Tour ist besonders für Familien und weniger sportliche Radfahrer geeignet.

Ein wesentlich kürzerer Abschnitt der Spargelroute ist die ca. 27 km lange Fahrt von Bruchsal über Stutensee und Karlsdorf-Neuthard bis Graben-Neudorf. Von dort kann man auf der gleichen Strecke die Fahrt zurück nach Bruchsal mit dem Fahrrad oder aber ganz mühelos mit der S-Bahn (S33) bestreiten.

Auf einer Hochebene im Nordschwarzwald liegt Freudenstadt; eine Siedlung, die Herzog Friedrich I. von Württemberg anlegen ließ.

später baute man die Stadt wieder modern auf. In alter Form erstand das Barockschloss, die Sommerresidenz der Fürstbischöfe von Speyer, dessen Treppenhaus Balthasar Neumann entwarf.
Im Südosten der Stadt befindet sich ein weiteres Werk Neumanns: die Barockkirche St. Peter.

6 Zwischen den Hügeln des Kraichgaus liegt die Stadt **Bretten**. Durch einen Brand weitgehend zerstört erhielt der Ort im 18. Jh. ein neues Gesicht. Es entstanden die lutherische Kreuzkirche und das klassizistische Amtshaus. Bauten aus dem Mittelalter und der Renaissance sind die St.-Lorenz-Kirche mit romanischen und gotischen Stilmerkmalen sowie der Marktbrunnen von 1555. Für ihren bedeutendsten Sohn, den Reformator Philipp Melanchthon (1497 bis 1560), hat die Stadt am Marktplatz ein Museum eingerichtet.

7 Ein beeindruckendes Bild von Größe und Bedeutung der Klöster im Mittelalter vermittelt das Zisterzienserkloster **Maulbronn** (UNESCO-Welterbe), für das im Jahr 1147 der Grundstein gelegt wurde. Die von einer Mauer umgebene Anlage ist unterteilt in den Klausurbereich mit der Kirche und in den Wirtschaftsbereich mit Handwerkerhöfen und Verwaltungsgebäuden.
Zu den bekanntesten Absolventen des seit dem 16. Jh. bestehenden Gymnasiums zählen die Dichter und Schriftsteller Friedrich Hölderlin, Wilhelm Hauff und Hermann Hesse.

8 **Pforzheim**, die »Goldstadt« am Zusammenfluss von Enz, Nagold und Würm, steht seit dem 18. Jh. mit großem Erfolg im Zeichen der Schmuckherstellung. Eine bedeutende Sehenswürdigkeit des modernen Stadtzentrums ist das Schmuckmuseum. Sehenswerte Sakralbauten sind die Schloss- und Stiftskirche, die auf das 13. Jh. zurückgeht, sowie die Altstadtkirche St. Martin mit gotischen Fresken im Chor.

9 In Mittelalter und Neuzeit gelangte das Städtchen **Calw** durch Textilgewerbe, Salz- und Holzhandel zu ansehnlichem Reichtum. Mit der gotischen Nikolauskapelle besitzt der Ort im Nagoldtal eine der wenigen erhaltenen, für das Mittelalter so typischen Brückenkapellen. Hervorzuheben sind des Weiteren das Rau'sche Haus von 1694 und das Rathaus am malerischen Marktplatz. Diesem gegenüber steht das Geburtshaus des Schriftstellers Hermann Hesse, dem auch ein Museum gewidmet ist.

10 **Freudenstadt**, ein viel besuchter Kur- und Freizeitort im Nordschwarzwald, wurde im 17. Jh. als gleichmäßige Stadtanlage konzipiert. Eine Besichtigung wert sind der von imposanten Häusern gesäumte Marktplatz mit seinem Vierröhrenbrunnen und die Evangelische Stadtkirche aus dem frühen 17. Jh.

Eine der Karstquellen wurde in Donaueschingen als »Donauquelle« gefasst.

Die Hexenlochmühle im Schwarzwald zwischen Furtwangen und St. Märgen.

Brunnenhaus im Kreuzgang des Zisterzienserklosters Maulbronn, der wohl am besten erhaltenen mittelalterlichen Anlage nördlich der Alpen.

⓫ Die Hauptattraktion des Luftkurorts **Alpirsbach** im Kinzigtal ist das gut erhaltene Benediktinerkloster aus dem 11. Jh. Die 1099 geweihte und um 1130 umgebaute, dreischiffige Basilika ist in einen Laien- und einen Mönchsraum unterteilt.

⓬ Über Hausach erreicht man **Gutach** an der Schwarzwaldbahn. Dieser Erholungsort ist der ideale Ausgangspunkt für Wanderungen und als Heimat der Schwarzwälder Bollenhuttracht bekannt. Mehr über die Tradition des Schwarzwalds erfährt man im nahe gelegenen Freilichtmuseum Vogtsbauernhof.

⓭ Der Kurort **Triberg** liegt in einem von der Gutach tief eingeschnittenen Tal. Die Stadt besitzt im Schwarzwaldmuseum eine stattliche volkskundliche Sammlung mit einer beachtlichen Anzahl von Uhren.
Bei Triberg stürzt die Gutach über sieben Kaskaden 163 m in ein enges Tal. Sie ist damit der höchste Wasserfall Deutschlands.

Die 163 m hohen Triberger Wasserfälle.

⓮ Die Doppelstadt **Villingen-Schwenningen** entstand 1972 im Rahmen einer Gemeindereform. Reste der Stadtbefestigung umgeben die Villinger Altstadt mit ihren prächtigen Bürgerhäusern, dem Alten Rathaus und dem Liebfrauenmünster, mit dessen Bau im Jahre 1130 begonnen wurde. Die Uhrenfabrikanten Kienzle und Mauthe machten das ehemalige Dorf berühmt.

⓯ Die beiden Flüsse Brigach und Breg vereinigen sich in **Donaueschingen** zur Donau. Die sogenannte Donauquelle im Stadtpark, ein Becken mit allegorischen Figuren, nimmt sich dieses Themas an. Das Bild Donaueschingens haben die Fürsten von Fürstenberg bestimmt: Sie waren im 18. Jh. die Bauherren des Schlosses, des Karlsbaus, in dem sich heute die Fürstlich Fürstenbergische Sammlung befindet; sowie der Stadtkirche St. Johann, mit der der Böhmische Barock seinen Einzug in den Schwarzwald hielt. Ganz besonders an die kleinen Besucher wendet sich das Kinder- und Jugendmuseum in der ehemaligen Hofbibliothek.

Wandern & Freizeit

Mehrere Wanderwege von diversem Schwierigkeitsgrad sind für die Besichtigung der **Triberger Wasserfälle** ausgewiesen. Besonders faszinierend sind die Wasserfälle in den Schmelzwasserzeiten und nach starken Regenfällen. Es gibt drei beschilderte Wanderrouten: Naturweg, Kulturweg und Kaskadenweg. Der Haupteingang ist von der Triberger Stadtmitte aus schnell zu Fuß zu erreichen. Außerdem gibt es vier weitere Eingänge, um von allen Seiten zu den Fällen zu gelangen, die abends bis 22 Uhr beleuchtet sind.

Ausblicke auf das **Oostal** und die Stadt **Baden-Baden** erhält man auf einem Spaziergang auf dem Panoramaweg. Dieser beginnt in der Weststadt und zieht sich an den Hügeln bis zur Innenstadt entlang.

Der etwa 3 km westlich von Maulbronn liegende **Aalkistensee** und die umgebende Landschaft stehen unter Naturschutz. Ein Rundweg führt durch die Feuchtgebiete, die vielen Vogelarten als Rückzugsgebiete dienen.

Die **Caracalla-Therme in Baden-Baden** eignet sich vortrefflich zum Entspannen nach einer mehr oder weniger anstrengenden Wanderung. Auf mehr als 4000 m^2 Fläche steht den Besuchern eine abwechslungsreiche Wasser- und Badelandschaft zur Verfügung. Neben diversen Becken und der römischen Saunalandschaft gibt es u. a. einen Strömungskanal, einen Wasserfall, die Heiß- und Kaltwassergrotte und das Dampfbad. Im 3. Obergeschoss der Caracalla-Therme befindet sich das Kinderparadies. Das ThermenRestaurant sorgt für Stärkung *(www.carasana.de)*.

Der Zoologische Garten **Karlsruhe** zählt zu den ältesten Tiergärten in Deutschland und liegt mitten in der Stadt. Eine Vielzahl an Tierarten aus allen Kontinenten lassen sich hier entdecken und kennenlernen, darunter auch die neu gestalteten Lebensräume wie die der Robben, Eisbären oder Schneeleoparden. Ein weitläufiger Streichelzoo für die Kleinen darf natürlich nicht fehlen. Diverse Freizeitmöglichkeiten, darunter Bootsfahrten, Spielplätze und die Seebühne, sowie einige gastronomischen Einrichtungen runden einen Zoobesuch ab *(www.karlsruhe.de/b3/freizeit/zoo.de)*.

Von Bietigheim nach Schwäbisch Hall

Die etwa 240 km lange Route führt am Neckar flussaufwärts über Stuttgart bis nach Tübingen, geht dann weiter ostwärts und durch den nordöstlichen Teil der Schwäbischen Alb und endet schließlich in Schwäbisch Hall.

Der größte Teil der Stiftskirche in Stuttgart stammt aus dem 13. Jh.

Der Pavillon am Schlossplatz – ein perfekter Rahmen für das Stuttgarter Neue Schloss.

❶ Von der Metter – einem Nebenfluss der Enz – führen kleine Gassen in die von Fachwerkhäusern geprägte Stadt **Bietigheim**. Mit dem Unteren Tor und dem Pulverturm sind Reste der Stadtbefestigung aus der zweiten Hälfte des 14. Jh. erhalten. In der vorbildlich renovierten Altstadt, die zu großen Teilen aus dem 16. bis 18. Jh. stammt, fallen vor allem das hochgiebelige Rathaus von 1507 sowie das Hornmold-Haus auf, ein Patrizierbau aus der Renaissance, in dem sich das Stadtmuseum befindet. Der Ulrichsbrunnen vor dem Rathaus erinnert an den beim Volk beliebten Herzog gleichen Namens.

❷ Inspiriert von der Pracht französischer Hofhaltung legte Herzog Eberhard Ludwig im Jahr 1704 den Grundstein für die im Regelmaß des 18. Jh. angelegte Stadt und das Schloss **Ludwigsburg**. Der verschwenderisch ausgestattete Barockbau gilt als die größte erhaltene Barockanlage Deutschlands. Die barocke Gartenanlage und ein im englischen Stil angelegter Landschaftsgarten ziehen mit der Gartenschau »Blühendes Barock« die Besucher in den Bann. Im Norden des Schlosses schließt sich der herzogliche Jagdpark an, in dem man auf das Rokokoschlösschen Favorite trifft. In der barocken Innenstadt Ludwigsburgs beeindruckt der von Arkaden gesäumte Marktplatz mit dem Standbild des Herzogs Eberhard Ludwig.

Etwas außerhalb liegt das Schloss Monrepos, das sich Herzog Karl Eugen 1760–1764 an einem kleinen See erbauen ließ.

❸ Die baden-württembergische Landeshauptstadt **Stuttgart** liegt zwischen malerischen Weinbergen im Neckarbecken. Bereits im 10. Jh. gab es hier ein Gestüt, den »Stutengarten«, auf den der Name der Stadt zurückgeht. Mit der Ernennung Stuttgarts zur Hauptstadt des Königreichs Württemberg im Jahre 1804 setzte eine rege Bautätigkeit ein, die das Gesicht des Zentrums bis zum heutigen Tag bestimmt. Vom Hauptbahnhof führt die Königstraße, eine beliebte Flanier- und Einkaufsmeile, zum Schlossplatz, den das Neue Schloss – erbaut 1746–1807 – und der klassizistische Königsbau säumen.

Das zwischen 1553 und 1578 erbaute Alte Schloss öffnet sich in einen hübschen Arkadenhof und beherbergt das Württembergische Landesmuseum. Nördlich vom Neuen Schloss gelangt man in den weitläufigen Schlossgarten, der zum Staatstheater und der Staatsgalerie führt. Im Park befindet sich auch das Carl-Zeiss-Planetarium, das mit einer Multimedia-Astroshow in die Weiten des Universums entführt.

Wer sich für die Baukunst des Deutschen Werkbundes interessiert, sollte es nicht versäumen, die Weißenhofsiedlung zu besichtigen, die unter anderem von Walter Gropius, Mies van der Rohe und Le Corbusier geplant wurde.

❹ Moderne Vorstädte und Industrieanlagen bestätigen den Ruf der Stadt **Esslingen** als »Wiege der Industrialisierung Württembergs«.

Esslingens Altstadt hingegen verweist auf die lange und ereignisreiche Geschichte des ehemaligen Zentrums staufischer Verwaltung. Zahlreiche Mönchskirchen und Pfleghöfe vermitteln einen Eindruck von der wohlhabenden und dicht bevölkerten mittelalterlichen Stadt. Auf dem Marktplatz ragen die beiden Osttürme der gotischen Stadtkirche St. Dionys in den Himmel.

❺ Anmutig liegt die altehrwürdige Universitätsstadt **Tübingen** am Neckar und dem parallel zu ihm verlaufenden Höhenzug. Mittelalterliche Fachwerkhäuser, schmale Gassen und romantische Plätze machen den Charme dieses Ortes aus.

1477 wurde die Universität eröffnet. Der Hölderlin-Turm erinnert an den Dichter, der hier die zweite Hälfte seines Lebens in geistiger Umnachtung verbracht hat. Die Tübinger Kunsthalle hat sich als Veranstaltungsort weltbekannter Wanderausstellungen einen Ruf erworben.

Unmittelbar vor den Toren Tübingens liegt die Klostersiedlung Bebenhausen. Die hervorragend erhaltene Anlage stammt aus dem 12. Jh. Auf der Weiterfahrt über Reutlingen, das mit einer hochgotischen Marienkirche aufwartet, sollte man einen Abstecher zum Schloss Lichtenstein einplanen. Die imposante Burg scheint aus dem Mittelalter zu stammen, wurde jedoch erst im 19. Jh. erbaut.

Ehrenhof des Schlosses Ludwigsburg mit dem Löwenbrunnen.

Eine Brücke verbindet die beiden Türme der Esslinger Stadtpfarrkirche St. Dionys.

Fachwerkhäuser, Kopfsteinpflaster: In Tübingen scheint die Zeit stillzustehen.

Wandern & Freizeit

Ein gutes Stück am Neckar entlang schlängelt sich der rund 190 km lange **Hohenzollern-Radweg** von **Esslingen** nach **Tuttlingen**. Die knapp 40 km lange Etappe 1 des Hohenzollernwegs von Esslingen über Jägerhaus nach Dettenhausen beginnt am Esslinger Jägerhaus mit herrlichem Ausblick ins Neckartal. Von den Höhen des Schurwalds geht es zunächst zum Neckar hinunter. Nach Verlassen des Neckartals fährt man entlang der Flüsschen Körsch und Aich zum Naturpark Schönbuch. Durch das ruhige und naturbelassene Schaichtal vorbei an idyllischen Rastplätzen, Seerosenteichen und Trinkwasserbrunnen erreicht man Dettenhausen. Von dessen Bahnhof ist die Rückfahrt nach Esslingen mit der Bahn über Böblingen möglich.

Eine stillgelegte Eisenbahnstrecke zwischen **Schwäbisch Gmünd** und **Göppingen** wurde zum Rad- und Wanderweg umfunktioniert – durch die Hügellandschaft des Albvorlandes, vorbei an Laubwäldern, blühenden Wiesen und alten Bahnhöfen. Der 25 km lange, asphaltierte Panorama-Radweg, auch Klepperle-Radweg genannt, zählt zu den schönsten verkehrs- und barrierefreien Radwegen Baden-Württembergs. Von Schwäbisch-Gmünd über Straßdorf, Metlangen und Rechberghausen erreicht man Faurndau, einen Stadtbezirk im Westen von Göppingen. Von Faurndau kann man mit der Bahn nach Schwäbisch Gmünd (Stuttgart-Bad Cannstatt) zurückfahren.

Turm der Stiftskirche St. Amandus und Bad Uracher Schloss.

Der Goldene Saal in Schloss Urach, ein prunkvoller Festsaal der Renaissance.

6 Östlich des Neckartals, im Herzen der Mittleren Alb, trifft man auf die ehemalige Residenzstadt **Bad Urach**. Aus dem von eindrucksvollen Fachwerkhäusern bestimmten Stadtbild sticht das 1443 begonnene Schloss mit Erkern, Halbturm und Gauben hervor. Die spätgotische Amandus-Kirche ist ebenso sehenswert wie der Marktplatz mit Brunnen und gotischer Brunnensäule.

7 **Geislingen** an der Steige liegt in einem Kessel, der von fünf Tälern gebildet wird. Wegen des Albaufstiegs war der Ort schon im Mittelalter eine bedeutende Station auf der Reichsstraße vom Rhein zum Mittelmeer. Seit dem 19. Jh. steigt hier die steilste Eisenbahntrasse Deutschlands in die Höhen der Schwäbischen Alb. Sie war die Voraussetzung für die Industrialisierung Geislingens. Im Zentrum sind mit der gotischen Stadtkirche, dem Alten Bau und dem Alten Zoll – beide aus der Renaissance – nur wenige historische Bauwerke erhalten.

8 Als Stadt der Staufer und Geburtsort des Malers Hans Baldung Grien hat sich **Schwäbisch Gmünd** kulturellen Ruhm erworben. Zu Reichtum gelangte es durch seine Gold- und Silberwarenindustrie.

Ein Mauerring, von dem noch sechs Türme erhalten sind, umschließt den Kern Schwäbisch Gmünds, in dem ba-

Wandern & Freizeit

Die etwa 12 km lange Wanderung von **Schwäbisch Hall** zum Freilandmuseum Wackershofen dauert etwa 2,5 Stunden (Hinweg 1,5 Std., Rückweg 1 Std.). Start ist der Marktplatz, den man bei der Tourist Information stadtabwärts durch die Neue Straße verlässt. Nach der Henkersbrücke zweigt man nach rechts ab in den Loughborough Weg und geht dann flussabwärts am Hotel Hohenlohe und Solbad vorbei. Nach etwa 100 m erreicht man eine Holzbrücke, die zum Zentralen Omnibusbahnhof führt. Dort geht es nach links und über den Dr.-Wilhelm-Dürr-Wanderweg und danach über die Rippergbrücke hinüber. Im Anschluss folgt der Anstieg zum Vogelholz. An der Töpferei Heckmann vorbei nimmt man den Fußweg bis zur Schleifbachklinge. Durch dieses schluchtartige Tälchen wandert man am Wasserfall vorbei nach Gottwollshausen. Entlang der Bahngleise passiert man eine Schießanlage und erreicht die K2577, wo man nach links geht; bis man schließlich auf den Wanderweg 3 trifft, dem man rechts zum Hohenloher Freilandmuseum Wackershofen folgt.

Der Rückweg führt durch Wackershofen bis zur Hauptstraße, der man 300 m nach rechts folgt, um dann rechts in den Feldweg abzubiegen. Über das Kolpingkreuz und die Breite Eiche zweigt man nach links ab und folgt dem Schwäbischen Albvereinsweg (rotes Kreuz) bis zum Breiteichsee hinunter und über den Parkplatz an der Breiteichstraße. Auf dem Schafbrunnenweg wandert man den Höhenrandweg entlang. Am Fernsehumsetzer geht es bergab über die Bahnlinie, bis man die Johanniterstraße erreicht. Durch die Unterführung gelangt man zum Weilertor von Schwäbisch Hall.

Wer die gesamte **Schwäbische Alb** umwandern möchte, ist auf dem **Alb-Nordrand-Weg** und dem **Südrandweg** genau richtig. Die beiden mit »HW 1« und »HW 2« gekennzeichneten Routen führen von Donaueschingen nach Tuttlingen und wieder zurück zum Ausgangspunkt. Dort wieder eingetroffen hat der Wanderer rund 590 km zurückgelegt! Als Wegzeichen ist der Weg mit einem roten Dreieck gekennzeichnet, dessen Spitze in Richtung Tuttlingen weist. Eine kurze Etappe auf dem Schwäbische-Alb-Nordrand-Weg ist die 11 km lange Wanderung von Bad Urach bis zur Eninger Weide über den Rutschenfelsen und die Hohe Warte. Auf der Eninger Weide wartet das Wanderheim (Hans Schenk Haus) zur Einkehr (www.sav-eningen.de). Zum Wanderheim gehören auch ein Spielplatz, ein Basketballkorb und andere Zerstreuungsangebote.

Im 3 ha großen **Wildpark Eninger Weide** (bei Eningen unter Achalm, nahe bei Reutlingen) leben Rothirsche, Mufflons und Wildschweine in naturnahen Waldgehegen. Er befindet sich unterhalb des zur Energiespeicherung angelegten Hochspeichersees. Ganz in der Nähe liegen das Schafhaus mit einigen Schafrassen, eine Wildsträuchersammlung und der Obere Lindenhof mit seiner Ziegenhaltung. Liegewiesen und große Grillstellen stehen Besuchern zur Verfügung.

Das **Hohenloher Freilandmuseum** Wackershofen präsentiert etwa 70 original wieder aufgebaute Gebäude aus Nordwürttemberg. Auch alte Haustierrassen sind zu besichtigen, wie das Limpurger Rind, das Schwäbisch Hällische Landschwein oder die Cröllwitzer Pute; zudem finden Handwerkervorführungen (Seifensieder, Bürstenbinder, Wagner, Weber, Korbmacher, Schuhmacher, Drechsler) und Aktionstage statt. Einkehren kann man im Museumsgasthof Roter Ochsen *(Mitte März bis Anfang November; www.wackershofen.de).*

Fachwerkhäuser prägen das Stadtbild von Schwäbisch Hall und spiegeln sich im Flüsschen Kocher.

rocker Häuserbestand überwiegt. Die spätromanische St.-Johannis-Kirche stammt wie das Rathaus aus dem Mittelalter; das Schmuckstück der Stadt, das gotische Heilig-Kreuz-Münster, ist ein Bau von Heinrich Parler und dessen Sohn Peter.
Ein Spaziergang sollte in die Fuggerei und in die ehemalige Ott-Pauser'sche Silberwarenfabrik führen, die zu einem Museum umgewandelt wurde.

9 An den Hängen, die das Tal der Kocher flankieren, staffelt sich die Stadt **Schwäbisch Hall**. Schon in keltischer Zeit wurde hier Salz gewonnen, das entscheidend zum Wohlstand der Stadt beitrug.
Ein verheerender Brand, der im Jahr 1728 große Teile der Stadt verwüstete, hat auch zahlreiche mittelalterliche Bauwerke vernichtet, an deren Stelle Bauten im barocken Stil traten. Bei einem Streifzug durch Schwäbisch Hall gelangt man über enge Gassen und schmale Treppen zum Marktplatz. Dieser wird von prächtigen Häusern begrenzt, unter denen der barocke Bau des Rathauses besonders auffällt.
Eine Freitreppe führt hinauf zur Kirche St. Michael, die ihr heutiges Aussehen Umbaumaßnahmen aus dem 15. Jh. verdankt. Sehenswert ist auch das Hällisch-Fränkische Museum.
Empfehlenswert ist zudem ein Ausflug zum östlich von Schwäbisch Hall gelegenen ehemaligen Benediktinerkloster Comburg, das im Jahr 1078 gegründet wurde und im 12. Jh. seine Blütezeit erlebte.

Eine Ringmauer mit Wehrtürmen umgibt die auf einem Hügel gelegene Anlage des Klosters Comburg.

Das Heilig-Kreuz-Münster in Schwäbisch Gmünd ist eine der ältesten gotischen Hallenkirchen Süddeutschlands.

Von Regen nach Freyung durch den Bayerischen Wald

Die etwa 150 km lange Tour führt von Regen entlang der Ostmarkstraße nach Viechtach, wo sich die Pfahlhochstraße und der Bayerweg kreuzen. Über Cham und Furth im Wald geht es zum Großen Arber (1456 m) und weiter nach Zwiesel. Grafenau oder Freyung sind jeweils gute Ausgangspunkte für einen Besuch des Nationalparks Bayerischer Wald.

Durch das wuchtige Biertor führt der Weg hinein nach Cham, daneben grüßt Nepomuk.

❶ **Regen**, die alte Rodungssiedlung am Schwarzen Regen, von Benediktinermönchen aus dem nahen Rinchnach gegründet, liegt im Naturschutzgebiet »Pfahl«. Sehenswert sind der Stadtplatz, die Pfarrkirche St. Michael und das Gotteshaus St. Johannes, die sich nach mehreren Bränden im Stil des 18. und 19. Jh. zeigen. Die Eisenbahnbrücke über die Schlossauer Ohe ist ein Industriedenkmal von 1876/1877.
Besonders sehenswert ist die Benediktinerpropstei Rinchnach südlich von Regen, die aus einer um 1011 gegründeten Einsiedelei hervorging. Johann Michael Fischer gestaltete den Barockbau der heutigen Pfarrkirche St. Johannes Baptist.
Ebenfalls südlich von Regen bietet sich von der auf dem Quarzpfahl thronenden Burgruine Weißenstein eine grandiose Aussicht hinüber zum Bayerischen Wald.

❷ Als ehedem wichtiger Verkehrsknotenpunkt und Handelsplatz verfügt der Luftkurort **Viechtach** im Naturpark Bayerischer Wald über einen prächtigen barocken Stadtplatz mit der Rokoko-Pfarrkirche St. Augustin. Das Kristallmuseum im Zentrum, die »Gläserne Scheune« in Rauhbühl, das geologische Naturdenkmal »Großer Pfahl« oder der Höllensteinstausee sind weitere Anziehungspunkte.

❸ Die Stadtpfarrkirche St. Jakob (13. Jh.) ist der Mittelpunkt von **Cham**, der ältesten Stadt im Bayerischen Wald. Auch der mittelalterliche Straubinger Turm und das Burgtor sind noch gut erhalten. 1722 wurde hier Nikolaus Luckner geboren, der es vom kurbayerischen Kadetten bis zum Kommandeur der Rheinarmee in den Diensten der Krone Frankreichs brachte. Ihm zu Ehren entstand die »Marseillaise«.
Chammünster, 3 km östlich von Cham gelegen, war eine der ersten Klostergründungen der Benediktiner in Bayern (um 740), um die Kolonisierung im »Nordwald« voranzutreiben. Die ehemalige Abteikirche birgt Kunstschätze, die vom 13. Jh. bis ins Spätrokoko datieren.

❹ Was Hussiten und Schweden im einst strategisch wichtigen Grenzort zu Böhmen, **Furth im Wald**, nicht zerstörten, das vernichtete der Stadtbrand von 1863. Dennoch lohnt die restaurierte Altstadt mit der barocken Stadtkirche einen Besuch. An die Bedrängnis der Hussitenkriege erinnert das Spektakel »Der Drachenstich«. In der Drachenhöhle am Festplatz ist das vollhydraulische Monster »Tradinno«, das im Jahr 2010 mit einer Länge von über 15 m und einer Flügelspannweite von 12 m erneuert wurde, von April bis Oktober (*Di–So 10.30–16 Uhr; www.further-drache.de*) zu bestaunen. Der neue Drache gilt zurzeit als größter Vierbeiniger-Schreitroboter der Welt. Für diesen Rekord sorgen u. a. 50 hydraulische, 10 pneumatische und weitere 10 elektrische Antriebe sowie 65 bewegliche Achsen.

❺ Um das Gnadenbild der geschnitzten böhmischen Muttergottes des 500-jährigen Wallfahrtsziels **Neukirchen** beim Heiligen Blut rankt sich die Legende, der Schwerthieb eines Bilder stürmenden Hussiten habe frisches Blut aus der Kerbe am Madonnenkopf fließen lassen.
Auf dem Weg zum Nationalpark Bayerischer Wald liegt Bayerisch Eisen-

Beim Further Drachenstich-Spektakel, das alljährlich im August die Massen anzieht, tötet Ritter Udo den furchteinflößenden Drachen.

Wandern & Freizeit

Eine schöne, rund dreistündige Wanderung führt vom Parkplatz des **Großen Arbersees** hinauf zum König des Bayerwaldes, zum **Großen Arber** (1456 m). Es lohnt sich, den idyllischen Großen Arbersee einmal gemütlich zu umrunden und vielleicht eine Bootstour zu unternehmen, bevor es über Forstwege und schließlich sprichwörtlich über Stock und Stein stetig bergauf zum Gipfel geht. Dann ist der Gipfel erreicht, der, nicht unbedingt schön, von zwei Gebäuden bekrönt ist, die noch Relikte aus der Zeit des Kalten Krieges sind. Von diesen ehemaligen Radarstationen aus wurde der Flugverkehr in Richtung Osten überwacht. Im Arberschutzhaus ist eine Einkehr möglich. Wer will kann hier auch übernachten. Im Gipfelbereich bieten sich schöne Panoramaausblicke und vom Seeriegelgipfel ist sogar der gerade besuchte Arbersee auszumachen.
Den Abstieg kann man auch kürzer gestalten, indem man mit dem Sessellift bequem hinab ins Tal fährt und sich mit dem Bus zum Ausgangspunkt am Großen Arbersee bringen lässt.

Prächtiger Innenraum der Wallfahrtskirche Neukirchen beim Heiligen Blut im Bayerwald.

Stukkaturen der Wessobrunner Schule zieren die Rokokokirche St. Augustin in Viechtach.

stein. Der Grenzübergang zur tschechischen Republik bietet sich als idealer Ausgangspunkt für einen Aufstieg oder eine Sesselbahnfahrt ins Arbermassiv an.

Als »König« oder »Montblanc des Bayerwaldes« ist er schon tituliert worden, der Große Arber mit seinen 1456 m Höhe das lohnende Ziel diverser Wanderrouten. Von ihm aus genießt man einen herrlichen Rundblick über das Waldmeer mit den beiden Arberseen und an klaren Sonnentagen eine Aussicht vom Erzgebirge bis zu den 200 km entfernten Alpengipfeln. Wer den Arber im Winter besucht, wird Zeuge eines fantastischen Naturschauspiels: Vereiste Gestalten bestimmen weit und breit die Szenerie. Der vorherrschende Ostwind bläst den Schnee und die Eiskristalle in die Fichten. Schnell entstehen dann die hier Arbermandl genannten bizarren Figuren.

6 Am Südhang des Arber liegt **Bodenmais**. Der älteste Bergwerksort im Wald lebte bis fast in unsere Tage

Vom Silberberg (955 m) aus liegt der beliebte Luftkurort Bodenmais Wanderern zu Füßen. Im Winter lockt das Skigebiet am nahen Großen Arber die Aktivurlauber an.

vom Abbau des Erzes am Silberberg, das in den umliegenden Hütten und Eisenhämmern verarbeitet wurde. Einen Einblick in die Arbeit der Knappen bietet das Besucherbergwerk.

7 Einer der Hauptorte am »Goldenen Steig«, die Glasmetropole **Zwiesel** am Zusammenfluss von Großem und Kleinem Regen, verdankt die Existenz seiner Glashütten dem Waldreichtum und den Quarzvorkommen des Hinterlandes.
Kostbarkeiten dieser 500 Jahre alten Glaskultur lassen sich im Waldmuseum bewundern. Die Herstellung aktueller Glasprodukte kann man in Glashütten besichtigen und im Werksverkauf erwerben.

8 Auch im alten Glasmacherort **Frauenau** lassen sich diverse Glashütten, -schleifereien und Hinterglasmalereien besichtigen. Besonders schöne Stücke der Glasbläser sind im Glasmuseum ausgestellt.
Schmale Pfade führen von hier aus bergabwärts zu den Bayerwald-Almen, den sogenannten Schachten, die ab dem 16. Jh. durch Brandrodung entstanden, sowie zu den Filzen, wie die Hochmoore auf 1000 m Höhe genannt werden. Der Erlebnisweg »Schachten und Filze« bei Frauenau ermöglicht im Rahmen einer Wanderung gute Einblicke.

9 Seit 1970 findet der Besucher im ersten deutschen Nationalpark, im **Nationalpark Bayerischer Wald** einen ausgedehnten Bergmischwald, Hochmoore, Granit- und Gneisfelsen, Almwiesen, Seen und Bäche sowie einen artenreichen heimischen Pflanzen- und Tierbestand. Der Wolf, Bär, Wisent, Luchs, Fischotter sowie eine Vielzahl an Greif- und Hühnervögeln gehören wieder dazu.
Die Nationalparkfläche, die zu über 98 % mit Wald bedeckt ist, wurde im Jahr 1997 auf insgesamt 243 km² erweitert.
200 km gut markierte, teils auch im Winter geräumte Wanderwege erschließen dem Besucher den Wald. Die Nationalparkverwaltung bietet ganzjährig eine Fülle jahreszeitlich wechselnder Führungen und Exkursionen zu den Naturschätzen an. Empfehlenswert ist die etwa dreistündige Informationswanderung durch das gesamte Tierfreigelände.
Vom Lusen (1373 m) aus kann man den Blick auf das größte zusammenhängende Waldgebiet Mitteleuropas bei Sonnenaufgang genießen oder die Hochlagenwälder mit einem Nationalpark-Waldführer erkunden. Bei einem Hüttenabend mit Musik und bayerischen Schmankerln klingt eine Abendwanderung im Lusenschutzhaus zünftig aus.
Ebenso verlockend für Naturfreunde ist das »Waldgeschichtliche Wandergebiet« mit seinen Schwellwerken oder Klausen am Resch- und Teufelsbach, mit deren Hilfe bis zum Bau der Eisenbahn Holz auf dem Wasserweg nach Passau getriftet wurde.
Bei Neuschönau befindet sich das Informationszentrum (Hans-Eisenmann-Haus), das mit sehenswerten Ausstellungen und Vorträgen sowie mit einem Tier- und einem Pflanzenfreigehege den Naturraum Bayerischer Wald darstellt.

Der Säumerbrunnen erinnert an Grafenaus Bedeutung beim Salzhandel im Mitelalter.

10 **Grafenau**, die alte Salzsäumerstadt am »Goldenen Steig«, war durch den Handel mit Salz reich geworden, das man ab Passau auf Pferden nach Böhmen transportierte. Obwohl die Gemeinde die älteste Stadt des Bayerischen Walds ist (Stadtrecht 1376) , sind historische Gebäude nur noch am Stadtplatz zu sehen. Zahlreiche Brände haben in Grafenau gewütet. Heute bietet der Luftkurort im Tal der Kleinen Ohe als wichtigstes Ausflugsziel den Nationalpark Bayerischer Wald.

11 Das am höchsten gelegene Städtchen im Bayerischen Wald, **Freyung**, entstand als Rodungssiedlung zu Füßen der strategisch wichtigen Burganlage Wolfstein, die dem Schutz der Reisenden am Goldenen Steig dienen sollte. Der Ort, dessen Zentzrum einem Brand zum Opfer fiel, ist nur 18 km vom Nationalpark entfernt.

Das Ortsbild des bekannten Glasmacherorts Zwiesel wird deutlich überragt vom Turm der gotischen Backsteinkirche St. Nikolaus.

Wandern & Freizeit

Seit der Öffnung der Grenzen zu **Tschechien** gibt es neue, grenzüberschreitende Wanderwege. Besonders attraktiv ist das waldreiche Wandergebiet zwischen Furth im Wald und Waldmünchen mit dem Dreiwappenfelsen (917 m). Seit Maria Theresias Zeiten ist der Grenzverlauf hier unverändert geblieben. Auf tschechischer Seite lädt der **Obere Böhmerwald** zu einem ausgedehnten Besuch ein.

Neben den ausgedehnten Wäldern zählen auch einige Hochmoore, Filze genannt, zu den typischen Landschaftselementen im **Nationalpark Bayerischer Wald**.
Zwei interessante Filze, das 25 ha große Zwieselter Filz und das nur wenig kleinere Latschenfilz können über Wanderwege von Buchenau oder von Frauenau aus gut erreicht werden. Beide Moorflächen sind mit einem 1200 m langen Bohlenweg miteinander verbunden, sodass die Wanderer die dortige Vegetation hautnah betrachten und erleben können.

Gerade einmal drei Meter haben dem **Rachel** (1453 m) gefehlt, um den Großen Arber in der Höhe zu übertrumpfen. Der Große Rachel ist mit seinen geheimnisvoll anmutenden Wäldern und dem schönen Rachelsee der höchste Berg im Nationalpark und zudem ein beliebtes Ausflugs- und Wanderziel.
Da der Gipfelanstieg recht anstrengend verläuft, ist der rund zweieinhalb-stündige Rundweg Specht eine gute Wanderalternative. Auf der rund 6,5 km langen Stecke überwindel man insgesamt einen Höhenunterschied von 200 m. Der Start liegt am Parkplatz in der Nähe der Racheldiensthütte. Vorbei an interessanten Informationstafeln, die das Werden der Landschaft und die Spuren der Eiszeit erläutern, geht der Weg in Richtung Rachelsee. Der höchste Punkt der Wanderung ist die Felsenkanzel. Auf einer alten Schlittenziehbahn führt die Route hinab zum Parkplatz.
Wer noch im Gebiet bleiben will, dem sei der Seelenstieg empfohlen. Entlang eines rund 1,2 km langen Holzsteges wird das Motto des Nationalparks »Natur Natur sein lassen« offenkundig. Wanderer können hier das Vergehen und Entstehen das Waldes unmittelbar miterleben. Informationstafeln bieten beste Informationen und verständliche Erläuterungen.

Ein etwa zwei Stunden dauernder Spaziergang führt von **Grafenau** im romantischen Tal der **Kleinen Ohe** flußaufwärts Richtung Kleblmühle. Anschließend über Rosenau und weiter zum Schwaimberg wandern.

Das Besucherzentrum des Nationalparks Bayerischer Wald, das Hans-Eisenmann-Haus bei **Neuschönau** ist einen Besuch wert. Das Haus selber bietet jede Menge Informationen zum Nationalpark, einen Nationalparkladen und einen Erlebnisraum für Kinder. Im Außenbereich gibt es ein Tierfreigehege, ein Pflanzenfreigehege und ein Gesteinsfreigelände.

Das **Nationalparkzentrum Lusen** kann neuerdings mit dem längsten **Baumwipfelpfad** der Welt aufwarten. Auf einer Gesamtlänge von 1300 m schlängelt sich der Baumwipfelpfad durch Buchen, Tannen und Fichten und gewährt neue Perspektiven rund um das Thema Bäume. 44 m hoch ist der Baumturm, den man sicher erklimmen kann. Und wer in der Höhe Abenteuerlust empfindet, der findet drei Erlebnisstationen mit Seil- und Wackelbrücken, Trapezen und Balancierbalken. Täglich um 14.30 Uhr startet eine Führung mit dem Thema »Vom Waldboden zu den Wipfeln« über den Baumwipfelpfad (*Tel. 08558/97 40 74 oder über den Führungsservice des Nationalparks unter Tel. 0700/00 77 66 55*).

Im Ostteil des Nationalparks Bayerischer Wald geht es von Mauth-Finsterau aus über die Grenze nach Buchwald (Bucina) in den benachbarten 68000 ha großen **tschechischen Nationalpark Böhmerwald** (Národni Park Šumava; benannt nach den rauschenden Bäumen). Das nun »grenzenlose« ehemalige Sperrgebiet bietet endlose Möglichkeiten, um auf gut markierten Wegen Naturschätze zu entdecken oder Ausflüge in Städte wie Krumau (Ceský Krumlov) – übrigens ein Weltkulturdenkmal der UNESCO – zu unternehmen. Weitere Informationen zum Nationalpark gibt es unter *www.npsumava.cz*

Unterwegs in Niederbayern

Die rund 180 km lange Tour führt vom Gäuboden, der »Kornkammer« Bayerns, südlich der Donau über die auf der Isartrasse gelegenen Städte Landau, Dingolfing und Landshut zu den alten Marktflecken im Vils- und Rottal und endet in Passau.

Das Wahrzeichen von Straubing ist die Basilika St. Jakob mit ihrem hohen Turm.

❶ Das heutige Stadtbild von **Landau** an der Isar zeigt nach dem Brand aus dem Jahr 1743 vor allem Stilmerkmale des späten 18. und 19. Jh. Gegründet wurde die Untere Stadt im Jahr 1224 von Herzog Ludwig dem Kelheimer, später folgte nach bewährtem Wittelsbacher Grundplan am Isarhochufer der befestigte Stützpunkt Obere Stadt.

Die barocke Stadtpfarrkirche Mariä Himmelfahrt und die spätgotische Friedhofskirche Heilig Kreuz bergen sehenswerte gotische Ausstattungsstücke. Interessant ist auch die über einer Naturgrotte gelegene kleine barocke »Steinfelskirche« mit ihren zahlreichen Votivtafeln.

In der spätgotischen Johanneskirche im Ortsteil Usterling wurde die Sinterfelsbildung des »wachsenden Felsens« in das Relief der Taufe Christi einbezogen.

Ein lohnenswerter Abstecher führt 25 km nach **Straubing**. Wahrzeichen und Mittelpunkt der Handels- und Einkaufsstadt ist deren fünfteiliger Stadtturm aus dem 14. Jh. Mitten im Gäuboden des antiken »Sorviodurum«, den schon Kelten und Römer besiedelten, entwickelte sich im 6. Jh. der bayerische Herzogshof »Strupinga«. Von 1029 bis 1535 herrschte hier das Augsburger Domkapitel. Als Gegengewicht zu diesem gründete Ludwig der Kelheimer 1218 die Neustadt, das heutige Zentrum Straubings. Während der Blütezeit der Siedlung, aus der die spätmittelalterlichen Bau- und Kunstdenkmäler stammen, befand sich hier die Hauptstadt des Wittelsbacher Herzogtums Straubing-Holland (1353–1425). Männer wie der Mitbegründer von Buenos Aires, Ulrich Schmidl, oder der Epochen prägende Naturwissenschaftler Josef von Fraunhofer wohnten ebenso in der Gäubodenstadt wie die schöne Augsburger Baderstochter Agnes Bernauer.

Erst 1802 büßte der Sitz der obersten Finanzbehörde und des fürstlichen Verwaltungszentrums dann seine herausragende Stellung ein.

❷ Auch **Dingolfing** entwickelte sich wie Landau aus zwei mittelalterlichen Ortsteilen: Zunächst entstand am Isarübergang der Agilolfinger Herzogshof, dann im 13. Jh. die Burgsiedlung Obere Stadt. Die Backsteinbauten der gotischen St.-Johannis-Kirche, der Herzogsburg und der Hochbrücke über die Asenbachschlucht von 1612 sind jederzeit einen Besuch wert.

Nach der Glas GmbH, die das »Goggomobil« – den wohl meistgebauten deutschen Kleinwagen der Nachkriegszeit – produzierte, kam 1967 ein Zweigwerk der BMW AG. So wurde Dingolfing mit rund 20000 Arbeitern, überwiegend Pendler aus anderen Regionen, zur größten Industriemetropole Niederbayerns.

❸ Eine Schöpfung der Wittelsbacher ist **Landshut**. Der Handelsknoten links und rechts der Isarbrücke und im Schutze der Burg Trausnitz war immer wieder auch die Hauptstadt eines niederbayerischen Teilherzogtums und erlebte im 15. Jh. unter den »Reichen Herzögen« seine Blüte.

Im 16. Jh. entstand die Stadtresidenz nach Mantuaner Vorbild – der erste Renaissancebau auf deutschem Boden. Das denkmalgeschützte Stadtensemble mit einer Vielzahl ehemaliger Patrizierhäuser, dem Rathaus und der Herzogsresidenz wird überragt vom gotischen Martinsmünster, einem Ziegelbau, dessen Turm 133 m weit in den Himmel ragt. Von der mittelalterlichen, einst wehrhaften Stadtbefestigung sind nur noch einige wenige Türme erhalten.

Zentrum von Landshut ist das Stiftsmünster St. Martin mit dem über 130 m hohen Ziegelturm. Beachtenswert sind auch die gotischen Backsteinkirchen St. Jodok und die Spitalkirche Heiliger Geist. In die im Kern gotische Dominikanerkirche St. Blasius kam um 1750 Rokokozier, ebenso in die ursprünglich romanische Zisterzienserinnenklosterkirche, die Johann Baptist Zimmermann ausstattete. Die Burgkapelle St. Georg aus dem 13. Jh. auf der Burg Trausnitz sollte nicht unerwähnt bleiben.

Die Burg Trausnitz steht auf dem Hofberg oberhalb der Altstadt von Landshut.

Wandern & Freizeit

Ein familienfreundliches Raderlebnis mit dem Kontrast zwischen Natur und historischen Städten verspricht der gut ausgeschilderte **Isar-Radweg**. Die insgesamt 286 km lange Strecke beginnt in Scharnitz (Tirol) an der deutsch-österreichischen Grenze und führt, vorbei am Sylvensteinspeicher, südlich von Lengries aus den Alpen heraus. Anschließend geht es durchs Voralpenland nach München, bis Thundorf an der Donau in Niederbayern.

Ein kürzerer Abschnitt dieser Strecke startet in **Landau** (Tourist-Information) und führt über Dingolfing und Niederaichbach nach **Landshut** (Tourist-Information, Altstadt). Auf der 48 km langen Tour fährt man flussnah, ohne nennenswerte Steigungen auf gut befahrbaren Wegen und teils auf verkehrsarmen Nebenstraßen. Unterwegs laden Biergärten, Seen und Freibäder zur Rast ein.

Von der Burg Trausnitz in Landshut hat man einen herrlichen Blick auf das Stiftsmünster St. Martin (rechts).

❹ An der einstigen Handelsroute Landshut–Burghausen liegt das Vilsstädtchen **Vilsbiburg**. Die Wittelsbacher legten es ab dem 13. Jh. planmäßig als herzogliche Zollstätte an. Der Reichtum des Hauses Wittelsbach stammte nicht zuletzt auch aus den Einnahmen, die das gut ausgebaute Wegenetz, das reiche bäuerliche Hinterland und die damals noch niederbayerischen Erz- und Silbervorkommen in Tirol garantierten.

Die dreischiffige Backsteinpfarrkirche Mariä Himmelfahrt aus dem 15. Jh. wurde 1670 barockisiert und zieht mit dem mächtigen Zwiebelturm die Blicke der Betrachter auf den Ort. Ein letzter Rest der einst stolzen und wehrhaften Stadtbefestigung ist das Obere Tor.

❺ Das ehemalige Benediktinerkloster St. Veit gab **Neumarkt-St. Veit** am Eingang zum Rottal den distinktiven Namenszusatz. Der lang gestreckte Marktplatz des Städtchens, dessen Gründung Herzog Heinrich XIII. im Jahr 1269 als Gegengewicht zu dem

In der Altstadt von Landshut reiht sich ein Lokal an das andere.

Wer auf der Donau mit dem Boot fährt, dem bietet sich bei Passau dieser Blick auf die Altstadt. In der Bildmitte ist das Rathaus mit seinem 38 m hohen Turm zu sehen, etwas

Salzburg zugehörigen Kloster auf dem Vitusberg veranlasste, wird von Ober- und Untertor begrenzt.

6 Die Wittelsbacher erhoben **Eggenfelden**, an der Rott und am Kreuzungspunkt der Straßen nach Passau und Landau gelegen, im 13. Jh. zum Markt. Die Altstadt mit den behäbigen Bürgerhäusern am typischen Rechtecksmarktplatz und den zahlreichen, sehenswerten Kirchen steht unter Denkmalschutz.
Die spätgotische Pfarrkirche St. Nikolaus und St. Sebastian mit ihrem fünfgeschossigen Turm aus Ziegelmauerwerk hatte für die Bauten in der Umgebung Vorbildcharakter. Die neugotischen Altäre sind mit spätgotischen Skulpturen verziert und eine absolute Seltenheit. Repräsentativ für die hoch entwickelte spätgotische Grabplastik der Region sind mehrere, bemerkenswert schöne Rotmarmor-Epitaphe.

7 Der moderne bronzene »Rottaler Fuchs« von Hans Wimmer am Stadtplatz von **Pfarrkirchen** erinnert daran, dass sich hier das Zuchtzentrum vielseitiger Wirtschaftspferde befindet. Die Stadt an der Rott war seit 1317 ein Wittelsbacher Markt. Die um das Jahr 1500 entstandene Stadtpfarrkirche St. Simon und Judas, das Alte Rathaus mit seinem Stuckwerk von 1787, der barocke Pfarrhof und die Bürgerhäuser mit den schönen Fassaden im Inn-Salzach-Baustil prägen das Zentrum. Im Plinganser Hof wohnte der Volksheld Georg Sebastian Plinganser, der die Bauernschaft der Region im Jahr 1706 beim Aufstand gegen die österreichischen Besatzungstruppen führte.

Auf der nahen Höhe des Gartlbergs errichtete der aus Graubünden stammende Baumeister Domenico C. Zuccali 1661–1670 die barocke Wallfahrtskirche, deren prächtigen Schmuck rund um das Gnadenbild der Schmerzhaften Muttergottes die italienischen Meister Giovanni B. Carlone und Paolo d'Aglio schufen.

8 Mit vielen Beinamen kann sich **Passau** zu Recht schmücken: »Drei-Flüsse-Stadt« (am Zusammenfluss von Inn, Donau und Ilz), »Bayerisches Venedig« (wegen der häufigen Hochwasserkatastrophen leider nur allzu wahr), »Nibelungenstadt« (vermutlich wurde das »Nibelungenlied« hier niedergeschrieben), »Hafenstadt« (die älteste Bayerns) und »Universitätsstadt« (hier wurde die siebte bayerische Landesuniversität gegründet). Aus dem keltischen »Boiodurum« wurde das römische Kastell »Batavis«. Ab dem 8. Jh. blieb Passau bis zur Säkularisation Bischofssitz und verfügte bis 1783 über das größte Bistumsareal nördlich der Alpen.
Die Bischöfe – weltliche Souveräne und Reichsfürsten – profitierten vor allem vom Salzmonopol und davon wiederum die bürgerliche Stadt mit ihren Handwerkern – die Passauer Wolfsklingen etwa waren mittelalterliche Qualitätswaffen erster Güte. Dieser Wirtschaftsblüte verdankt die Nachwelt architektonische Kostbarkeiten wie den Dom, Kirchen, Klöster, Bischofsresidenzen, das Rathaus und die gesamte historische Altstadt

Im Mittelschiff des Stephansdoms mit Blick auf die Stuckierungen und auf den Altar (ganz hinten).

weiter rechts erhebt sich der barocke Stephansdom.

Passaus. Sehenswert ist vor allem der teilweise noch mit spätgotischer Architektur beeindruckende Dom St. Stephan. Barockisiert wurden auch die Jesuitenkirche, die Stiftskirche St. Nikola und die ehemalige »Mutterkirche« Passaus, St. Paul. Zu erwähnen sind ferner die Salvator-Sühnekirche in der Ilzstadt sowie die Wallfahrtskirche Mariahilf, deren Gnadenbild seit dem 17. Jh. besucht wird. Zum Abschluss sei auf eine der ältesten Kirchen Bayerns, St. Severin, hingewiesen, die am Ort der dort im 5. Jh. erbauten Zelle des Heiligen errichtet wurde.

Wandern & Freizeit

Eine gut 26 km lange Strecke führt auf dem **Bockerlbahn-Radweg** durch abwechslungsreiche Landschaft, auf meist asphaltierten Wegen und entlang einer ehemaligen Bahntrasse von **Landau** nach **Arnstorf**. Auf der für Familien geeigneten, ausgeschilderten Tour geht es vorbei an Wäldern, Weizenfeldern, geschichtsträchtigen Bauwerken und Naturräumen. Start ist die Bockerlbrücke in Landau von der es weiter geht über die Etappen Möding, Wildthurn und Aufhausen sowie Hauernsdorf und Simbach nach Arnstorf. Die Tour enthält keine größeren Steigungen. Der Rückweg nach Landau kann auch mit dem Bus erfolgen

Eine rund 30 km lange Radtour führt durch das **Königsauer Moos** bei **Dingolfing**, eines der letzten großen Niedermoore Bayerns. Die ausgeschilderte Tour startet an der neuen Isarbrücke in Dingolfing, führt durch den Stadtteil Sossau zur Bahnlinie und von dort auf einem asphaltiertem Radweg vorbei an Gottfriedingerschwaige, über Rosenau nach Mammingerschwaigen. Dort kreuzt der Weg Richtung Badeweiher eine Bundesstraße. Unmittelbar nach der folgenden Autobahnüberführung geht es links in das Naturschutzgebiet. Auf dem Weg durch das Gebiet kommt man am Behrhof, einem Reiterhof, vorbei und muss eine Staatsstraße überqueren. In Höhe Dornwang erreicht man die zweite Autobahnüberführung, wo man ein Stück auf der Straße über Höfen, Schönbühl nach Teisbach fährt. Dann geht es auf dem Isarradweg zurück nach Dingolfing.

Für eine Tagesunternehmung eignet sich die rund 40 km lange Rundtour mit **Landshut** als Start- und Zielpunkt. Zunächst geht es am Ufer der Isar entlang bis nach Niederaichbach. Der Rückweg führt über Obermusbach und Jenkofen mit der sehenswerten Kirche Mariä Himmelfahrt, einem schönen Beispiel niederbayerischer Backsteingotik, und Schönbrunn wieder direkt in die Landshuter Altstadt.

Der städtische **Hof- und Herzoggarten** von **Landshut** lädt mit seinem rund 8 km langen Wegenetz zu einem kleinen oder größeren Spaziergang ein. Das knapp 33 Hektar große Areal unweit der Burg Trausnitz beherbergt malerische Wald- und Wiesenflächen.

Eine nicht nur für Kinder interessante Wandermöglichkeit ist die Tour **»Naturerlebnis Mittlere Isarau«** im östlichen Auwald bei Landshut. Nach Themen wie Isar-Auwald-Erkundung, Sträucher-Rallye oder Kräuter-Entdeckertour geordnet kann man unterschiedlich lange Strecken absolvieren (zwischen 1,3 und 5 km). Die Themen sind mit entsprechenden Symbolen auf Schautafeln an den Stationen gekennzeichnet. Mit den jeweils passenden Erkundungsbögen ausgestattet, können Naturliebhaber und Familien selbstständig oder durch eine Kräuterpädagogin geführt, die verschiedenen Parcours erleben. Die Fragen und Anregungen auf den Papierbögen richten sich nach den Themen auf den Schautafeln. Die Erkundungsbögen kann man beim Landratsamt Landshut bekommen *(Tel. 0871/4080)*. Start- und Endpunkt der Tour ist die Eingangstafel am Gutenbergweg, unweit der Eissporthalle.

Der gute 94 km **Rottalradweg** führt durch sanftes Hügelland von Neumarkt-St. Veit bis nach Neuhaus am Inn, wenige Kilometer südlich von Passau. Die ausgeschilderte Route entlang des Flusses Rott führt über ausgebaute Radwege und verkehrsarme Nebenstraßen. Es geht vorbei an Rapsfeldern, Blumenwiesen, einer idyllischen Flusslandschaft sowie Sehenswürdigkeiten, etwa Kirchen und Kapellen. Biergärten entlang der Strecke laden zu einer Brotzeit ein. Der Tour enthält nur wenige kleinere Steigungen und ist daher ideal für Familien. Eine kürzere, 34 km lange Route startet in **Neumarkt-St. Veit** und führt über Massing, Eggenfelden nach **Pfarrkirchen**.

Passau ist Ausgangspunkt für insgesamt sechs große Fernradwege. Viele Kunstschätze bietet beispielsweise die **»Tour de Baroque«**, die an der Donau entlang bis ins 200 km entfernte Kelheim führt.

Rund um den Bodensee

Die Highlights am Bodensee und alle drei Länder, die an ihn grenzen, berührt man auf dieser rund 180 km langen Tour. Von Konstanz aus geht es ein Stück rheinabwärts in die Schweiz und über Radolfzell an die Nordseite des Sees. Nach einem Abstecher ins Herz Oberschwabens endet die Fahrt schließlich in der Vorarlberger Hauptstadt Bregenz.

Das Schnetztor in Konstanz ist ein im 14./15. Jh. errichtetes Stadttor.

❶ Die Universitätsstadt **Konstanz** liegt zwischen dem Ober- und dem Untersee. Konstanz ist schon aus historischer Sicht höchst bedeutsam als Veranstaltungsort des einzigen Konzils, das je auf deutschem Boden stattgefunden hat. Das in der Kirchengeschichte wie in der politischen Geschichte Europas überaus wichtige Ereignis der Jahre 1414–1418 führte damals Kaiser, Papst und zahllose kirchliche Würdenträger in die Stadt am Bodensee, die damit jahrelang im Zentrum des politischen und diplomatischen Geschehens stand. Das Konzil beendete mit der Absetzung von Päpsten und Gegenpäpsten die damalige Spaltung der katholischen Kirche; folgenreich war auch das Vorgehen gegen den böhmischen Reformator Jan Hus, der unter Zusicherung freien Geleits angereist war, aber trotzdem inhaftiert und als Ketzer verbrannt wurde.

In der malerischen Altstadt erhebt sich das Liebfrauenmünster, der zentrale Ort des Konzils. Das Gebäude zeigt Merkmale verschiedener Stilepochen vom 11. bis zum 17. Jh. Im sogenannten Konzilsgebäude am Hafen wurde der neue Papst (Martin V.) gewählt; der Bau aus dem 14. Jh. diente ursprünglich als Lagerhaus für den Handel mit Italien. Auch die 1993 aufgestellte Hafenskulptur des Bildhauers Peter Lenk macht auf das Konzil aufmerksam. Die Figur der Imperia trägt mit Gespür für den Ausgleich zwischen den Mächten Kaiser und Papst in ihren Händen.

Einen guten Überblick über die Altstadt mit ihren zahlreichen Häusern aus der Gründerzeit erhält man bei einem Bummel entlang der Seestraße.

Das Münster St. Maria und Markus ist eine romanische Kirche auf der Insel Reichenau.

Stein am Rhein zählt zu den am besten erhaltenen mittelalterlichen Orten der Schweiz.

Zwei Inseln im Schwäbischen Meer lohnen einen Abstecher. Vom Höhenzug Bodanrück aus schieben sich nicht weit von Konstanz zwei Inseln in den Bodensee. Sowohl die **Mainau** als auch die **Reichenau** sind jeweils durch eine Landbrücke mit dem Festland verbunden.

Im Jahr 724 gründete Bischof Pirmin auf der Insel Reichenau ein Kloster, das sich zu einem geistigen Zentrum Europas entwickelte. Die Kirche der ehemaligen Klosteranlage beeindruckt durch ihre romanischen Formen. Sehenswert ist der spätkarolingische Bau der Stiftskirche St. Georg in Oberzell. Ein monumentaler Freskenzyklus mit Darstellungen der Wundertaten Christi schmückt die Wände des Mittelschiffs.

Die etwa 45 ha große, klimatisch begünstigte Insel Mainau wurde auf Betreiben des Grafen Lennart Bernadotte zur Blumeninsel ausgestaltet. Rund um das barocke Schloss blühen von Frühjahr bis Herbst die herrlichsten Blumen. Allein zur Zeit der Rosenhochblüte verströmen etwa 30 000 Rosen aus rund 1200 Arten ihren süßen Duft.

❷ Dort, wo der Rhein den Untersee verlässt, liegt **Stein am Rhein**, eine der schönsten mittelalterlichen Kleinstädte der Schweiz. Die zum Teil mit prächtigen Renaissancemalereien versehenen Bürgerhäuser gruppieren sich um das im 11. Jh. gegründete Kloster St. Georgen, eine hervorragend erhaltene Klosteranlage, die man auf jeden Fall besichtigen sollte.

❸ Ein Stück den Rhein abwärts – man kann diese Strecke auch mit einem Ausflugsschiff von Stein aus zurücklegen – gelangt man nach **Schaffhausen**. Einen Rundgang wert ist das historische Zentrum der Stadt; die meisten Besucher kommen aber vor allem wegen des gewaltigen Naturschauspiels, das der Rhein hier bietet: Im sogenannten Rheinfall von Schaffhausen stürzen die Wassermassen des Stroms mit donnerndem Getöse 23 m in die Tiefe. Die Breite des Wasserfalls beträgt immerhin 150 m.

Wandern & Freizeit

Selbstverständlich lassen sich Rhein und **Bodensee** hervorragend per Schiff oder Boot erkunden. Die schöne und malerische Strecke von Schaffhausen über Stein am Rhein, Reichenau und Konstanz bis nach Kreuzlingen hat die Schweizerische Schifffahrtsgesellschaft Untersee und Rhein in ihrem vielfältigen Ausflugsprogramm *(Freier Platz 8, CH-8200 Schaffhausen, Tel. 0041/52 634 08 88, www.urh.ch)*. Ein ebenfalls großes Ausflugsangebot, allerdings auf dem gesamten Bodensee, halten die Bodensee-Schiffsbetriebe *(www.bsb-online.com)* bereit.

Der Rheinfall bei Schaffhausen ist zu jeder Jahreszeit spektakuär; im Hintergrund erhebt sich auf einem Felsen Schloss Laufen.

Besucher können das eindrucksvolle Ereignis von mehreren Aussichtsplattformen aus allernächster Nähe betrachten.

4 Über Singen, am Fuße des Vulkanschlots Hohentwiel gelegen, erreicht man **Radolfzell**. Bischof Radolt von Verona gründete hier im 9. Jh. ein Kirche, um die herum schon bald eine Ansiedlung entstand. Mit der Errichtung des spätgotischen Radolfzeller Münsters Unserer Lieben Frau wurde im 15. Jh. begonnen; im 18. Jh. wurde das Gotteshaus im barocken Stil modernisiert.
Das Österreichische Schlösschen, ab 1619 für Erzherzog Leopold Wilhelm errichtet, erinnert daran, dass Radolfzell lange Zeit unter der Herrschaft der Habsburger stand.

5 Auf dem Weg nach **Überlingen** fährt man am Bodanrück vorbei, einem bewaldeten Höhenzug, der sich weit in den Bodensee vorschiebt. In der Überlinger Altstadt reihen sich prächtige Bürgerhäuser aus dem 16. und dem 17. Jh. aneinander. Besonders bemerkenswert ist das St.-Nikolaus-Münster aus dem 15. Jh., zu dessen reicher Innenausstattung der 1613–1616 gearbeitete Hochaltar von Jörg Zürn gehört. Das Rathaus von Überlingen stammt aus der Zeit der Renaissance. Einen schönen Blick auf den See genießt man von der Uferpromenade aus, der längsten am gesamten Bodensee.
In Goldbach, einem Ortsteil von Überlingen, befindet sich eine echte Rarität: die Sylvesterkapelle, eine kleine Kirche aus dem 9. Jh. mit Fresken aus karolingischer Zeit. Sie ähneln den Fresken in St. Georg auf der Insel Reichenau.

6 Hoch über dem Bodensee thront die berühmte **Birnau**, eine Marienwallfahrtskirche, mit deren Bau die Reichsabtei Salem den Vorarlberger Meister Peter Thumb beauftragt hatte. 1750 wurde das Gotteshaus geweiht. Schon der Außenbau gleicht eher einem Schloss als einer Kirche und der von Joseph Anton Feucht-

Die aus dem Bodensee ragenden Pfahlbauten bei Unterhuldingen gehören zu einem Freilichtmuseum und sind Rekonstruktionen vom Anfang des 20. Jh.

mayer im Stil des Rokoko verschwenderisch mit Stuckaturen ausgestattete Innenraum strahlt unverhohlene Lebensfreude aus. Besonders sehenswert sind auch die optischen Illusionseffekte der Deckenfresken. Wer den berühmten »Honigschlecker« sucht, findet ihn am Altar des Bernhard von Clairvaux.

7 Eine besondere Attraktion unmittelbar am Ufer bzw. sogar auf dem Wasser des Bodensees ist das Pfahlbaumuseum in **Unteruhldingen**. Das Freilichtmuseum enthält ein rekonstruiertes Pfahlbaudorf aus der Steinzeit und Bronzezeit; Bauten dieser Art, die auf Stelzen im Wasser stehen, existierten hier einstmals tatsächlich. Eine nahe gelegene Fundstätte befindet sich neben anderen Resten von Pfahlbauten in der Alpenregion auf der UNESCO-Liste des Weltkulturerbes.

8 Die Dichterin Annette von Droste-Hülshoff hat in den Jahren von 1841 bis zu ihrem Tod 1848 mehrere Jahre auf der Meersburg gewohnt; schließlich erwarb sie das in einem Weinberg gelegene Fürstenhäusle, das ebenfalls erhalten ist.
Von dem Fischerdorf, das noch zu Annettes Zeiten zu Füßen der Burg lag, ist wenig übriggeblieben. **Meersburg** ist heute ein Zentrum des Bodenseetourismus. Seine attraktive Lage zwischen Weinbergen, die Seepromenade mit dem ehemaligen Kornspeicher von 1505 und die steil ansteigende Hauptstraße faszinieren

Das Alte Schloss von Meersburg liegt an einem Hang auf einer Höhe von 440 m.

Die Marienwallfahrtskirche in Birnau ist im Stil des Rokoko reich ausgestattet.

jährlich viele Tausend Besucher. Neben der »Altes Schloss« genannten Meersburg, deren Ursprünge bis ins 7. Jh. zurückreichen, ließen sich die Konstanzer Bischöfe nach Entwürfen von Balthasar Neumann 1741–1750 das Neue Schloss errichten.

9 Nur wenige historische Bauwerke von **Friedrichshafen** sind nach den schweren Zerstörungen im Zweiten Weltkrieg wieder aufgebaut worden, darunter die im Jahr 1695 von Christian Thumb errichtete Schlosskirche, die von der Wessobrunner Stuckatorenfamilie Schmuzer prächtig ausgestattet wurde.
Zum modernen Gesicht der lebendigen Stadt gehört die weite Strandpromenade. Der ehemalige Hafenbahnhof, ein Gebäude in sehenswerter Bauhaus-Architektur, ist Sitz des bekannten Zeppelin-Museums, das an die Leistungen des berühmten Luftschiffkonstrukteurs (1838–1917) erinnert. Dort ist auch eine Teilrekonstruktion der »Hindenburg« zu bestaunen.

10 Das Herz Oberschwabens ist die Spielestadt **Ravensburg**. Auf einem Spaziergang durch das mittelalterliche Zentrum überquert man den Marienplatz, um den sich das spätgotische Rathaus, das Waag-, das Leder- und das Kornhaus gruppieren. Von diesem Platz aus wendet sich die malerische Marktstraße, an der samstags der Wochenmarkt stattfindet, zum Oberen Tor. Hier erhebt sich mit dem »Mehlsack« das Wahrzeichen der Stadt, ein weiß getünchter Rundturm aus dem 15. Jh. Auf dem »Burgberg« thront die einst namengebende mittelalterliche Ravensburg, die heute Veitsburg heißt.
Mit Ravensburg zusammengewachsen ist mittlerweile die Stadt Weingarten, die besonders durch ihre mächtige barocke Abteikirche auf sich aufmerksam macht.

11 Liebhaber mittelalterlicher Städtebaukunst zieht es ins württembergische Allgäu nach **Wangen**. Die gesamte Altstadt steht als Ensemble

Die Hafeneinfahrt von Lindau bewachen seit dem Jahr 1853 der 33 m hohe Leuchtturm und der bayerische Löwe.

unter Denkmalschutz. Man schlendert vorbei an stattlichen Giebelhäusern, Gaststätten mit kunstvollen Wirtshausschildern, der gotischen Pfarrkirche St. Martin, der Heilig-Geist-Kirche mit angeschlossenem Spital und über den Friedhof bis zur Rochuskapelle.

⓬ **Lindau**, das »schwäbische Venedig«, wurde auf einer Insel errichtet, die heute durch Eisenbahndamm und Seebrücke mit dem Festland verbunden ist. Handel und Schifffahrt begründeten den Wohlstand Lindaus, der sich in prächtigen Patrizierhäusern, dem Alten Rathaus mit seiner bemalten Renaissance-Fassade, Laubengängen und schmucken Brunnen manifestiert. Das Haus zum Cavazzen, ein ansehnlicher Barockpalast der italienischen Kaufmannsfamilie Cavazza, beherbergt seit dem Jahr 1929 das Lindauer Stadtmuseum, u. a. mit einer Ausstellung zur Wohnkultur seit dem 15. Jh.
Im Lindauer Seehafen werden die einfahrenden Schiffe vom bayerischen Löwen und dem neuen Leuchtturm begrüßt.

⓭ Am Ostufer des Bodensees liegt **Bregenz**, die Hauptstadt des österreichischen Bundeslands Vorarlberg. An Hafen und Seebühne schließt sich die Unterstadt an, weiter oberhalb liegt die mittelalterliche Oberstadt mit dem Martinsturm, einem ehemaligen Getreidespeicher, und der Pfarrkirche. Von Bregenz ist es nicht mehr weit bis zum Zisterzienserkloster Mehrerau, das auf eine Gründung im 11. h. zurückgeht.
Weithin berühmt ist Bregenz heute aber vor allem wegen der Bregenzer Festspiele, einem renommierten, sommerlichen Kulturfest auf der weltweit größten Seebühne, deren Reiz natürlich nicht zuletzt die eindrucksvolle Naturkulisse des Bodensees ausmacht. Die Festspiele, die mittlerweile vor allem Opern- und Musicalproduktionen im Programm haben, gehen auf die Zeit unmittelbar nach dem Zweiten Weltkrieg zurück; heute reisen deswegen alljährlich mehr als 200 000 Besucher an. Mit der wachsenden Bedeutung des Events wurde eine Ausweichspielstätte für schlechtes Wetter erforderlich; zu diesem Zweck wurde in Bregenz eigens ein Festspielhaus errichtet.

Wandern & Freizeit

Um die Annehmlichkeiten des Wassers zu genießen, muss man nicht unbedingt im **Bodensee** baden: Moderne Thermalbäder garantieren ganzjähriges Badevergnügen und bieten darüber hinaus all die Raffinessen und Wellness-Angebote, die mittlerweile zum Standardangebot eines gehobenen Bades gehören. Bodensee-Thermen *(www.bodensee-therme.de)* findet man in Konstanz, Meersburg und Überlingen.

Klettergärten und Seilparks, in denen man – gut gesichert – in luftiger Höhe durch die Baumwipfel balanciert oder an Seilen in die Tiefe gleitet, erfreuen sich einer stetig wachsenden Beliebtheit. In diese Kategorie gehört auch der Adventure Park Rheinfall in **Schaffhausen** *(www.ap-rheinfall.ch)*. Vor allem vom Panoramaparcours aus hat man einen schönen Blick hinab auf den Rheinfall.

Museumsbesuche gelten bei den meisten Kindern nicht unbedingt als liebste Urlaubsbeschäftigung. Eine Besichtigung der **Meersburg** mit ihren etwa 35 zugänglichen Räumen ist aber auch Familien mit Kindern unbedingt zu empfehlen. In den historischen Räumlichkeiten wird u. a. an Annette von Droste-Hülshoff erinnert, man bekommt aber auch Rüstungen, historische Waffen und Kanonen zu sehen. Zum Abschluss kann man das Burg-Café aufsuchen oder die Kinder in den obligatorischen Museumsshop begleiten, der hier vor allem die passende Ausstattung für angehende Ritter bereithält.

Eine schöne Wanderung führt von **Singen** aus hinauf den **Hohentwiel**. Die markante Erhebung im Hegau ist 686 m hoch und vulkanischen Ursprungs; heute gilt der Berg als bedeutendes Naturdenkmal. Hoch oben auf dem Hohentwiel thront die gleichnamige Festungsruine; zu den regulären Öffnungszeiten kann man das interessante Areal auch besichtigen.

In **Bregenz** startet man zur Besteigung des 1063 m hohen **Pfänders**. Vom Gipfel aus bietet sich ein atemberaubender Blick auf den Bodensee.

Ein markierter Weg geleitet von **Bodman** (zwischen Radolfzell und Stockach) an den Hängen des Bodanrücks entlang in die an manchen Stellen lediglich 2 m breite Marienschlucht. Sehr empfehlenswerte Wanderung!

Von **Radolfzell** aus radelt man auf einem ausgeschilderten Weg rund um die leicht hügelige Halbinsel Höri, die Gnadensee und Zeller See trennt.

Der ca. 260 km lange **Bodensee-Radweg** umrundet den gesamten See. Die gut ausgeschilderte Strecke lässt sich in einzelne Etappen unterteilen; auch die Inseln lassen sich auf diese Weise besuchen (wobei auf der Mainau Radfahren verboten ist). Zurück geht es ebenfalls mit dem Schiff.

Das Allgäu

Von Memmingen führt die Tour in die Kneipp-Kurorte Ottobeuren und Bad Wörishofen. Die vielgesichtige Landschaft des Allgäus kündigt sich bei Kempten an, weiter geht es zur südlichsten Stadt Deutschlands, Sonthofen, und zu den Wintersportorten Hindelang und Pfronten. Den Schlusspunkt der Tour setzen die Königsschlösser bei Füssen.

1 Der mittelalterliche Stadtkern der ehemaligen Freien Reichsstadt **Memmingen** lädt zu einem gemütlichen Spaziergang ein. Besonders lohnenswert sind Besichtigungen der spätgotischen Stadtpfarrkirche St. Martin, der typisch schwäbischen Kirche »Unsere Frauen« und des Fuggerbaus, der 1581–1599 als Handelsniederlassung erbaut wurde. 1630 weilte hier Wallenstein. Diesem Aufenthalt zu Ehren feiern rund 2500 Memminger Bürger mit Umzügen, Lagerleben und Theaterspielen auch heute noch alle vier Jahre den »Wallenstein-Sommer«.

2 Der Kneipp-Kurort **Ottobeuren** ist untrennbar mit seinem berühmten, über 1200 Jahre alten Benediktinerkloster verbunden. 1766 fertig gestellt wirkt der heute barocke Bau so prachtvoll, dass er auch als der »Schwäbische Escorial« bezeichnet wird. Die mächtige Abtei verfügt über etwa 200 Räume; für die Innenausstattung zeichneten so bekannte Künstler wie Johann Michael Feuchtmayer verantwortlich.
Noch heute leben im Kloster Mönche, die neben ihrer Tätigkeit als Seelsorger, Lehrer, Landwirte und Wissenschaftler die Anlage bewirtschaften. Die Klosterbibliothek ist auch heute ein bedeutendes Zentrum der Wissenschaft und die alljährlichen Orgel- und Kammerkonzerte gelten als Höhepunkte bayerischen Kulturlebens.

3 Der Pfarrer Sebastian Kneipp, der 1881 nach **Bad Wörishofen** übersiedelte, machte den heutigen Kurort weltberühmt. Durch die Bekämpfung seines eigenen Lungenleidens stieß er auf die Heilkraft des Wassers und konnte so in der Folgezeit zahllosen Kranken Linderung verschaffen. Überall wird man an die heilbringende Tätigkeit von Kneipp erinnert. Das 1718 gegründete Dominikanerkloster gilt als Geburtsstätte der Physiotherapie und beherbergt heute ein Kneipp-Museum; in der Pfarrkirche St. Justina wurde dem Seelsorger und Heiler ein Deckengemälde gewidmet.
Den Kurgästen werden Meditationsabende, Vortragsveranstaltungen und Kurgottesdienste angeboten. Das Umland mit seinen gepflegten Wanderwegen und zahlreichen Sportanlagen macht einen Kuraufenthalt in Bad Wörishofen zu einem abwechslungsreichen Erlebnis.

Das wappengeschmückte Rathaus am Kemptener Rathausplatz.

4 **Kaufbeuren**, das 1126 erstmals urkundlich erwähnt wurde, ist der Geburtsort von Ludwig Ganghofer (1855–1920), dessen Arbeitszimmer im Heimatmuseum besucht werden kann. Im Herzen der pittoresken Altstadt befindet sich das 1659 erbaute Crescentia-Kloster der Franziskanerinnen, heute die Gedenkstätte der heilig gesprochenen Crescentia Höss. Hauptwallfahrtstag ist der 30. April.
Der Fünfknopfturm mit sechs Geschossen und Zeltdach im Westzug der alten Stadtmauer ist das Wahrzeichen der Stadt.

5 Die Ursprünge der Stadt **Kempten** gehen bis in die Römerzeit zurück. Die Ansiedlung in der Provinz Raetia trug damals den Namen »Cambodunum«. 1361 wurde sie zur Reichsstadt erklärt. In der St.-Lorenz-Kirche, die als Wiege des süddeutschen Barocks gilt, befinden sich die Grabmäler der Fürstenäbte. Die Kirche ist der erste bedeutende Bau der »Vorarlberger Bauschule«. Gleich nebenan befindet sich die erste barocke Klosteranlage Süddeutschlands, die Residenz der Fürstäbte.
In der Innenstadt am Rathausplatz stehen bemerkenswert gut erhaltene alte Häuser wie das Zollhaus mit einem Schatz von bürgerlichen Wandmalereien und das Neubronner Haus, das heute das Stadtarchiv beherbergt.

6 Der Luftkurort **Sonthofen** ist die südlichste Stadt Deutschlands und

Die Memminger Altstadt zeigt auf Schritt und Tritt architektonische Zeugnisse des Bürgerstolzes, wie hier am prächtigen Marktplatz.

Die Stiftskirche St. Lorenz ist ein Werk des Vorarlberger Barockmeisters Michael Beer.

Innenansicht der alten Bibliothek der Benediktinerabtei Ottobeuren,

wurde bereits im Jahr 839 urkundlich erwähnt. Die landschaftliche Umgebung des Ortes verleitet geradezu zum Schwärmen und zahlreiche Wanderwege machen Lust auf einen Erkundungsgang. Im Ort selbst empfiehlt sich ein Besuch im Heimathaus mit einer Gesteinssammlung, einem Saal zur Vor- und Frühgeschichte, einer Kuhglockensammlung, einer Nagelschmiede und einer Alpsennerei, die daran erinnert, dass man sich in Deutschlands Milch- und Käseregion Nummer eins befindet.

Am Sonntag vor Faschingsdienstag wird auf dem Rathausplatz alle drei Jahre das »Egga-Spiel« veranstaltet, ein altes Allgäuer Fastnachtsspiel, bei dem im Getümmel prachtvoller Maskeraden eine Hexenpuppe verbrannt wird.

7 Der Name des Kneipp-Kurortes und Wintersportzentrums **Hindelang** geht auf eine von dem Priester »Hundilanc« im Jahre 1170 gemachte Schenkung zurück.

In puncto Tourismus gilt bei den Hindelangern die Devise »Klasse statt

Wandern & Freizeit

Eine zwei Stunden dauernde Wanderung führt um **Ottobeuren** auf dem Naturpfad »Via Aqua« (blaue Markierung), der mit mit Infotafeln zum Thema Wasser aufwartet. Die Tour beginnt am Parkplatz des Gasthauses Skihütte und führt an einer Trinkwasserquelle vorbei hinauf zu einer Hochfläche. Hier entspringen zahlreiche Quellen, die zur Trinkwasserversorgung genutzt werden. Der Weg führt nach Großkemnat und zurück Richtung Ottobeuren.

Eine vierstündige Wanderung bietet sich in **Immenstadt** an. Von der Talstation der Mittagbahn fährt man zur Bergstation auf dem Mittelberg (1451 m). In nur 20 Minuten führt ein Weg zur Alpe Oberberg. Zurück auf dem Mittelberg wandert man entlang des Höhenkamms der Nagelfluhkette über den Bärenkopf und weiter bis zum Steineberg (1660 m). Über einen Pfad unterhalb der Felswand biegt man links ab und gelangt auf der Südseite des Steinebergs zum Gipfel. Das Alpenpanorama ist fantastisch. Der Rückweg führt zur Mittelstation der Schwebebahn, wobei man beim Sattel zwischen Steineberg und Bärenkopf links abzweigt und zur Station hinabwandert.

Wahrlich märchenhaft zeigt sich Schloss Neuschwanstein, das zu den meistbesuchten Sehenswürdigkeiten Deutschlands zählt.

Der Sängersaal erstreckt sich über das gesamte vierte Obergeschoss des östlichen Palas.

Byzantinische Goldpracht, Stuckmarmor und blaue Säulen im Thronsaal Neuschwansteins.

Masse«. Besonders für den Naturschutz setzt man sich hier auf vorbildliche Art und Weise ein. Die hiesigen Landwirte verzichten auf mineralischen Dünger und chemische Pflanzenschutzmittel und wurden deshalb mit dem Deutschen Umweltpreis für das »Öko-Modell Hindelang« ausgezeichnet. Mit einem reichhaltigen Angebot an Freizeiteinrichtungen sorgt sich die Gemeinde um das Wohlergehen ihrer aktiven Gäste.

Wenn der Alpsommer vorbei ist, werden die Kühe geschmückt und mit wertvollen Kuhglocken behängt. Der Viehscheid, der zwischen dem ersten und dritten Wochenende im September stattfindet, zählt zu den Höhepunkten im Allgäuer Brauchtum, so auch in Hindelang.

8 Der Luftkurort **Pfronten** ist der größte Ferien- und Wintersportort des Ostallgäus. Er besteht aus insgesamt 13 Ortschaften, die zum Teil recht weit auseinander liegen. Einen besonderen Blick auf die Seen des Umlandes, die Königsschlösser, den Säuling, die Zugspitze und die Tannheimer Berge hat man von der Burgruine Falkenstein auf 1270 m Höhe. König Ludwig II. kaufte sie 1884 um hier eine gotische Burg als Gegenstück zum romantischen Schloss Neuschwanstein errichten zu lassen. Seine großen Träume von einer »Raubritterburg« konnte er infolge seines tragischen frühen Todes jedoch nicht mehr realisieren.

9 Am Ende der »Romantischen Straße« liegt **Füssen**, dessen Stadtbild vom Hohen Schloss beherrscht wird. Dieses Paradebeispiel mittelalterlichen Burgenbaus mit seinen um 1500 entstandenen Holzkassettendecken im Rittersaal birgt heute ein Museum mit spätgotischen Skulpturen und Malereien aus dem schwäbisch-bayerischen Raum. Außer seiner Nähe zu den Schwanenschlössern ist Füssen auch wegen seiner zahlreichen anderen Sehenswürdigkeiten wie der Stadtpfarrkirche St. Mang, der Spitalkirche Heilig Geist und der St.-Anna-Kapelle sowie der pittoresken Altstadt mit engen Gässchen und Straßencafés beliebt.

10 Inmitten der malerischen Umgebung von Schwangau und der Ostallgäuer Seenplatte ließ König Maximilian II. im Jahre 1832 die Ruinen von drei Stauferburgen restaurieren. Daraus entstand im Stil der Neugotik **Schloss Hohenschwangau**. Im Inneren finden sich zahlreiche Malereien und Fresken von Moritz von Schwind, in denen Szenen aus deutschen Sagen sowie der bewegten Vergangenheit dieses Gebiets dargestellt sind.

Kloster St. Mang mit dem Turm der Pfarrkirche liegt oberhalb des Lechs und im unteren Bereich des Schlossbergs in Füssen.

Hier verbrachte der junge Kronprinz und spätere »Märchenkönig« Ludwig II. oft die Sommermonate. In dieser Abgeschiedenheit und der eher düsteren Atmosphäre gab sich der spätere König seinen romantischen Fantasien hin und träumte von einem Schloss »im echten Stil der alten teutschen Ritterburgen«.

In späteren Jahren verwirklichte er diesen Traum in Form des **Schlosses Neuschwanstein**. Außer von der Burgenromantik ließ sich Ludwig II. bei der pompösen Innenausstattung von seinem Freund Richard Wagner und dessen Opern »Tannhäuser«, »Lohengrin« und »Parsifal« inspirieren. Das Herzstück des Schlosses ist der hoch aufragende Palas mit Sängersaal und Thronsaal, in dem Ludwig seinen Träumen von unumschränkter Macht nachhing. Leider konnte der König in seinem Märchenschloss nur für kurze Zeit wohnen, da er am 13. Juni 1886 im Starnberger See den Tod fand.

Das Schloss kann nur in Verbindung mit einer Führung besichtigt werden. Ein besonders schöner Blick auf die mächtige Anlage bietet sich dem Besucher von der 90 m hohen Marienbrücke aus, die den Süden und den Osten des Burgbergs, die Pöllatschlucht, überspannt.

Wandern & Freizeit

Der besonders eindrucksvolle Tobelweg beginnt in **Hindelang**, wo Joch- und Alpenstraße zusammentreffen. Für die gut angelegten Steige, die an kritischen Geländestellen mit Stahlseilen und teilweise auch mit Tritteisen gesichert sind, ist wegen des steilen Geländes jedoch absolute Trittsicherheit und Geschicklichkeit notwendig.

Von **Pfronten** aus bietet sich ein Aufstieg auf den **Breitenberg** an. Von der Talstation führt der Weg ins Achental. Von dort aus beginnt ein steiler Anstieg auf der bewaldeten Nordwestflanke, die am Ende relativ flach auf den Grat zuläuft. Der teilweise recht anstrengende Aufstieg ist von geübten Wanderern in gut 2,5 Stunden zu bewältigen. Auf 1500 m Höhe lädt dann das Berghaus Allgäu zur wohlverdienten Rast ein. Ausblicke bis zum Bodensee kann man bei einer Kammwanderung über die Hörnergruppe genießen.

In **Füssen** lässt sich eine knapp 10 km lange Vier-Seen-Radrunde in Angriff nehmen. Start ist am Parkplatz Morisse. Dann führt die Strecke durch das Faulenbacher Tal vorbei am Mitter- und Obersee und mit einem Anstieg hinauf zum Alatsee. Im Hochsommer ist eine Abkühlung im See gerade Recht und vielleicht auch eine Rast auf der Terrasse des Gasthofes. Dann geht es flott hinab zum Weißensee und über den Kobelhangweg und die Kemptener Straße zurück zum Ausgangspunkt. Die Tour führt ausschließlich über geteerte Rad- und Wirtschaftswege und ist auch für Familien geeignet.

Der **König-Ludwig-Weg**, der im Jahre 1977 eröffnet wurde, führt auf mehreren Etappen über insgesamt rund 120 km den Lech aufwärts zwischen eiszeitlichen Höhenzügen und Gletscherbecken ins Voralpengebiet. Der Weg startet an der Votivkapelle in Berg am Starnberger See und endet im Allgäu an der Grenze zu Österreich bei Füssen.

Der Ludwig-Wanderweg kann in mehrere Etappen unterteilt werden. Zahlreiche kommerzielle Anbieter haben auch ein Wandern ohne Gepäck-Programm in ihrem Angebot. Die Wegstrecke ist durchgängig blau-weiß, mit einem blauen »K« auf weißem Grund, gekennzeichnet.

Der 410 km lange **Bodensee-Königssee-Radweg** durchquert in einigen Teiletappen das Westallgäu, Oberallgäu und Ostallgäu. Die anspruchsvolle Mehrtagestour erfordert Kondition. Die Stecke führt dabei zu vielen idyllischen Voralpenseen und durchquert eine fantastische Voralpen- und Alpenlandschaft.

Im Allgäu bieten sich die Teilstrecken von Lindau nach Immenstadt und weiter nach Füssen an.

Der Fernradweg ist mit der Bezeichnung »Bodensee-Königssee-Radweg« sehr gut beschildert. In großen Teilen führt der Weg entlang gut befestigter Radwege, allerdings sind auch einige Höhenmeter zu absolvieren. Wer den gesamten Radweg abfährt kommt auf gut 3300 Höhenmeter.

Unterwegs im Fünfseenland

Starnberger, Ammer-, Wörth-, Pilsen- und Weßlinger See sind umgeben von sanften Hügeln und dunklen Wäldern. Die Tour vom Starnberger See über Weilheim bis zur Wieskirche spiegelt eine Welt voller Gegensätze: Beschaulichkeit neben Trubel, landschaftliche Vollendung neben feudalen Bauwerken.

Das Gnadenbild der thronenden Muttergottes im Hochaltar der Andechser Kirche.

❶ Wohnort der »oberen Zehntausend« ist die Kreisstadt **Starnberg** am gleichnamigen See, dessen Angebot an Strandpromenaden, Bootsverleihen und Wassersportclubs zahlreiche Besucher vor allem aus dem nahen München anlockt. Starnbergs Rokokokirche St. Joseph mit einem meisterhaften Hochaltar sowie wundervollem Stuck und Fresken zählt zu den schönsten der Region.

Die letzten Tage vor seinem mysteriösen Tod am 13. Juni 1886 verbrachte König Ludwig II. im benachbarten Schloss Berg, ehe der Monarch sowie sein Leibarzt Dr. Gudden tot am Seeufer aufgefunden wurden.

❷ Besonderer Anziehungspunkt von **Schäftlarn** an der Isar sind die Anlagen des ehrwürdigen Barockklosters, erbaut 1702–1707, sowie der jüngeren Rokokokirche.

Das Klostergebäude fungiert heute als Internat und steht durch seine Schlichtheit in einem markanten Kontrast zu der mit Fresken und Stuck verzierten Klosterkirche. Das Klosterbräustüberl lädt nach der Besichtigung zu einer Rast ein.

❸ Der am Südende des Starnberger Sees gelegene Erholungsort **Seeshaupt** profitiert vor allem von seiner Nähe zu der unter Naturschutz stehenden Seenplatte, den Osterseen. Hier sind noch ausgedehnte Schilfgürtel erhalten. Die 19 Seen entstanden vor ungefähr 20000 Jahren aus einem Eisblock und sind von einer

Dießen: Der Innenraum des Marienmünsters im Stil des frühen Rokoko.

Weißgoldene Eleganz in der Klosterkirche St. Dionys und St. Juliana in Schäftlarn.

Ein Fleckchen Oberbayern wie im Bilderbuch: Ruhig, beschaulich und in schönem Licht zeigt sich der Starnberger See von seiner schönsten Seite.

Die Andechser Wallfahrtskirche an der Ostseite des Ammersees. Benediktinermönche sorgen sich hier um das seelische und leibliche Wohl der Pilger.

einzigartigen Flora und Fauna umgeben. Zahlreiche Wanderwege durchziehen das Gebiet.

❹ Der einstige Fischerort **Tutzing** wurde vor bereits über 1200 Jahren erstmals urkundlich erwähnt und ist heute ein beliebter Erholungs- und Luftkurort mit einem eigenen Strandbad, mehreren Bootshäfen und schönen Wanderwegen ins wald- und schluchtenreiche Hinterland.
Das Tutzinger Schloss beherbergt die Evangelische Akademie und die Akademie für politische Bildung.

❺ In **Feldafing** verbrachte bereits Kaiserin Elisabeth von Österreich in dem noch heute existierenden und nach ihr benannten Hotel »Kaiserin Elisabeth« 24 Sommer. Auf der romantischen »Roseninsel«, auf die man mit einem historischen Boot übersetzen kann, ließ König Maximilian II. eine Villa im pompejanischen Stil erbauen. Ludwig II. nutzte sie um sich hier mit seiner acht Jahre älteren Kusine »Sisi« zu treffen.

❻ Das Kloster in **Andechs** ist heute die populärste Marienwallfahrtsstätte Bayerns. Das Kloster, die Burg und die Kirche wurden von den Grafen von Andechs-Meran gegründet. Nach dem Aussterben dieses Geschlechts begann die geistliche Geschichte der Anlage, die heute zum Benediktinerorden gehört. Die gotische Klosterkirche besticht durch Stuckaturen, Deckenfresken, den Hochaltar mit dem berühmten spätgotischen Gnadenbild der thronenden Muttergottes und ein Deckengemälde von Johann Baptist Zimmermann in der Antoniuskapelle.

Ein würdiger Ausklang der Wallfahrt zum »heiligen Berg« ist ein Besuch der Klostergaststätte mit ihrem herrlichen Biergarten, einer wunderbaren Aussicht und dem bekannten selbst gebrauten Andechser Bier.

❼ Seit Jahrhunderten genießt die Kleinstadt **Dießen** einen hervorragenden Ruf für ihre geschmackvolle Handwerkskunst. Erholung und Freizeitspaß bieten zwei Strandbäder, ein Hallenschwimmbad, eine Segelschule und eine Reithalle. Kulturellen Interessen kann man bei einem Besuch der Klosterkirche Maria Himmelfahrt gerecht werden, die als eine der schönsten bayerischen Rokokokirchen gilt (1739).

❽ 1964 wählte die Deutsche Bundespost **Raisting** zum Standort der größten Erdfunkstelle der Welt. Die gesamte Anlage ist mittlerweile an eine internationale Firma verkauft. Via Fernsprechsatelliten bestehen von Raisting aus Fernseh- und Fernsprechverbindungen mit vielen Ländern der Welt. Die Nachrichtensatellitenstation mit ihren großen Parabolantennen ergibt zusammen mit der wunderschönen Voralpenlandschft einen tollen Kontrast; darunter auch der sogenannte »Radom« (Radar-Dom), die Antenne 1, eine gigantische Kugel, die seit Ende des Kalten Kriegs nicht mehr in Betrieb ist, und nun in Raisting den Status eines Denkmals genießt.

❾ Am Nordostrand des Pfaffenwinkels gelegen profitierte die heutige

Wandern & Freizeit

Eine Radtour zwischen Starnberger und Ammersee führt an Weßlinger, Pilsen- und Wörthsee vorbei durchs **Fünfseenland**. Hier bieten sich idyllische Uferpromenaden, bäuerliches Hügelland und wundervolle Ausblicke.

Das Naturschutzgebiet der 19 **Osterseen** von Seeshaupt am Starnberger See bis Iffeldorf bietet Wanderern, Radfahren und Anhängern des Walking-Sports eine fantastische Kulisse mit den türkisfarbenen Seen mit Schilfgürteln, ausgedehnten Moorlandschaften und immer wieder eindrucksvollem Blickwinkel auf das sich bietende Bergpanorama. Eine gemütliche Familien-Rundwanderung (für Kinderwagen nicht geeignet) beginnt am Parkplatz in Iffeldorf und führt weiter um den Fohnsee und um den Großen Ostersee. Am Großen Ostersee ist Baden erlaubt.

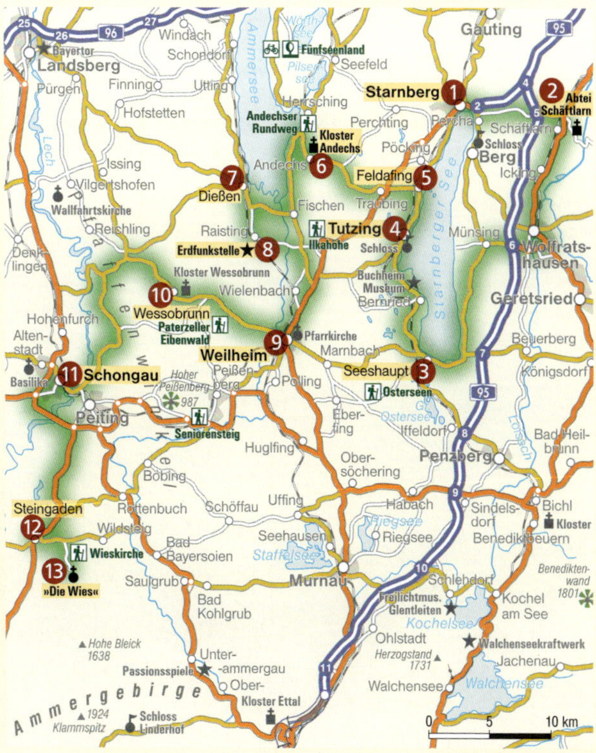

Die Klosterkirche Wessobrunn besticht mit aufwendigen Stuckarbeiten, prächtigen Altären und einer Predigtkanzel von Thassilo Zöpf.

Kreisstadt **Weilheim** bereits im 17. und 18. Jh. von ihren gut situierten Bewohnern, vornehmlich Künstlern und Handwerkern, die ihr Geld in schmucke Häuser investierten. Mittelalterliches Flair, schöne Einkaufsmöglichkeiten und einige Lokale laden zum Bummeln ein.
Im Stadt- und Pfaffenwinkelmuseum werden Skulpturen Weilheimer Bildhauer sowie Fundstücke und Exponate zur Geschichte der Stadt gezeigt. Als Wahrzeichen Weilheims gilt der 45 m hohe Turm der frühbarocken Pfarrkirche St. Mariä Himmelfahrt. In deren Innerem befinden sich wertvolle Gemälde und Plastiken wie die »Beweinung Christi« von Martin Knoller (1790), Altäre von Franz Xaver Schmädl und das Präntl-Grabmal von Adam Krumpper.

10 Leider ist das Benediktinerkloster, welches 753 von Herzog Tassilo III. in **Wessobrunn** gegründet wurde, nicht mehr vollständig erhalten. Der Ort war bereits im frühen Mittelalter ein bedeutendes Kulturzentrum: Die »Wessobrunner Gebete«, zur Ansicht nachgeschrieben auf einem Findlingsblock, sind eines der ältesten deutschen Sprachdenkmäler.
Im 17. und 18. Jh. wirkte die »Wessobrunner Schule« stilprägend auf den Gebieten von Architektur, Plastik und Freskomalerei. Sehenswert sind der herrlich stuckierte Tassilo-Saal, der romanische Turm der Klosterkirche und die Pfarrkirche St. Johannes mit einem überlebensgroßen spätromanischen Kruzifix (um 1250).

11 An der einst bedeutenden Handelsstraße Via Claudia Augusta erreichte **Schongau** im 17. und 18. Jh. seine wirtschaftliche Blütezeit. Aus dieser Ära stammt der barocke Neubau der Pfarrkirche Mariä Himmelfahrt, an dessen Bau Dominikus Zimmermann und Franz Xaver Schmuzer sowie der Stuckateur Matthäus Günther maßgeblich beteiligt waren.

12 Die Klosterkirche St. Johannes in **Steingaden** ist eine der bedeutendsten Kirchen des Pfaffenwinkels und deren Innenausstattung in ihrer Mischung aus Barock und Rokoko ein typisches Zeugnis des Stilwandels der Wessobrunner Schule. Aus spätromanischer Zeit stammt die Johanneskapelle, in der Dominikus Zimmermann seit 1766 seine letzte Ruhestätte gefunden hat.

13 Durch ihre Lage auf einem kleinen Hügel ist die »Wallfahrtskirche zum gegeißelten Heiland«, meist einfach **Wieskirche** genannt, bereits von Weitem sichtbar. Die vielleicht bedeutendste Rokokokirche der Welt entstand, nachdem eine Bäuerin 1738 an einem Bildstock mit einem Gnadenbild des gegeißelten Heilands Tränen gesehen hatte.
Dominikus Zimmermann wurde als Baumeister, sein Bruder Johann Baptist als Maler-Stuckateur verpflichtet. Die Kirche gilt als ein überaus gelungenes Gesamtkunstwerk von Malerei, Stuckatur, Plastik und Architektur und wurde von der UNESCO zum »Weltkulturerbe« erklärt.
Besonders faszinierend ist die Mischung aus leidensvollem Gnadenbild und innerer Heiterkeit, die der Anblick der Architektur auslöst. Heute ist das Gotteshaus nicht nur ein bedeutender Wallfahrtsort, sondern wird ebenfalls für festliche Konzerte genutzt, die sich beim Publikum großer Beliebtheit erfreuen.

Das Herz Weilheims ist der Marienplatz mit dem Marienbrunnen und der Kirche Mariä Himmelfahrt.

Ein Meisterwerk des Rokoko und das Juwel des Pfaffenwinkels ist die Wieskirche. In zarten Farben malte Johann Baptist Zimmermann das Deckenfresko.

Wandern & Freizeit

Eine landschaftlich abwechslungsreiche kleine Wanderung verläuft von **Tutzing** (Gestartet wird am S-Bahnhof) westlich zur **Ilkahöhe**. Mit 728 m ist dies der höchste Moränenhügel am Starnberger See, der einen wunderbaren Blick auf den See und auf das sich dahinter auftürmende Alpenpanorama bietet. Im Forsthaus Ilkahöhe und im zugehörigen Biergarten kann man gut einkehren.

Von **Herrsching** am Ammersee startet der Andechser Rundweg durch eine verträumte ländliche Gegend über Frieding und Machtling mit dem lohnenden Ziel, die geistigen und leiblichen Genüsse in Bayerns ältester Wallfahrt, Kloster Andechs, zu genießen. Der Rückweg führt durch das landschaftlich reizende Kiental zurück nach Herrsching, wo sich vielleicht noch eine Fahrt auf dem Ammersee mit einem der Ausflugsschiffe (von Ostern bis ca. Mitte Oktober, Informationen: *Tel. 08143/94021, www.seenschiffahrt.de*) oder ein erfrischendes Bad als gelungenen Abschluss des Tages anbieten.

Von der Gegend um den Ammersee aus empfiehlt sich ein Abstecher zu den kleineren, benachbarten Badeseen. Ideale Bademöglichkeiten bietet der etwa 4 km lange und 2 km breite **Wörthsee**. Mit einem Ruderboot lässt sich die einzige Insel im See erkunden – Wörth, die dem Gewässer seinen Namen gab.

Nach einem Spaziergang entlang der kurzen Uferpromenade des **Weßlinger Sees** sorgt der »Gasthof Zur Post« in Weßling mit typisch bayerischen Schmankerln für das leibliche Wohl in einem Biergarten unter Kastanien.

Der **Pilsensee** war ursprünglich ein Teil des Ammersees, wurde aber durch Schuttablagerungen von diesem abgetrennt. Er ist mit einer Fläche von 2 km² einer der wärmsten Seen Oberbayerns und kann sich einer sehr geringen Wasserverschmutzung rühmen. Wegen seiner artenreichen Flora und Fauna steht er unter Naturschutz. Über dem See wacht Schloss Seefeld.

Wer die Strecke mit dem Fahrrad fahren will, muss mit rund 65 km Streckenlänge rechnen.

Ein rund 1 km langer Rundweg durch den **Paterzeller Eibenwald** eröffnet Einblicke in eine wahre Schatztruhe der Natur. Ausgangspunkt ist der Parkplatz am Gasthof »Zum Eibenwald«, wo man auch Faltblätter mit Wissenswertem über den Eibenwald, der bereits 1939 unter Naturschutz gestellt wurde und das größte Eibenvorkommen Deutschlands ist, erhält.

Informative Klapptafeln verraten auf dem Weg, der in gut einer Stunde bewältigt werden kann, mehr über diese seltene Baumart und ihren Lebensraum. Über 2000, teils mehrere hundert Jahre alte Eiben sorgen für eine besondere Stimmung in diesem Wald.

Auf einer Streckenlänge von rund 2,5 km führt der Senioren-Steig, der auch sehr gut geeignet ist für Familien mit Kindern, vom Ortszentrum **Hohenpeißenberg** hinauf auf den **Hohen Peißenberg** (988 m). Zunächst geht der Weg durch den Bruckwald, kreuzt die Bergstraße, und führt eine kleine Teilstrecke auf der ehemaligen Fahrstraße zum Gipfel. Nach dem Verlassen des Waldes geht es immer entlang der Ausschilderung über Wiesen und Weiden auf den Hohen Peißenberg. Immer wieder eröffnen sich fantastische Ausblicke zum Fünfseenland und zu den Bergen. Wer Zeit und Lust hat, kann auf der letzten Teilstrecke der Wanderung den Lehrpfad Wetter und Klima (rund 500 m lang) mit seinen interessanten Schautafeln in seine Tour einbeziehen.

Eine 10 km lange Rundwanderung führt von **Steingaden** entlang der Wegstrecke 2 über die Schlögelmühle und weiter über den Brettleweg, der das Wiesfilz überquert, zur Wieskirche.

Nach der Besichtigung führt der Weg über die Landvolkshochschule Wies und Litzau zrück zum Ausgangspunkt. Ohne die Zeit für die Besichtigung ist mit rund drei Stunden zu rechnen.

Die Wies passieren auch der **König-Ludwig-Weg** von Füssen zum Starnberger See und der **Prälatenweg** von Marktoberdorf nach Kochel am See; beide sind gut frequentierte Fernwanderwege.

Von Burghausen ins Berchtesgadener Land

Die Route verbindet unterschiedlichste Landschaftseindrücke, sie reicht von den kulturhistorischen Höhepunkten in Burghausen über das fromme Altötting, die Salzstadt Bad Reichenhall und das Städtchen Wasserburg am Inn bis nach Berchtesgaden und an den malerischen Königssee.

Hochaltar der Basilika St. Anna in Altötting, deren großer Innenraum 8000 Plätze bietet.

❶ Ihren Namen verdankt die Stadt **Burghausen** der längsten Burganlage der Welt mit 1030 m Länge. Sie entstand zwischen dem 12. und 15. Jh. und ist mit ihren kleinen Wohnungen, Werkstätten, Ställen, Vorratskammern und Arsenalen wie eine Miniaturstadt aufgebaut. Die Herzöge von Niederbayern nutzten sie einst als zweite Residenz, als Schatzkammer und als Verbannungsort für lästige Ehefrauen. In der malerischen Altstadt lohnt sich der Besuch einer der wenigen gotischen Kirchen Oberbayerns, der Spitalkirche Hl. Geist. Sie wurde 1320–1326 erbaut und blieb bis heute nahezu unverändert.

❷ Die »Schwarze Madonna« in der Gnadenkapelle, auch »Heilige Kapelle« genannt, hat **Altötting** zu einem der bedeutendsten Marienwallfahrtsorte Deutschlands gemacht. Pilger erbitten jährlich Hilfe von der Statue, die ein unbekannter Künstler im Jahre 1330 angefertigt hat. In der Stifts- und Wallfahrtskirche St. Philipp und Jakob ist in der Schatzkammer das »Goldene Rössl« zu besichtigen, ein Meisterwerk französischer Goldschmiedekunst des 15. Jh. Im Untergeschoss befindet sich der Sarkophag des Oberbefehlshabers des bayerischen Heeres im Dreißigjährigen Krieg, des Feldherrn Graf Tilly.

❸ Das Zentrum von **Mühldorf** ist der Stadtplatz der Altstadt mit prächtig verputzten Häusern, die sich durch einen für die innstädtische Bauweise typischen Laubengang im Erdgeschoss auszeichnen. Der Platz wird auf beiden Seiten von einem Torturm begrenzt und mit vier Barockbrunnen geschmückt. Die reich dekorierte Stadtpfarrkirche St. Nikolaus birgt eine schön geschnitzte Rokokokanzel sowie einen wertvollen Hochaltar.

❹ **Wasserburg** wird auch das »Bayerische Venedig« genannt, denn der Inn macht hier eine große Schleife um die Stadt. Einem Gesamtkunstwerk gleich bezaubert das mittelalterliche Stadtbild durch einen bemalten Brückentorbau, zinngekrönte Häuser, Treppengiebel und Türme. Mit einer Schnitzgruppe im Heiliggeistspital – die das Pfingstwunder darstellt –, dem Mauthaus aus dem 14. Jh., der von Johann Baptist Zimmermann gestalteten Rokokofassade des Kernhauses und der gotischen Hallenkirche St. Jakob präsentiert sich der Ort als ein wahrer Hort der Kunstschätze.

❺ Die historische Salzstadt **Rosenheim**, die wirtschaftliche und kulturelle Metropole Südostbayerns, ist für ihre Fachschulen bekannt, darunter die Ingenieurschule für Holz- und Kunststofftechnik. Das Herz der Stadt bildet der Max-Joseph-Platz mit seinem aus dem 14. Jh. stammenden, noch erhaltenen Mittertor; hier befindet sich auch das Heimatmuseum, das einen guten Überblick über die Stadtgeschichte bietet. Wechselnde Ausstellungen finden Kunstinteressierte im umgebauten Lokschuppen des Alten Bahnhofs. Ab dem letzten Samstag im August findet übrigens das 16-tägige Herbstfest statt.

❻ Das »Bayerische Meer«, wie der **Chiemsee** häufig genannt wird, liegt inmitten einer wunderschönen Kirchen-, Kloster- und Schlösserlandschaft vor dem Hintergrund der Chiemgauer Berge. Im Nordosten liegt die Fraueninsel. Ihr reicher Lindenbestand, das malerische Fischerdorf, ein uraltes Münster und die Baugruppe des Nonnenklosters machen einen Besuch zu einem Erlebnis. Und natürlich sollte man sich auch eine geräucherte Chiemsee-Renke nicht entgehen lassen – vor oder nach einer Rundfahrt um den See.
Berühmt wurde der Chiemsee durch sein Schloss auf der Insel Herrenchiemsee. Das Königsschloss Ludwigs II. mit seiner riesigen Gartenanlage war als Kopie von Versailles konzipiert – eine Hommage an des bayerischen Herrschers großes Idol Ludwig XIV. Durch den plötzlichen Tod Ludwigs II. wurden die Bauarbeiten jedoch abgebrochen und so blieb die Nordseite des Prachtbaus unvollendet. Umso überwältigender wirken die Kostbarkeiten im Inneren: Mar-

Kleiner Ausflugsdampfer auf dem Chiemsee, im Hintergrund die Fraueninsel und die Chiemgauer Alpen.

Wandern & Freizeit

Eine leichte Rundwanderung (ca. 2 bis 3 Stunden) um das malerische **Wasserburg** startet in der südlichen Burgau, dann durch die Innauen zum Wasserkraftwerk und weiter zur Stadt. Einige Stufen über eine Treppe hinauf kommt man zur Wasserburg und zur Jakobskirche. Der Weg führt durch das Brucktor und über die Innbrücke zum Kellerberg. Der leichte Anstieg zur »Schönen Aussicht« wird mit einem fantastischen Ausblick belohnt, bevor es wieder auf gleichem Weg zurück in die Altstadt geht. Nach einer Einkehr und einem Bummel in der Altstadt geht es über den Inndamm um die Altstadt herum zurück zur nördlichen Burgau und zum Start der Runde.

Im **Rosenheimer Land** gibt es herrliche Radtouren. Eine familienfreundliche Etappe ohne große Steigungen ist die Teilstrecke Rosenheim-Vagen entlang des gut ausgeschilderten **Mangfall-Radweges**. Ein guter Startpunkt ist die Innmündung der Mangfall in Rosenheim auf dem Gelände der ehemaligen Landesgartenschau. Die Strecke führt entlang der Mangfall oder in flussnaher Entfernung. Das Flussgebiet ist renaturiert und lädt an vielen Stellen zum Ausspannen oder auch Schwimmen ein. Wer die Strecke nicht zurückfahren will, kann in Bruckmühl oder Bad Aibling in die Bahn einsteigen.

Hoch über der Salzach und der Stadt Burghausen thront auf einem langgestreckten Bergrücken die trutzige Burganlage, die sich in der Dämmerung golden angestrahlt präsentiert.

Die Wallfahrtskapelle St. Bartholomä am Königssee ist nur übers Wasser erreichbar.

mor, Porzellan, Elfenbein, Seiden, Damaste, Brokate, Silber, Gold und Rosenholz, so weit das Auge reicht. Beeindruckend ist das Paradeschlafzimmer mit seinen drei Zentner schweren goldenen Vorhängen.

7 Als Ausgangspunkt für Radtouren bietet sich **Traunstein** an. Hier kreuzen sich Inn- und Traun-Alz-Radweg sowie Salinen-, Achental- und Chiemgauradweg. Im Mittelalter verlief hier die »Güldene Salzstraße«. Dank einer 1616 erbauten Soleleitung von Bad Reichenhall war es den früheren Bewohnern über Jahrhunderte hinweg möglich, ihren Lebensunterhalt durch die Salzgewinnung zu bestreiten. Die Wohn- und Betriebsgebäude der einstigen Saline können im Stadtteil Au besichtigt werden.

8 Im geschützten Talkessel der Roten Traun gelegen wurde **Inzell** als Eisschnelllaufzentrum weltberühmt. Seit 2009 ist die 400 m-Eisschnellbahn und das Eishockeyfeld im Innenraum von einer Freiluftanlage in eine moderne Hallenanlage umgewandelt worden. Auf einem der zahlreichen schönen Wanderwege der Umgebung gelangt man zum eiszeitlichen Gletschergarten und vom historischen Salinenweg zum Solehochbehälter Nagling.
In dem reizvollen Städtchen lassen sich im Fitnesspark hervorragend Sportferien verbringen. In kultureller Hinsicht sind die Pfarrkirche St. Michael von 1727 und die romanisch-gotische St.-Nikolaus-Kirche in Einsiedl mit ihren spätgotischen Gemälden lohnende Ziele.

9 Die großen Salzvorkommen von **Bad Reichenhall** haben bereits die Kelten und später die Römer genutzt. Die Geschichte der Gewinnung des »weißen Goldes« wird im Bad Reichenhaller Quellenbau gezeigt. Durch die Nutzung von Solebädern und Inhalationen entwickelte sich die Stadt zu einem bedeutenden Kur- und Bäderzentrum, in dem vor allem rheumatische und Erkrankungen der Atmungsorgane sowie Kreislauf- und Durchblutungsstörungen behandelt werden. Die Kuranlagen bestehen aus einem Kurhaus, einem Kurmittelhaus, einer Wandelhalle mit Trinkbrunnen, einem Musikpavillon und einem Gradierwerk, bei dem über ein mit Reisigrosten bedecktes Gerüst täglich 400 000 Liter Sole geleitet werden. Die Verdunstung bewirkt eine Anreicherung der Luft mit zerstäubten Soletröpfchen.

10 Die Lage am Hang des Locksteins mit Blick auf den Watzmann, den Hohen Göll und das Steinerne Meer veranlasste bereits Ludwig Ganghofer über den malerischen Ort **Berchtesgaden** geradezu ins Schwärmen zu geraten: »Herr, wen du lieb hast, den lässest du fallen in dieses Land.«
Auf der Weihnachtsschützenstraße kann man Zeuge eines noch heute ausgeübten Brauches werden: An Heiligabend kündigen Schützen das Christkind an und zu Silvester wird das alte Jahr »hinausgeschossen«.
Im Heimatmuseum im Schloss Adelsheim findet man die reich geäderten Murmeln, die in den Kugelmühlen im Umland gefertigt werden. Sie gehörten bereits zu den Waren, die von den Kraxenträgern nebst anderem handgefertigten Kinderspielzeug in ganz Europa verkauft wurden und den Ort bereits im Mittelalter bekannt machten.

11 Einer der schönsten Alpenseen mit tiefgrünem Wasser und einer der Glanzpunkte des Berchtesgadener Landes ist der **Königssee**. Im gleichnamigen Ort werden elektrisch betriebene Motorboote vermietet, mit denen sich der See erkunden lässt. Über einen Fußweg am bewaldeten Ostufer gelangt man zum Malerwinkel, dessen wunderbarer Blick über den See, die Funtenseetauern und die Schönfeldspitze im Steinernen Meer bereits zahlreiche Maler inspiriert hat. Vom 1875 m hohen Jenner eröffnet sich ein herrlicher Panoramablick über den Watzmann, den Hohen Göll, die Gipfel des Hasengebirges und das Steinerne Meer.

Wandern & Freizeit

Eine Wanderung von **Aschau** auf die 1669 m hohe **Kampenwand** kann man entweder zu Fuß über den ehemaligen Reitweg oder mit der Kampenwandbahn beginnen. Von oben hat man eine wunderbare Panorama-Aussicht auf den Chiemsee, die Chiemgauer Berge und weit hinein in die österreichischen Hochalpen. Bei der Bergstation beginnt der Marsch entlang den bewaldeten Hängen des Markasers hinab zur Hinteren Dahlsenalm und wieder aufwärts zum Greigelstein. Nach einem gemütlichen Abstieg in den Prienwald ist die Talfahrt auch mit der Kampenwandbahn möglich.

Die Umrundung des »Bayerischen Meeres« auf dem 60 km langen **Chiemsee-Uferweg** ist eine landschaftlich reizvolle Tour, ohne große Höhenunterschiede und meistens entlang dem Ufer. Der Einstieg in die gut beschilderte Tour kann von jedem beliebigen Ort am Chiemsee aus gemacht werden. Die Stecke gilt unter Radfahrern als Genießertour. Das sich bietende Alpen- und Seepanorama ist herrlich. Unterwegs bieten sich zahlreiche Einkehrmöglichkeiten, und wer die Tour abkürzen will, kann die Streckenlänge dadurch halbieren, dass für eine Teilstrecke, z. B. zwischen Chieming und Prien, ein Ausflugsdampfer genutzt wird (*www.chiemsee-schifffahrt.de*).

Rechts: Im Tal der Ache liegt die Kirche von Ramsau vor einer imposanten Bergkulisse.

Reiseatlas
Deutschland

Zeichenerklärung

Straßenatlas 1 : 340.000

- Autobahn (im Bau)
- 4- oder mehrspurige Schnellstraße (im Bau)
- Fernstraße/Nationalstraße (im Bau)
- Wichtige Hauptstraße (im Bau)
- Hauptstraße (im Bau)
- Nebenstraße
- Fernkilometrierung an Autobahnen
- Kilometrierung
- Fernstr. im Tunnel
- Straße gesperrt
- Ferienstraße
- Steigung in Prozent
- Mautstelle
- Sonstige Bahnlinie
- Autofähre
- Staatsgrenze
- Regionalgrenze

- Autobahn-Nr.
- Europastraßen-Nr.
- Bundesstraßen-Nr.
- Autobahn-Anschlussstelle
- Sonstige Anschlussstelle
- Autobahn-Tankstelle
- Autobahn-Raststätte, Autobahn-Raststätte m. Motel
- Autohof
- Pass
- Für Wohnwagen ungeeignet/gesperrt
- Wintersperre
- ICE-Bahnhof
- IC/EC-Bahnhof
- Güterbahnhof
- Autoverladebahnhof
- Fährhafen
- Hafen

- Internationaler Flughafen/ Nationaler Flughafen
- Regionaler Flughafen
- Touristenstraße
- Nationalparkgrenze
- Grenzübergang
- Grenzübergang nur für Fußgänger/ Grenzübergang nur für Autos
- Strand
- Leuchtturm
- Kloster/Kirche
- Schloss/Burg
- Ruine
- Windmühle
- Campingplatz
- Sonstige Sehenswürdigkeit Natur
- Sonstige Sehenswürdigkeit Kultur/Menschen
- ADAC vor Ort (ADAC Geschäftsstelle, ADAC Reisebüro oder ADAC Vertretung)
- ADAC Fahrsicherheitszentrum

Ballungsraumkarten 1:115.000

- Autobahn
- Autobahn (in Bau / in Planung)
- Mehrspurige Schnellstraße (i. B.)
- Bundes- oder wichtige Hauptstraße (in Bau)
- Andere Hauptstraße (in Bau)
- Nebenstraße (in Bau)
- Autofähre, wichtige Personenfähre
- Bahnlinie, Industriebahn
- S-Bahnlinie, U-Bahnlinie(in Bau/in Planung

- Kirche, Kirchenruine
- Kloster, Klosterruine
- Kapelle
- Burg/Schloss, Ruine
- Sonstige Sehenswürdigkeit
- Badestrand
- Campingplatz
- Park + Ride
- Golfplatz

- Funk-/Fernsehturm
- Jugendherberge
- U-Bahn Station
- S-Bahn Station
- Bahnhof mit Nah- und Fernverkehr
- Hauptbahnhof
- Messe
- Stadion

Nordsee
Ostsee
DK
NL
B
L
F
CH
FL
I
A
CZ
PL
D
Flensburg
Kiel
Nykøbing
Stralsund
Koszalin
Rostock
Greifswald
Lübeck
Schwerin
Neubrandenburg
Wilhelmshaven
Bremerhaven
Hamburg
Emden
Groningen
Oldenburg
Bremen
Lüneburg
Szczecin
Heerenveen
Amsterdam
Utrecht
Apeldoorn
Osnabrück
Hannover
Braunschweig
Potsdam
Berlin
Frankfurt/O.
Zielona Góra
Magdeburg
Arnhem
Münster
Bielefeld
Salzgitter
Dessau
Cottbus
Nijmegen
Duisburg
Essen
Dortmund
Göttingen
Halle/Saale
Eindhoven
Krefeld
Düsseldorf
Wuppertal
Kassel
Leipzig
Dresden
Maastricht
Aachen
Köln
Siegen
Eisenach
Erfurt
Jena
Chemnitz
Zwickau
Liberec
Liège
Bonn
Gießen
Fulda
Hof
Praha
Koblenz
Wiesbaden
Frankfurt a.M.
Mainz
Trier
Plzeň
Luxembourg
Ludwigshafen
Mannheim
Würzburg
Fürth
Nürnberg
Saarbrücken
Metz
Karlsruhe
Regensburg
České Budějovice
Nancy
Stuttgart
Aalen
Ingolstadt
Passau
Strasbourg
Linz
Épinal
Freiburg i.Br.
Ulm
Augsburg
München
Wels
Langres
Mulhouse
Salzburg
Belfort
Basel
Lindau
Kempten
Kufstein
Bregenz
Zürich
Innsbruck
Besançon
Luzern
Vaduz
Bern
Chur
Lienz
Villach
Klagenfurt
144
145
146
147
148
149
150
151
152
153
154
155
156
157
158
159
160
161
162
163
164
165
166
167
168
169
170
171
172
173
174
175
176
177
178
179
180
181
182
183
184
185
186
187
188
189
190
191
192
193
194
195
196
197
198
199
200
201
202
203
204
205
206
207
208
209
210
211
212
213
214
215
216
217
218
219
220
221
222
223
224
225
226
227
228
229
230
231
232
233
234
235
236
237
238
239
240
241
242
243
244
245
246
247
248
249
250
251
252

List 16 km
Ribe 53 km
Tønder 5 km
Helgoland
Heide 7 km
Itzehoe 73 km
152
WESTERLAND
Sylt-Ost
Altfriesisches Haus
Tinnum
Keitum
Grüne Küstenstraße
Morsum-Kliff
Hindenburgdamm
Archsum
Morsum
Osterende
Rantum (Sylt)
Schutzstation Wattenmeer
Sylt
Puan-Klent
Hörnum (Sylt)
Nationalpark
Föhr
Oldsum
Utersum
Süderende
Midlum
Oevenum
Wrixum
Alkersum
Borgsum
Witsum
St. Johannis
Nieblum
Friesenmuseum
WYK auf Föhr
Norddorf
Nebel
Windmühlenmuseum
Amrum
Wittdün
Kniepsand
Nordfriesische Inseln
Halligen
Langeneß
Nordmarsch-Langeneß
Gröde-Appelland
Gröde
Habel
Hamburger Hallig
Oland
Dagebüll
Hooge
Japsand
Pellworm
Süderoog
Süderoogsand
Südfall
Norderoog
Schleswig-Holsteinisches Wattenmeer
Heverstrom
Nordstrand
Nordstrandischmoor
NIEBÜLL
Risum-Lindholm
Leck
BREDSTEDT
Bordelum
Langenhorn
Ockholm
Neukirchen
Klanxbüll
Emmelsbüll-Horsbüll
Rodenäs
Aventoft
Süderlügum
Ladelund
Bordelum
Hattstedt
HUSUM
Simonsberg
Witzwort
Oldenswort
Westerhever
Westerheversand
Tating
Garding
Tetenbüll
Katharinenheerd
Kotzenbüll
TÖNNING
Multimar Wattforum
Eider
Sankt Peter-Ording
Dünen Therme
Eider-Sperrwerk
Wesselburenerkoog
Hillgroven
Neuenkirchen
Schülp
Strübbel
Karolinenkoog
Nolde-Museum
Naturkundemuseum
Seebüll
Rømø
List
Kampen
Wenningstedt
Munkmarsch
Braderup
Vogelkoje Kampen
Rotes Kliff
Flughafen Westerland/Sylt
Nationalpark Schleswig-Holsteinisches Wattenmeer
2 4 6 8 10 km

Tønder 28 km 401
IC/EC Aarhus
ICE Frederica Tinglev
Kolding 60 km
Haderslev 43 km
Aabenraa 16 km
E 45
401 Fynshav 21 km
Sønderborg 6 km
Fa
Fb
Fc
Fd
10
11
12
13
14
15
199 Kappeln 11 km
201 Kappeln 1 km
146
203 Karby 9 km Kappeln 14 km
76 Gettorf 6 km Kiel 22 km
210 Kronshagen 13 km Kiel 13 km Lübeck 98 km
SØNDERBORG
Sønderborg Bugt
Flensburger Förde
DANMARK
DEUTSCHLAND
GLÜCKSBURG
FLENSBURG
Harrislee
Padborg
Kruså
Handewitt
Weding
Jarplund-
Broager
Egernsund
Høruphav
Angeln
Naturpark Schlei
Schwansen
SCHLESWIG
ECKERN-FÖRDE
Süderbrarup
Sörup
Satrup
Tarp
Eggebek
Kropp
Owschlag
Naturpark Hüttener Berge
Wittensee
Büdelsdorf
RENDSBURG
Fockbek
Schacht-Audorf
Oster-rönfeld
Wester-rönfeld
Nord-Ostsee-Kanal
Naturpark Westensee
Stapelholm
FRIEDRICHSTADT
Treenemarsch
Wildes Moor
Grüne Küstenstraße
C/EC Heide 20'
Heide 22 km
Büsum 42 km 203
153
Hohenwestedt 15 km
Itzehoe 34 km 77
Neumünster 24 km
Bad Segeberg 51 km
ICE 7
Neumünster 21 km
Neumünster 30'
Hamburg 1h 17'
Hamburg 72 km
Hamburg 81 km

Søby 4 km

Svendborg 1h 15'

Rudkøbing 1h

Lohals 33 km
Rudkøbing 5 km

305

427
Augustenborg 12 km
Sønderborg 18 km

199
Harrislee 41 km
Flensburg 36 km

201
Schleswig 36 km
Husum 68 km

145

203
Eckernförde 15 km
Schleswig 35 km

76
Eckernförde 7 km
Schleswig 29 km

210
Rendsburg 17 km
Flensburg 73 km

215
Neumünster 19 km
Hamburg 81 km

ICE IC/EC Neumünster 17'
Hamburg 1h 05'

404 Bad Segeberg 37km
Bad Oldesloe 58 km

76 Plön 9 km
Eutin 27 km

430 Plön 7 km
Neumünster 42 km

Spodsbjerg 45'
Oslo (N) 19h 30'
Göteborg (S) 14h
289 Horslunde 6 km
Kragenæs 2 km
Ha
Hb
Hc
Hd
Nykøbing F 18 km
9
E47
Vordingborg 44 km
Køge 97 km
København 137 km
Nykøbing F 30'
København 2h 11'
297
Herritslev 1 km
Nysted 8 km
Nykøbing F 23 km
148
Klaipeda (LT) 30h
Lübeck 30'
Neustadt i.H. 13 km
Lübeck 46 km
Hamburg 105 km
501 Grömitz 10 km
Neustadt i.H. 21 km
155
SYDDANMARK
SJÆLLAND
Langelandsbælt
Nakskov Fjord
Sakskøbing Fjord
Askø
Lolland
NAKSKOV
Søllested
Maribo
Holeby
Rødby
Rødbyhavn
Femern Bælt
Fehmarnbelt
DANMARK
DEUTSCHLAND
Fehmarn
FEHMARN
Burg auf Fehmarn
Fehmarnsund
Fehmarnsundbrücke
HEILIGENHAFEN
OLDENBURG i. Holst.
Lensahn
Großenbrode
Dahme
Dahmeshöved
Lambo Farvand
Søndersø
Margueritroute
Deutsche Ferienroute Alpen-Ostsee
Albuen
Hestehovedet
Kramnitse
Bredfjed Strand
Hummingen
Maglehøj Strand
Niobe-Denkmal
Wulfener Hals
Südstrand
Staberhuk
Gremersdorf
Göhl
Quals
Augustenhof
Kabelhorst

Trelleborg (S) 6/8h
Helsinki (FIN)
Liepaja (LV)
Tallinn (EST)
Jd
Ka
Kb
Kc
11
12
13
14
Kiel (D)
Travemünde (D)
147
O S T S E E
Nationalpark
Vorpommersche Boddenlandschaft
Darßer Ort
NATUREUM
Naturkundemuseum
Prerow
Zingst
Ostseeheilbad Zingst
Camping am Freesenbruch
Wellness Camp Düne 6
Z i n g s t
D a r ß
Große Kirr
Oie
Sundische Wiese
Großer Werder
Kleine Werder
Pramort
Wendisch Langendorf
Kinnbackenhagen
Wieck
Born
Bliesenrade
Bodstedter Bodden
Bodstedt
Pruchten
Marienkirche
BARTH
Barther Bodden
Grabow
Ahrenshoop
Kunstmuseum Ahrenshoop
Saaler Bodden
Michaelsdorf
Fuhlendorf
Flughafen Stralsund-Barth
Wustrow
Neuendorf Heide
Neuendorf
Hermannshagen Heide
Mecklenburger Bucht
Fischland
Dierhagen-Strand
Dierhagen Dorf
Dierhagen
Ostseecamp Dierhagen
Langendamm
Kückenshagen
Hanse-Route
Lüdershagen
Löbnitz
Mittelhof
Velgast
Starkow
Karnin
Kummerow
Niepars
Groß Kordshagen
Lassentin
Pantelitz
Ostseebad Graal-Müritz
Ostseebad Graal-Müritz
Rhododendronpark
Klockenhagen
Freilandmuseum
Bernsteinmuseum
Ribnitzer See
RIBNITZ-DAMGARTEN
Rostocker Heide
Gelbensande
Daskow
Pantlitz
Schlemmin
Neuenrost
Trinwillershagen
Altenhagen
Neu Seehagen
Weitenhagen
Schuenhagen
Wolfshagen
Jakobsdorf
Steinhagen
RICHTENBERG
Stadtkirche
FRANZBURG
Zisterzienserkloster
WARNEMÜNDE
Markgrafenheide
Kletterwald Hohe Düne
Rövershagen
Heimatmuseum
Hanse-Route
Mönchhagen
Rostock-Überseehafen
Rostock
Rostock-Nord
Rostock-Ost
Marienkirche
Rathaus
ROSTOCK
Rostock-Süd
Roggentin
Kessin
Bentwisch
Broderstorf
Sanitz
Groß Lüsewitz
Tessin
Poppendorf
Bartelshagen I
Rostocker Wulfshagen
Kloster Wulfshagen
Jahnkendorf
Allerstorf
Vogelpark Marlow
MARLOW
Plennin
Semlow
Stormsdorf
Kavelsdorf
Schulenberg
BAD SÜLZE
Dettmannsdorf
Kölzow
Redderstorf
Langsdorf
TRIBSEES
Tribsees
Dolgen
Drechow
Krakow
Siemersdorf
Zarrentin
Stremlow
Gransebieth
Grimmen-West
Kirch Baggendorf
Deyelsdorf
Lindholz
Bad Sülze
Zarnewanz
Rostock IC/EC
2 4 6 8 10 km
19 Dummerstorf 9 km
Güstrow 31 km
Berlin 211 km
110 Tessin 8 km
Demmin 51 km
157
20 Tessin 7 km
Rostock 28 km
Gnoien 10 km
Malchin 44 km

Trelleborg (S) 4h

Rønne 3h 30'
(Bornholm, DK)

Klaipeda (LT)

St. Petersburg (RUS)
Ventspils (LV)
Kaliningrad (RUS)

Heringsdorf 24 km
Świnoujście (PL) 35 km

194 Loitz 7 km
Demmin 18 km

20 Jarmen 17 km
Altentreptow 40 km
Neubrandenburg 56 km

158

IC/EC
Züssow 14'
Pasewalk 51'

Karlsburg 9 km
Anklam 21 km 109

111 Züssow 7 km
Gützkow 19 km

Ca
Cb
Cc
Cd
16
17
18
19
20
21
N O R D
O s t f r i e s i s
Baltru
Norderney
Westdorf
NORDERNEY
Kurhaus Norderney
Norderney
In den Dünen
Ostbad
Oase
Möwendüne
Dünen
Mühle
Selden Rüst
Spaniergat
Wichter Ee
Steinp
Juist
Juist
Im Loog
Juist
Domäne Bill
Hohes Riff
Kachelotplate
Memmert
Osterems
Nordstrand
Ostland
Hoge Hörn
Upholm
BORKUM
Insel-Camping-Borkum
Borkum
Westland
Borkum
Kleiner Leuchtturm
Borkum
Süd-
strand
Reede
Borkum
Lütje Hörn
Randzel
Koper-
sand
N a t i o n a l p a r k N i e d e r s ä c h
N o r d e r W a t t
Hilgenriedersiel
Neßmersiel
Junkersrott
Hagermarsch
H a g e r - m a r s c h
Karlshof
Harketief
Westdorf
Honnewarf
Drostenplatz
Osterloog
Westerloog
Marienhof
NORDDEICH
N o r d e r l a n d
Seehundstation
Norddeich
Osterwarf
St. Ludgeri-
Kirche
Teemuseum
Lütetsburg
NORDEN
Hage
Berum
Burg
Berum
Großheide
Berumbur
Wasserschloss
Lütetsburg
Nordsee-Camp Norddeich
SÜDER-
NEULAND
Westerwarf
Mittelmarsch
Grüne Küstenstraße
Halbemond
Breitefe
W e s t e r -
m a r s c h
Wurzel-
deich
Utlandshörn
Buschhausen
Charlotten-
polder
Schwee
Berumerfehn
Leybucht
Osteel
Leezdorf
Osteeler-
Altendeich
Neuwesteel
N o r d
Rechtsupweg
Greetsieler
Nacken
Marienhafe
Norder Tief
b r o o k m e r
Leybucht-
polder
Upgant-Schott
IC/EC
72
2
4
6
8
10 km
160
Eemshaven (NL) 1h
Delfzijl (NL) 1h 30'
Emden 2 h
Emden 25' IC/EC
72 Aurich 17 km
Emden 19 km

1 : 340.000 **Norden/Wilhelmshaven**

Dagebüll 4h
Wittdün 4h
Hörnum (Sylt) 4h
Büsum 2h 30'
Eidersperrwerk 3h
Husum 3h

Cuxhaven 2 h
Hamburg 3h 30'

Aurich 7 km
Emden 31 km

Westerstede 38 km

Zetel 12 km
Oldenburg 44 km
Bremen 96 km

St. Peter-Ording 25 km
Garding 17 km
Husum 37 km
Tönning 17 km
5
Ea
Eb
Ec
Ed
144
151
162
16
17
18
19
20
21
Helgoland 2h
N O R D S E E
Deutsche
Bucht
Nationalpark
Schleswig-Holsteinisches
Wattenmeer
Norderpiep
Blauortsand
Die Piep
Tertiussand
Süderpiep
Meldorfer
Bucht
Bielshöven-
Trischen
Marner
Plate
Falsches Tief
Großer Vogelsand
Gelbsand
Scharhörn
Nationalpark
Hamburgisches
Wattenmeer
Neuwerk
Leuchtturm Neuwerk
Elbe 3
NIEDERSACHSEN
HAMBURG
Ostertill
Duhner Watt
Neuwerker Watt
Sahlenburger Watt
Wattenlöper
Fort Kugelbake
Duhnen
Döse
Feuerschiff Elbe 1
CUXHAVEN
Achtern Huus
Sahlenburg
Grüne Küstenstraße
Amerika-Hafen Umschlaganlage
Westertill
Großer Knechtsand
Hoher Knechtsand
Robinsbalje
Nationalpark
Niedersächsisches
Tegeler Plate
Wurster Watt
Nordholz
Aeronauticum
Spieka
Cappel
Dorum
Deichmuseum
Misselwarden
Mulsum
Wremen
Robbenplate
Fedderwarder Fahrwasser
Wattenmeer
Weser
LANGEN
BREMERHAVEN
Schiffdorf
Zoo am Meer
Deutsches Auswandererhaus
Deutsches Schiffahrtsmuseum
Bremerhaven-Mitte
Bremerhaven-Geestemünde
Museumsbahn Bremerhaven-Bederkesa
Debstedt
Drangstedt
Bad Bederkesa
Bederkesaer See
Flögeln
Kührstedt
Ringstedt
Köhlen
Langwarden
St. Laurentius
Fedderwardersiel
Burhave
Butjadingen
Tossens
Eckwarden
Altenbruch
Otterndorf
Kranichhaus Museum
Cadenberge
Hadeln
Ihlienworth
Neuenkirchen
Nordleda
Wanna
Bülkau
Odisheim
Steinau
Stinstedt
Medemstade
Neuenwalde
Sievern
Midlum
Wurster Heide
Land Wursten
Ahlenmoor
Elbe
Medemrinne
Medemsandinsel
Norder-Gründe
Trischen-damm
Friedrichskoog
Seehundstation Friedrichskoog
Dieksand
Kronprinzenkoog
MARNE
Helmsand
Neufelderkoog
WESSELBUREN
Büsum
Zur Perle
In Lee
Sommerkoog
MELDORF
Hemmingstedt
Norddeich
Hellschen
Heringsand
Unterschaar
Hedwigenkoog
Westerdeichstrich
Bremervörde 8 km
Basdahl 12 km
49
Nordenham 5 km
Brake 26 km
212
Nordenham-Blexen
27
Bremen 58 km
Oldenburg 66 km
Verden 93 km
2
4
6
8
10 km

IC Husum 20'

Rendsburg 21 km
Hamdorf 6 km 203

145

Schleswig 37 km
Rendsburg 10 km
Jevenstedt 2 km 77

Rendsburg 11 km
Westerrönfeld 8 km

IC/EC Rendsburg
Flensburg 67 km
Schleswig 34 km 7

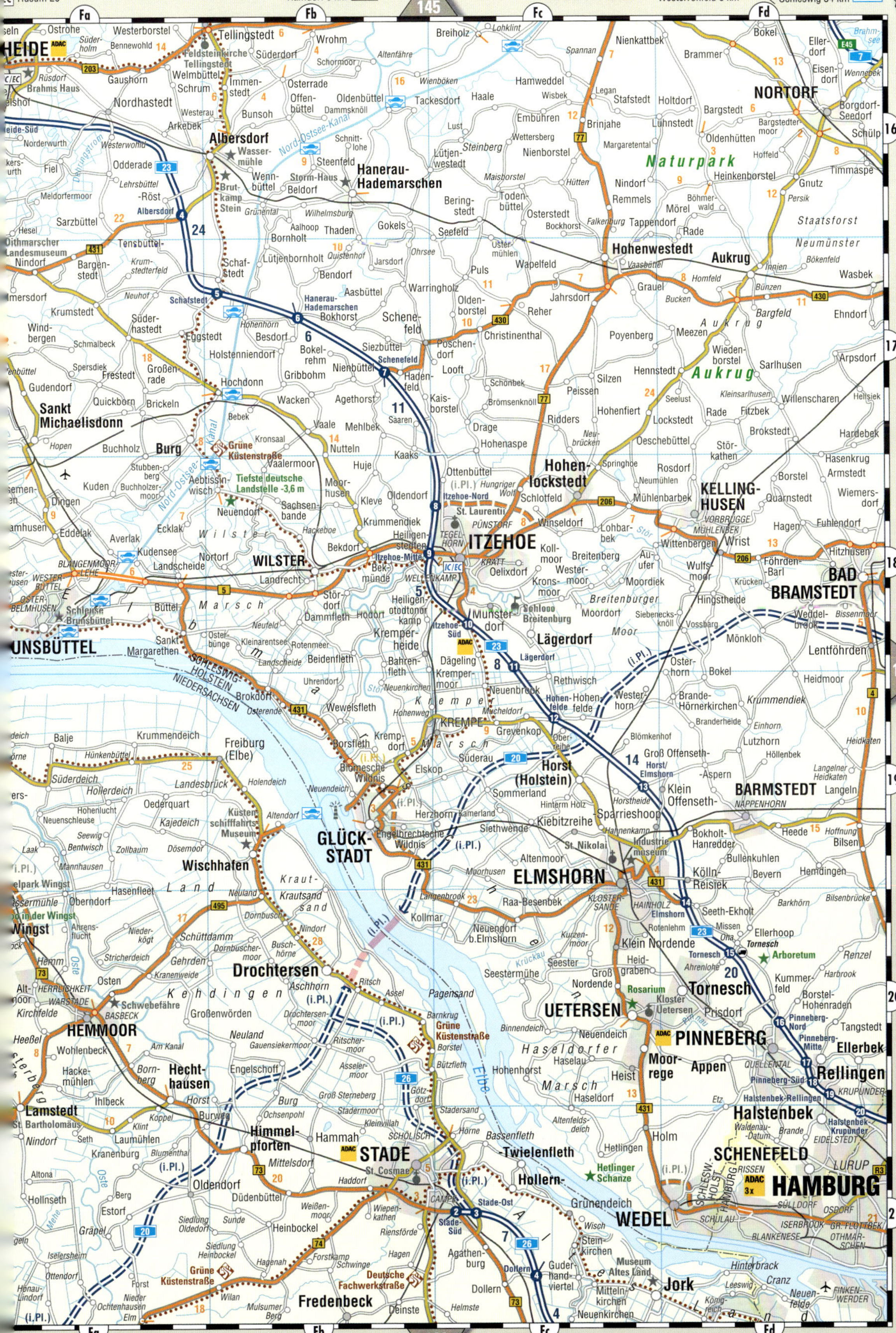

7 Neumünster 16 km
Hamburg 77 km

Neumünster 10 km
Rickling 20 km

IC/EC Neumünster

430 Neumünster 5 km
Bornhöved 21 km

ICE IC/EC Neumünster

206 Bad Segeberg 28 km
Lübeck 60 km

4 Norderstedt 8 km
Hamburg 16 km

Hamburg 5 km
Kiel 90 km
Hannover 170 km
23

ICE Hamburg
IC/EC Hamburg 46'

431
→ 7 1 km

74 Bremervörde 4 km
Gnarrenburg 25 km

73 Buxtehude 12 km
Neu Wulmstorf 20 km

26 Buxtehude 12 km
Neu Wulmstorf 19 km

Kiel 18 km
Molfsee 7 km
215
Kiel 17'
IC/EC
ICE
Kiel 13 km
Kronsburg 8 km
404
146
76
Kiel 20 km
Preetz 4 km
430
Lütjenburg 12 km
7
Rendsburg 24 km
Schleswig 46 km
Flensburg 80 km
Nortorf 7 km
IC/EC
Rendsburg 30'
430
Aukrug 10 km
Hohenwestedt 20 km
Hamburg-Dammtor 41'
IC/EC
ICE
206
Kellinghusen 15 km
Itzehoe 29 km
153
4
Bad Bramstedt 22 km
Itzehoe 45 km
Elmshorn 23 km
Pinneberg 9 km
23
ICE
IC/EC
Neumünster 40'
Itzehoe 46'
IC/EC
431
Wedel 13 km
Elmshorn 36 km
Bordesholm
Malente
PLÖN
EUTIN
NEUMÜNSTER
Trappenkamp
Boostedt
Rickling
WAHLSTEDT
BAD SEGEBERG
Ahrensbök
Ratekau
BAD SCHWARTAU
LÜBECK
Stockelsdorf
KALTENKIRCHEN
REINFELD
BAD OLDESLOE
Henstedt-Ulzburg
QUICKBORN
NORDERSTEDT
Tangstedt
BARGTEHEIDE
Ammersbek
AHRENSBURG
Großhansdorf
Hoisdorf
Trittau
MÖLLN
HAMBURG
Barsbüttel
Oststeinbek
GLINDE
Aumühle
Holsteinische Schweiz
Naturpark
Großer Plöner See
Staatsforst Segeberg
Halloh
2
4
6
8
10 km
164
7
Lüneburg 50 km
Hannover 152 km
ICE
HH-Harburg 9'
Hannover 1h 15'
Berlin-Spandau 1h 25'
IC/EC
Lüneburg 26'
Bremen 55'
1
Bremen 101 km
IC/EC
Büchen 30'
Schwerin 1h 15'
5
Geesthacht 17 km
Lauenburg 32 km
Schwarzenbek 2 km
Lauenburg 19 km
404
207
Schwarzenbek 2 km
Reinbek b. Hamburg 17 km

København 4h 7'
Rødby 1h 55' IC/EC
Puttgarden 1h ICE
Oldenburg i.H. 30'

Heiligenhafen 25 km
Oldenburg i.H. 11 km
Lensahn 3 km
1

501 Heiligenhafen 24 km
Heringsdorf 11 km

Trelleborg (S) 7/9h
Malmö (S) 9h
Helsinki (FIN) 22/36h

Kaliningrad (RUS) 32h
Riga (LV) 36h

147

156

Neubukow 20 km
Rostock 57 km
105

Neukloster 16 km
Rostock 42 km
20

Jesendorf 9 km
14

IC/EC Bützow 31'

Jesendorf 11 km
14

104
Brüel 12 km
Sternberg 20 km

321
Crivitz 8 km
Parchim 28 km

165

Boizenburg 22 km
Wittenberge 120 km
195

Ludwigslust 45 km
Wittstock/Dosse 108 km
Berlin 212 km
24

Hagenow 12 km 321

IC/EC
Büchen 39'
Hamburg
Hbf 1h 15'

IC/EC
Ludwigslust 21'

14
Ludwigslust
23 km
Berlin 192 km

Gedser (DK) 2h
Trelleborg (S) 6/8h
105 Stralsund 61 km Ribnitz-Damgarten 1
IC/EC Stralsund 49'

Wismar 9 km
Lübeck 62 km
105

20 / 14
Wismar 5 km
Grevesmühlen 30 km
Lübeck 73 km

Bad Kleinen 31'
IC/EC

Schwerin 16 km
14

104
Cambs 2 km
Schwerin 15 km

321
Raben 5 km
Schwerin 11 km

Parchim 8 km
Pritzwalk 55 km
321

Plau am See 3 km
Pritzwalk 40 km
103

Barth 21 km
148
194 Stralsund 22 km Steinhagen 7 km
96 Stralsund 20 km
Ka
Kb
Kc
Kd
16 Greifswald 9 km
109
20 Jarmen 22 km Neubrandenburg 61 km Pasewalk 100 km
17
110 Tutow 2 km Anklam 33 km
18
158
Burow 14 km Neubrandenburg 30 km
19
Altentreptow 3 km Neubrandenburg 18 km
20
Weitin 1 km Neubrandenburg 5 km
104
192 Neubrandenburg 5 km
21
Wittstock 34 km Berlin 142 km
Malchow 12 km Röbel 12 km 192
167
ICE Berlin Leipzig
Neustrelitz 14 km 193
MARLOW
BAD SÜLZE
TRIBSEES
GRIMMEN
TESSIN
GNOIEN
LOITZ
DEMMIN
DARGUN
NEUKALEN
TETEROW
MALCHIN
REUTERSTADT STAVENHAGEN
WAREN (Müritz)
PENZLIN
INSELSTADT MALCHOW
Naturpark Flusslandschaft Peenetal
Naturpark Mecklenburgische Schweiz
Mecklenburgische Schweiz und Kummerower See
Kummerower See
Malchiner See
Kölpinsee
Fleesensee
Müritz
Seenplatte
Müritz Nationalpark
Nossentiner/Schwinzer Heide
Drosedower Wald
Deutsche Alleenstraße
Hanse-Route
Vogelpark Marlow
Gut Dalwitz
Gutshaus Belitz
Schloss Dargun
Campingpark Sommersdorf
Schloss Ivenack
Fritz-Reuter-Literaturmuseum
Burg Schlitz
Schloss Kittendorf
Herrenhaus Varchentin
Wisentgehege
Schloss Klink
Museum Magie und Hexenverfolgung
Kamerun

Greifswald/Szczecin 1 : 340.000

Stralsund 37' IC/EC
105 Bergen a. Rügen 55 km
Stralsund 27 km
Gager (Rügen)
149

→ 20 2 km
109
20
Grimmen 11 km
Tribsees 35 km
Rostock 84 km

110
Demmin 11 km
Rostock 82 km

Demmin 19 km

157

Stavenhagen 7 km

Rosenow 13 km
Stavenhagen 23 km
104

192
Wulkenzin 2 km
Neustrelitz 28 km

96
Neustrelitz 15 km
Berlin 120 km

2 4 6 8 10 km

168
198 Bredenfelde 3 km
Neustrelitz 34 km
Prenzlau 19 km
Schwedt 64 km 198
Prenzlau 16' IC/EC
Berlin 1h 40'
109
Prenzlau 13 km
Templin 48 km

Trelleborg (S) 8h
Ystad (S) 7h
Ma
Mb
Mc
Md
O S T S E E
Pommersche Bucht
Zatoka Pomorska
Hanse-Route
Seebad Bansin
Mobilcamp Heringsdorf
Seebad Heringsdorf
Seebad Heringsdorf
Seebad Ahlbeck
Seebad Ahlbeck
Gothen
Seebrücke
Korswandt
Ulrichshorst
Zirchow
Garz
Golm
Kutzow
Flughafen Heringsdorf
Kamminke
ŚWINOUJŚCIE SWINEMÜNDE
WARSZÓW
WYDRZANY
PRZYTÓR
KARSIBÓR
Wicko Wielkie Gr.-Vietziger See
Stara Świna
Alte Swine
POLSKA
DEUTSCHLAND
MIĘDZYZDROJE MISDROY
Gabinet Figur Woskowych
Lubiewo
Woliński Park Narodowy
Lubin
Dargobądz
Wiselka
Kolczewo
Sierosław
Warnowo
Kodrąb
Unin
Ładzin
Wlk. Mokrzyca
Mł.
Laska
Zatoka Dziwna
Wielki Zalew
WOLIN WOLLIN
Wolin Wollin
Recław
Wiejkowo
Koniewo
Zalew Szczeciński
MIĘDZYWODZIE
Jez. Koprowo
Zalew Kamieński
Buniewice
Chrząszczewo
Milachowo
Zatoka Cicha
Jarszewo
Dusin
Buszecin
Sibin
Rozwarowo
Dramino
Piaski Wlk.
KAMIEŃ POMORSKI
Rzewnowo
Szumińca
Rekowo
Stawno
Ganiec
Kozielice
Parłowko
Baczysław
Ostromice
Kamieńska
Łukęcin
Dziwnówek
Wrzosowo
Sulikowo
Strzrzowo
Świniec
Trzebieszewo
Dziwna
Trzebiatów 25 km
Golczewo 6 km
Kartlewo
Rokita
Przybiernów
Zabierzewo
Miodowice
Racimierz
Żarnowo
Czarnocin
Kopice
Miłowo
Zielonczyn
Gąsierzyno
Stepnica
Bogusław
Gowienica
Dzisna
Babigoszcz
Widzieńsko
Wierzchosław
Kąty
Miękowo
Krępsko
Modrzewie
GOLENIÓW GOLLNÓW
Nowogard 21 km
Koszalin 144 km
Komarowo
Borzysławiec
Lubczyna
Warcisławiec
Kliniska Wlk.
Pucice
Zalom
Jez. Dąbie
Seebad Ueckermünde
UECKERMÜNDE OST
Berndshof
Bellin
Altwarp
Warsin
Vogelsang
PODGRODZIE
NOWE WARPNO NEUWARP
Neuwarper See
Jez. Nowowarpieńskie
Warnołęka
Luckow
Rieth
Ludwigshof
Brzózki
EGGESIN
WOHNSIEDLUNG KARPIN
EGGESINER TEEROFEN
Ahlbeck
Gegensee
Hintersee
Puszcza Wkrzańska
Ueckermünder Heide
Trzebież Ziegenort
Roztoka Odrzańska
Odra
Drogoradz
Niekłończyca
Dębostrów
Jasienica
Nowa Jasenica
Zopfenbeck
Dobieszczyn
Glashütte
Schloßsee
Jezioro Stolsko
Stolec
Naturpark Am Stettiner Haff
Grünhof
Pampow
Marienthal
Borken
Randow
Randowbruch
Uhlenkruk
Vierek
Koblentz
Krugsdorf
Breitenstein
Mewegen
Rothenklempenow
Blankensee
Boock
Gorkow
Polzow
Zerrenthin
Wetzenow
Rossow
Bröllin
Caselow
Friedrichshof
Fahrenwalde
Löcknitz
Burgturm Löcknitz
Bergholz
Menkin
Wollschow
Plöwen
Bismark
Wilhelmshof
Linken
Schmagerow
Ramin
Grambow
Retzin
Legi
Dobra
Lubieszyn
Dołuje
MECKLENBURG VORPOMMERN
BRANDENBG.
Gunice
Gunica/Aalbach
POLICE
Święta
Tanowo
Trzeszczyn
Przęsocin
Pilchowo
Stolczyn
GLINKI
Wołczkowo
Osów
NIEBUSZEWO
GOLĘCINO
Redlica
Bezrzecze
Zamek K. Pomorskich
Stary Ratusz
Katedra
SZCZECIN STETTIN
Mierzyn
Stobno
Ostoja
GUMIEŃCE
POMORZANI
DĄBIE
Szczecin-Dąbie
Wielgowo
Prenzlau 16 km
AB-Kr. Uckermark 19 km
Berlin 113 km
Krackow 13 km
15 km
169
Angermünde (D) 1h 9'
Kolbaskawo 6 km (PL)
Schwedt 42 km
Podjuchy 6 km
Penkun 32 km
Berlin 168 km
S3
S6
E65
E28

Borkum 2h
Norden 25' IC/EC 72 Norden 10 km
Ca
Cb
150
Cc
Cd
22
23
24
25
26
27
N363 Winsum 11 km Groningen 24 km
N46 Groningen 6 km
N360 Groningen 3 km
A7 Groningen 4 km Drachten 36 km
N34 Groningen 14 km
N33 Assen 10 km
N374 Hoogeveen 19 km
N381 Beilen 9 km
Nationalpark
Niedersächsisches
Wattenmeer
Ostfriesisches Gatje
DEUTSCHLAND
NEDERLAND
Greetsiel
Krummhörn
Nord-brookmerland
Südbrookmerland
Hinte
EMDEN
Eemshaven
Uithuizermeeden
Uithuizen
Loppersum
Appingedam
DELFZIJL
Ems
Dollart
Ten Boer
Slochteren
Siddeburen
Jemgum
Rheiderland
Bunde
Weener
Haren
HOOGEZAND-SAPPEMEER
Scheemda
Winschoten
Beerta
Bad Nieuweschans
Bellingwolde
VEENDAM
Zuidlaren
Nieuwe Pekela
Oude Pekela
PAPENBURG
Anloo
Gieten
Rolde
Vlagtwedde
STADSKANAAL
Dörpen
Heede
Borger
Ter Apel
Odoorn
Lathen
Westerwolde
Hondsrug
Bourtanger Moor
Haren (Ems)
2
4
6
8
10 km
170
Emmen 10 km N381
N34 Emmen 5 km Coevorden 16 km
N391 Emmen 4 km
Meppen 22 km Lingen 41 km AB-Kreuz Schüttorf 55 km 31
408 Haren 3 km
70 Meppen 14 km Lingen 36 km
IC/EC Meppen 25'

210 Wilhelmshaven 43 km Wittmund 17 km
151
29 Wilhelmshaven 9 km
Da
Db
Dc
Dd
AURICH
Pfalzdorfer Moor
Wiesmoor
Großefehn
Friedeburg
Sande
WILHELMSHAVEN
Oceanis
Kaiser-Wilhelm-Brücke
Jadebusen
Nationalpark Niedersächsisches Wattenmeer
Zetel
Bockhorn
VAREL
Friesische Wehde
Neuenburg
Jade
Hesel
Uplengen
Remels
Moormerland
Lengener Moor
Holtland
WESTERSTEDE
Wiefelstede
Rastede
LEER
Apen
Augustfehn
Ammerland
Bad Zwischenahn
Zwischenahner Meer
Barßel
Rhauderfehn
Ostrhauderfehn
Strücklingen
Saterland
Ostermoor
Edewecht
OLDENBURG
Langes Moor
Kamper Moor
Vehnemoor
Scharrel
Westermoor
Wardenburg
FRIESOYTHE
Bösel
Esterwegen
Surwold
Garrel
Oldenburgisches
Naturpark Wildeshauser Geest
Eleonorenwald
Hümmling
Werlte
Sögel
Lindern
Molbergen
CLOPPENBURG
Emstek
Münsterland
437 Rodenkirchen 15 km Bremerhaven 40 km
23 (Nordenham)
22
24
211 Brake 20 km
29 Delmenhorst 36 km Bremen 47 km
162
IC/EC Delmenhorst 18'
ICE Bremen 27'
28 Delmenhorst 35 km
25
29 Oldenburg 13 km
26
27
1 Wildeshausen 10 km Bremen 46 km Hamburg 148 km
Löningen 12 km
171
213 Löningen 16 km Lingen 57 km
68 Quakenbrück 22 km Bramsche 56 km
1 7 km Vechta 20 km Diepholz 35 km
1 Wallenhorst 55 km Osnabrück 63 km Münster 113 km

Cuxhaven 45 km
Langen 10 km
Bremerhaven 3 km
27
Bremerhaven
Bremerhaven 9 km 212
152
Bad Bederkesa 14 km
Bad Bederkesa 20 km
Hemmoor 19 km
Ea
Eb
Ec
Ed
National-park Nieders. Watten-meer
Jadebusen
BREMERHAVEN
NORDENHAM
Loxstedt
Stad-land
Beverstedt
Ovelgönne
BRAKE
Hagen
Hambergen
Schwanewede
ELSFLETH
Berne
Lemwerder
OSTERHOLZ-SCHARMBECK
Worpswede
Ritterhude
Lilienthal
BREMEN
Hude
Hatten
DELMENHORST
Ganderkesee
Stuhr
Brinkum
Weyhe
ACHIM
Großenkneten
Dötlingen
WILDESHAUSEN
Harpstedt
SYKE
BASSUM
Visbek
Bruchhausen-Vilsen
Grünen Küstenstraße
Niedersächsische Spargelstraße
Straße der Weserrenaissance
Oranier Route
Teufelsmoor
Moorriem
Stedingen
Naturpark Wildeshauser Geest
Weser
22
23
24
25
26
27
437
Varel 10 km
Bockhorn 18 km
Oldenburg 11 km
211
Rastede 9 km
Varel 29 km
Wilhelmshaven 51 km
29
161
Oldenburg 25'
IC/EC
ICE
28
Oldenburg 3 km
Bad Zwischenahn 20 km
29
AB-Dr. Ahlhorner Heide 32 km
1
Cloppenburg 18 km
Osnabrück 70 km
Münster 120 km
2 4 6 8 10 km
Goldenstedt 4 km
51
Twistringen 3 km
Diepholz 32 km
172
ICE IC/EC
Osnabrück 50'
61
Sulingen 21 km
Petershagen 56 km
6
Asendorf 8 km
Nienburg (Weser) 33

74 Stade 20 km

Stade 12 km
Dollern 2 km
73

26 Stade 13 km
Dollern 5 km

153

73 Hamburg 13 km

Hamburg 25 km
Kiel 115 km
Flensburg 175 km
261

1 Maschener Kreuz 9 km
Lüneburg 41 km
Uelzen 76 km
ICE HH-Harburg 44'
IC/EC HH-Hbf. 55'

164

Bispingen 8 km
3

Munster 18 km
Uelzen 50 km
71

Maschener Kreuz 51 km
Hamburg 71 km
Lübeck 133 km
7

3
Bergen 17 km
Celle 40 km

Nienburg (Weser) 20 km
Minden (Westf.) 74 km
215

ICE Hannover 1h
IC/EC Nienburg 15'

Rethem 5 km
Nienburg (Weser) 28 km
209

173

AB-Dr. Walsrode 5 km
Hannover 53 km
27

7 AB-Dr. Walsrode 3 km
Flughafen Hannover 45 km
Hannover 51 km

Lüneburg/Uelzen 1 : 340.000

Kiel 101 km
Itzehoe 59 km
AB-Dr. HH-Nordwest 13 km
Hamburg Hbf. 10'
Puttgarden 148 km
Lübeck 58 km
AB-Dr. HH-Ost 10 km
Hamburg 12 km
Hamburg 30'
Bad Segeberg 57 km
Bad Oldesloe 43 km
Ratzeburg 32 km
Mölln 20 km
154
Ga
Gb
Gc
Gd
Neu Wulmstorf 6 km
Buxtehude 11 km
Buchholzer Dreieck 2 km
Buchholzer Dreieck 2 km
Bremer Kreuz 70 km
Bremen 85 km
Bremen 44'/ 55'
163
Schneverdingen 16 km
Buchholz i.d. Nordheide 41 km
Soltau 3 km
Rotenburg (W.) 41 km
Dreieck Walsrode 23 km
Hannover 71 km
Soltau 6 km
Buchholz i.d. Nordheide 51 km
WILHELMSBURG
HARBURG
REINBEK
Wentorf
Börnsen
SCHWARZENBEK
Büchen
GEESTHACHT
Seevetal
Stelle
WINSEN (Luhe)
LAUENBURG
Tespe
Marschacht
Drage
Vierlande
Marschlande
Lauenburg
Jesteburg
Hanstedt
Bardowick
Adendorf
Scharnebeck
LÜNEBURG
Reppenstedt
Vögelsen
Salzhausen
Deutsch Evern
Melbeck
Embsen
Naturpark
Lüneburger Heide
Bienenbüttel
Amelinghausen
Bispingen
BAD BEVENSEN
Ebstorf
Wriedel
MUNSTER
UELZEN
Wietzendorf
Faßberg
Suderburg
Hermannsburg
Unterlüß
Osterheide
Raubkammer
Große Heide
Süsing
Südheide
Biosphärenreservat
Elbe
Wildpark Lüneburger Heide
Heidemuseum
Deutsches Panzermuseum
Deutsche Ferienroute Alpen-Ostsee
Niedersächsische Spargelstraße
Oranier Route
Alte Salzstraße
Bad Bodenteich
174
Celle 20'
Hannover 1h 15'
Hannover 1h 7'
Eschede 17 km
Celle 33 km
Hannover 74 km
Gifhorn 41 km
Braunschweig 63 km
Bergen 2 km
Celle 25 km
Hannover 66 km
2 4 6 8 10 km

Hamburg 71 km
Hornbek 35 km
Gudow 12 km
24

195 Ratzeburg 30 km
Zarrentin 6 km

Wismar 50 km
Schwerin 20 km 321

IC/EC Schwerin 51'

IC/EC Schwerin 21'

Wismar 56 km
14 Schwerin 25 km

22

24 AB-Dr. Wittstock/ Dosse 73 km
Berlin 181 km

23 IC/EC Wittenberge 26'

5 Grabow 5 km
Perleberg 34 km

195 Lanz 7 km
Wittenberge 18 km

493 Schnackenburg 4 km

190 Seehausen 17 km
Havelberg 47 km

...gen 12 km

248 Rohrberg 14 km
Wolfsburg 56 km

71 Mahlsdorf 2 km
Gardelegen 33 km
Haldensleben 65 km

IC/EC Stendal 26'
Berlin-Spandau 1h 3'

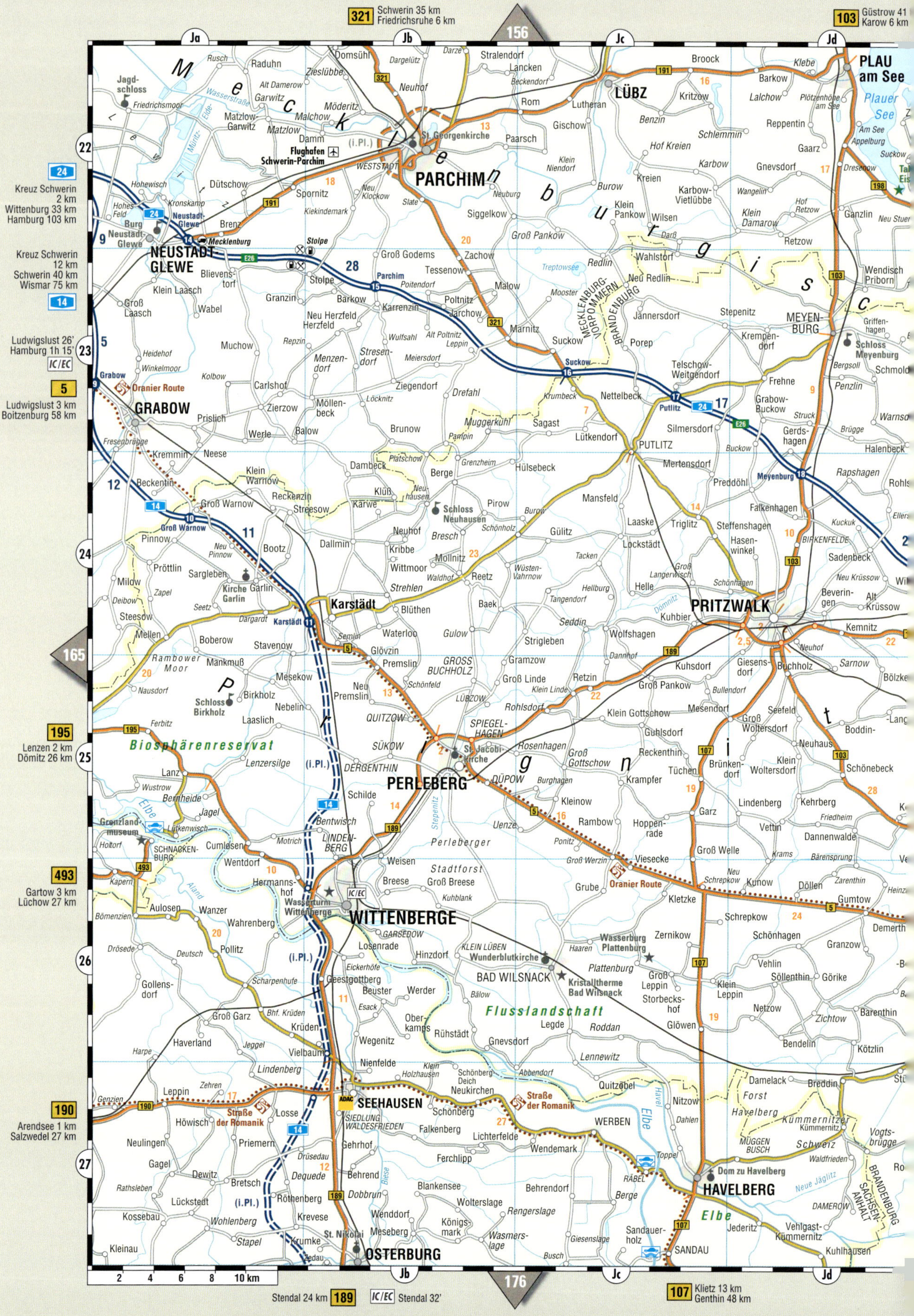

321 Schwerin 35 km Friedrichsruhe 6 km
156
103 Güstrow 41 Karow 6 km
Ja
Jb
Jc
Jd
22
23
24
25
26
27
24 Kreuz Schwerin 2 km Wittenburg 33 km Hamburg 103 km
Kreuz Schwerin 12 km Schwerin 40 km Wismar 75 km 14
Ludwigslust 26' Hamburg 1h 15' IC/EC
5 Ludwigslust 3 km Boitzenburg 58 km
165
195 Lenzen 2 km Dömitz 26 km
493 Gartow 3 km Lüchow 27 km
190 Arendsee 1 km Salzwedel 27 km
Stendal 24 km 189
IC/EC Stendal 32'
176
107 Klietz 13 km Genthin 48 km
2 4 6 8 10 km
Mecklenburg
Prignitz
PLAU am See
Plauer See
LÜBZ
PARCHIM
St. Georgenkirche
Flughafen Schwerin-Parchim
NEUSTADT-GLEWE
Mecklenburg
GRABOW
Oranier Route
MEYENBURG
Schloss Meyenburg
PUTLITZ
PRITZWALK
Karstädt
PERLEBERG
St. Jacobi-Kirche
WITTENBERGE
Wasserturm Wittenberge
Grenzland-museum
SCHNACKENBURG
Biosphärenreservat
BAD WILSNACK
Wunderblutkirche
Kristalltherme Bad Wilsnack
Wasserburg Plattenburg
Flusslandschaft
SEEHAUSEN
Straße der Romanik
HAVELBERG
Dom zu Havelberg
Elbe
OSTERBURG
St. Nikolai
SANDAU
WERBEN
Schloss Neuhausen
Schloss Birkholz
Kirche Garlin
MECKLENBURG-VORPOMMERN
BRANDENBURG
SACHSEN-ANHALT
Perleberger Stadtforst
Forst Havelberg

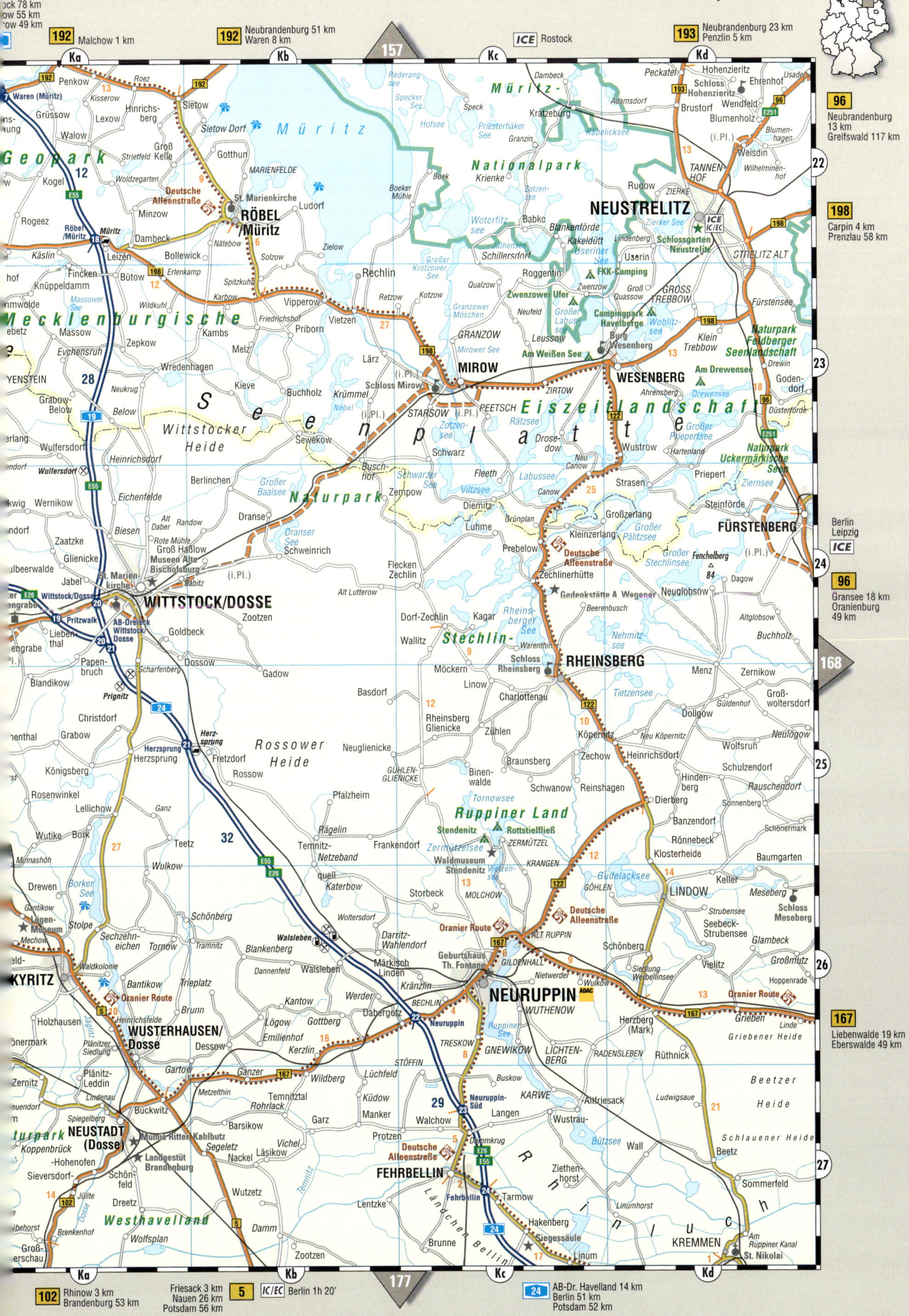
192 Malchow 1 km
192 Neubrandenburg 51 km Waren 8 km
157
ICE Rostock
193 Neubrandenburg 23 km Penzlin 5 km
96 Neubrandenburg 13 km Greifswald 117 km
198 Carpin 4 km Prenzlau 58 km
Berlin Leipzig ICE
96 Gransee 18 km Oranienburg 49 km
168
167 Liebenwalde 19 km Eberswalde 49 km
102 Rhinow 3 km Brandenburg 53 km
Friesack 3 km Nauen 26 km Potsdam 56 km
5 IC/EC Berlin 1h 20'
177
24 AB-Dr. Havelland 14 km Berlin 51 km Potsdam 52 km
Ka
Kb
Kc
Kd
22
23
24
25
26
27
Müritz
Müritz-Nationalpark
NEUSTRELITZ
RÖBEL /Müritz
Rechlin
MIROW
WESENBERG
FÜRSTENBERG
Mecklenburgische Seenplatte
Naturpark
Wittstocker Heide
Eiszeitlandschaft
Naturpark Feldberger Seenlandschaft
Naturpark Uckermärkische Seen
WITTSTOCK/DOSSE
Stechlin-Ruppiner Land
RHEINSBERG
Rossower Heide
LINDOW
NEURUPPIN
KYRITZ
WUSTERHAUSEN/ Dosse
NEUSTADT (Dosse)
FEHRBELLIN
KREMMEN
Rhinluch
Westhavelland
Deutsche Alleenstraße
Oranier Route
Beetzer Heide
Schlauener Heide
Griebener Heide
Ländchen Bellin

198 Pasewalk 42 km Woldegk 9 km
158
198 Neubrandenburg 36 km Woldegk 10 km
Züssow 1h 17' Pasewalk 39' IC/EC
109 Greifswald Pasewalk 1
La
Lb
Lc
Ld
22
23
24
25
26
27
198 Neustrelitz 6 km Wesenberg 18 km
Rostock ICE
96 Fürstenberg 5 km Neustrelitz 23 km
167
167 Grieben 7 km Neuruppin 26 km
PRENZLAU
TEMPLIN
LYCHEN
FELDBERG
CARWITZ
GRANSEE
ZEHDENICK
JOACHIMSTHAL
EBERSWALDE
LIEBENWALDE
BIESENTHAL
ORANIENBURG
Wandlitz
Finowfurt
Naturpark Feldberger Seenlandschaft
Naturpark Uckermärkische Seen
Nationalpark Müritz
Biosphärenreservat Schorfheide-Chorin
Naturpark Barnim
Schorfheide
Uckermark
Barnimer Heide
Hans Fallada Haus
Schloss Boitzenburg
Gedenkstätte Ravensbrück
Klosterruine Himmelpfort
Stadtmauer Templin
Ziegeleipark Mildenberg
Ehem. Jagdschloss Hubertusstock
Joachimsthaler Wasserturm
AB-Kirche Werbellin
Heimatmuseum Liebenwalde
Artistenmuseum
Gedenkstätte und Museum Sachsenhausen
Schloss Oranienburg
T.U.R.M. Erlebnisity
Forstbotanischer Garten
Oranier Route
Oder-Havel-Kanal
Havel
Unteruckersee
Oberuckersee
Werbellinsee
2 4 6 8 10 km
96 → 10 5 km
ICE Berlin Leipzig
178
Lb Basdorf 3 km Berlin 27 km
11 → 10 13 km Berlin 30 km Frankfurt (Oder) 107 km
Lc Bernau 6 km Berlin 29 km
IC/EC Berlin-Gesundbrunnen 47'
ICE
168 Müncheberg 39 km Fürstenwalde 59 km

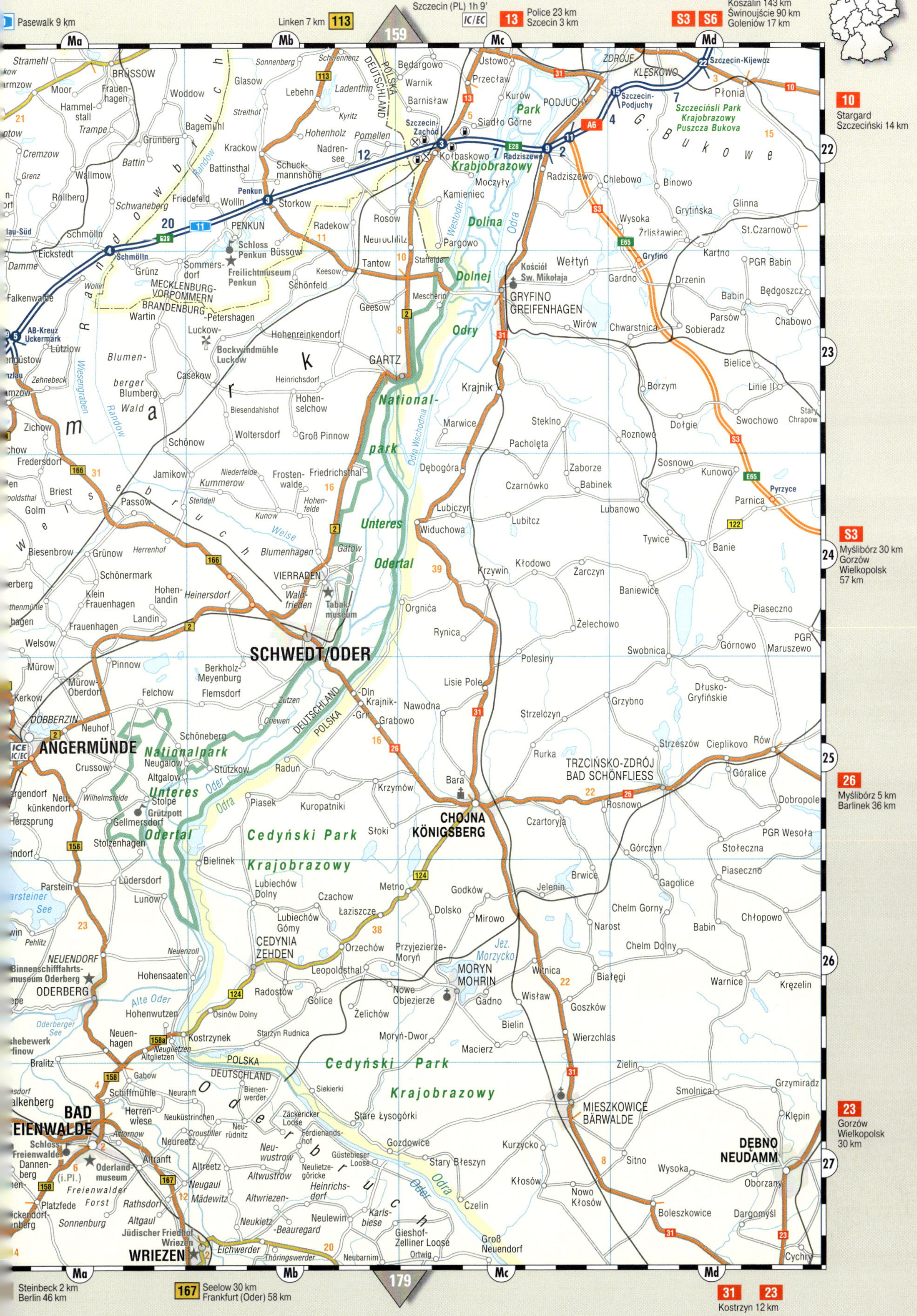
Pasewalk 9 km
Linken 7 km 113
Szczecin (PL) 1h 9'
IC/EC
13 Police 23 km
Szczecin 3 km
S3 S6 Koszalin 143 km
Świnoujście 90 km
Goleniów 17 km
159
Ma
Mb
Mc
Md
10 Stargard Szczeciński 14 km
S3 Myślibórz 30 km
Gorzów Wielkopolsk 57 km
26 Myślibórz 5 km
Barlinek 36 km
23 Gorzów Wielkopolsk 30 km
22
23
24
25
26
27
179
Steinbeck 2 km
Berlin 46 km
167 Seelow 30 km
Frankfurt (Oder) 58 km
31 23 Kostrzyn 12 km
BRUSSOW
Woddow
Glasow
Lebehn
Ladenthin
POLSKA
DEUTSCHLAND
Bedargowo
Warnik
Barnisław
Ustowo
Przecław
Kurów
Park
PODJUCHY
ZDROJE
KLĘSKOWO
Szczecin-Kijewo
Płonia
Szczecin-Podjuchy
Szczeciński Park Krajobrazowy Puszcza Bukowa
Bukowe
Moor
Frauenhagen
Hammelstall
Trampe
Cremzow
Wallmow
Rollberg
Grünberg
Battin
Bagemühl
Krackow
Battinsthal
Schuckmannshöhe
Hohenholz
Pomellen
Nadrensee
Szczecin-Zachód
Kołbaskowo
Siadło Górne
Radziszewo
Krajobrazowy
Moczyły
Kamieniec
Dolina
Dolnej
Odry
Odra
Radziszewo
Chlebowo
Binowo
Wysoka
Grytińska
Glinna
St.Czarnowo
Schwaneberg
Friedefeld
Wollin
Penkun
Storkow
PENKUN
Radekow
Rosow
Pargowo
Schmölln
Eickstedt
Schloss Penkun
Freilichtmuseum Penkun
Büssow
Tantow
Staffelde
Kościół Św. Mikołaja
Wełtyń
Gardno
Drzenin
Kartno
PGR Babin
Babin
Będgoszcz
Damme
Grünz
Sommersdorf
Keesow
Schönfeld
Falkenwalde
MECKLENBURG-VORPOMMERN
BRANDENBURG
Wartin
Petershagen
Geesow
Mescherin
GRYFINO
GREIFENHAGEN
Wirów
Chwarstnica
Sobieradz
Parsów
Chabowo
AB-Kreuz Uckermark
Lützlow
Luckow
Bockwindmühle Luckow
Hohenreinkendorf
GARTZ
Bielice
Blumenberger Wald
Blumberg
Casekow
Heinrichsdorf
Hohenselchow
National-park
Krajnik
Borzym
Linie II
Zichow
Randow
Biesendahlshof
Woltersdorf
Groß Pinnow
Marwice
Steklno
Dołgie
Swochowo
Pacholęta
Roznowo
Fredersdorf
Schönow
Jamikow
Niederfelde
Kummerow
Frostenwalde
Friedrichsthal
Dębogóra
Zaborze
Sosnowo
Kunowo
Briest
Golm
Passow
Stendell
Hohenfelde
Unteres
Czarnówko
Babinek
Lubanowo
Parnica
Pyrzyce
Kunow
Welse
Lubiczyn
Widuchowa
Lubitcz
Tywice
Banie
Biesenbrow
Grünow
Herrenhof
Blumenhagen
Gatow
Odertal
Krzywin
Kłodowo
Żarczyn
Schönermark
Klein Frauenhagen
Hohenlandin
Heinersdorf
VIERRADEN
Waldfrieden
Tabakmuseum
Orgnica
Baniewice
Piaseczno
Frauenhagen
Landin
Rynica
Żelechowo
Welsow
Pinnow
SCHWEDT/ODER
Polesiny
Swobnica
Górnowo
PGR Maruszewo
Mürow
Mürow-Oberdorf
Berkholz-Meyenburg
Felchow
Flemsdorf
Lisie Pole
Dłusko-Gryfińskie
Kerkow
Zutzen
Criewen
Krajnik-Dln
Nawodna
Grabowo
Strzelczyn
Grzybno
DOBBERZIN
Neuhof
ANGERMÜNDE
Schöneberg
Nationalpark
Rurka
Strzeszów
Cieplikowo
Rów
Crussow
Neugalow
Altgalow
Stützkow
Raduń
Bara
TRZCIŃSKO-ZDRÓJ
BAD SCHÖNFLIESS
Góralice
Wilhelmsfelde
Stolpe
Grützpott
Gellmersdorf
Piasek
Kuropatniki
Krzymów
Dobropole
Neukünkendorf
Herzsprung
Stolzenhagen
Cedyński Park Krajobrazowy
Słoki
CHOJNA
KÖNIGSBERG
Czartoryja
Rosnowo
PGR Wesoła
Bielinek
Górczyn
Stołeczna
Lüdersdorf
Parstein
Lunow
Lubiechów Dolny
Czachow
Metno
Godków
Jelenin
Brwice
Gagolice
Piaseczno
Łaziszcze
Dolsko
Mirowo
Chelm Gorny
Narost
Babin
Chłopowo
Lubiechów Górny
CEDYNIA
ZEHDEN
Orzechów
Przyjezierze-Moryń
Jez. Morzycko
Chelm Dolny
Neuenzoll
NEUENDORF
Binnenschifffahrts-museum Oderberg
ODERBERG
Hohensaaten
Leopoldsthal
MORYŃ
MOHRIN
Witnica
Białęgi
Warnice
Krężelin
Radostów
Golice
Nowe Objezierze
Gadno
Wisław
Goszków
Alte Oder
Hohenwutzen
Osinów Dolny
Żelichów
Bielin
Oderberger See
Neuenhagen
Kostrzynek
Starzyn Rudnica
Moryń-Dwor
Macierz
Wierzchlas
Bralitz
Neuglietzen
Altglietzen
POLSKA
DEUTSCHLAND
Cedyński Park Krajobrazowy
Zielin
Gabow
Schiffmühle
Neuranft
Bienenwerder
Siekierki
Smolnica
Grzymiradz
BAD FREIENWALDE
Herrenwiese
Neukünstrinchen
Zäckericker Loose
Stare Łysogórki
MIESZKOWICE
BÄRWALDE
Klępin
Schloss Freienwalde
Oderland-museum
Neureetz
Croustiller
Neurüdnitz
Neuwustrow
Ferdinandshof
Gozdowice
Kurzycko
DĘBNO
NEUDAMM
Dannenberg
Altranft
Altreetz
Neulietzegöricke
Güstebieser Loose
Stary Błeszyn
Sitno
Wysoka
Oberzany
Freienwalder Forst
Neugaul
Altwustrow
Heinrichsdorf
Kłosów
Nowo Kłosów
Platzfede
Rathsdorf
Mädewitz
Altwriezen
Oder
Czelin
Boleszkowice
Dargomyśl
Sonnenburg
Altgaul
Jüdischer Friedhof Wriezen
Neukietz
Beauregard
Neulewin
Karlsbiese
Gieshof-Zelliner Loose
Ortwig
Groß Neuendorf
Cychry
WRIEZEN
Eichwerder
Thöringswerder
Neubarnim
Oderbruch
Uckermark
Randowbruch
Welsebruch

N 381 Beilen 15 km Zweeloo 2 km
N 34 Groningen 56 km Borger 14 km
Ter Apel 12 km N 391
160
Norddeich 121 km Emden 89 km Leer 53 km 31
Papenburg 25' IC/EC
70 Papenburg 28 km Lathen 5 km
A37 Hoogeveen 17 km Meppel 32 km
N 377 Avereest 15 km
N 34 Hardenberg 5 km Ommen 18 km Zwolle 40 km
Hardenberg 10 km N 343
Vriezenveen 3 km Hardenberg 27 km N 36
Deventer 32' IC/EC
Almelo 4 km Wierden 8 km A35
A1 Deventer 43 km Apeldoorn 55 km Amsterdam 136 km
N 346 Goor 9 km
N 347 Goor 7 km Rijssen 20 km
N 18 Eibergen 4 km Doetinchem 38 km
70 Vreden 9 km Südlohn 21 km Borken 34 km
Ahaus 3 km Stadtlohn 14 km
181
31 Bottrop 67 km Essen 78 km Düsseldorf 104 km
Altenberge 12 km Münster 28 km 54
2 4 6 8 10 km
EMMEN
Sleen
HAREN
MEPPEN
Dalen
Coevorden
Schoonebeek
Emlichheim
Twist
Gramsbergen
Geeste
LINGEN
NEUENHAUS
Wietmarschen
Uelsen
NORDHORN
Tubbergen
Dinkelland
ALMELO
Weerselo
Denekamp
Emsbüren
Borne
OLDENZAAL
SCHÜTTORF
Salzbergen
RHEINE
BAD BENTHEIM
Stad Delden
HENGELO
Losser
ENSCHEDE
GRONAU
OCHTRUP
Neuenkirchen
Wettringen
Haaksbergen
Metelen
Heek
STEINFURT
NEDERLAND DEUTSCHLAND

Sögel 4 km
Werlte 5 km
Werlte 14 km
161
Cloppenburg 9 km
213
Cloppenburg 7 km
68
Friesoythe 32 km
Cloppenburg 7 km
72
Bremen 59 km
Wildeshausen 25 km
Da
Db
Dc
Dd
Vechta 8 km
Diepholz 23 km
69
28
29
30
31
32
33
214
Diepholz 7 km
Nienburg (Weser) 69 km
172
Bohmte 4 km
Diepholz 33 km
51
65
Bad Essen 8 km
Lübbecke 27 km
Minden (W.) 52 km
ICE IC/EC
Bremen 50'
ICE
IC/EC Bünde 23'
30
Melle 7 km
Bad Oeynhausen 42 km
Hannover 120 km
Greven 2 km
Münster 16 km
219
Münster 23' IC/EC
Münster 22 km
Unna 73 km
Dortmund 83 km
1
Münster 25' IC/EC ICE
182
475 Glandorf 15 km
Warendorf 31 km
51 Glandorf 7 km
Münster 38 km
33 Borgholzhausen 4 km
HASELÜNNE
Lähden
Herzlake
LÖNINGEN
Lastrup
Essen
Cappeln
Bakum
LOHNE
QUAKENBRÜCK
Dinklage
Badbergen
Berge
Bippen
Holdorf
Steinfeld
FÜRSTENAU
Ankum
BERSENBRÜCK
DAMME
FREREN
Neuenkirchen-Vörden
Alfhausen
Merzen
Rieste
BRAMSCHE
Neuenkirchen
Hopsten
Recke
Wallenhorst
Ostercappeln
Mettingen
Westerkappeln
HÖRSTEL
IBBENBÜREN
OSNABRÜCK
Lotte
Belm
Bissendorf
Hasbergen
GEORGSMARIENHÜTTE
TECKLENBURG
LENGERICH
Hagen a.Teutoburger Wald
EMSDETTEN
Saerbeck
Ladbergen
Lienen
BAD IBURG
Hilter a.Teutoburger Wald
Oldenburger Münsterland
Artland
Naturpark Ankumer Höhe
Naturpark Dümmer
Dammer Berge
Großes Moor
(Nördlicher Teutoburger Wald
- Wiehengeb., Osnabrücker Land)
TERRA vita
Tecklenburger Land
Naturpark
Oranier Route
Artland-Route
Bramgau-Route
Osning-Route
Mittellandkanal
Dortmund-Ems-Kanal
Flughafen Münster/Osnabrück

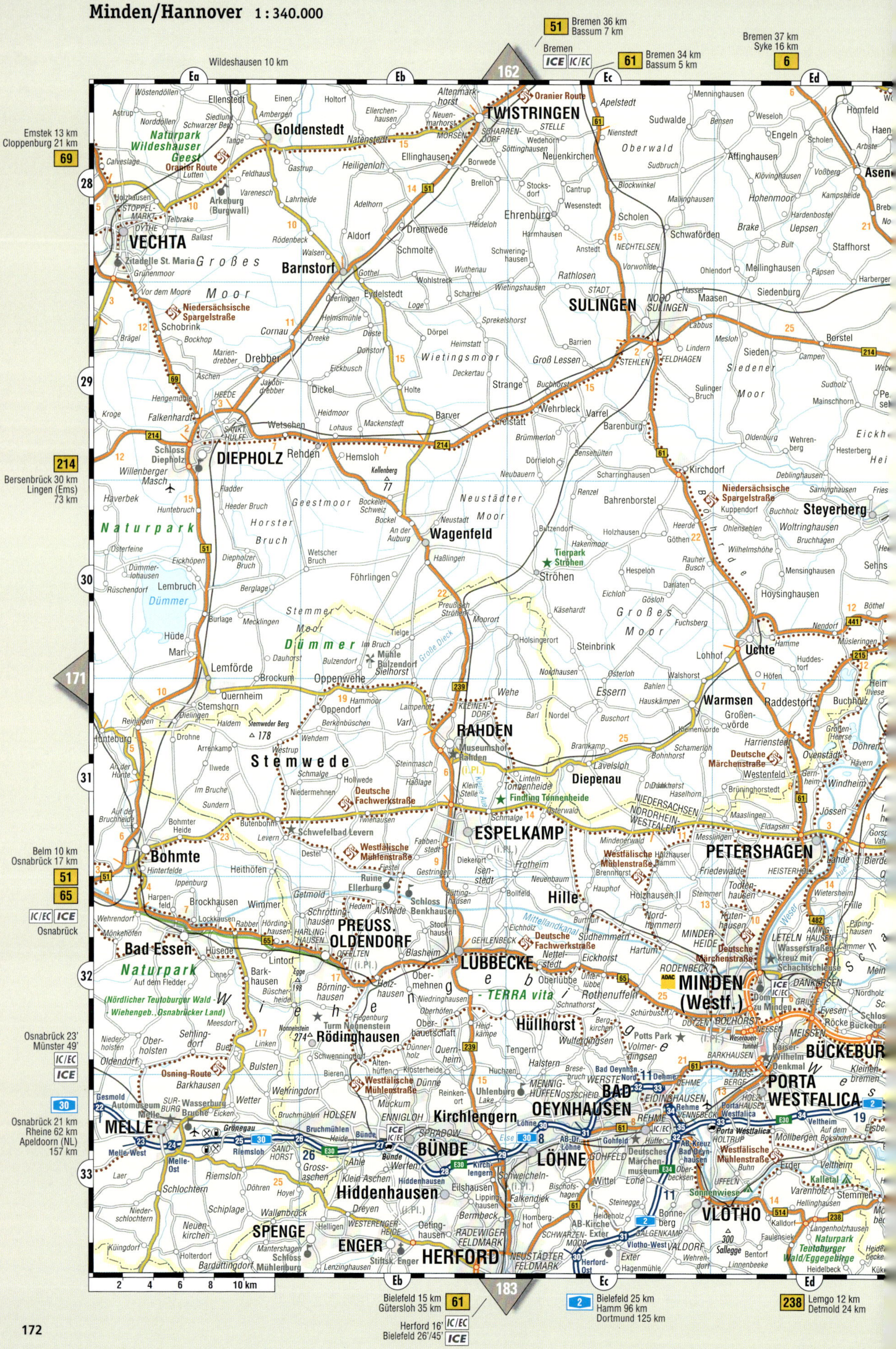

Bremen 36 km
Bassum 7 km
Bremen
Bremen 34 km
Bassum 5 km
Bremen 37 km
Syke 16 km
Wildeshausen 10 km
162
Emstek 13 km
Cloppenburg 21 km
214
Bersenbrück 30 km
Lingen (Ems) 73 km
171
Belm 10 km
Osnabrück 17 km
Osnabrück
Osnabrück 23'
Münster 49'
Osnabrück 21 km
Rheine 62 km
Apeldoorn (NL) 157 km
Bielefeld 15 km
Gütersloh 35 km
Herford 16'
Bielefeld 26'/45'
183
Bielefeld 25 km
Hamm 96 km
Dortmund 125 km
Lemgo 12 km
Detmold 24 km
Naturpark Wildeshauser Geest
Oranier Route
Goldenstedt
TWISTRINGEN
Arkeburg (Burgwall)
VECHTA
Zitadelle St. Maria
Großes Moor
Barnstorf
Niedersächsische Spargelstraße
Drebber
SULINGEN
Wietingsmoor
DIEPHOLZ
Rehden
Naturpark
Dümmer
Lembruch
Hüde
Lemförde
Dümmer
Wagenfeld
Tierpark Ströhen
Ströhen
Neustädter Moor
Steyerberg
Uchte
Warmsen
Stemwede
RAHDEN
Museumshof Rahden
Diepenau
Findling Tonnenheide
Deutsche Fachwerkstraße
Deutsche Märchenstraße
ESPELKAMP
PETERSHAGEN
Bohmte
Schwefelbad Levern
Westfälische Mühlenstraße
PREUSS. OLDENDORF
Schloss Benkhausen
Hille
Mittellandkanal
LÜBBECKE
Bad Essen
Naturpark
(Nördlicher Teutoburger Wald - Wiehengeb., Osnabrücker Land)
Wiehengebirge
TERRA vita
MINDEN (Westf.)
Rödinghausen
Hüllhorst
Potts Park
Osning-Route
BÜCKEBURG
PORTA WESTFALICA
MELLE
BAD OEYNHAUSEN
Kirchlengern
BÜNDE
LÖHNE
Hiddenhausen
VLOTHO
SPENGE
ENGER
HERFORD
Naturpark Teutoburger Wald/Eggegebirge
2
4
6
8
10 km

(…)nburg (Wümme) 42 km
Verden (Aller) 15 km 215

ICE Bremen 58'
IC/EC Verden 15'

Bad Fallingbostel 19 km
Walsrode 10 km 209

163

Cuxhaven 161 km
Bremen 66 km
Walsrode 7 km 27

7 Flensburg 251 km
Hamburg 83 km
Bad Fallingbostel 6 km

28

29 214
Celle 16 km
Braunschweig 69 km

30
IC/EC Celle 19'
ICE HH-Hbf. 1h 15'

174

7
Hildesheim 36 km
Göttingen 127 km
Kassel 170 km

31

2
Braunschweig 45 km
Magdeburg 122 km
Berlin 257 km

ICE IC/EC
Wolfsburg 34'
Braunschweig 35'

Sehnde 7 km
Peine 27 km
443

32
37 → 7

6
Hildesheim 15 km
Seesen 49 km

33
Hildesheim 5 km
Braunschweig 48 km
1

ICE IC/EC
Göttingen 34'

Hameln 1 km
Höxter 58 km 83

217
Hameln 2 km
Paderborn 66 km

184

442
Salzhemmendorf 7 km

Hameln 30 km
Paderborn 94 km 1

3 Alfeld (Leine) 18 km
Göttingen 81 km

IC/EC Alfeld (Leine) 13'

3 Soltau 23 km

Hamburg ICE
Uelzen 20' IC/EC

164

Danneberg (Elbe) 60 km
Uelzen 19 km 191

4 Lüneburg 53 km
Uelzen 18 km

214
Nienburg (Weser)
53 km

Hannover ICE
Hannover IC/EC 19'

173

Bremen 110 km
Hamburg 138 km 7

Hannover 12 km 37

2
Hannover 11 km
Bielefeld 120 km
Dortmund 200 km

IC/EC
Hannover 33'

Hannover 16 km 65

7

7

37 → 6
2 km

6
Hannover 16 km

1
Hameln 42 km
Paderborn 109 km

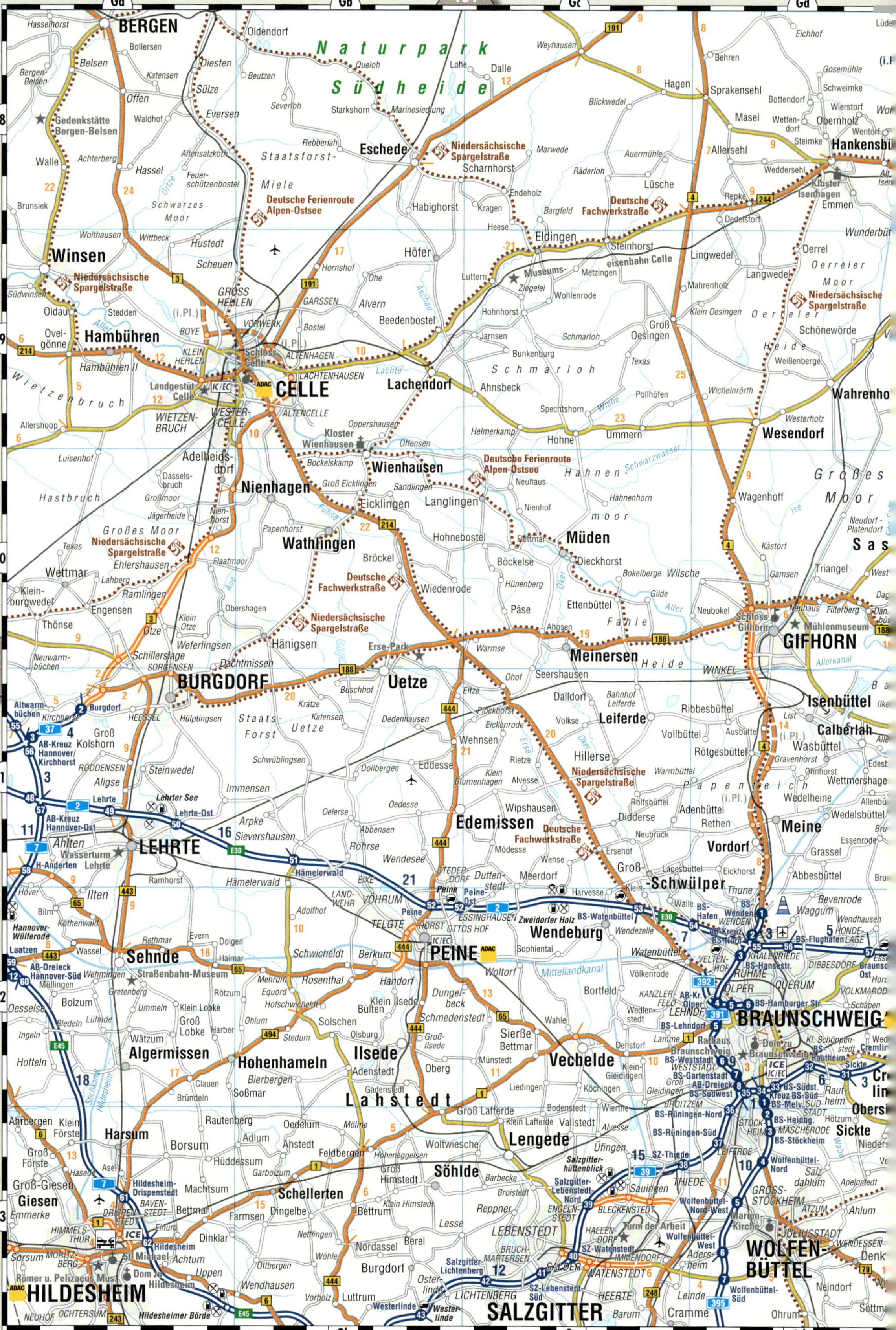

185

Bockenem 20 km
Herzberg 71 km 243

ICE Göttingen 28'

Goslar 38 km 6

7
Göttingen 80 km
Kassel 118 km
Fulda 220 km

39
→ 7 2 km
(AB-Dr. Salzgitter)
Seesen 28 km
Kassel 117 km

Salzgitter Bad 7 km
Seesen 33 km 248

395 Vienenburg 20 km
Bad Harzburg 30 km
Goslar 36 km

Lüchow 20 km
Salzwedel 6 km
248
165
71 Uelzen 51 km
Salzwedel 8 km
IC/EC Hamburg
Salzwedel
ICE Hamburg Hbf.
Berlin-Spandau
ICE
Stendal
Potsdam
IC/EC
28 Stendal 38 km
29
Stendal 28'
IC/EC
Berlin-Spandau 49'
ICE
188
Stendal 31 km
30
71
Haldensleben 25 km
176
71
Gardelegen 15 km
31
32
71
Magdeburg 23 km
Magdeburg 22 km
Potsdam 129 km
Berlin 162 km
2
1
33
Magdeburg 18 km
Brandenburg
100 km
IC/EC
Magdeburg 26'/45'
82 Hornburg 8 km
Goslar 22 km
Jerxheim 4 km
Wernigerode 36 km
244
186
245 Halberstadt 27 km
Blankenburg 43 km
246a Wanzleben 8 km
Schönebeck 35 km
zen 19 km
Ha
Hb
Hc
Hd
WITTINGEN
Altmärkisches Bauernhaus Museum
Niedersächsische Spargelstraße
Deutsche Fachwerkstraße
Straße der Romanik
Klosterkirche Diesdorf
Beetzendorf
KLÖTZE
Klötzer Heide
KALBE
Burgruine Kalbe
Altmark
GARDELEGEN
St. Marienkirche
Rathaus Gardelegen
Colbitz-Letzlinger Heide
Zichtauer Forst
Brome
Naturpark Drömling
Drömling
Forst Danndorf
Rühen
Mittellandkanal
OEBISFELDE-
WOLFSBURG
Volkswagen-Arena
Autostadt
Schloss Wolfsburg
Velpke
Mieste
Calvörde
Flechtinger Höhenzug
Schloss Flechtingen
Burgruine Weferlingen
Weferlingen
HALDENSLEBEN
Großsteingräber Haldensleben
Schloss Altenhausen
Lappwald
Naturpark Elm-Lappwald
Elm
KÖNIGSLUTTER
Kaiserdom Königslutter
Geopark Harz-Braunschw. Land-Ostfalen
HELMSTEDT
Ehem. Kloster St. Marienberg
Gedenkstätte Deutsche Teilung Marienborn
Deutsche Ferienroute Alpen-Ostsee
SCHÖPPENSTEDT
Eulenspiegel-Museum
SCHÖNINGEN
Schloss Schöningen
St. Lorenz Kirche
Büddenstedt
Hötensleben
Barneberg
Eilsleben
Wefensleben
Ummendorf
Hohe Börde
Börde
SACHSEN-ANHALT
NIEDERSACHSEN
E30

Wittenberge 23 km 189 IC/EC Wittenberge 32'
Seehausen 11 km

166

107 Havelberg 5 km
Sandau 1 km

Salzwedel 26'
Hamburg 1h 21'
IC/EC

Salzwedel 27 km

Gardelegen 7 km
Wolfsburg 63 km
188

IC/EC ICE
Wolfsburg 25'
Hannover 1h

71
Gardelegen 8 km
Salzwedel 48 km

175

Haldensleben
12 km
71

Haldensleben 5 km
71

Helmstedt 36 km
Braunschweig
79 km
Hannover 135 km
2

1
Erxleben 18 km

IC/EC
Helmstedt 21'
Braunschweig 45'

187

14
Schönebeck 18 km
Bernburg 40 km
Halle (Saale) 82 km

71 → 81 1 km
Gröningen 35 km
Halberstadt 54 km

IC/EC ICE
Köthen 30'
Halle (Saale) 51'

Gommern 2 km 184
Zerbst 25 km

246a
Gommern 1 km
Schönebeck 11 km

Zerbst 16 km

Kyritz 25 km
Neustadt (Dosse) 12 km
Kyritz 33 km
Bückwitz 13 km
Hamburg
Wittenberge
Hamburg 225 km
Schwerin 146 km
Wittstock/Dosse 59 km
167
Oranienburg 18 km
Berlin 35 km
Berlin-Spandau
Berlin 24 km
Berlin-Spandau 34'
Berlin-Spandau 12 km
Berlin-Zehlendorf 9 km
Berlin 30 km
178
Berlin-Spandau
Ludwigsfelde 11 km
Berlin 32 km
Trebbin 14 km
Zossen 32 km
188
Dobritz 9 km
Zerbst 19 km
Köselitz 14 km
Coswig 21 km
Dessau 42 km
Leipzig 107 km
Marzahna 6 km
Lutherstadt Wittenberg 24 km
Jüterbog 17 km
Dahme 45 km
RHINOW
FRIESACK
Havelländisches Luch
Naturpark Lochower Heide
Havelländisches
Luch
Westhavelland
Havelland
RATHENOW
PREMNITZ
NAUEN
Brieselang
FALKENHAIN
Dallgow-Döberitz
KETZIN
POTSDAM
WERDER
Glindow
Caputh
Michendorf
Seddiner See
BEELITZ
BRANDENBURG a.d.Havel
PRITZERBE
Lehnin
Ziesar
Zauche
Baruther
Belziger Landschaftswiesen
Urstromtal
BRÜCK
Naturpark Hoher Fläming
BAD BELZIG
NIEMEGK
TREUENBRIETZEN
Nuthe-Nieplitz
Naturpark
Fläming
Deutsche Alleenstraße
Oranier Route

Gransee 34 km
Löwenberg 20 km
Oranienburg 3 km
96
ICE Rostock
Oranienburg 20 km
Wandlitz 3 km
273
168
Prenzlau 80 km
Eberswalde 27 km
Finowfurt 19 km
11
IC/EC Angermünde 48'
Eberswalde 13 km
168
La
Lb
Lc
Ld
AB-Dreieck Havelland 7 km
10
28
29
Hamburg 1h 26'
ICE
Wittenberge 1h
IC/EC
ICE IC/EC
Wolfsburg 50'
Hannover 1h 25'
5
Falkensee 5 km
Nauen 19 km
Potsdam 10 km
2
30
Potsdam 2 km
Brandenburg a.d. Havel 46 km
1
177
IC/EC
Potsdam 7'
31
10
AB-Dr. Werder 9 km
Magdeburg 104 km
Leipzig 140 km
32
246
Beelitz 7 km
Belzig 40 km
33
BERLIN
Leegebruch
VELTEN
HOHEN NEUENDORF
Birkenwerder
HENNIGSDORF
FALKENSEE
Basdorf
Schönow
BERNAU
Zepernick
WERNEUCHEN
STRAUSBERG
Neuenhagen
Petershagen-Eggersdorf
Vogelsdorf
Dahlwitz-Hoppegarten
Fredersdorf
Schöneiche
Woltersdorf
Rüdersdorf
Erkner
Kleinmachnow
TELTOW
Stahnsdorf
Großbeeren
Mahlow
Blankenfelde
Eichwalde
Schulzendorf
Zeuthen
Wildau
KÖNIGS WUSTERHAUSEN
Rangsdorf
LUDWIGSFELDE
Bestensee
ZOSSEN
TREBBIN
LUCKENWALDE
Naturpark Barnim
Barnim
Teltow
Naturpark Dahme-Heideseen
Baruther Urstromtal
2 4 6 8 10 km
IC/EC ICE
Lutherstadt Wittenberg 34'
Bitterfeld 49'
101
Jüterbog 6 km
Elsterwerda 80 km
189
115
Petkus 10 km
Jüterbog 28 km
96
Golßen 10 km
Luckau 26 km
IC/EC Dresden-Neustadt 1h 55'
13
Lübbenau 26 km
Cottbus 63 km
Dresden 122 km
IC/EC
Lübben 54'
Lübbenau 1h
Cottbus 1h 27'

58 Bad Freienwalde 12 km
167 Eberswalde 27 km
Bad Freienwalde 10 km
Wriezen 1 km
169
Chojna 38 km
31
Debno 5 km
23
Ma
Mb
Mc
Md
28
132
Witnica 11 km
Gorzów Wlkp. 36 km
22
Słońske 4 km
Krzeszyce 20 km
29
30
Rzepin 25'
Poznan 2h 7'
Warszawa 4h 6'
IC/EC
A2
Poznan 165 km
Warszawa 461 km
KOSTRZYN
KÜSTRIN
Neuhardenberg
SEELOW
MÜNCHEBERG
Märkische Schweiz
Naturpark Märkische Schweiz
Oderbruch
Odra
Oder
POLSKA
DEUTSCHLAND
SŁUBICE
DAMMVORSTADT
FRANKFURT (Oder)
FÜRSTENWALDE
Berliner Urstromtal
Bad Saarow
STORKOW
Scharmützelsee
MÜLLROSE
BEESKOW
Beeskower Platte
EISENHÜTTENSTADT
Lieberoser Hochfläche
Naturpark Schlaubetal
Biosphärenreservat Spreewald
Dahme-Heideseen
Spree
Oder-Spree-Kanal
Schwielochsee
Letschin
Lebus
Lossow
Ziltendorf
Neuzelle
Wellmitz
Friedland
Lindenberg
Rauen
Neu Zittau
Briesen
Pillgram
Biegen
Jacobsdorf
Rosengarten
Müllrose
Buckow
Falkenhagen
Petershagen
Trebus
Ma
Mb
190
Mc
Md
179
320
87
Lieberose 21 km
Guben 51 km
Lübben 16 km
Luckau 34 km
168
Lieberose 2km
Peitz 19 km
Cottbus 33 km
Guben 3 km
112

A50 Zwolle 49 km Deventer 28 km Apeldoorn 21 km
Deventer 26 km Zutphen 10 km N 348
Deventer 15 km Zutphen 6 km N 314
N 319 Zutphen 18 km Vorden 9 km
Enschede 20 km
Ba
Bb
Bc
Bd
Ede 16 km Veenendaal 22 km Utrecht 57 km A12
Ede 16 km Scherpenzeel 30 km N 224
Utrecht 31'
N 225
Renkum 4 km Wageningen 10 km
A325
Bemmel 10 km Nijmegen 16 km
N 325
Nijmegen 2 km
Nijmegen 15 km Arnhem 31 km N 271
A73 / A77 Nijmegen 35 km Arnhem 56 km 's-Hertogenbosch 65 km
Deurne 8 km Eindhoven 32 km N 270
N 277 Ysselsteyn 1 km Rips 11 km Zeeland 34 km
34
35
36
37
38
39
Nationaal Park Veluwezoom
Brummen
Steenderen
Hengelo
Ruurlo
Eibergen
Groenlo
Doesburg
Hummelo
Zelhem
RHEDEN
ARNHEM
Angerlo
DOETINCHEM
Lichtenvoorde
Westervoort
Duiven
Huissen
Zevenaar
Didam
Wehl
Varsseveld
Aalten
Bemmel
Gendt
Millingen a.d.Rijn
Gendringen
Dinxperlo
Ubbergen
EMMERICH
BOCHOLT
ISSELBURG
Kranenburg
Groesbeek
KLEVE
REES
Bedburg-Hau
KALKAR
Gennep
Hamminkeln
GOCH
Uedem
XANTEN
WESEL
Boxmeer
Weeze
Sonsbeck
KEVELAER
Vierlingsbeek
Alpen
VOERDE
RHEINBERG
VENRAY
Issum
Meerlo
GELDERN
KAMP-LINTFORT
Arcen
Horst
STRAELEN
Kerken
NEUKIRCHEN-VLUYN
MOERS
Grubbenvorst
Sevenum
Velden
Wachtendonk
2 4 6 8 10 km
192
A67 Asten 20 km Eindhoven 42 km
N 277 Maasbree 2 km Helden 6 km
A73 Venlo 5 km Tegelen 7 km
Nettetal 10 km Niederkrüchten 27 km 221
40 Venlo (NL) 19 km
9 Hüls 2 km Krefeld 11 km
57 Meerbusch 20 km Neuss 26 km Düsseldorf 32 km

Gronau 20 km
Enschede (NL) 23 km
Hengelo (NL) 35 km 70
Rheine 34 km
Metelen 11 km
170
Leer 145 km
Lingen 55 km
Nordhorn 41 km
Bad Bentheim 25 km
31
54 Emsdetten 7 km
Steinfurt 4 km
Ca
Cb
Cc
Cd
VREDEN
AHAUS
Schöppingen
HORSTMAR
Laer
Legden
Rosendahl
Altenberge
STADTLOHN
WINTERSWIJK
Südlohn
GESCHER
COESFELD
BILLERBECK
Havixbeck
Nottuln
Velen
BORKEN
Heiden
Reken
DÜLMEN
Haesfeld
LÜDINGHAUSEN
HALTERN
Schermbeck
OLFEN
SELM
DORSTEN
MARL
OER-ERKENSCHWICK
DATTELN
Hünxe
RECKLINGHAUSEN
WALTROP
HERTEN
GLADBECK
DINSLAKEN
GELSENKIRCHEN
BOTTROP
HERNE
CASTROP-RAUXEL
DORTMUND
OBERHAUSEN
ESSEN
DUISBURG
BOCHUM
WITTEN
MÜLHEIM an der Ruhr
Münsterland
Naturpark
Hohe Mark
Westmünsterland
Münster 15 km 54
IC/EC Münster 30'
43
AB-Kr. Münster-Süd 6 km
Hamm 46 km
Osnabrück 65 km
Senden 8 km
Münster 28 km 235
Ascheberg 13 km
Ahlen 29 km 58
182
236 Lünen 7 km
Dortmund 19 km
Lünen 4 km
Bergkamen 14 km 54
2 Kamen 6 km
Unna 26 km
Hamm 35 km
ICE IC/EC Münster 30'
ICE IC/EC Hamm 18'
1 Unna 18 km
Soest 48 km
Paderborn 98 km
45 Schwerte 8 km
Hagen 17 km
Lüdenscheid 33 km
34
35
36
37
38
39
59 Krefeld 21 km
Düsseldorf 23 km
ICE IC/EC Düsseldorf 12'
3 Ratingen 16 km
Düsseldorf 35 km
52 Breitscheid 11 km
Ratingen 19 km
Düsseldorf 28 km
44 Velbert 12 km
193
Hattingen 2 km
Velbert 11 km
43 Hattingen 1 km
Wuppertal 23 km
Remscheid 26 km
226 Wetter 3 km
Hagen 11 km
ICE IC/EC Hagen 8'/18'
54 Herdecke 5 km
Hagen 11 km

Münster/Bielefeld 1 : 340.000

Osnabrück 25' IC/EC ICE

Rheine 23' IC/EC
Ibbenbüren 21 km
Saerbeck 7 km 219 481 Rheine 24 km
Emsdetten 9 km

Bremen 149 km
Osnabrück 33 km
1 AB-Kr. Lotte/Osnabrück
22 km

Rheine 38 km
Emsdetten 26 km
475

Diepholz 71 km
51 Osnabrück 20 km
AB-Kr. Osnabrück-Süd 19 km

33 Osnabrück 18 km

54
Steinfurt 15 km
Rheine 33 km

Recklinghausen 29' IC/EC
43
Dülmen 22 km
Recklinghausen 48 km
Herne 59 km

Lüdinghausen 6 km
Datteln 23 km
Castrop-Rauxel 35 km
235

Lüdinghausen 3 km
Haltern 22 km
Wesel 62 km
58

236
Lüdinghausen 16 km
Coesfeld 46 km

Waltrop 10 km
Bottrop 45 km
2

ICE
Dortmund 29' IC/EC
Gelsenkirchen 32 km
Recklinghausen 32 km

ICE
Dortmund 18' IC/EC
1
AB-Kr. DO-West 8 km
AB-Kr. Bochum 16 km
Castrop-Rauxel 21 km
Bochum 23 km
45
Hagen 8 km
Remscheid 38 km
Leverkusen 65 km
1
Hagen 27' ICE

45 Hagen 9 km
Lüdenscheid 34 km
Siegen 85 km

236 Altena 18 km
Plettenberg 45 km

Iserlohn 5 km 233

Hemer 5 km
Iserlohn 9 km
Hagen 29 km 7

515 Balve 14 km
Neuenrade 24 km
Werdohl 30 km

229 Sundern 11 km
Neuenrade 27 km
Werdohl 33 km

Arnsberg 3 km
Sundern 17 km

229 Arnsberg 3 km

46 Arnsberg 3 km
Meschede 22 km
Brilon 41 km

Hannover 1h 1' ICE
Minden 18'
Bad Oeynhausen 18' IC/EC

Espelkamp 33 km
Lübbecke 24 km
Löhne 8 km 239

Hannover 78 km
Minden 27 km
AB-Kr. Bad Oeynhausen 11 km 2

Bad Oeynhausen 19 km
Rinteln 17 km
Vlotho 15 km 238

Melle 13 km

172

184

66
Barntrup 4 km
Hameln 26 km
Hildesheim 73 km

1
Blomberg 2 km
Hameln 31 km
Hildesheim 78 km

239
Steinheim 7 km
Schieder-Schwalenberg 13 km
Höxter 36 km

Brakel 15 km
Beverungen 39 km
Höxter 35 km
64

IC/EC
Warburg 22'
7
Warburg 8 km
Vellmar 36 km
Kassel 37 km

44
Warburg 11 km
Kassel 40 km

195

55
Meschede 9 km
Schmallenberg 42 km
Lennestadt 64 km

Brilon 3 km
Olsberg 15 km
Bad Berleburg 60 km 480

7
Brilon 14 km
Olsberg 25 km
Meschede 33 km

Bad Arolsen 5 km
Korbach 25 km
Frankenberg 55 km 252

Rinteln 25 km
Hessisch Oldendorf 10 km
83
Hannover 41 km
Springe 15 km
217
173
Hildesheim 17 km
Elze 2 km
1
3
Hannover 32 km
Pattensen 18 km
IC/EC Hannover 1h
Fa
Fb
Fc
Fd
34
35
36
37
38
39
66
Dörentrup 4 km
Lemgo 14 km
1
Horn-Bad Meinberg 10 km
Paderborn 38 km
239
Horn-Bad Meinberg 7 km
Detmold 16 km
183
64
Bad Driburg 3 km
Paderborn 25 km
IC/EC
Altenbeken 26'
Paderborn 35'
7
Marsberg 18 km
Brilon 40 km
44
Diemelstadt 4 km
Paderborn 47 km
Dortmund 118 km
Extertal
HAMELN
Coppenbrügge
ELZE
Aerzen
Salzhemmendorf
GRONAU
Kirchohsen
Emmerthal
BARNTRUP
BAD PYRMONT
ALFELD
Duingen
BODENWERDER
BLOMBERG
LÜGDE
Delligsen
SCHIEDER-SCHWALENBERG
ESCHERSHAUSEN
STEINHEIM
STADTOLDENDORF
Bevern
HOLZMINDEN
NIEHEIM
DASSEL
HÖXTER
Boffzen
BRAKEL
BEVERUNGEN
USLAR
HARDEGSEN
Bodenfelde
BAD KARLSHAFEN
BORGENTREICH
TRENDELBURG
Adelebsen
HOFGEISMAR
LIEBENAU
WARBURG
DRANSFELD
Reinhardshagen
GREBENSTEIN
IMMENHAUSEN
HANN. MÜNDEN
Weserbergland
Naturpark
Solling Vogler
Teutoburger Wald/
Eggegebirge
Deutsche Märchenstraße
Straße der Weserrenaissance
Deutsche Fachwerkstraße
Oranier Route
Deutsche Alleenstraße
Deutsche Ferienroute Alpen-Ostsee
NIEDERSACHSEN
NORDRHEIN-WESTFALEN
HESSEN
Kloster Corvey
Wildpark Neuhaus
Ponyhof Camping Club
2 4 6 8 10 km
44
Kassel 33 km
Bad Hersfeld 95 km
Calden 2 km
Kassel 15 km
7
83
Espenau 5 km
Kassel 13 km
196
IC/EC
ICE
Kassel-Wilhelmshöhe 31'
Vellmar 21 km
Kassel 25 km
3
80
Witzenhausen 18 km
Heiligenstadt 41 km
IC/EC ICE
Kassel Wilhelmshöhe 20'
7
Kassel 35
Bad Hersfeld 90
Würzburg 245

Hildesheim 28' Hannover 34' E

Hildesheim 5 km 243

Hannover 40 km Hildesheim 13 km 6

Hamburg 185 km Hannover 45 km Hildesheim 15 km 7

Wolfsburg 73 km Braunschweig 33 km Salzgitter 10 km 39

174

Braunschweig 19 km 248

Wolfsburg 57 km Braunschweig 19 km Wolfenbüttel 10 km 395

Semmenstedt 5 km Schöppenstedt 14 km 82

6 Wernigerode 15 km Blankenburg 27 km

27 Elbingerode 14 km Blankenburg 31 km

4 / 242 Hasselfelde 18 km Nordhausen 30 km

243 Nordhausen 12 km Berga 28 km

38 Nordhausen 11 km Sangerhausen 48 km

38 Heiligenstadt 21 km Leinefelde 38 km

27 Witzenhausen 11 km Eschwege 35 km

Heiligenstadt 6 km

Leinefelde 5 km Dingelstädt 14 km 247

Leinefelde 12 km Heiligenstadt 32 km 38

Braunschweig 25 km
Salzgitter 24 km
Wolfenbüttel 13 km
79

82
Helmstedt 31 km
Schöningen 22 km
Schöppenstedt 7 km

244
Helmstedt 15 km
Schöningen 4 km

175

245
Haldensleben 39 km
Helmstedt 16 km

246a
Haldensleben 30 km
Seehausen 1 km

82
Hornburg 6 km
Salzgitter 36 km

6
Vienenburg 10 km
Goslar 19 km

Bad Harzburg 7 km

185

27
Braunlage 3 km
Bad Lauterberg
19 km

4 / 242
Braunlage 6 km
Bad Harzburg
23 km
Clausthal-Zellerfeld
31 km

243
Bad Lauterberg
21 km
Herzberg 28 km

38
Bleicherode 5 km
Göttingen 73 km
Kassel 98 km

198

4
Sondershausen 7 km
Straußfurt 36 km
Erfurt 64 km

85
Bad Frankenhausen 8 km
Weimar 59 km

Artern 5 km
Sömmerda 35 km
71

Hannover 143 km / Braunschweig 85 km — 14

Haldensleben 27 km / Magdeburg 5 km — 71

ICE IC/EC Magdeburg 28'

Haldensleben 39 km / Magdeburg 16 km — 184

176

Burg 28 km / Möckern 12 km — 246a

34

35 IC/EC Potsdam 1h 03'

184 Wolfen 25 km / Bitterfeld 30 km

Oranienbaum 14 km / Lutherstadt Wittenberg 38 km — 185

36 IC/EC Bitterfeld 19'

Coswig 24 km / Potsdam 116 km / Berlin 132 km — 9

188

37

183 Bitterfeld 7 km / Bad Düben 30 km

Bitterfeld 9 km / Delitzsch 12 km / Gräfenhainichen 36 km — 100

38 IC/EC Bitterfeld 14'/18'

Leipzig-Halle Airport 11'/14'

ICE IC/EC

39 Leipzig 20 km / Dresden 125 km / Bautzen 183 km — 14

6 Schkeuditz 1 km / Leipzig 15 km

180 Querfurt 2 km / Naumburg 35 km

199

38 Merseburg 10 km / Weißenfels 23 km / Leipzig 58 km

91 Merseburg 5 km / Weißenfels 21 km

IC/EC Weißenfels 10' / Naumburg 34'

ICE Naumburg 28'

9 Gera 77 km / Jena 77 km / Hof 151 km

Lutherstadt Wittenberg/Finsterwalde 1 : 340.000

Loburg 18 km **246** · Belzig 22 km **246** · **107** Genthin 52 km, Wiesenburg 5 km · Ludwigsfelde 62 km, Potsdam 56 km **9** · Potsdam 43 km, Treuenbrietzen 5 km **2** · Brandenburg 67 km, Treuenbrietzen 5 km **102**

177

Ka · Kb · Kc · Kd

34 · 35 · 36 · 37 · 38 · 39

187 Zerbst 14 km, Magdeburg 60 km **184**

Dessau IC/EC **185** Köthen 20 km, Bernburg 38 km

Leipzig 60 km, Gera 121 km, Bayreuth 234 km **9**

187

183 Zorbig 6 km, Köthen 27 km

Halle/S. 19 km **100**

IC/EC Halle/S. 20'

9 Dessau 40 km

Halle/S. 24 km, Magdeburg 108 km **14**

ICE IC/EC Halle/S. 14'

6 Halle/S. 19 km, Quedlinburg 88 km

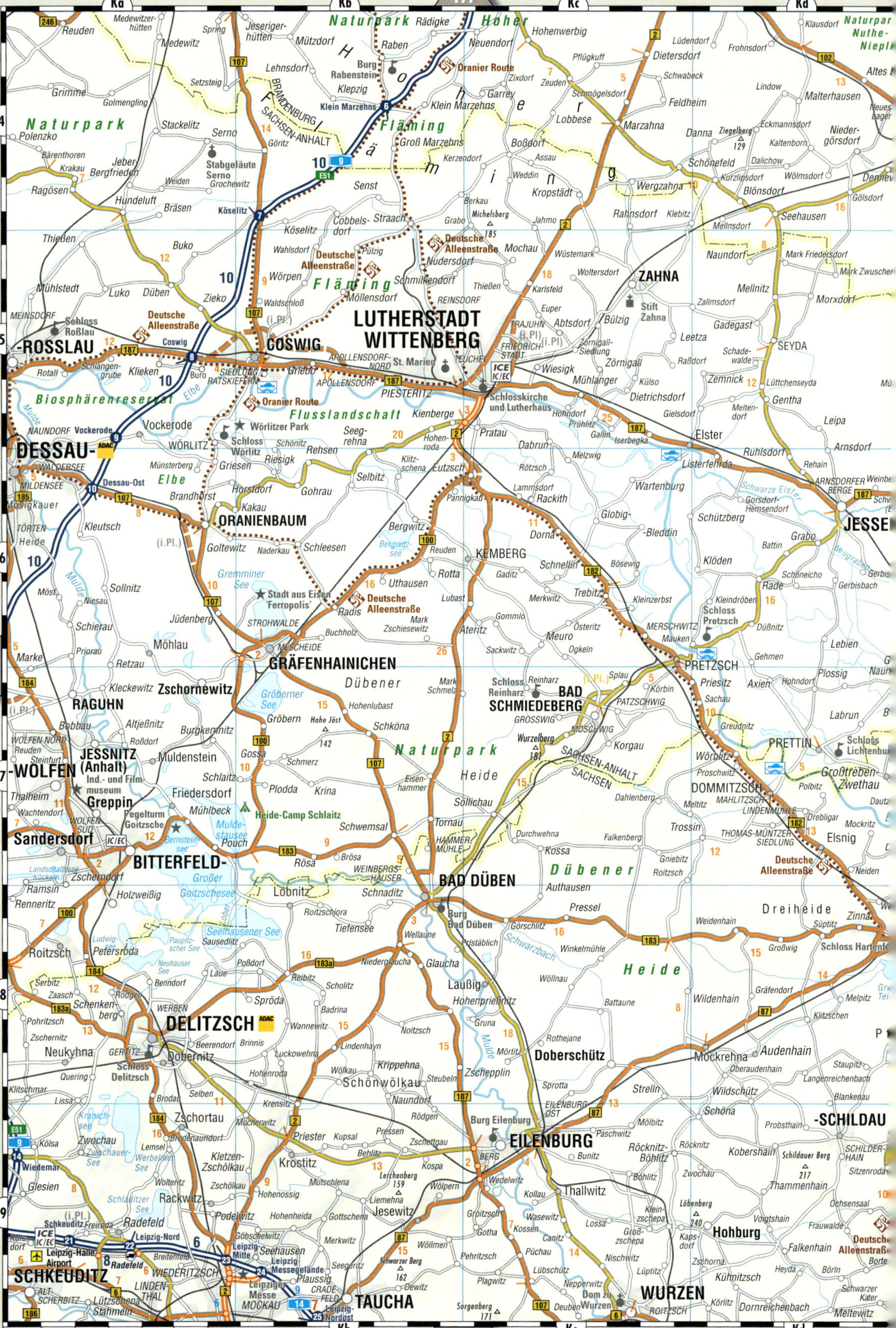

2 4 6 8 10 km · **200** · Kb · Kc · Kd

186 Markranstädt 10 km · Leipzig 6 km · **2** Leipzig 5 km · IC/EC ICE Leipzig 12' · **87** Leipzig 5 km · **14** Grimma 26 km, Dresden 111 km · Grimma 14 km, Chemnitz 85 km **107** · **6** Oschatz 29 km, Meißen 60 km, Dresden 84 km

Berlin 67 km
Schönefelder Kreuz 35 km
Teupitz 14 km
Baruth 1 km
Berlin 56 km
Zossen 21 km
Luckenwalde 7 km
Ludwigsfelde 38 km
Lübben
Cottbus
Lübben 8 km
Cottbus 51 km
Lübben 6 km
Frankfurt (Oder) 73 km
Lübbenau 10 km
Cottbus 43 km
Lieskau 4 km
Großräschen 20 km
Ruhland 8 km
Senftenberg 21 km
Ruhland 10 km
Großräschen 30 km
Lübbenau 56 km
Riesa 7 km
Riesa 7 km
Döbeln 36 km
Dresden
Großenhain 5 km
Meißen 21 km
Radeburg 13 km
Flughafen Dresden 24 km
Dresden 32 km
JÜTERBOG
Niederer Fläming
DAHME
LUCKAU
GOLSSEN
Biosphärenreservat Spreewald
Naturpark Niederlausitzer Landrücken
Niederlausitzer
Naturpark Niederlausitzer Heide-landschaft
HERZBERG
SCHLIEBEN
FINSTERWALDE
Doberlug-Kirchhain
FALKENBERG
BAD LIEBENWERDA
ELSTERWERDA
LAUCHHAMMER
ANNABURG
BELGERN-
MÜHLBERG
GRÖDITZ
STREHLA
ORTRAND
Röderaue
Schraden
UEBIGAU
SONNEWALDE
Wildpark Johannismühle
Straussenfarm Jambo
Kloster Zinna
Schloss Annaburg
Schloss Fürstlich Drehna
Trinitatiskirche
Abraumförderbrücke F60
Schloss Elsterwerda
Kloster Marienstern
Lausitztherme Wonnemar
Elbe
Schwarze Elster
BRANDENBURG
SACHSEN

Cottbus/Hoyerswerda 1 : 340.000

Königs Wusterhausen 50 km
Kuschkow 10 km 179 | 87 Frankfurt (Oder) 56 km
Beeskow 24 km | 179 | 168 Fürstenwalde 48 km
Beeskow 22 km

Berlin 54' IC/EC
34
115
Golßen 15 km
Jüterbog 62 km
Luckau 12 km
Torgau 75 km
87
13
Berstetal 2 km
Schönefelder Kreuz 50 km
Berlin 77 km
35
36
189
96
37
Finsterwalde 7 km
Luckau 36 km
38
169
Lauchhammer 7 km
Elsterwerda 20 km
13
Großenhain 23 km
Dresden 37 km
Chemnitz 110 km
39

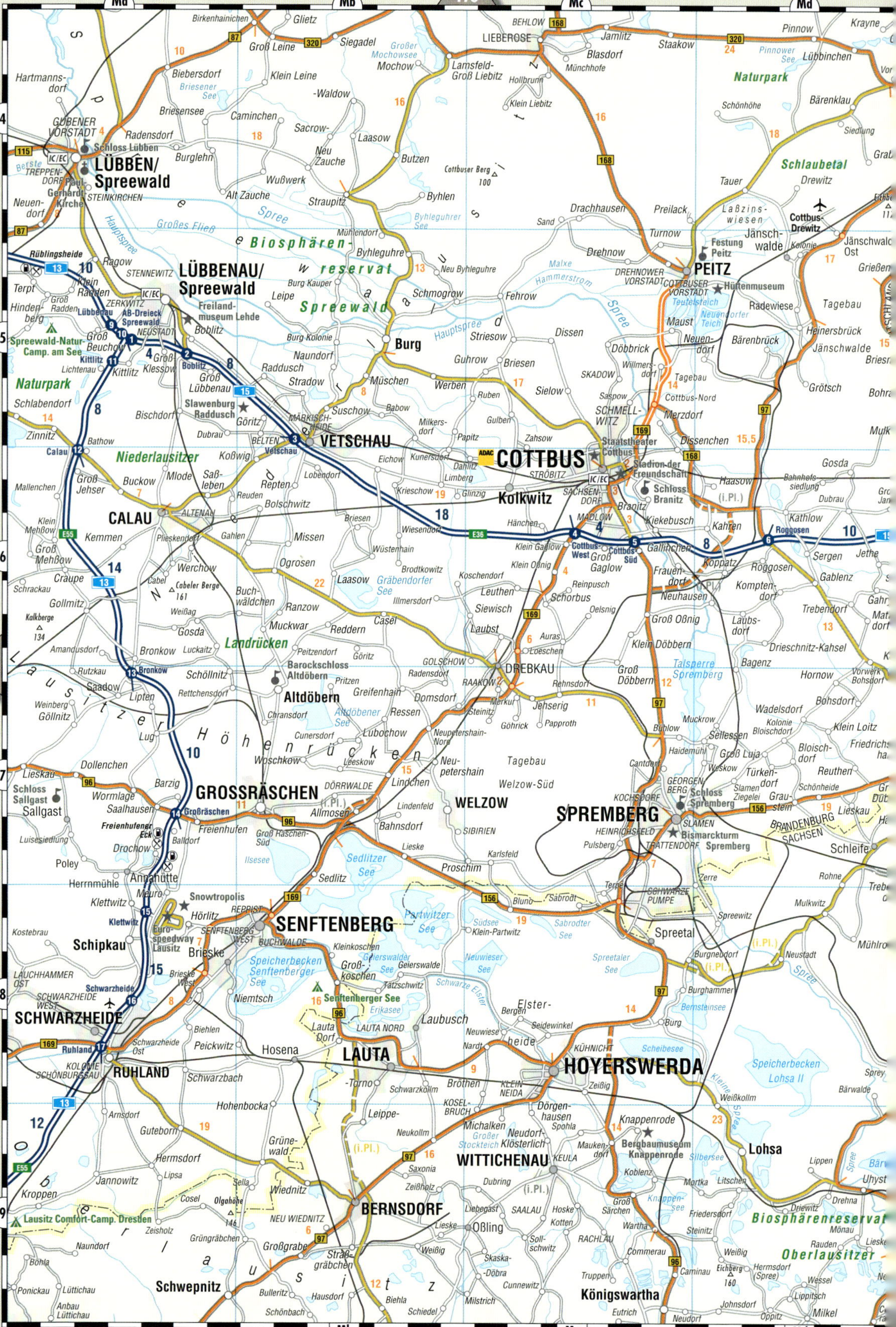

97 Königsbrück 8 km
Dresden 33 km | 202 | 96 Neschwitz 5 km
Bautzen 15 km | Bautzen 15 km 156

12 Frankfurt (Oder) 52 km
Eisenhüttenstadt 24 km

32 Krosno Odrzańskie 23 km
Brzózka 18 km

288 Krosno Odrzańskie 13 km

27 Zielona Góra 7 km

Szprotawa 14 km
Przemków 32 km
Głogów 60 km
12

IC/EC
Legnica 1h 25'
Wrocław 2h 43'
Krakow 6h 20'

Golnice 18 km
Bolesławiec 30 km
18

Görlitz 19 km
Zgorzelec (PL) 20 km
115

203

Görlitz 21 km

296
Lubań 15 km

N277 Uden 59 km Ysselsteyn 14 km
Nijmegen 65 km Venray 23 km Horst 11 km A73
58 Geldern 20 km Kevelaer 25 km Straelen 17 km
180
40 Essen 53 km Duisburg 35 km AB-Kr. Moers 21 km
9 Geldern 22 km Kerken 8 km
57 Goch 57 km Kamp-Lintfort 14 AB-Kr. Moers 4 km
A67 Helmond 24 km Eindhoven 37 km
N275 Heythuysen 13 km Weert 20 km
Weert 16 km Maaseik 19 km N273
N280 Weert 17 km Eindhoven 45 km
Voerendaal 1 km Maastricht 21 km Geleen 18 km A76
N278 Maastricht 23 km Hasselt (B) 58 km Liège (B) 55 km
Thimister-Clermont 10 km Liège 33 km Eijsden 33 km
N3 Liège-Guillemins 43' Brussel/Bruxelles 1h 35'
THA ICE
N68 Eupen 7 km Monschau 27 km
258 Roetgen 7 km Monschau 20 km
399 Simmerath 16 km Monschau 24 km Schleiden 35 km
204
Zülpich 5 km Euskirchen 15 km 56
265 Zülpich 2 km Schleiden 27 km Prüm 75 km
56n
A3 Eupen 8 km Liège 43 km
2 4 6 8 10 km
Ba Bb Bc Bd
40 41 44 45
VENLO
Maasbree
Tegelen
Helden
Belfeld
KEMPEN
Grefrath
KREFELD
NETTETAL
TÖNIS-VORST
VIERSEN
WILLICH
MEERBUSCH
KAARST
NEUSS
Brüggen
Schwalmtal
MÖNCHEN-GLADBACH
KORSCHEN-BROICH
Niederkrüchten
ROERMOND
Melick
Herkenbosch
Beesel
Swalmen
Neer
Haelen
Echt
Posterholt
WASSENBERG
WEGBERG
ERKELENZ
Jüchen
GREVENBROICH
HEINSBERG
HÜCKEL-HOVEN
Rommerskirchen
SITTARD
Gangelt
GEILEN-KIRCHEN
LINNICH
Titz
BEDBURG
BRUNSSUM
Schinnen
Hoensbroek
LAND-GRAAF
ÜBACH-PALENBERG
BAES-WEILER
JÜLICH
BERGHEIM
Elsdorf
HEERLEN
KERKRADE
ALSDORF
Aldenhoven
Niederzier
KERPEN
HERZOGEN-RATH
WÜRSELEN
Inden
Merzenich
Langerwehe
ESCHWEILER
AACHEN
Vaals
DÜREN
Nörvenich
STOLBERG
Kreuzau
Vettweiß
Kelmis
Naturpark Schwalm-Nette
Jülicher Börde
Zülpicher Börde
Naturpark Hürtgenwald

HATTINGEN
SPROCK-HÖVEL
WETTER
HERDECKE
HAGEN
GEVELSBERG
ENNEPETAL
SCHWELM
VELBERT
HEILIGENHAUS
RATINGEN
WÜLFRATH
METTMANN
WUPPERTAL
ERKRATH
DÜSSELDORF
BRECKERFELD
RADEVORMWALD
HAAN
SOLINGEN
REMSCHEID
HALVER
HILDEN
LANGENFELD
HÜCKESWAGEN
WERMELSKIRCHEN
LEICHLINGEN
BURSCHEID
MONHEIM
DORMAGEN
WIPPERFÜRTH
Kürten
Odenthal
Lindlar
Naturpark
PULHEIM
LEVERKUSEN
BERGISCH GLADBACH
Engelskirchen
KÖLN
Overath
Rösrath
HÜRTH
Seelscheid
Much
BRÜHL
TROISDORF
Lohmar
Neunkirchen-
Ruppichteroth
WESSELING
NIEDERKASSEL
SIEGBURG
BORNHEIM
ST. AUGUSTIN
HENNEF
Eitorf
Alfter
BONN
Swisttal

Münster 73 km
Bochum 28 km
Dortmund 14 km
45

236
Dortmund 15 km
Schwerte 5 km

233
Unna 18 km
Fröndenberg 14 km
Schwerte 12 km

Wickede 15 km
Fröndenberg 13 km
Menden 3 km
7

515
Unna 17 km
Menden 3 km

182

Dortmund 51 km
Hamm 38 km
AB-Kr. Werl 21 km
46

229
Soest 20 km
Möhnesee 13 km

54
Wetter 11 km
Dortmund 20 km
Lünen 38 km

229
Radevormwald 11 km
Remscheid 25 km
Solingen 36 km

237
Wipperfürth 10 km
Wermelskirchen 25 km
Remscheid 29 km

193

Overath 19 km
Bergisch Gladbach 35 km
Siegburg 38 km

4
Köln 44 km
Düsseldorf 80 km
Aachen 115 km

478
Neunkirchen 18 km
Hennef 28 km
Siegburg 34 km

206

256
Altenkirchen 6 km
Neuwied 46 km
Koblenz 65 km

Hachenburg 8 km

54
Westerburg 26 km
Hadamar 34 km
Limburg 43 km

Wetzlar 25 km
Gießen 39 km
Frankfurt a.M. 95 km

55 Paderborn 51 km Rüthen 15 km Warstein 3 km

480 Paderborn 45 km Wünnenberg 16 km Rüthen 14 km

183

7 Warburg 32 km Diemelstadt 23 km Marsberg 7 km

252 Paderborn 48 km Diemelstadt 8 km

40
450 Wolfhagen 10 km Kassel 37 km Fritzlar 38 km

251 Naumburg 11 km Wolfhagen 13 km Kassel 37 km

41
485 Waldeck 7 km Bad Wildungen 21 km Fritzlar 31 km

42
Bad Wildungen 8 km Fritzlar 20 km Kassel 50 km
253

193

43

3 Schwalmstadt 15 km Bad Wildungen 28 km Homberg 31 km

44
Schwalmstadt 17 km Homberg 40 km Fritzlar 50 km
454

IC/EC Kassel-Bad Wilhelmshöhe 1h 4'

45
62 Alsfeld 17 km Lauterbach 34 km Bad Hersfeld 50 km

Herborn 5 km Wetzlar 28 km Gießen 45 km

255 Herborn 20 km Montabaur 72 km

207

IC/EC Gießen 15'

3 → 485 14 km Gießen 20 km

Dortmund 130 km
Soest 86 km
Warburg 12 km (44)

Marsberg 38 km
Warburg 19 km (7)

Höxter 57 km
Hofgeismar 10 km
Grebenstein 5 km (83)

Warburg 31' ICE IC/EC

Göttingen 28 km
Dransfeld 14 km (3)

Bad Karlshafen 41 km
Reinhardshagen 11 km (80)

Göttingen 20' ICE IC/EC

Hannover 13…
Hildesheim 10…
Göttingen 1…

(450) Bad Arolsen 6 km
Diemelstadt 17 km

(251) Korbach 18 km
Brilon 57 km

(485) Sachsenhausen 4 km
Korbach 17 km

Frankenberg (Eder) 23 km
Biedenkopf 55 km (253)

(3) Marburg 30 km
Gießen 60 km

(454) Stadtallendorf 4 km

IC/EC Marburg 1h 1'

(62) Kirchhain 13 km
Biedenkopf 50 km

Gießen 50 km
Friedberg 66 km
Frankfurt a.M. 93 km (5)

(49) Grünberg 26 km
Gießen 50 km

(254) Lauterbach 14 km
Fulda 39 km

Fulda 29' ICE IC/EC
Frankfurt 1h 22'

(7) Fulda 24 km
Schweinfurt 104 km
Würzburg 128 km

ICE Fulda 22'
IC/EC Fulda 24'

(27) Hünfeld 7 km
Fulda 24 km

185
209
198
Ga
Gb
Gc
Gd
40
41
42
43
44
45
Duderstadt 17 km
Worbis 1 km
247
Nordhausen 26 km
Bleicherode 12 km
38
5 km
Schlotheim 3 km
Sondershausen 24 km
249
Bad Langensalza 2 km
Gotha 22 km
Suhl 68 km
247
Bad Langensalza 3 km
Sondershausen 38 km
84
Gotha 17'
Erfurt 30'
Gotha 13 km
Erfurt 37 km
Chemnitz 177 km
Ohrdruf 9 km
Ilmenau 35 km
88
Meiningen 19 km
Bad Neustadt a.d. Saale 50 km
19
Kaltennordheim 11 km
Mellrichstadt 42 km
285
Tann 10 km
Bad Neustadt a.d. Saale 58 km
278
HEILBAD HEILIGENSTADT
LEINEFELDE
Niederorschel
Helbedündorf
Dünwald
Menteroda
DINGELSTÄDT
BAD SOODEN-ALLENDORF
Meinhard
ESCHWEGE
WANFRIED
MÜHLHAUSEN
Unstruttal
Weinbergen
Großengottern
Heyerode
Oberdorla
TREFFURT
Wehretal
Ringgau
SONTRA
Mihla
Nationalpark Hainich
Herleshausen
EISENACH
Hörsel-berg
Wildeck
Gerstungen
BERKA
Marksuhl
Wutha-Farnroda
Seebach
WALTERSHAUSEN
RUHLA
Emsetal
Tabarz
FRIEDRICHRODA
HERINGEN
Philippsthal
Moor-grund
-Kieselbach
Dorndorf
VACHA
Merkers
Tiefenort
BAD SALZUNGEN
Schweina
BAD LIEBENSTEIN
Barchfeld
BROTTERODE
TAMBACH-DIETHARZ
Trusetal
Floh-Seligenthal
Breitungen
Wernshausen
SCHMALKALDEN
STADTLENGSFELD
Hohenroda
Deutsche Märchenstraße
Deutsche Fachwerkstraße
Deutsche Alleenstraße
Klassikerstraße Thüringen
Naturpark Eichsfeld-Hainich-Werratal
Naturpark Thüringer Wald
Biosphärenreservat Rhön

4 Braunlage 46 km Nordhausen 13 km
186
85 Sangerhausen 30 km Berga 9 km
38 6 km Sangerhausen 15 km 71
Ha
Hb
Hc
Hd
40
Helbedündorf 3 km
Mühlhausen 12 km Eschwege 45 km 249
41
Mühlhausen 17 km Dingelstädt 34 km Duderstadt 64 km 247
42
84
4 26 km Eisenach 29 km
197
43
Eisenach 14'
4 Eisenach 25 km Bad Hersfeld 78 km Kassel 149 km
44
88 Friedrichroda 4 km Eisenach 31 km
45
Zella-Mehlis 10 km Suhl 13 km 71
Ilmenau 3 km
88 Gehren 8 km Königsee 16 km
210
Bad Blankenburg 4 km Saalfeld 7 km Ilmenau 35 km 88
ICE Saalfeld
SONDERSHAUSEN
BAD FRANKENHAUSEN
ARTERN
Schernberg
Oldisleben
HELDRUNGEN
EBELEBEN
KINDELBRÜCK
SCHLOTHEIM
GROSSEN-EHRICH
GREUSSEN
WEISSENSEE
KÖLLEDA
SÖMMERDA
BAD TENNSTEDT
Herbsleben
GEBESEE
BAD LANGENSALZA
ERFURT
WEIMAR
GOTHA
BAD BERKA
BLANKENHAIN
KRANICHFELD
Ichtershausen
ARNSTADT
OHRDRUF
TAMBACH-DIETHARZ
Gräfenroda
STADTILM
REMDA-TEICHEL
RUDOLSTADT
Kyffhäuser
Hainleite
Hohe Schrecke
Schmücke
Thüringer Becken
Fahnersche Höhe
Naturpark Thüringer Wald
0 2 4 6 8 10 km

Aschersleben 50 km
Lutherstadt
Eisleben 18 km 180

Lutherstadt
Eisleben 37 km
HAL-Neustadt
18 km 38

Bernburg
54 km
Halle/S.
12 km 91

Halle/S. 10'/30' IC/EC ICE

AB-Dr. Potsdam 124 km
Dessau 52 km
Halle/S. 27 km 9

181
Leipzig 13 km
Eilenburg 43 km

ICE Leipzig 32'

87
Markranstädt 3 km
Leipzig 15 km

AB-Kr. Leipzig-Südwest 7 km
38

2
Groitzsch 14 km
Leipzig 42 km

180
Meuselwitz 8 km
Altenburg 21 km

Zwickau 36 km
Chemnitz 61 km
4

Werdau 19 km
Zwickau 28 km
175

Saalfeld 16 km
Hildburghausen 79 km 281

9
Schleiz 14 km
Hof 63 km
Bayreuth 102 km

Schleiz 15 km
Hof 47 km

92
Greiz 5 km
Plauen 28 km

Leipzig/Chemnitz 1 : 340.000

Halle 28 km
Fighfn. Leipzig/Halle 10 km
Schkeuditz 8 km

Lutherstadt Wittenberg 66 km 2

ICE IC/EC Wittenberg 31' Halle 25' Bitterfeld 20' L-Flghf. 12'

14 Berlin 192 km Halle 47 km

87 Eilenburg 15 km Taucha 3 km

107 Eilenburg 13 km

188

Halle 21 km Schkeuditz 3 km 186

181 Merseburg 15 km

Naumburg 32' Weimar 54' IC/EC ICE

87 Weißenfels 20 km Weimar 86 km

38

9 8 km Weißenfels 24 km Merseburg 25 km

2 Zeitz 7 km Gera 29 km Schleiz 70 km

199

180 Zeitz 4 km Naumburg 32 km Querfurt 65 km

Gera 8 km Hermsdorfer Kreuz 23 km Jena 46 km 4

175 Weida 9 km Saalfeld 62 km

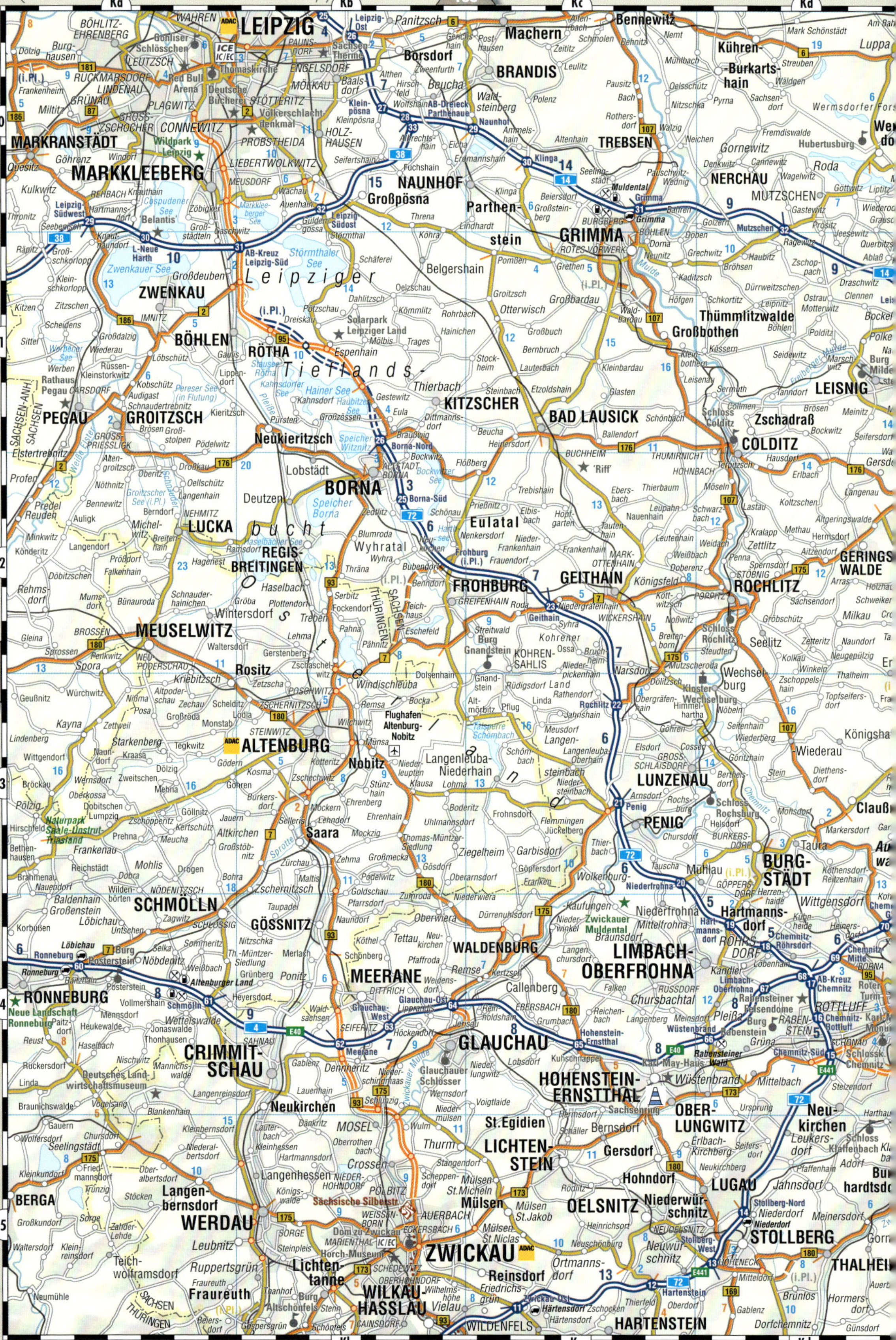

Plauen 47' IC/EC

173 Reichenbach 10 km Plauen 40 km

72 Plauen 39 km Hof 67 km Bayreuth 117 km

212

93 Schneeberg 12 km Annaberg-Buchholz 45 km

169 Aue 10 km Plauen 60 km

Lutherstadt Wittenberg 80 km Torgau 33 km 182
Senftenberg 55 km Elsterwerda 19 km 169
189
Berlin 2h 6' IC/EC
Berlin 1h 40' ICE
101 Jüterbog 92 km Elsterwerda 17 km
Berlin 159 km Cottbus 68 km Senftenberg 31 km 13

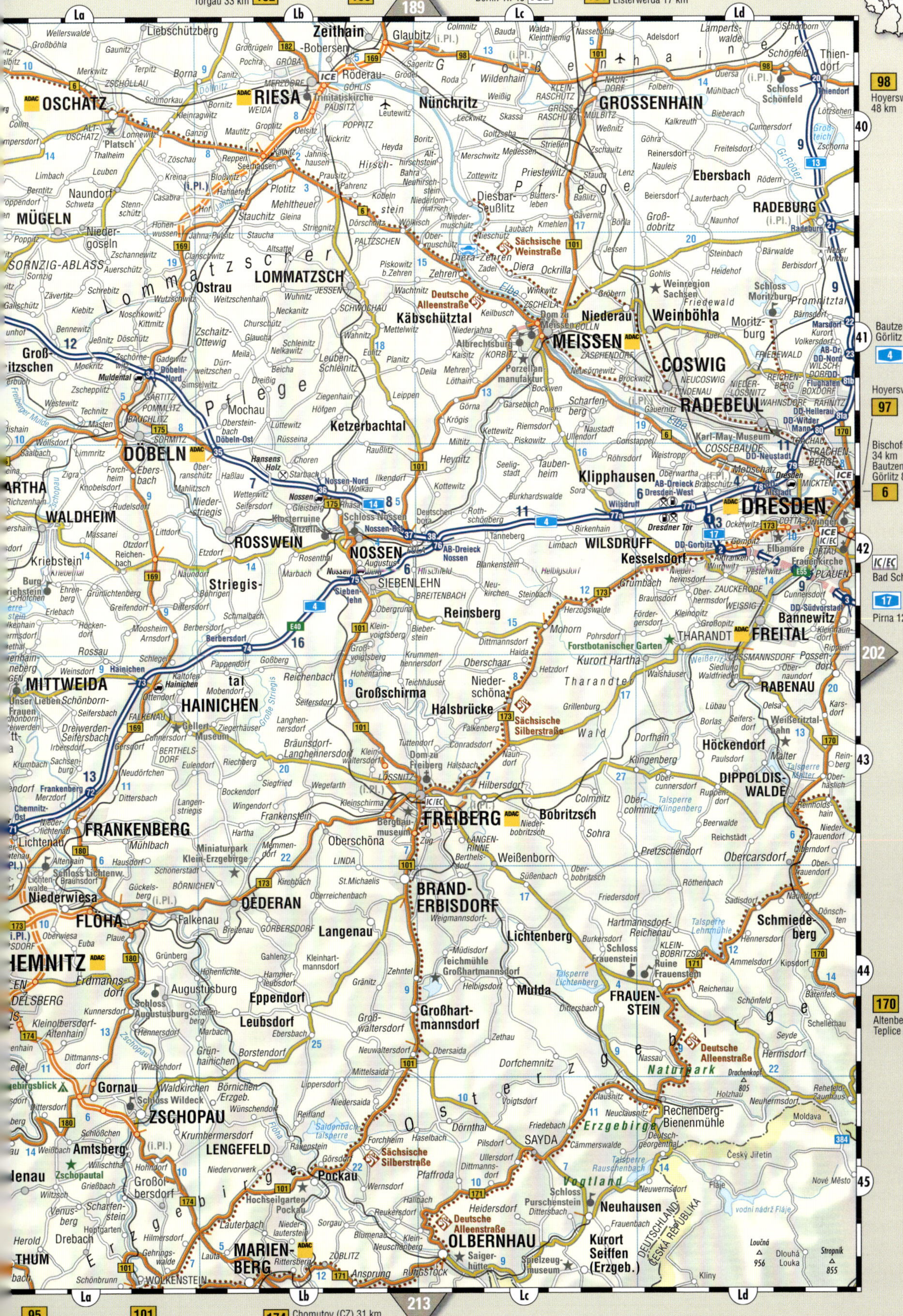

98 Hoyerswerda 48 km
40
41 Bautzen 52 km Görlitz 100 km 4
Hoyerswerda 61 km 97
Bischofswerda 34 km Bautzen 51 Görlitz 89 km 6
42 IC/EC Bad Schandau 30'
17 Pirna 12 km
202
43
44
170 Altenberg 4 km Teplice (CZ) 22 km
45
95 Annaberg-Buchholz 10 km Oberwiesenthal 29 km Karlovy Vary (CZ) 58 km
101 Annaberg-Buchholz 10 km Schwarzenberg 33 km Aue 41 km
174 Chomutov (CZ) 31 km Most (CZ) 49 km
213

Cottbus 73 km
Hoyerswerda 28 km
Bernsdorf 12 km
97
190
Senftenberg 45 km
Hoyerswerda 20 km
96
Spremberg 64 km
Weißwasser 37 km
156
98
Großenhain 15 km
Riesa 36 km
Radebeul 12 km
Meißen 35 km
Chemnitz 81 km
4
Meißen 24 km
Oschatz 54 km
Leipzig 109 km
6
Dresden 1'
IC/EC
Dreieck
Dresden-West
14 km
17
201
170
Dippoldiswalde
16 km
Dresden 38 km
Osek 1 km
Litvínov 9 km
Most 20 km
27
Ma
Mb
Mc
Md
40
41
42
43
44
45
KÖNIGSBRÜCK
KAMENZ
Großdubrau
Malschwitz
Haselbachtal
ELSTRA
BAUTZEN
Ottendorf-Okrilla
PULSNITZ
Burkau
Göda
Wachau
GROSS-RÖHRSDORF
Bretnig-Hauswalde
Demitz-Thumitz
Schmölln-Putzkau
BISCHOFSWERDA
Neukirch
WILTHEN
RADEBERG
Arnsdorf
Großharthau
SCHIRGISWALDE
DRESDEN
STOLPEN
Hohwald
NEUSTADT
Steinigtwolmsdorf
Sohland
Dürrröhrsdorf-Dittersbach
HOHNSTEIN
SEBNITZ
ŠLUKNOV (Schluckenau)
Velký Šenov
Dolní Poustevna (Nd.-Einsiedel)
MIKULÁŠOVICE (Nixdorf)
HEIDENAU
PIRNA
Lohmen
BAD SCHANDAU
KÖNIGSTEIN
Nationalpark Sächsische Schweiz
DOHNA
Kreischa
Müglitztal
Reinhardtsgrimma
BERGGIESSHÜBEL
BAD GOTTLEUBA
GLASHÜTTE
ALTENBERG
CHKO Labské pískovce
DĚČÍN (Tetschen)
ČESKÁ KAMENICE (Böhm. Kamnitz)
BENEŠOV nad Ploučnicí (Bensen)
JÍLOVÉ (Eulau)
ÚSTÍ nad Labem (Aussig)
KRUPKA (Graupen)
Dubí (Eichwald)
Chabařovice (Karbitz)
Hrob (Klostergrab)
Košťany (Kosten)
TEPLICE (Teplitz)
Trmice
Žandov
CHKO České Středohoří
2 4 6 8 10 km
R13
Bílina 11 km
Most 25 km
Chomutov 45 km
8
Lovosice 20 km
Terezín 25 km
Praha 84 km
D8
Lovosice 19 km
Kralupy n.V. 57 km
Praha 82 km
IC/EC
Praha
1h 15'
30 / 261
Lovosice 16 km
Kladno 78 km
Litoměřice 19 km
Lovosice 26 km
Most 57 km
15

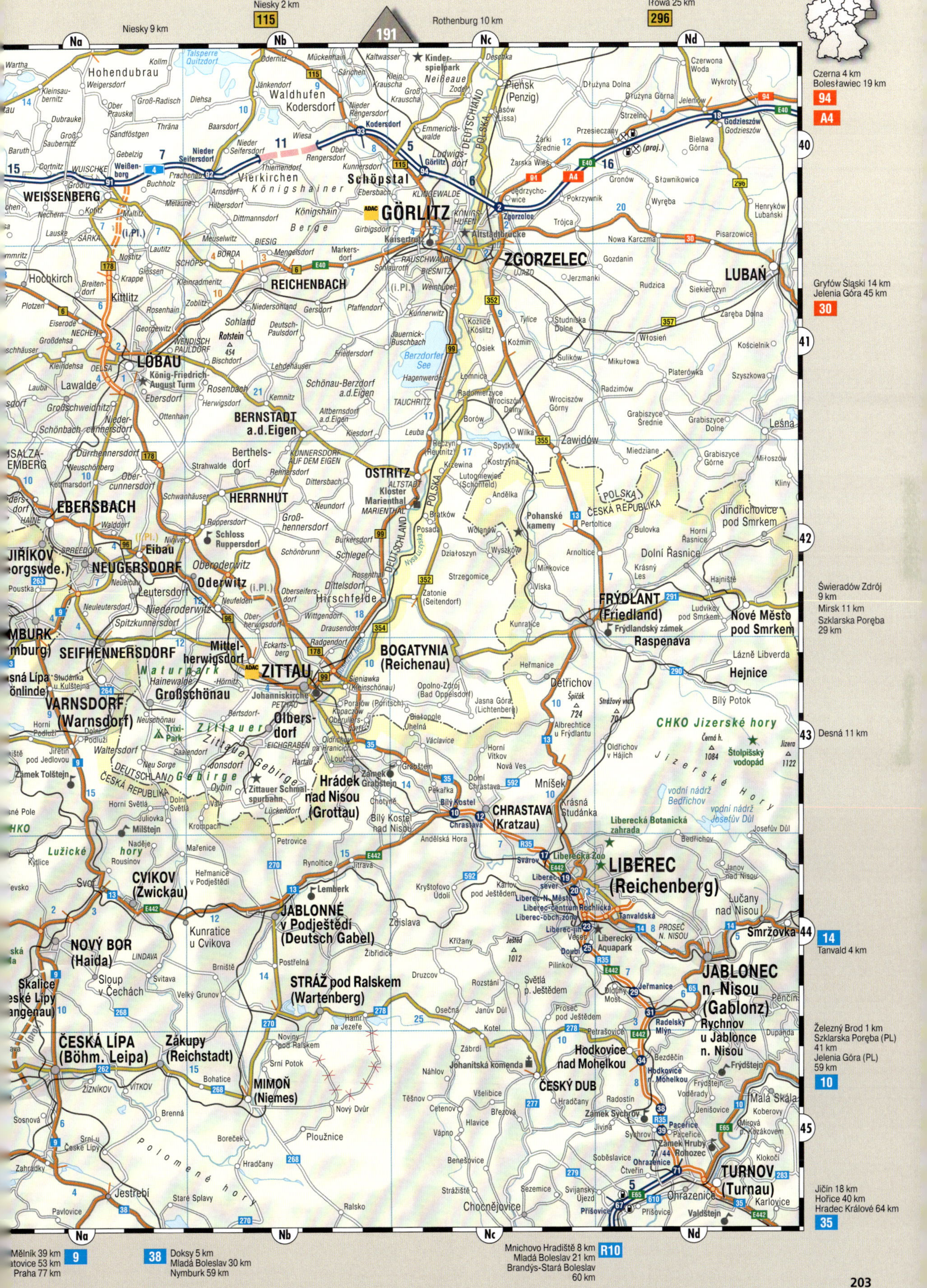
Łęknica (PL) 35 km
Bad Muskau 33 km
Niesky 2 km
115
Niesky 9 km
191
Rothenburg 10 km
Iłowa 25 km
296
Na
Nb
Nc
Nd
Czerna 4 km
Bolesławiec 19 km
94
A4
40
Gryfów Śląski 14 km
Jelenia Góra 45 km
30
41
42
Świeradów Zdrój 9 km
Mirsk 11 km
Szklarska Poręba 29 km
43
Desná 11 km
44
14
Tanvald 4 km
Železný Brod 1 km
Szklarska Poręba (PL) 41 km
Jelenia Góra (PL) 59 km
10
45
Jičín 18 km
Hořice 40 km
Hradec Králové 64 km
35
Mělník 39 km
atovice 53 km
Praha 77 km
9
38
Doksy 5 km
Mladá Boleslav 30 km
Nymburk 59 km
Mnichovo Hradiště 8 km
Mladá Boleslav 21 km
Brandýs-Stará Boleslav 60 km
R10
Hohendubrau
Waldhufen
Kodersdorf
Schöpstal
GÖRLITZ
ZGORZELEC
LUBAŃ
WEISSENBERG
Vierkirchen
Königshainer Berge
Pieńsk (Penzig)
REICHENBACH
LÖBAU
Kittlitz
BERNSTADT a.d.Eigen
Schönau-Berzdorf a.d.Eigen
Berzdorfer See
OSTRITZ
HERRNHUT
EBERSBACH
NEUGERSDORF
Oderwitz
Hirschfelde
BOGATYNIA (Reichenau)
SEIFHENNERSDORF
Mittelherwigsdorf
ZITTAU
VARNSDORF (Warnsdorf)
Großschönau
Olbersdorf
Naturpark Zittauer Gebirge
Hrádek nad Nisou (Grottau)
CHRASTAVA (Kratzau)
FRÝDLANT (Friedland)
Raspenava
Nové Město pod Smrkem
Hejnice
CHKO Jizerské hory
Jizerské hory
LIBEREC (Reichenberg)
JABLONEC n. Nisou (Gablonz)
Rychnov u Jablonce n. Nisou
CVIKOV (Zwickau)
JABLONNÉ v Podještědí (Deutsch Gabel)
NOVÝ BOR (Haida)
STRÁŽ pod Ralskem (Wartenberg)
ČESKÁ LÍPA (Böhm. Leipa)
Zákupy (Reichstadt)
MIMOŇ (Niemes)
Hodkovice nad Mohelkou
ČESKÝ DUB
TURNOV (Turnau)
Lužické hory
Polomené hory
DEUTSCHLAND
POLSKA
ČESKÁ REPUBLIKA

Köln (D) 79 km
AB-Kr. Aachen (D) 16 km A3
Aachen (D) 16 km

Aachen 15 km
→ 44 8 km 258

Düren 18 km
Hürtgenwald 4 km 399

192

Jülich 31 km
→ 4 19 km
Düren 14 km 56

265 Köln 39 km
477 Kerpen 22 km

Liège 36 km
Namur 101 km
Brussel/Bruxelles 132 km
A3

N 61
Verviers 12 km
Liège 41 km

N 672
Verviers 13 km
Liège 40 km

A27
Liège 49 km
Maastricht (NL) 63 km
Brussel/Bruxelles 142 km

N 68
Vielsalm 16 km
Trois-Ponts 28 km

12
Wincrange 12 km
Bastogne (B) 30 km

18
Wincrange 8 km
Bastogne (B) 26 km

214

7
Diekirch 15 km
Luxembourg 44 km

51
Bitburg 4 km
Trier 33 km

257
Bitburg 5 km
Echternach (L) 25 km

60 → 1
Kreuz Wittlich 12 km

Flughafen Köln-Bonn 30 km
Bonn 6 km
Siegburg 21 km
Bonn 8 km
Mönchengladbach 74 km
Köln 33 km
Bonn 14'
Köln 37 km
Bonn 8 km
Flughafen Köln-Bonn 25 km
Bonn 11 km
Köln
Düsseldorf 82 km
Köln 42 km
Köln 52 km
Hennef 13 km
Altenkirchen 12 km
Limburg a.d. Lahn 65 km
Altenkirchen 23 km
Gummersbach 84 km
Montabaur 35 km
Limburg a.d. Lahn 55 km
Frankfurt a.M. 128 km
Montabaur
Limburg
Frankfurt a.M.
Koblenz 14 km
Wiesbaden 104 km
Koblenz 10'
Koblenz 6 km
Mainz 98 km
Koblenz 6 km
Köln 109 km
Koblenz 36'
Koblenz 8 km
Koblenz 8 km
Montabaur 37 km
Bingen 52 km
Ludwigshafen 128 km
Speyer 139 km
Boppard 21 km
Koblenz 35 km
Trier 36 km
Saarbrücken 111 km
Kaiserslautern 131 km
Wittlich 8 km
Bitburg 44 km
Wittlich 13'
Traben-Trarbach 10 km
Bernkastel-Kues 32 km
Kirchberg 9 km
Idar-Oberstein 59 km
Morbach 29 km
Hermeskeil 59 km
EUSKIRCHEN
RHEINBACH
MECKENHEIM
KÖNIGSWINTER
BAD HONNEF
Wachtberg
Buchholz (Westerwald)
Asbach
Windhagen
Neustadt (Wied)
Vettelschoß
UNKEL
REMAGEN
LINZ a.Rhein
BAD MÜNSTEREIFEL
Grafschaft
BAD NEUENAHR-AHRWEILER
SINZIG
BAD HÖNNINGEN
BAD BREISIG
Rheinbrohl
ANDERNACH
NEUWIED
WEISSENTHURM
MENDIG
MÜLHEIM-KÄRLICH
Ochtendung
MAYEN
POLCH
Kobern-Gondorf
ADENAU
DAUN
Ulmen
COCHEM
MÜNSTER-MAIFELD
Treis-Karden
KASTELLAUN
ZELL (Mosel)
Laacher See
Nürburgring
Naturpark Rhein-Westerwald
Naturpark Vulkaneifel
Ca
Cb
Cc
Cd
193
206
215
46
47
48
49
50
51

256 Gummersbach 60 km
Waldbröl 26 km
194
Siegen 28 km
45 9 km
54
Köln 114 km
Lüdenscheid 86 km
Siegen 37 km
8
Köln 58 km
Flughafen Köln-Bonn 47 km
Bonn 51 km
Köln 70 km
Düsseldorf 105 km
3
ICE
Köln-Deutz 28'
256
Neuwied 22 km
Mayen 47 km
Neuwied 5 km
Remagen 30 km
Königswinter 45 km
42
Andernach 11'
IC/EC
Bonn 30'
ICE
Andernach 12 km
Bonn 53 km
9
Mayen 29 km
Köln 89 km
Trier 123 km
48
205
Cochem 40 km
416
ICE IC/EC
Cochem 35'
49
61 10 km
Cochem 39 km
327
61 2 km
61
AB-Kr. Koblenz 18 km
Koblenz 17 km
Köln 117 km
327
61 4 km
Koblenz 20 km
327
Bernkastel-Kues 54 km
Hermeskeil 78 km
Bingen a.Rh. 24 km
Mainz 51 km
Ludwigshafen 99 km
61
Bad Kreuznach 26 km
Mainz 42 km
9
Bingen 33' IC/EC
Mainz 50' ICE
42
Rüdesheim a.Rh. 8 km
Eltville 27 km
216
Oestrich-Winkel 7 km
Rüdesheim a.Rh. 14 km
42
Mainz 10 km
Kaiserslautern 84 km
Ludwigshafen 84 km
643
ICE Mainz
IC/EC
Da
Db
Dc
Dd
46
47
48
49
50
51
ALTENKIRCHEN (Westerwald)
HACHENBURG
BAD MARIENBERG
Driedorf
Breitscheid
Höhn
RENNEROD
WESTERBURG
Mengerskirchen
DIERDORF
Selters (Westerwald)
Waldbrunn (Westerwald)
Dornburg
WEILBURG
Beselich
RANSBACH-BAUMBACH
WIRGES
MONTABAUR
HADAMAR
BENDORF
HÖHR-GRENZHAUSEN
VALLENDAR
LIMBURG a.d.Lahn
DIEZ
RUNKEL
Villmar
Brechen
KOBLENZ
BAD EMS
NASSAU
LAHNSTEIN
Hünfelden
BRAUBACH
KATZENELNBOGEN
Aarbergen
Hünstetten
IDSTEIN
BOPPARD
NASTÄTTEN
Emmelshausen
SANKT GOAR
Heidenrod
BAD SCHWALBACH
Hohenstein
TAUNUSSTEIN
OBERWESEL
Schlangenbad
WIESBADEN
BACHARACH
LORCH
Kiedrich
ELTVILLE a.Rhein
Westerwald
Naturpark Rhein-Westerwald
Naturpark Nassau
Naturpark Rhein-Taunus
Rheingaugebirge
Taunus
Rhein
Lahn
2
4
6
8
10 km

7 Siegen 34 km Haiger 12 km

255 Marburg 28 km Gladenbach 9 km

195 Marburg 15' IC/EC

3 Kassel 99 km Marburg 8 km

5 Fulda 72 km Kassel 101 km Erfurt 169 km

49 Alsfeld 23 km Lauterbach 34 km

276 Schotten 7 km Bad Orb 64 km

455 Gedern 22 km Fulda 55 km

208

275 Schotten 27 km Fulda 68 km

457 Büdingen 4 km → 66 14 km

Schlüchtern 40 km Fulda 68 km Kassel 173 km 66 ICE IC/EC Fulda 40'

Aschaffenburg 34' ICE Aschaffenburg 16' IC/EC

671 Bischofsheim 6 km Mainz 14 km Darmstadt 35 km

Mainz 15' IC/EC

67 Rüsselsheim 10 km Darmstadt 27 km Mannheim 70 km

Mannheim 30' ICE IC/EC

5 Darmstadt 18 km Mannheim 64 km Heidelberg 76 km

ICE Darmstadt 15'

217

661 Egelsbach 10 km → 5 21 km Darmstadt 22 km Heidelberg 82 km

45 Darmstadt 34 km Erbach 50 km

3 Aschaffenburg 18 km Würzburg 97 km Nürnberg 203 km

45 Aschaffenburg 15 km Würzburg 94 km Nürnberg 200 km

Kassel 100 km
Alsfeld 34 km
Bad Hersfeld 31 km
Eisenach 53'
Bad Hersfeld 21'
Hauneck 15 km
Haunetal 7 km
Alsfeld 5 km
Kirchhain 33 km
Alsfeld 6 km
Alsfeld 6 km
Kassel-Wilhelmshöhe 29'
196
Gießen 25 km
Frankfurt 77 km
Grünberg 9 km
Laubach 15 km
Laubach 7 km
Gießen 33 km
Nidda 8 km
Florstadt 28 km
Ortenberg 2 km
Glauburg 9 km
Glauburg 7 km
Nidda 17 km
Altenstadt 9 km
Frankfurt a.M. 25 km
Aschaffenburg 37 km
Mainz 81 km
Hanau 40'
207
ROMROD
Schwalmtal
Gemünden (Felda)
Feldatal
LAUTERBACH (Hessen)
SCHLITZ
Burghaun
HÜNFELD
Bad Salzschlirf
Wartenberg
Großenlüder
ULRICHSTEIN
HERBSTEIN
Petersberg
FULDA
Künzell
Eichenzell
SCHOTTEN
Grebenhain
Hosenfeld
Neuhof
Ebersburg
Naturpark Hoher Vogelsberg
GEDERN
Freiensteinau
Flieden
Kalbach
Hirzenhain
Birstein
SCHLÜCHTERN
Kefenrod
Brachttal
Sinntal
BAD BRÜCKENAU
BÜDINGEN
STEINAU a.d.Straße
BAD SODEN-SALMÜNSTER
Naturpark Hessischer Spessart
WÄCHTERSBACH
BAD ORB
Gründau
GELNHAUSEN
Biebergemünd
Jossgrund
Hasselroth
Linsengericht
Freigericht
Bayerischer Spessart
Flörsbachtal
Burgsinn
RIENECK
ALZENAU
Mömbris
Schöllkrippen
Frammersbach
GEMÜNDEN am Main
Johannesberg
Sailauf
Heigenbrücken
Partenstein
Deutsche Märchenstraße
Deutsche Fachwerkstraße
Deutsche Ferienroute Alpen-Ostsee
Deutsche Alleenstraße
Landrücken-Tunnel 10 779 m
2 4 6 8 10 km
218
Aschaffenburg
Rothenfels 17 km
Marktheidenfeld 22 km
Würzburg 30'
Würzb. 32'
Karlstadt 9 km
Würzburg 33 km
Karlstadt 10
Würzburg 34

cha 15 km / nna 11 km 84
Dorndorf 19 km / Vacha 15 km 278
Eisenach 47 km / Bad Salzungen 29 km 285
197
Eisenach 32 km / Bad Salzungen 15 km 19
62 Suhl 12 km / Oberhof 14 km
71 Suhl 12 km / Arnstadt 44 km / Erfurt 62 km
89 Hildburghausen 13 km / Eisfeld 26 km
210
279 Maroldsweisach 7 km / Ebern 23 km
303 Maroldsweisach 15 km / Coburg 35 km

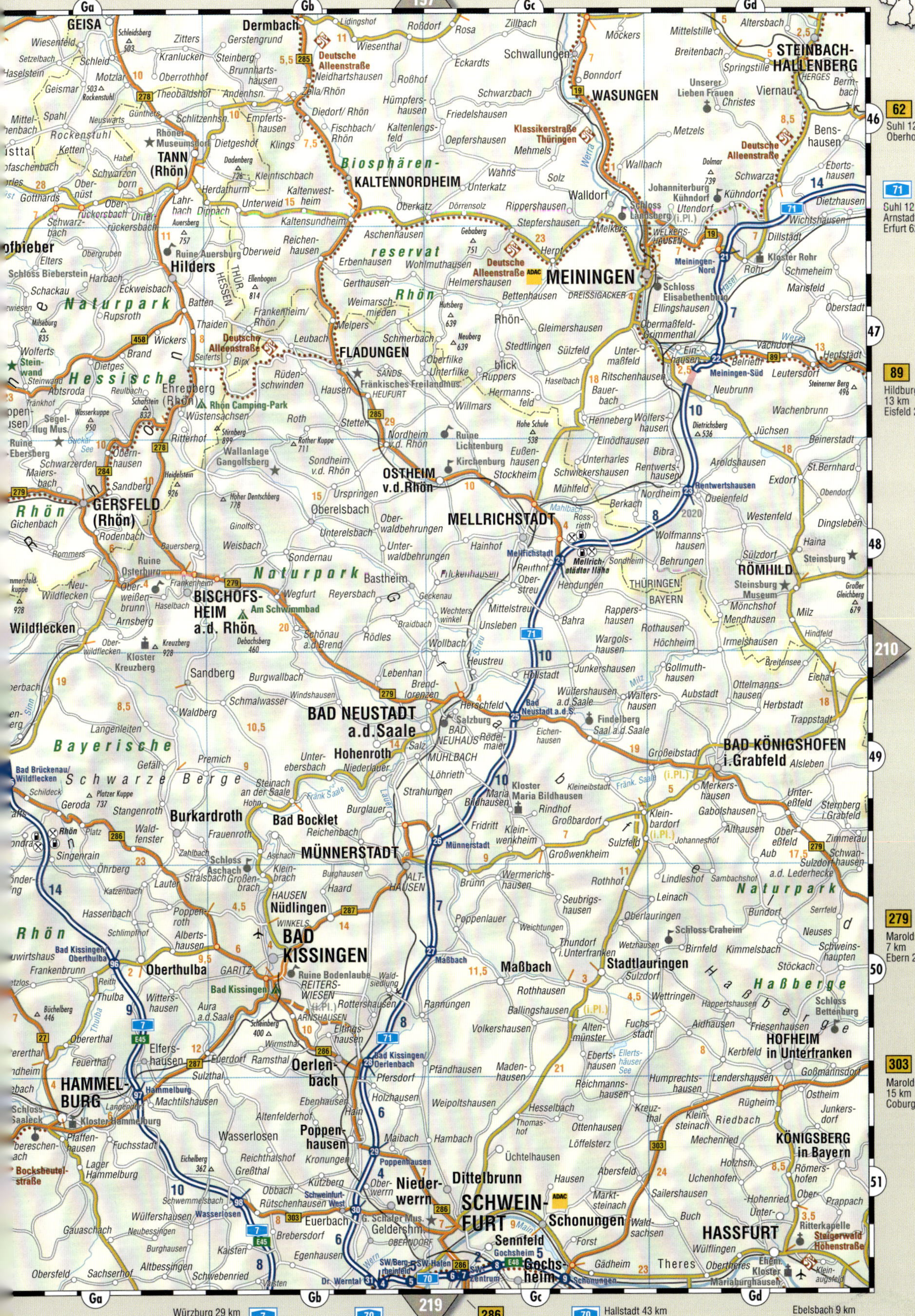

Würzburg 29 km / Kitzingen 41 km / Rothenburg o.d.T. 86 km 7
70 Werneck 5 km / Würzburg 33 km
219
286 Gerolzhofen 17 km / Wiesentheid 31 km
70 Hallstadt 43 km / Bamberg 45 km / Bayreuth 102 km
Ebelsbach 9 km / Bamberg 30 km

Erfurt 54 km
Arnstadt 32 km
71
Erfurt 46 km
Arnstadt 24 km
Weimar 47 km
Arnstadt 20 km
88 87
198
Jena 36 km
Rudolstadt 5 km
88
ICE
62
Meiningen 23 km
Schmalkalden
25 km
71
Meiningen 20 km
Bad Neustadt
a.d. Saale 53 km
Schweinfurt
88 km
89
Obermaßfeld-
Grimmenthal 15 km
Meiningen 20 km
209
279
Bad Königshofen
15 km
Münnerstadt
37 km
303
Ostheim 5 km
Schweinfurt 36 km
Hallstadt 11 km
Bamberg 16 km
279
4
Breitengüßbach
5 km
Bamberg 14 km
73
Hallstadt 12 km
Bamberg 17 km
ICE
Bamberg 15'
220
Bamberg 30 km
Forchheim 49 km
Schweinfurt 81 km
70
ILMENAU
ZELLA-
MEHLIS
SUHL
SCHLEUSINGEN
HILD-
BURGHAUSEN
EISFELD
NEUHAUS
am Rennweg
LAUSCHA
SONNE-
BERG
NEUSTADT
b.Coburg
RÖDENTAL
COBURG
KRONACH
LICHTENFELS
BAD
STAFFELSTEIN
BURGKUN-
STADT
WEISMAIN
EBERN
BAD BLANKENBURG
SAALFELD/
Saale
KÖNIGSEE
GEHREN
Thüringer Wald
Naturpark
Haßberge
Fränkische Schweiz
Veldensteiner Forst
2 4 6 8 10 km

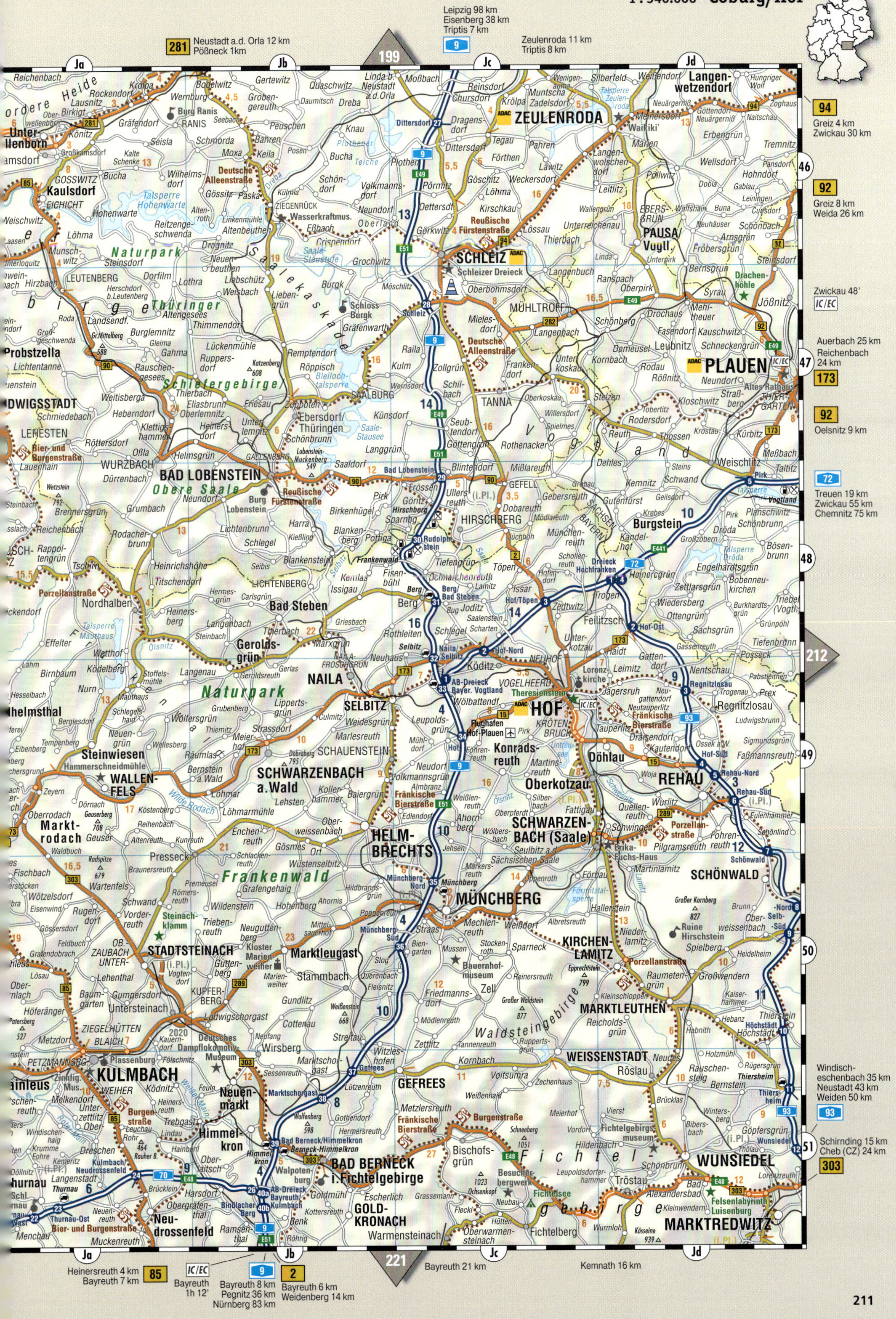
Leipzig 98 km
Eisenberg 38 km
Triptis 7 km
Neustadt a.d. Orla 12 km
Pößneck 1km
Zeulenroda 11 km
Triptis 8 km
199
Greiz 4 km
Zwickau 30 km
Greiz 8 km
Weida 26 km
Zwickau 48'
Auerbach 25 km
Reichenbach 24 km
Oelsnitz 9 km
Treuen 19 km
Zwickau 55 km
Chemnitz 75 km
212
Windisch-eschenbach 35 km
Neustadt 43 km
Weiden 50 km
Schirnding 15 km
Cheb (CZ) 24 km
Heinersreuth 4 km
Bayreuth 7 km
Bayreuth 1h 12'
Bayreuth 8 km
Pegnitz 36 km
Nürnberg 83 km
Bayreuth 6 km
Weidenberg 14 km
221
Bayreuth 21 km
Kemnath 16 km
ZEULENRODA
SCHLEIZ
PLAUEN
PAUSA/ Vogtl.
BAD LOBENSTEIN
HOF
NAILA
SELBITZ
HELMBRECHTS
MÜNCHBERG
SCHWARZENBACH a.Wald
SCHWARZENBACH (Saale)
REHAU
SCHÖNWALD
KIRCHENLAMITZ
MARKTLEUTHEN
WEISSENSTADT
WUNSIEDEL
MARKTREDWITZ
KULMBACH
STADTSTEINACH
GEFREES
BAD BERNECK i.Fichtelgebirge
GOLDKRONACH
Neudrossenfeld
Himmelkron
Neuenmarkt
Marktleugast
Bad Steben
Geroldsgrün
Steinwiesen
WALLENFELS
Markt-rodach
Kaulsdorf
LEUTENBERG
Probstzella
LUDWIGSSTADT
TANNA
HIRSCHBERG
GEFELL
MÜHLTROFF
Burgstein
Oberkotzau
Döhlau
Konradsreuth
Naturpark Thüringer Schiefergebirge/ Obere Saale
Naturpark Frankenwald
Fichtelgebirge
Vogtland
Saalekaskade
Waldsteingebirge

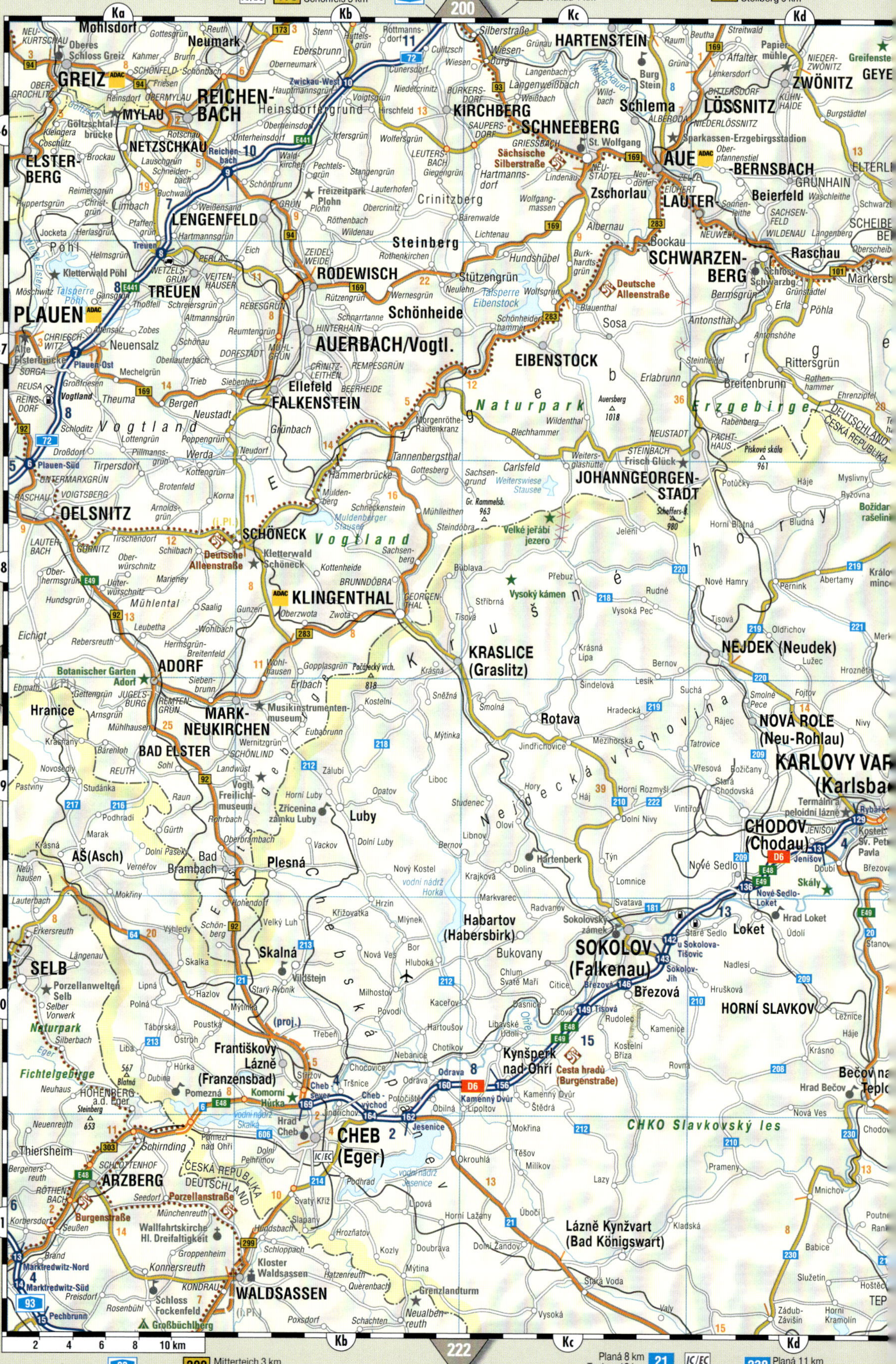
Zwickau IC/EC
173 Zwickau 14 km Schönfels 5 km
Chemnitz 41 km Stollberg 23 km Zwickau 7 km
72
200
93 Zwickau 7 km Wilkau 1 km
169 Chemnitz 32 km Stollberg 9 km
94 Zeulenroda 15 km Weida 17 km Gera 28 km
92 Plauen 15 km Schleiz 33 km
Plauen IC/EC
92 Greiz 25 km Schleiz 27 km
72 Hof 28 km Münchberg 51 km Bayreuth 95 km
211
93 1 km Rehau 12 km Hof 27 km Münchberg 32 km
Thierstein 7 km 93
303 Marktredwitz 1 km Kulmbach 51 km Bayreuth 56 km
93 Mitterteich 6 km Weiden 37 km
299 Mitterteich 3 km Tirschenreuth 13 km Weiden 43 km
222
Planá 8 km Tachov 19 km Stříbro 32 km Mariánské Lázně 1 km 21
IC/EC Mariánské Lázně 22'
230 Planá 11 km Stříbro 35 km Plzeň 60 km Mariánské Lázně 3 km
Ka
Kb
Kc
Kd
46
47
48
49
50
51
GREIZ
REICHENBACH
MYLAU
NETZSCHKAU
ELSTERBERG
LENGENFELD
TREUEN
PLAUEN
RODEWISCH
AUERBACH/Vogtl.
FALKENSTEIN
Ellefeld
KIRCHBERG
SCHNEEBERG
HARTENSTEIN
Schlema
LÖSSNITZ
ZWÖNITZ
AUE
BERNSBACH
LAUTER
Zschorlau
SCHWARZENBERG
Raschau
Beierfeld
Schönheide
EIBENSTOCK
JOHANNGEORGENSTADT
Naturpark Erzgebirge
Vogtland
OELSNITZ
SCHÖNECK
KLINGENTHAL
ADORF
MARKNEUKIRCHEN
BAD ELSTER
Hranice
AŠ (Asch)
Plesná
Luby
KRASLICE (Graslitz)
Rotava
NEJDEK (Neudek)
NOVÁ ROLE (Neu-Rohlau)
KARLOVY VAR (Karlsba
CHODOV (Chodau)
Habartov (Habersbirk)
SOKOLOV (Falkenau)
Březová
Loket
HORNÍ SLAVKOV
Kynšperk nad Ohří
SELB
Naturpark Fichtelgebirge
Františkovy Lázně (Franzensbad)
CHEB (Eger)
ARZBERG
WALDSASSEN
Lázně Kynžvart (Bad Königswart)
CHKO Slavkovský les
Deutsche Alleenstraße
Porzellanstraße
Burgenstraße
ČESKÁ REPUBLIKA
DEUTSCHLAND
2 4 6 8 10 km

Chemnitz 22 km
Burkhardtsdorf 10 km
95

Freiberg 49 km
Brand-Erbisdorf 43 km
Zschopau 30 km
101

Chemnitz 22 km
Zschopau 12 km
Marienburg 1 km
174

201

Teplice 16 km
Duchcov 6 km
27

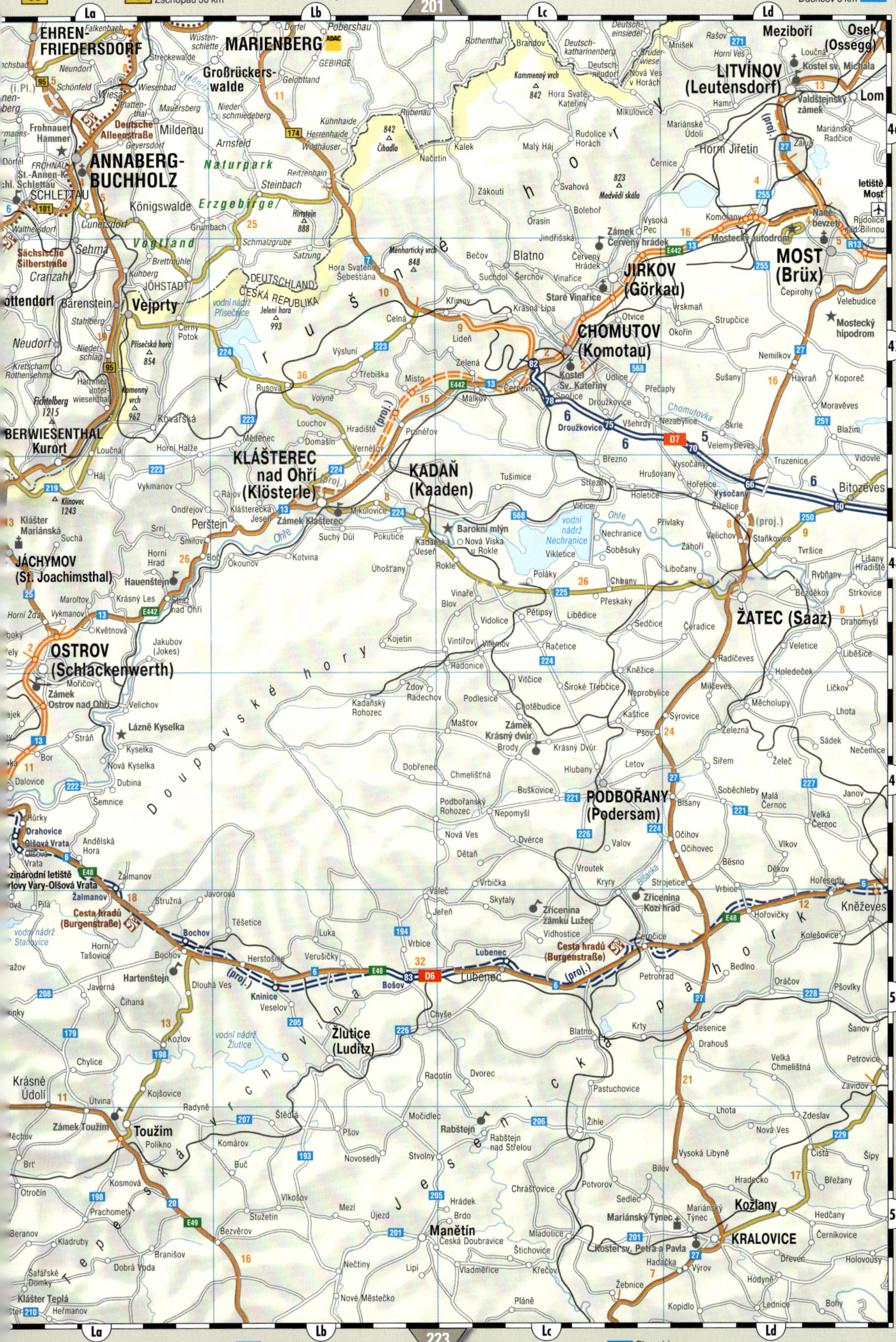

46
47
48
49
50
51

Bílina 15 km
Teplice 30 km
Ústí nad Labem 39 km
R13

27 → 15
Lovosice 25 km
Roudnice n. Labem 32 km

Louny 9 km
Slaný 35 km
Praha 59 km

6
Rakovník 10 km
Kladno 34 km
Praha 62 km

229
Rakovník 7 km
Kladno 39 km

20
Stříbro 30 km
Plzeň 32 km

223

27
Plasy 1 km
Plzeň 36 km

St-Vith 40 km
Dasburg 15 km 7

Prüm 29 km
→ 60 5 km 51

257 Koblenz 111 km
Kyllburg 14 km

Prüm 41 km
Kyllburg 17 km
60

204

Köln 174 km
Daun 29 km
1

Koblenz 94 km
Cochem 45 km
49

Cochem 21'
Bullay 12'
IC/EC

Koblenz 95 km
Cochem 46 km
53

205

Gerolstein 88 km
Cochem 53 km
421

327
Montabaur 77 km
Koblenz 54 km

50
→ 61 13 km
Bingen 35 km

41
Bad Kreuznach 31 km
Mainz 61 km

Kaiserslautern 34 km
Pirmasens 73 km
270

420
Lauterecken 4 km
Bad Kreuznach 44 km

Kaiserslautern 20 km
Mannheim 82 km
Mainz 98 km
6
IC/EC ICE
Kaiserslautern 18'

62
Landstuhl 1 km
Pirmasens 30 km
Zweibrücken 44 km

268
Püttlingen 5 km
Saarbrücken 10 km

1
Saarbrücken 9 km
→ 6 14 km
Metz (F) 82 km

623
Saarbrücken 11 km
Forbach (F) 21 km
Völklingen 23 km

6
Flughafen
Saarbrücken 20 km
Saarbrücken 31 km
Metz (F) 93 km

8
Zweibrücken 14 km
Pirmasens 35 km

ICE
IC/EC
Saarbrücken 20'

423
Flughafen
Saarbrücken 24 km
Frauenberg 29 km

Bonn 118 km
Koblenz 53 km
Boppard 30 km
61
Boppard 35 km
Niederheimbach 3 km
9
ICE IC/EC Koblenz 36'/50'
42
Lahnstein 48 km
Kaub 11 km
206
Wiesbaden 11 km
Eltville am Rhein 2 km
42
Bonn 140 km
Frankfurt a.M. 42 km
Wiesbaden 8 km
643
Mainz IC/EC
Wiesbaden 10
Da
Db
Dc
Dd
Kirchberg 13 km
Zell (Mosel) 34 km
50
52
53
54
55
56
57
41
Kirn 7 km
Idar-Oberstein 25 km
Sien 6 km
Idar-Oberstein 29 km
270
215
420
Altenglan 15 km
62
30 km
Homburg 23 km
Zweibrücken 37 km
Saarbrücken 51 km
6
ICE IC/EC
Homburg (Saar) 18'
62
AB-Kr. Landstuhl 3 km
Ramstein-Miesenbach 10 km
Rheinböllen
Bingen
Rüdesheim
Geisenheim
Oestrich-Winkel
Mainz
Heidesheim
Ingelheim
Gau-Algesheim
Ober-Olm
Klein-Winternheim
Nieder-Olm
Zornheim
Saulheim
Wörrstadt
Stadecken-Elsheim
Waldalgesheim
Stromberg
Langenlonsheim
Guldental
Bad Kreuznach
Sprendlingen
Wöllstein
Bad Münster a.St.-Ebernburg
Bad Sobernheim
Meisenheim
Alzey
Gau-Odernheim
Kirchheimbolanden
Rockenhausen
Lauterecken
Wolfstein
Winnweiler
Göllheim
Eisenberg (Pfalz)
Grünstadt
Hettenleidelheim
Otterberg
Enkenbach-Alsenborn
Mehlingen
Weilerbach
Rodenbach
Miesenbach
Kaiserslautern
Hochspeyer
Landstuhl
Carlsberg
Bad Dürkheim
Wachenheim a.d.Weinstr.
Deidesheim
Lambrecht (Pfalz)
Neustadt a.d.Weinstraße
Haßloch
Freinsheim
Naturpark Soonwald
Rheinhessisches Hügelland
Nordpfälzer Bergland
Pfälzerwald
Biosphärenreservat Pfälzerwald
225
2 4 6 8 10 km

Pirmasens 15 km
8 15 km
Zweibrücken 31 km
270
Burgalben 1 km
Pirmasens 14 km
48
Annweiler 21 km
Landau i.d.Pfalz 33 km
65
Landau i.d.Pfalz 16 km
Karlsruhe 46 km
Baden-Baden 90 km
39
Speyer 20 km
Hockenheim 31 km

inn 145 km
ankfurt a.M. 37 km
esbaden 10 km
71

Frankfurt Airport 15'
IC/EC

Frankfurt a.M. 19 km
Wiesbaden 20 km
Frankfurter Kr. 10 km
67

Frankfurt a.M. 36'
IC/EC
ICE

Offenbacher Kreuz 14 km
Mönchhof-Dreieck 13 km
Frankfurter Kreuz 4 km
5

Frankfurt a. Main 17'
ICE

207

Bad Homburg 31 km
Frankfurt a.M. 14 km
Offenbach 9 km
661

Frankfurt a.M. 12 km
Offenbach 11 km
459

Limburg 92 km
Wiesbaden 55 km
Frankfurt a.M. 12 km
3

Siegen 143 km
Gießen 81 km
Hanau 16 km
45

Aschaffenburg 5 km
Würzburg 85 km
Kitzingen 100 km
3

26
Aschaffenburg 7 km
Mainaschaff 10 km

Mömlingen 2 km
Aschaffenburg 7 km
426

Amorbach 14 km
Buchen 36 km
47

Mosbach 16 km
Heilbronn 41 km
37

292
Mosbach 7 km
Heilbronn 31 km

9
Germersheim 10 km
→ 65 20 km

36
Bruchsal 28 km
Karsruhe 41 km

Karlsruhe 23'
Suttgart 37'
ICE IC/EC

6
Karlsruhe 44 km
Heilbronn 58 km
Baden-Baden 76 km

5
Bruchsal 25 km
Karlsruhe 42 km
Baden-Baden 74 km

ICE Stuttgart 44'
Vaihingen 24'
Bruchsal 17'
IC/EC Vaihingen 27'

45 Zuzenhausen 3 km
→ 6 8 km

292 Sinsheim 12 km
→ 6 12 km

Aschaffenburg/Würzburg 1 : 340.000

Frankfurt a.M. 28'
Würzburg 38'
Lauterbach 98 km
Gelnhausen 48 km
276
Steinau a.d. Str. 50 km
Gemünden 11 km
26
Fulda 30'
Hanau 1h 05'
Aschaffenburg 38'
Rieneck 14 km
Gemünden 5 km
Hammelburg 15 km
Gemünden 8 km
208
Hanau 20 km
Frankfurt a.M. 42 km
Hanau 23 km
Frankfurt a.M. 39 km
Flughafen Frankfurt 39 km
Dieburg 20 km
Darmstadt 36 km
469
Seligenstadt 13 km
426
Reinheim 26 km
Darmstadt 42 km
Bensheim 52 km
Worms 72 km
47
217
Eberbach 13 km
Heidelberg 39 km
37
292
Sinsheim 24 km
Bruchsal 54 km
27
Bad Friedrichshall 14 km
Neckarsulm 18 km
81
Heilbronn 29 km
Stuttgart 79 km
Mannheim 105 km
227
19
Künzelsau 6 km
Schwäbisch Hall 27 km
Goldbach
Hösbach
Laufach
Waldaschaff
Haibach
Bessenbach
Mainaschaff
ASCHAFFENBURG
Großostheim
Niedernberg
Sulzbach a.Main
Leidersbach
Großwallstadt
Kleinwallstadt
Mömlingen
OBERNBURG a.Main
Elsenfeld
ERLENBACH a.Main
Eschau
Mönchberg
WÖRTH a.Main
KLINGENBERG a.Main
Lützelbach
Großheubach
Kleinheubach
MILTENBERG
Bürgstadt
FREUDENBERG
WERTHEIM
Kreuzwertheim
LOHR a.Main
KARLSTADT
MARKT-HEIDENFELD
Triefenstein
Naturpark Bayerischer Spessart
Spessart
Dammbach
Weibersbrunn
Rohrbrunn
Külsheim
TAUBER-BISCHOFSHEIM
Königheim
Hardheim
Höpfingen
WALLDÜRN
AMORBACH
Weilbach
Kirchzell
Naturpark Bergstraße Odenwald
Mudau
BUCHEN (Odenwald)
Limbach
Waldbrunn
Elztal
Obrigheim
MOSBACH
Schefflenz
Billigheim
MÖCKMÜHL
Seckach
OSTER-BURKEN
ADELSHEIM
RAVENSTEIN
Schöntal
KRAUTHEIM
BOXBERG
LAUDA-KÖNIGSHOFEN
BAD MERGENTHEIM
Grünsfeld
Großrinderfeld
Werbach
Zellingen
Leinach
Helmstadt
Waldbrunn
Altertheim
Neubrunn
Ahorn
Deutsche Ferienroute Alpen-Ostsee
Nibelungenstraße
Siegfriedstraße
Romantische Straße
Deutsche Limesstraße
Bocksbeutelstraße
Deutsche Fachwerkstraße
Burgenstraße
Fa
Fb
Fc
Fd
52
53
54
55
56
57
2 4 6 8 10 km

Fulda 76 km
Bad Brückenau 45 km
Hammelburg 22 km
7

Bad Kissingen 24 km
Schweinfurt 12 km

Bamberg
61 km
Schweinfurt
6 km
70

209

Bad Kissingen 27 km
Schweinfurt 6 km
286

70 Schweinfurt 11 km

Schweinfurt 30 km

Bamberg 26 km
Bayreuth 69 km
Nürnberg 87 km
70

22
Burgebrach 13 km
Bamberg 29 km

3
Herzogenaurach 44 km
Erlangen 46 km
Flughafen Nürnberg 53 km

220

Neustadt/Aisch 3 km
Herzogenaurach 25 km
8

IC/EC Nürnberg
ICE 52'

470
Neustadt/Aisch 3 km
Höchstadt/Aisch 21 km

290 Crailsheim 25 km
Aalen 63 km

228

7
Aalen 64 km
Ulm 132 km

Ansbach 17' IC/EC
Augsburg 1h 50' ICE

13
Ansbach 2 km
Gunzenhausen 31 km

Saalfeld 1h 30'
Lichtenfels 15' ICE

73 Suhl 86 km
Coburg 36 km
Lichtenfels 21 km

Schweinfurt 31 km
Haßfurt 8 km

Bad Königshofen 46 km
Ebern 10 km 279

Coburg 36 km
Rattelsdorf 1 km 4

Plauen 101 km
Hof 72 km
Münchberg 52 km 70

Schweinfurt 43 km
Würzburg 83 km
Fulda 124 km
70

22
Ebrach 6 km
Prichsenstadt 22 km

3
Würzburg 55 km
Aschaffenburg 131 km
Fulda 151 km

Iphofen 30 km
Kitzingen 39 km
8

IC/EC ICE
Würzburg 52'

470
Bad Windsheim 17 km
Rothenburg o.d.Tauber 41 km

Ansbach 2 km
14 Dinkelsbühl 44 km

IC/EC
Ansbach 24'

6 Ansbach 19 km
Schwäbisch Hall 95 km
Heilbronn 128 km

466
Gunzenhausen 32 km
Nördlingen 70 km

ICE IC/EC
Augsburg 1h 2'

2 Roth 9 km
Treuchtlingen 49 km

Ingolstadt 29'
München 1h 22' ICE

9 Ingolstadt 71 km
Flughafen München 134 km
München 144 km

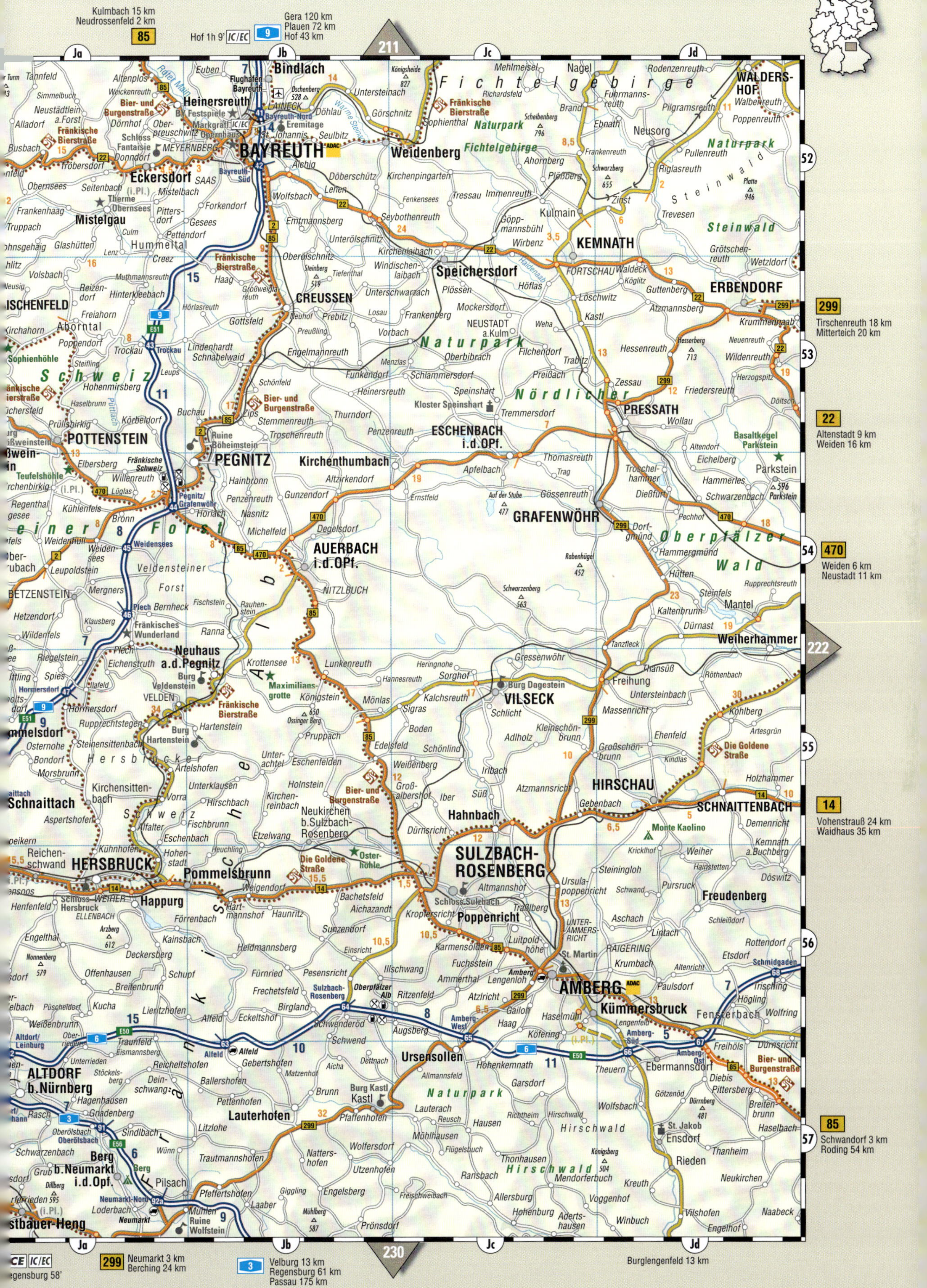
Kulmbach 15 km
Neudrossenfeld 2 km
85
Hof 1h 9'
Gera 120 km
Plauen 72 km
Hof 43 km
9
211
Ja
Jb
Jc
Jd
52
53
54
55
56
57
299
Tirschenreuth 18 km
Mitterteich 20 km
22
Altenstadt 9 km
Weiden 16 km
470
Weiden 6 km
Neustadt 11 km
222
14
Vohenstrauß 24 km
Waidhaus 35 km
85
Schwandorf 3 km
Roding 54 km
299
Neumarkt 3 km
Berching 24 km
3
Velburg 13 km
Regensburg 61 km
Passau 175 km
230
Burglengenfeld 13 km
Bindlach
Heinersreuth
BAYREUTH
Eckersdorf
Mistelgau
Weidenberg
Fichtelgebirge
Naturpark Fichtelgebirge
Speichersdorf
Kulmain
KEMNATH
ERBENDORF
WALDERSHOF
Neusorg
Steinwald
Naturpark Steinwald
CREUSSEN
NEUSTADT a.Kulm
Naturpark Nördlicher Oberpfälzer Wald
PRESSATH
Parkstein
ESCHENBACH i.d.OPf.
GRAFENWÖHR
Kirchenthumbach
PEGNITZ
POTTENSTEIN
Fränkische Schweiz
AUERBACH i.d.OPf.
Veldensteiner Forst
Weiherhammer
Mantel
Neuhaus a.d.Pegnitz
VILSECK
Freihung
HIRSCHAU
SCHNAITTENBACH
Hersbrucker Schweiz
Schnaittach
HERSBRUCK
Pommelsbrunn
Happurg
SULZBACH-ROSENBERG
Poppenricht
Freudenberg
AMBERG
Kümmersbruck
Ursensollen
ALTDORF b.Nürnberg
Lauterhofen
Kastl
Ensdorf
Rieden
Hirschwald
Naturpark Hirschwald
Berg b.Neumarkt i.d.Opf.
Pilsach
Fränkische Alb
Bier- und Burgenstraße
Die Goldene Straße
Monte Kaolino
Fränkische Bierstraße

93 Hof 43 km Marktredwitz 5 km

299 Cheb (CZ) 14 km Waldsassen 4 km

212

Cheb 28 km 21 Cheb 22' IC/EC

230 Karlovy Vary 47 km

299 Erbendorf 4 km Bayreuth 43 km

22 Erbendorf 11 km Bayreuth 48 km

470 Pressath 16 km Grafenwöhr 21 km

221

14 Hirschau 11 km Sulzbach-Rosenberg 29 km

6 Amberg 20 km Nürnberg 83 km

85 Amberg 25 km Nürnberg 88 km

93 Regensburg 32 km München 147 km

231

85 Roding 19 km Cham 33 km

Cham 6 km Straubing 48 km 22

Cham 10 km Straubing 48 km 20

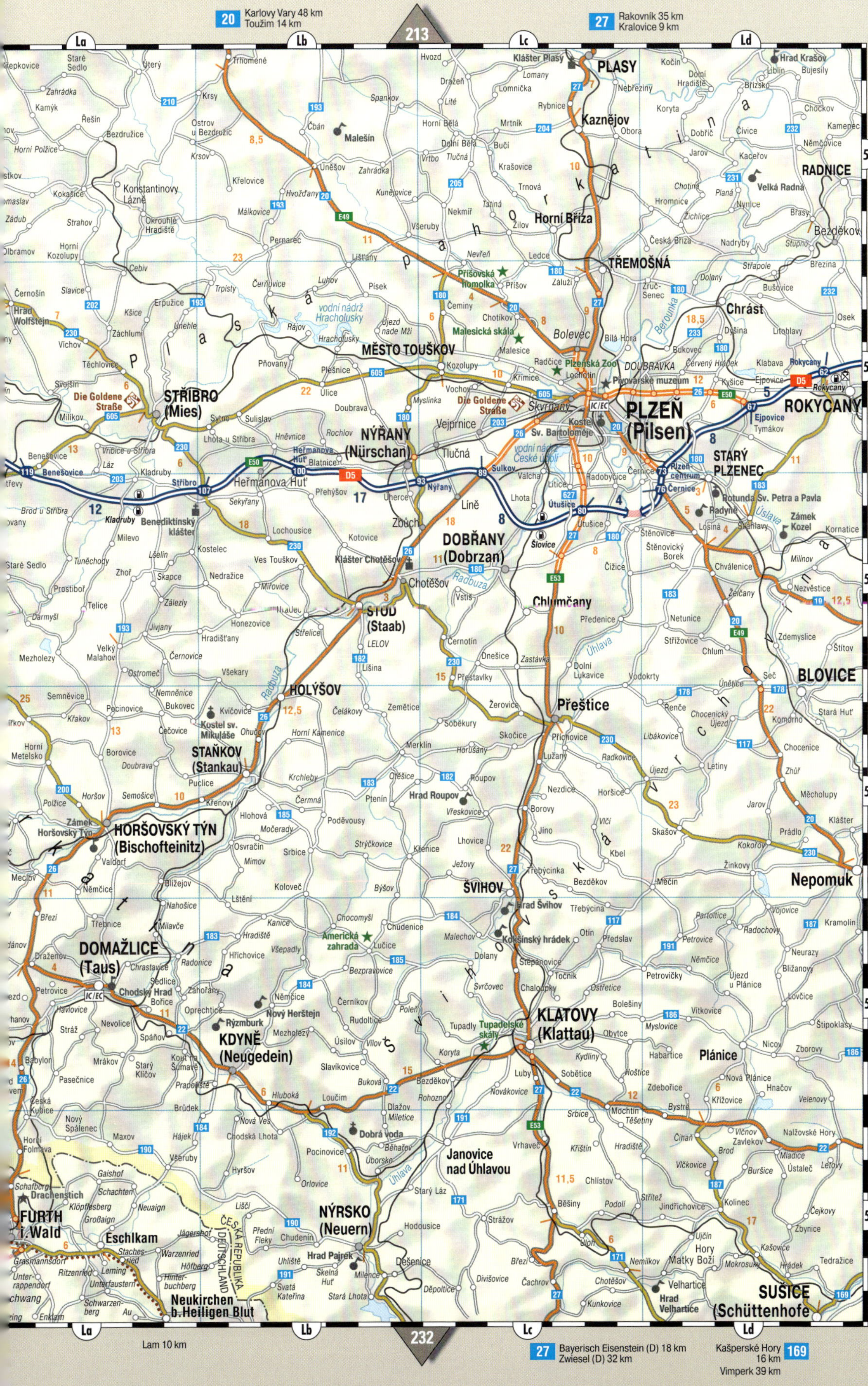
20 Karlovy Vary 48 km
Toužim 14 km
213
27 Rakovník 35 km
Kralovice 9 km
La
Lb
Lc
Ld
52
53
54
55
56
57
Hořovice 28 km
Beroun 41 km
Letiště Praha-Ruzyně 62 km
D5
IC/EC
Praha 1h 45'
19 Rožmitál 20 km
Příbram 35 km
20 Blatná 24 km
Písek 42 km
22 Horažďovice 9 km
Strakonice 28 km
České Budějovice 79 km
169 Horažďovice 9 km
Strakonice 28 km
Lam 10 km
232
27 Bayerisch Eisenstein (D) 18 km
Zwiesel (D) 32 km
Kašperské Hory 16 km 169
Vimperk 39 km
PLASY
Kaznějov
RADNICE
Horní Bříza
TŘEMOŠNÁ
Chrást
MĚSTO TOUŠKOV
STŘÍBRO (Mies)
Die Goldene Straße
PLZEŇ (Pilsen)
ROKYCANY
STARÝ PLZENEC
NÝŘANY (Nürschan)
DOBŘANY (Dobrzan)
STOD (Staab)
Chlumčany
HOLÝŠOV
STAŇKOV (Stankau)
Přeštice
BLOVICE
HORŠOVSKÝ TÝN (Bischofteinitz)
Nepomuk
ŠVIHOV
DOMAŽLICE (Taus)
KLATOVY (Klattau)
KDYNĚ (Neugedein)
Plánice
Janovice nad Úhlavou
NÝRSKO (Neuern)
FURTH i. Wald
Eschlkam
Neukirchen b.Heiligen Blut
SUŠICE (Schüttenhofen)
Plaská pahorkatina
Švihovská vrchovina
Brdská vrchovina
ČESKÁ REPUBLIKA
DEUTSCHLAND

Saarlouis 45 km
Neunkirchen 6 km
Mannheim 101 km
Kaiserslautern 42 km
Homburg/Saar 20'
Neunkirchen 15 km
Homburg/Saar 1 km
Kaiserslautern 33 km
Trier 83 km
Saarlouis 32 km
Homburg/Saar 25 km
Neunkirchen 12 km
Friedrichsthal 4 km
215
Saarlouis 7 km
Merzig 26 km
Saarlouis 7 km
Merzig 26 km
St-Avold 13'
Metz 41'
Merlebach 1 km
Hombourg 5 km
Metz 45 km
Luxembourg (L) 103 km
Paris 291 km
St-Avold 11 km
Morhange 18 km
Château-Salins 35 km
Paris
Moyenvic 21 km
Nancy 47 km
Boulay 11 km
Metz 44 km
Metz 31 km
Luxembourg (L) 89 km
Paris 277 km
Raville 9 km
Metz 34 km
PÜTTLINGEN
VÖLKLINGEN
SULZBACH
ST. INGBERT
SAARBRÜCKEN
Kirkel
BLIESKASTEL
ZWEIBRÜCKEN
Contwig
FORBACH
Petite-Rosselle
Stiring-Wendel
Großrosseln
Behren-lès-Forbach
Kleinblittersdorf
Mandelbachtal
Gersheim
SARREGUEMINES
BITCHE
SARRALBE
SARRE-UNION
PHALSBOURG
SAVERNE
DABO
Parc naturel régional des Vosges du Nord
Bouxwiller
Drulingen
Albestroff
Bous
Wadgassen
Überherrn
Merlebach
FREYMING
HOMBOURG-Haut
ST-AVOLD
L'Hôpital
Porcelette
Carling
Creutzwald
2
4
6
8
10 km
234
Molsheim 11 km
Sélestat 37 km
Strasbourg 24 km
Kehl (D) 32 km

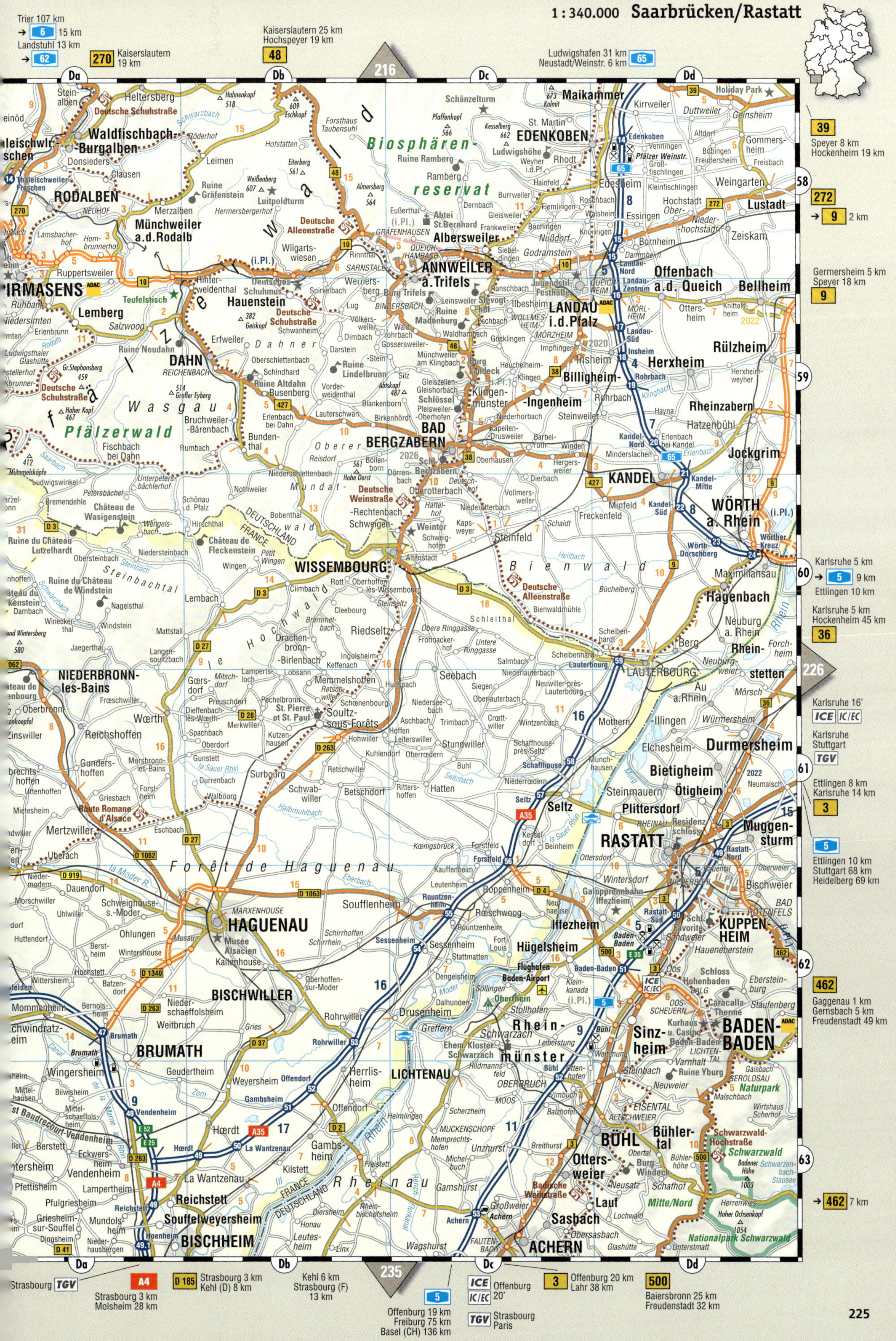
Trier 107 km
6 15 km
Landstuhl 13 km
62
270 Kaiserslautern 19 km
Kaiserslautern 25 km
Hochspeyer 19 km
48
216
Ludwigshafen 31 km
Neustadt/Weinstr. 6 km
65
Da
Db
Dc
Dd
39
Speyer 8 km
Hockenheim 19 km
272
9 2 km
Germersheim 5 km
Speyer 18 km
9
Karlsruhe 5 km
5 9 km
Ettlingen 10 km
Karlsruhe 5 km
Hockenheim 45 km
36
226
Karlsruhe 16'
ICE IC/EC
Karlsruhe
Stuttgart
TGV
Ettlingen 8 km
Karlsruhe 14 km
3
5
Ettlingen 10 km
Stuttgart 68 km
Heidelberg 69 km
462
Gaggenau 1 km
Gernsbach 5 km
Freudenstadt 49 km
462 7 km
58
59
60
61
62
63
Maikammer
EDENKOBEN
Biosphären-
reservat
RODALBEN
Waldfischbach-Burgalben
Münchweiler a.d.Rodalb
PIRMASENS
Lemberg
Hauenstein
DAHN
ANNWEILER a.Trifels
LANDAU i.d.Pfalz
Offenbach a.d. Queich
Bellheim
Lustadt
Rülzheim
Herxheim
Billigheim-Ingenheim
Klingenmünster
BAD BERGZABERN
KANDEL
Rheinzabern
Jockgrim
WÖRTH a. Rhein
Pfälzerwald
Wasgau
Deutsche Weinstraße
Deutsche Schuhstraße
WISSEMBOURG
Bienwald
Hagenbach
LAUTERBOURG
NIEDERBRONN-les-Bains
Reichshoffen
Soultz-sous-Forêts
Seltz
RASTATT
Durmersheim
Bietigheim
Ötigheim
Muggensturm
Kuppenheim
Forêt de Haguenau
HAGUENAU
BISCHWILLER
BRUMATH
Iffezheim
Hügelsheim
Rheinmünster
LICHTENAU
Sinzheim
BADEN-BADEN
BÜHL
Bühlertal
Ottersweier
Sasbach
ACHERN
Reichstett
Souffelweyersheim
BISCHHEIM
Vendenheim
Schwarzwald-Hochstraße
Nationalpark Schwarzwald
Da
Db
235
Dc
Dd
Strasbourg TGV
A4
Strasbourg 3 km
Molsheim 28 km
D 185 Strasbourg 3 km
Kehl (D) 8 km
Kehl 6 km
Strasbourg (F) 13 km
5
Offenburg 19 km
Freiburg 75 km
Basel (CH) 136 km
ICE IC/EC Offenburg 20'
TGV Strasbourg Paris
3 Offenburg 20 km
Lahr 38 km
500
Baiersbronn 25 km
Freudenstadt 32 km

Ludwigshafen 20 km
Schifferstadt 13 km
Mannheim 22 km
Schwetzingen 7 km
Frankfurt a.M. 88 km
Mannheim 22 km
Frankfurt a.M. 81 km
Heidelberg 9 km
Heidelberg 17'
Heidelberg 11 km
Leimen 4 km
Heidelberg 18 km
Neckargemünd 8 km
Mosbach 19 km
Aglasterhausen 3 km
Neustadt/Weinstr. 17 km
Kaiserslautern 43 km
Hochstadt 7 km
Landau i.d.Pfalz 16 km
Karlsruhe 16 km
Wörth a.Rh. 17 km
Landau i.d.Pfalz 26 km
Neustadt/Weinstr. 44 km
Rheinstetten 1 km
Rastatt 16 km
Baden-Baden 14'
Offenburg 28'
Strasbourg (F) 39'
Paris (F) 3h 2'
Baden-Baden 21 km
Freiburg 124 km
Basel 189 km
Rastatt 18 km
Baden-Baden 7 km
Bühl 16 km
Baiersbronn 17 km
Freudenstadt 24 km
Klosterreichenbach 13 km
Freudenstadt 21 km
Nagold 12 km
Horb 28 km
Herrenberg 5 km
Tübingen 28 km
Horb 37'
Herrenberg 6 km
Villingen-Schwenningen 75 km
Singen 118 km
Tübingen 15 km
Reutlingen 29 km
SPEYER
HOCKENHEIM
WALLDORF
WIESLOCH
SINSHEIM
PHILIPPSBURG
WAGHÄUSEL
GERMERSHEIM
ÖSTRINGEN
Bad Schönborn
EPPINGEN
BRUCHSAL
KRAICHTAL
Stutensee
KARLSRUHE
BRETTEN
KNITTLINGEN
MAULBRONN
MÜHLACKER
VAIHINGEN a.d. Enz
ETTLINGEN
PFORZHEIM
NEUENBÜRG
GAGGENAU
BAD HERRENALB
GERNSBACH
BAD WILDBAD im Schwarzwald
BAD LIEBENZELL
CALW
WEIL DER STADT
RENNINGEN
LEONBERG
DITZINGEN
SINDELFINGEN
BÖBLINGEN
HOLZGERLINGEN
NEUBULACH
WILDBERG
Schwarzwald
Naturpark
Kraichgau
Stromberg
Heuchelberg
Forbach

Eberbach 26 km
Mosbach 3 km
27
Schweinfurt 112 km
Würzburg 73 km
Tauberbischofsheim 41 km
81
218
Bad Mergentheim 23 km
Dörzbach 9 km
19
Fa
Fb
Fc
Fd
Neckarzimmern
Burg Hornberg
GUNDELSHEIM
NEUDENAU
WIDDERN
Jagsthausen
Götzenburg
Schleierhof
Weißbach
INGELFINGEN
Deutsche Limesstraße
FORCHTENBERG
NIEDERNHALL
KÜNZELSAU
58
Möckmühl
Hardthausen am Kocher
Stein
Oedheim
NEUENSTADT
BAD WIMPFEN
BAD FRIEDRICHSHALL
Langenbrettach
Deutsche Ferienroute Alpen-Ostsee
Kupferzell
Burgenstraße
Untereisesheim
NECKARSULM
ÖHRINGEN
NEUENSTEIN
Hohenlohe
Braunsbach
Schwäbisch Hall
WALDENBURG
HEILBRONN
Erlenbach
Bretzfeld
Pfedelbach
Waldenburger Berge
6
Crailsheim 25 km
Würzburg 109 km
Nürnberg 111 km
Untermünkheim
59
WEINSBERG
Ellhofen
Willsbach
Affaltrach
Obersulm
BÖCKINGEN
Breitenauer See
Naturpark
Michelfeld
SCHWÄBISCH HALL
Vellberg 6 km
Obersontheim 9 km
Ellwangen 32 km
Flein
Untergruppenbach
LÖWENSTEIN
Ruine Löwenstein
Talheim
Wüstenrot
Mainhardt
LAUFFEN am Neckar
Ilsfeld
Abstatt
Löwensteiner Berge
Mainhardter Wald
Rosengarten
Michelbach a.d.Bilz
Limpurger Berge
Neckarwestheim
BEILSTEIN
Großerlach
Kirchheim am Neckar
Spiegelberg
Idyllische Straße
Schwäbisch-Fränkischer Wald
Gemmrigheim
Oberstenfeld
Sulzbach an der Murr
Oberrot
60
Sulzbach-Laufen 4 km
Aalen 35 km
19
GAILDORF
BIETIGHEIM-BISSINGEN
GROSSBOTTWAR
Mundelsheim
Hessigheim
Felsengärten Hessigheim
Aspach
Großaspach
Oppenweiler
MURRHARDT
228
Pleidelsheim
Murr
STEINHEIM a.d.Murr
BACKNANG
Auenwald
Ingersheim
Benningen
Erdmannhausen
Kirchberg a.d.Murr
Burgstetten
Unterweissach
Tamm
FREIBERG
MARBACH a.Neckar
Affalterbach
Weissach im Tal
Althütte
Gschwend
61
ASPERG
LUDWIGSBURG
Leutenbach
Allmersbach im Tal
Rudersberg
Welzheim
Schwaikheim
Remseck a.N.
WINNENDEN
Spraitbach
KORNWESTHEIM
Korb
Berglen
Alfdorf
WAIBLINGEN
Grunbach
Remshalden
Geradstetten
Pfahlbronn
Mutlangen
Aalen 22 km
Nördlingen 54 km
29
KORNTAL-MÜNCHINGEN
FELLBACH
WEINSTADT
Urbach
LORCH
SCHWÄBISCH GMÜND
62
Aalen 15'
IC/EC
Stetten
Kernen im Remstal
Schnait
Winterbach
SCHORNDORF
Plüderhausen
Waldhausen
STUTTGART
Aichwald
Schurwald
Adelberg
Wäschenbeuren
ESSLINGEN a.N.
Baltmannsweiler
Rechberghausen
Hohenstaufen
Altbach
PLOCHINGEN
Reichenbach a.d.Fils
EBERSBACH a.d.Fils
Uhingen
GÖPPINGEN
EISLINGEN/Fils
OSTFILDERN
Denkendorf
Deizisau
WERNAU
Hochdorf
Albershausen
Salach
Süßen
Donzdorf 1 km
Heidenheim 31 km
466
63
LEINFELDEN-ECHTERDINGEN
Köngen
Neuhausen a.d.Fildern
WENDLINGEN a.Neckar
Notzingen
Schlierbach
Heiningen
Gingen a.d.Fils
Ulm 54'/32'
ICE IC/EC
FILDERSTADT
Unterensingen
Oberboihingen
KIRCHHEIM u.Teck
Hattenhofen
Bad Boll
10
Geislingen 2 km
8
26 km
Ulm 35 km
Wolfschlugen
NÜRTINGEN
Kuchen
WALDENBUCH
AICHTAL
Holzmaden
Eckwälden
Stauferland
Unterböhringen
Tübingen 13 km
27
Tübingen 19 km
Reutlingen 19 km
312
Metzingen 12 km
297
Metzingen 15 km
Tübingen 28 km
313
Metzingen 14 km
Reutlingen 23 km
237
465
Lenningen 8 km
Blaubeuren 45 km
8
Ulm 51 km
Augsburg 117 km
München 171 km

290 Bad Mergentheim 27 km
Niederstetten 12 km
Schweinfurt 102 km
Würzburg 66 km
Rothenburg o.d.Tauber 14 km
Würzburg 53'
Bad Windsheim
Lehrberg
219
Ga
Gb
Gc
Gd
58
59
60
61
62
63
Heilbronn 50 km
Stuttgart 92 km
Mannheim 122 km
Schwäbisch Hall
10 km
Stuttgart 80 km
Schwäbisch Hall
5 km
15 km
Kupferzell 17 km
Gaildorf 6 km
Schwäbisch Hall
23 km
227
Stuttgart 33'
Schorndorf 22 km
Stuttgart 52 km
Göppingen 14 km
Stuttgart 45 km
Stuttgart
Göppingen 18 km
Blaufelden
LEUTERSHAUSEN
SCHILLINGSFÜRST
HERRIEDEN
GERABRONN
Rot am See
KIRCHBERG a.d.Jagst
Wallhausen
Schnelldorf
FEUCHTWANGEN
ILSHOFEN
CRAILSHEIM
Satteldorf
Kreßberg
Schopfloch
Dürrwangen
VELLBERG
Frankenhardt
Stimpfach
Fichtenau
DINKELSBÜHL
Obersontheim
Bühlertann
Jagstzell
Rosenberg
ELLWANGEN
Unterschneidheim
Abtsgmünd
Hüttlingen
Westhausen
LAUCHHEIM
BOPFINGEN
NÖRDLINGEN
Wallerstein
Mögglingen
Böbingen a.d.Rems
SCHWÄBISCH GMÜND
Essingen
AALEN
HEUBACH
OBERKOCHEN
Königsbronn
NERESHEIM
Steinheim am Albuch
Nattheim
Dischingen
DONZDORF
Böhmenkirch
HEIDENHEIM a.d.Brenz
HERBRECHTINGEN
GIENGEN a.d.Brenz
GEISLINGEN a.d.Steige
Gerstetten
Naturpark Frankenhöhe
Naturpark Schwäbisch-Fränkischer Wald
GeoPark
Schwäbische Alb
238
2 4 6 8 10 km
10 Ulm 30 km
ICE Ulm
7 Augsburg 90 km
Ulm 36 km
Kempten 105 km
19 Gundelfingen 18 km
Günzburg 29 km
Dillingen a.d.Donau 8 km

Nürnberg 42 km
Heilsbronn 17 km
14
Nürnberg 24' IC/EC
Regensburg 122 km
Bayreuth 108 km
Nürnberg 38 km
6
Nürnberg 18 km
Schwabach 3 km
466
Nürnberg 52' IC/EC ICE
Nürnberg 22 km
Schwabach 7 km
2
Nürnberg ICE
9
Würzburg 128 km
Bayreuth 66 km
Feucht 5 km
220
Ha
Hb
Hc
Hd
ANSBACH
Petersaurach
Sachsen b.Ansbach
Neuendettelsau
Lichtenau
Rednitzhembach
Schwand b.Nürnberg
Schwanstetten
Pyrbaum
Büchenbach
ROTH
Allersberg
ABENBERG
WINDSBACH
Burgoberbach
WOLFRAMS-ESCHENBACH
Georgensgmünd
HILPOLTSTEIN
MERKENDORF
SPALT
Weidenbach
Haundorf
Röttenbach
HEIDECK
Arberg
Großer Brombachsee
Altmühlsee
GUNZENHAUSEN
Pleinfeld
Thalmässing
ELLINGEN
WASSERTRÜDINGEN
WEISSENBURG i.Bay.
Heidenheim
Markt Berolzheim
Titting
Naturpark Eichstätter Alb
Fränkische Alb
DETTINGEN i.Bayern
TREUCHTLINGEN
PAPPENHEIM
Pollenfeld
EICHSTÄTT
Solnhofen
Dollnstein
Schernfeld
WEMDING
MONHEIM
Altmühltal
Adelschlag
Wellheim
Nassenfels
HARBURG
Kaisheim
Rennertshofen
DONAUWÖRTH
NEUBURG a.d.Donau
Bissingen
RAIN
Burgheim
Asbach-Bäumenheim
Tapfheim
Mertingen
Ehekirchen
Königsmoos
Donaumoos
HÖCHSTÄDT a.d.Donau
Buttenwiesen
Donau
Lech
Freystadt 1 km
Sengenthal 15 km
Neumarkt 20 km
Greding 5 km
Ingolstadt 43 km
München 122 km
ICE Ingolstadt
230
Kipfenberg 15 km
Gaimersheim 6 km
Ingolstadt 13 km
13
Ingolstadt 13 km
16
Manching 16 km
Ingolstadt 20 km
58
59
60
61
62
63
239
Wertingen 11 km
Augsburg 19' ICE
Augsburg 32' IC/EC
2
Meitingen 7 km
Augsburg 27 km
Augsburg 34 km

Nürnberg 1h ICE IC/EC
Feucht 18 km 8
299 Amberg 39 km Kastl 19 km
3 Erlangen 53 km Nürnberg 40 km Altdorf 21 km
221
Vilshofen 2 km

Allersberg 7 km → 9 8 km
Meckenhausen 3 km
Allersberg 22 km Nürnberg 48 km Erlangen 75 km 9
Nürnberg 30' ICE
229
Pfünz 12 km Eichstätt 10 km
Eichstätt 13 km Treuchtlingen 40 km 13
Neuburg a.d.Donau 10 km
16 Neuburg a.d.Donau 10 km Donauwörth 40 km

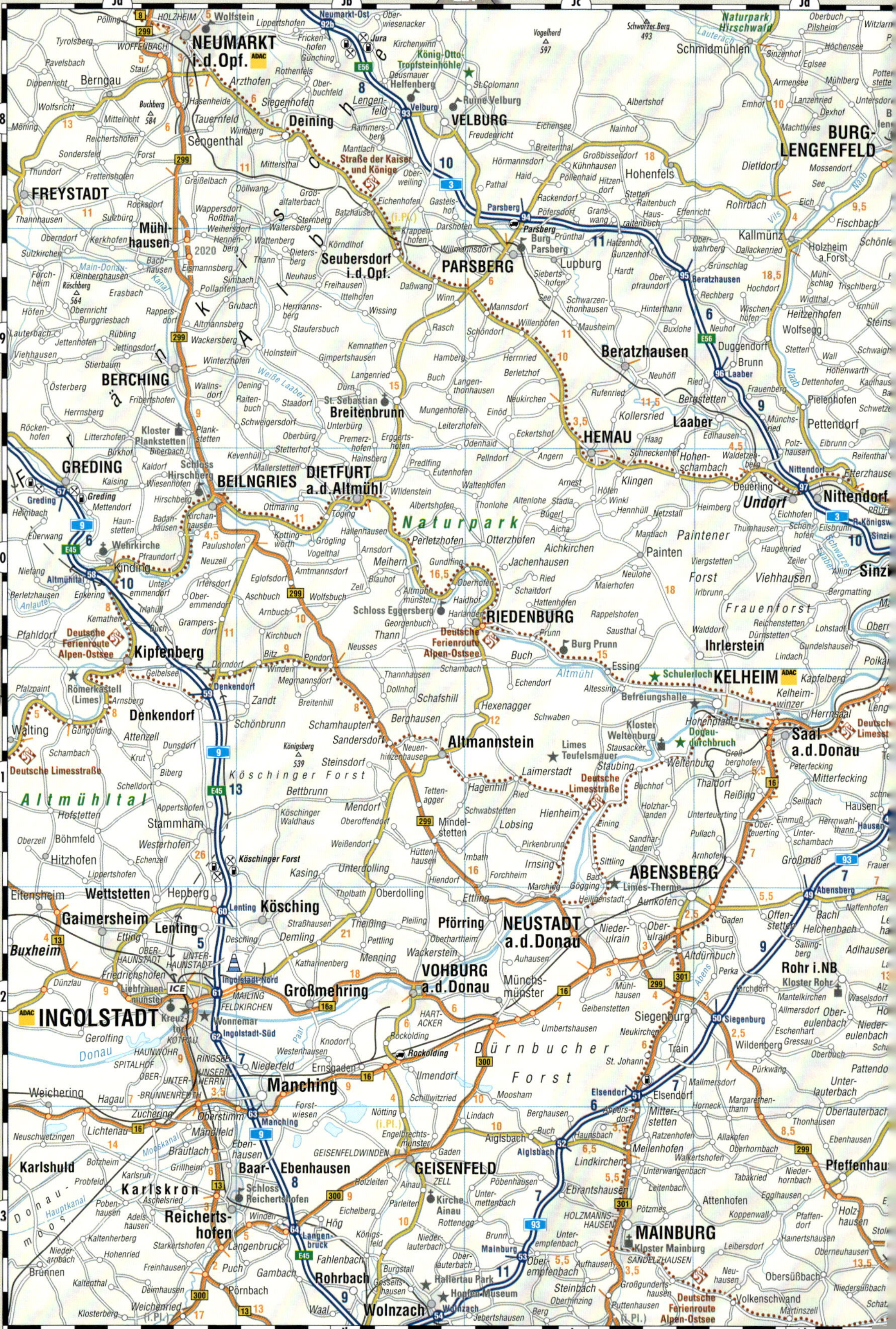

240
300 Schrobenhausen 13 km Aichach 29 km
13 Pfaffenhofen 7 km Reichertshausen 15 km
ICE München 47'
9 93 Kemnathen 3 km Allershausen 19 km München 56 km
301 Au 5 km Freising 24 km

Windisch-Eschenbach 62 km
Weiden 48 km
Nabburg 21 km
93

Schwandorf 17 km
Wackersdorf 9 km
85

222

Oberviechtach 34 km
Neunburg v. Wald 27 km
22

Schafberg 15 km
Furth im Wald 10 km
20

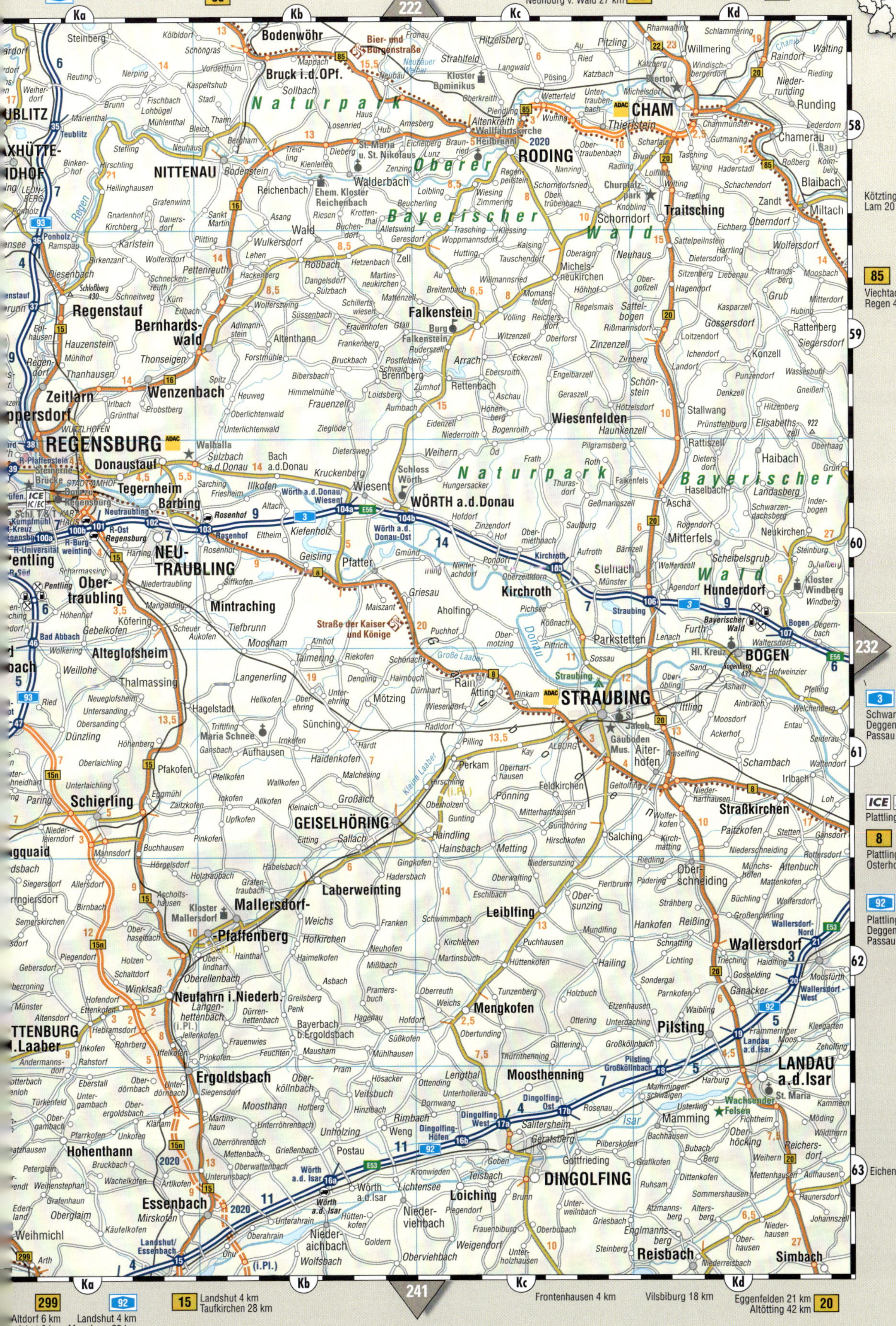

Kötzting 5 km
Lam 20 km

85
Viechtach 9 km
Regen 47 km

232

3
Schwarzach 2 km
Deggendorf 16 km
Passau 60 km

ICE IC/EC
Plattling 30'

8
Plattling 7 km
Osterhofen 21 km

92
Plattling 7 km
Deggendorf 16 km
Passau 60 km

63 Eichendorf 7 km

299
Altdorf 6 km
Landshut 8 km

92
Landshut 4 km
Moosburg 23 km
Freising 41 km

15
Landshut 4 km
Taufkirchen 28 km

241

Frontenhausen 4 km

Vilsbiburg 18 km

20
Eggenfelden 21 km
Altötting 42 km

Domažlice (CZ) 40 km
Furth i. Wald 13 km
Neukirchen b.Hl. Blut 0,5 km

Domažlice 33 km
Klatovy 22 km
Nýrsko 6 km 190

223

27 Přeštice 41 km
Klatovy 20 km
Běšiny 8,5 km

171 Klatovy 21 km
Běšiny 10 km

Klatovy 29 km
Horažďovice 18 km
169

Chamerau 10 km
Cham 14 km

85 Chamerau 13 km
Cham 17 km

Bogen 11 km

231

3 Bogen 5 km
Straubing 23 km
Regensburg 55 km

Regensburg 32'
IC/EC ICE

8 Straubing 20 km
Regensburg 58 km

92 Landau 15 km
Landshut 53 km
München 120 km

Reisbach 12 km

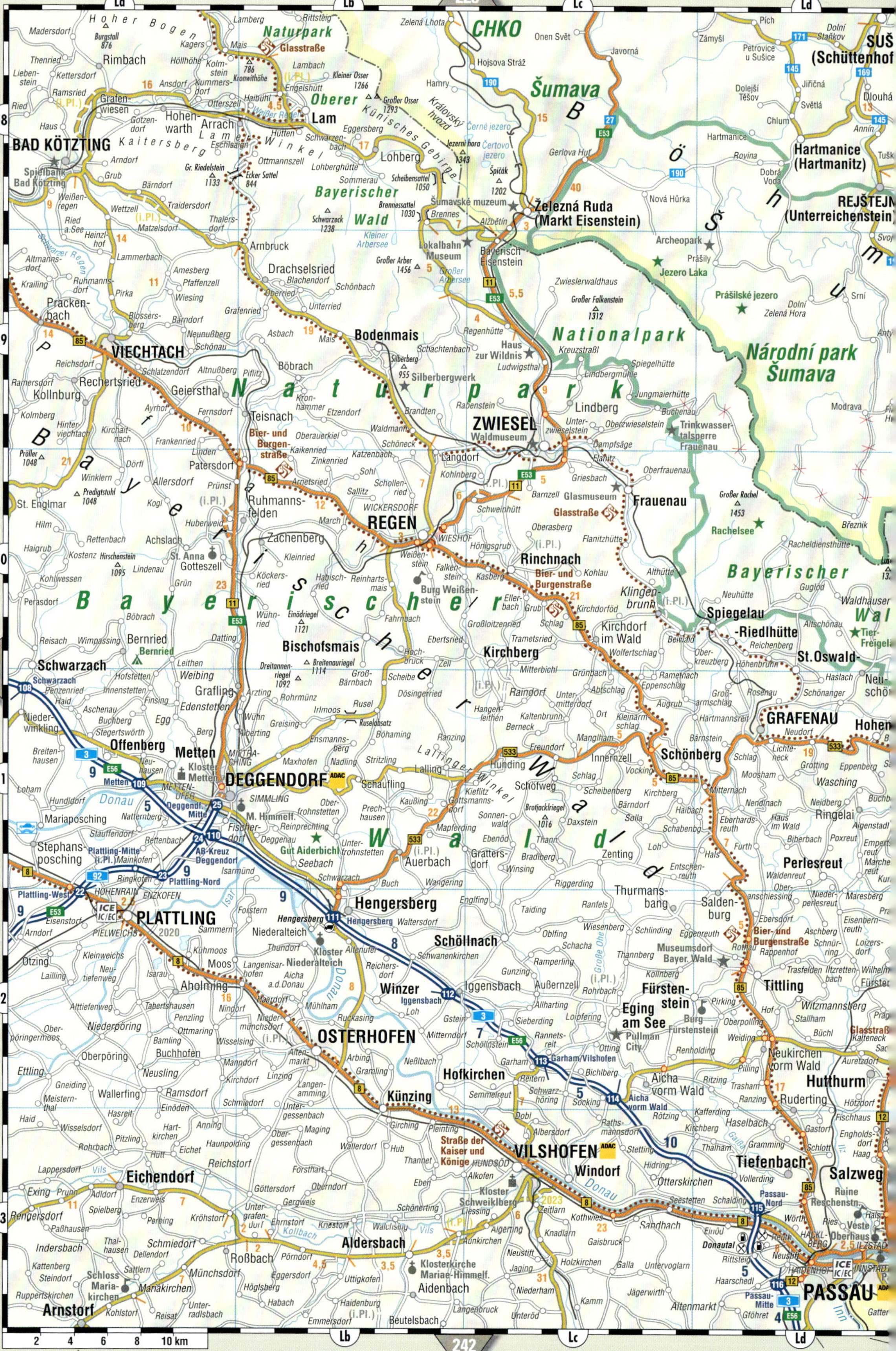

2 4 6 8 10 km

Falkenberg 14 km
Eggenfelden 22 km

242

Bad Griesbach 10 km
Fürstenzell 9 km

Schärding (A) 15 km
Suben (A) 16 km
Ried im Innkreis (A) 43 km

3 Neuburg 5 km
Neuhaus 8 km
Pocking 22 km

Písek 23 km
Horažd'ovice 23 km
Strakonice 4 km
4

22 Horažd'ovice 24 km
Strakonice 5 km

20 Blatná 40 km
Písek 13 km

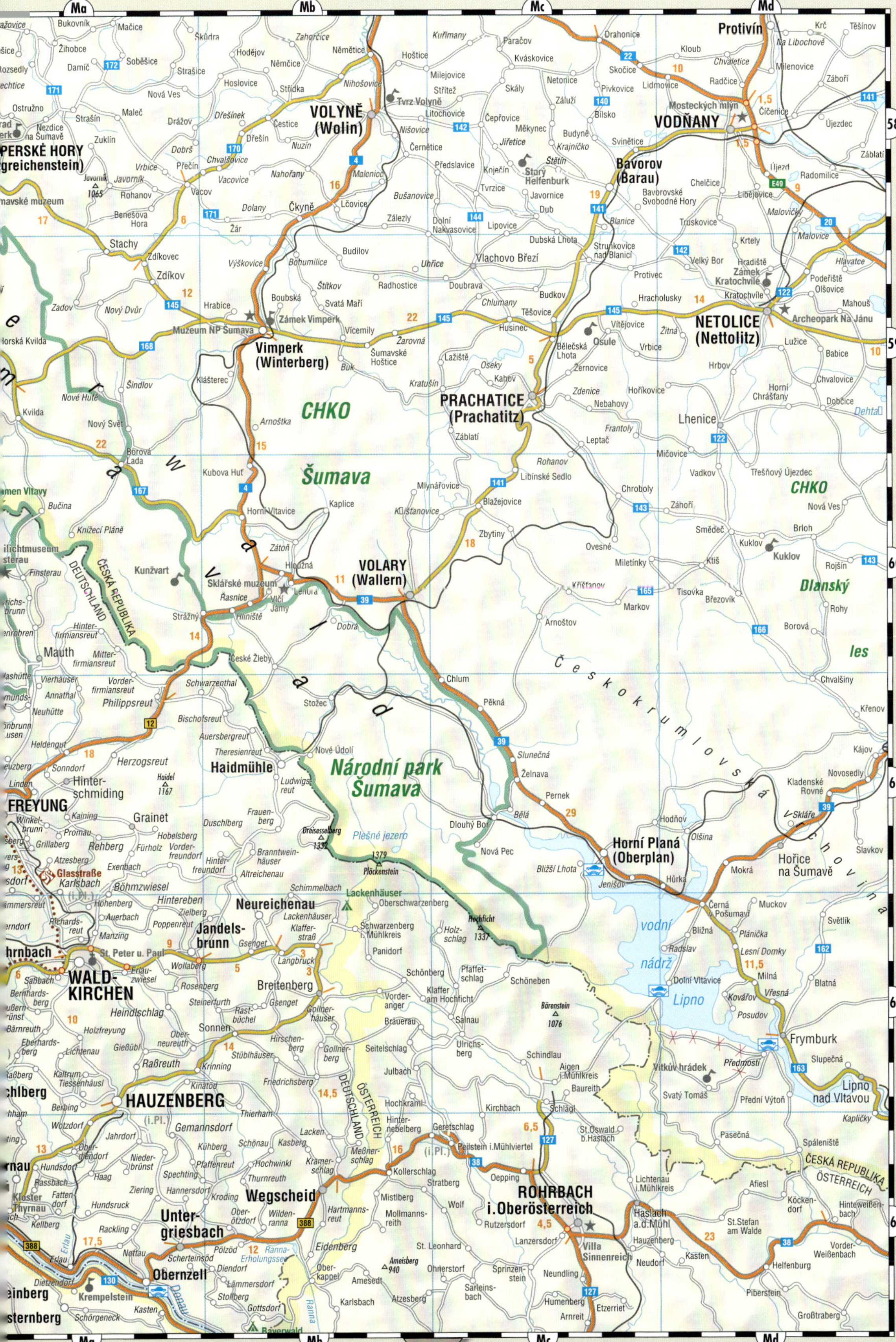

141 Týn nad Vltavou 11 km
Bechyně 20 km

20 České Budějovice 15 km
Třeboň 39 km

145 České Budějovice 14 km
Třeboň 38 km

39 Český Krumlov 5 km
Kaplice 21 km
České Budějovice 27 km

162 Český Krumlov 10 km

163 Loučovice 1 km
Vyšší Brod 6 km
Freistadt (A) 36 km

38 Bad Leonfelden 4 km
Freistadt 23 km
Linz 30 km

EC Schärding 10'
E Linz 1h 7'

130 Engelhartszell 4 km
Eferding 38 km
Linz 64 km

127 Altenfelden 4 km
Neudelden 6 km
Linz 38 km

N 4 Sarrebourg 22 km
St-Quirin 2 km
D 993
Sarrebourg 21 km
Abreschviller 5 km
D 44
224
D 218 Saverne 22 km
Wangenbourg 2 km
Sarreguemines 75 km
Saverne 20 km
D 422
Sarrebourg 5
Saverne 22 k
D 1004
Ca
Cb
Cc
Cd
N 4
Lunéville 29 km
D 992
Montigny 3 km
Lunéville 28 km
N 59
Lunéville 35 km
Nancy 69 km
La Salle 2 km
Rambervillers 23 km
D 32
Bruyères 14 km
Epinal 39 km
D 420
D 423
Granges-s-Vologne 7 km
Bruyères 17 km
D 417
Remiremont 28 km
Epinal 40 km
D 486
Cornimont 5 km
Saulxures 11 km
Le Thillot 18 km
Saint-Amé 25 km
64
65
66
67
68
69
Blâmont
Cirey-sur-Vezouze
Forêt de Turquestein
Forêt d'Abreschviller
Forêt de Haslach
Château du Nideck
Westhoffen
Flexbourg
Mutzig
Molsheim
Rocher de Mutzig
Donon
Col du Donon
Forêt de Wisches
Schirmeck
Rosheim
Obernai
Badonviller
Forêt de Bousson
Col de la Chapelotte
Celles-sur-Plaine
Forêt du Val de Senones
Lieu commémoratif du Struthof
Mont Ste-Odile
Barr
Raon-l'Étape
Senones
Moyenmoutier
L'abbaye de Moyenmoutier
Le chemin de fer du Rabodeau
Col de Steige
Col de Saales
Saales
Andlau
Epfig
Villé
Col du Kreuzweg
Vignoble alsacien
St-Dié-des-Vosges
Cathédrale St-Dié
Col de Fouchy
Château d'Ortenbourg
Ste-Marie-aux-Mines
Sélestat
Route Romane d'Alsace
Bibliothèque humaniste
Haut-Kœnigsbourg
La volerie des Aigles
Parc naturel régional des Ballons des Vosges
Fraize
Col du Bonhomme
Ribeauvillé
Riquewihr
Kaysersberg
Orbey
Marckolsheim
Route des Vins
Ingersheim
COLMAR
Turckheim
Wintzenheim
La Route des Cinq Châteaux
Gérardmer
Xonrupt-Longemer
la Moineaudière
Col de la Schlucht
Munster
Route des Crêtes
la Bresse
Neuf-Brisach
Fortresse Neuf-Brisach
Rouffach
Guebwiller
L'abbaye de Murbach
Le Petit Ballon
Col du Platzerwasel
Lautenbach
2 4 6 8 10 km
244
D 430
Mulhouse 22 km
Belfort 63 km
D 83
Mulhouse 23 km
Belfort 52 km
IC/EC
Mulhouse 23'
A35
Mulhouse 22 km
Basel (CH) 48 km
Belfort 63 km

1 : 340.000 **Strasbourg/Freiburg i.Br.**

Frankfurt a.M. 180 km
Stuttgart 121 km
Rastatt 31 km
TGV Stuttgart 1h 16'
Karlsruhe 39'
ICE Baden-Baden 14'
Paris 2h 23' TGV
Nancy 1h 15' IC/EC
Metz 1h 20'
A35 Metz 150 km
A4 Saarbrücken (D) 124 km
Lauterbourg 59 km
Rastatt 38 km
Rheinau 7 km
225
3 Baden-Baden 30 km
Bühl 11 km
500 Baden-Baden 24 km
5 30 km
Da
Db
Dc
Dd
Schiltigheim
STRASBOURG
Kehl
Kork
Urloffen
Renchen
Kappelrodeck
Ottenhöfen i.Schw.
Appenweier
Oberkirch
Willstätt
Illkirch-Graffenstaden
Geispolsheim
Offenburg
Durbach
Oppenau
Ortenberg
Schutterwald
Neuried
Plobsheim
Erstein
Hohberg
Gengenbach
Bad Peterstal-Griesbach
Naturpark
Schwarzwald
Mitte/Nord
Friesenheim
Schwanau
Lahr (Schwarzwald)
Biberach
Zell am Harmersbach
Oberwolfach
Wolfach
Seelbach
Steinach
Kippenheim
Mahlberg
Kappel-Grafenhausen
Rust
Schuttertal
Haslach im Kinzigtal
Hausach
Gutach
Rheinhausen
Herbolzheim
Kenzingen
Hornberg
Elzach
Freiamt
Riegel
Teningen
Emmendingen
Gutach
Kollnau
Sexau
Waldkirch
Simonswald
Südschwarzwald
Triberg i.Schwarzw.
Schonach i.Schwarzw.
Vogtsburg im Kaiserstuhl
Bahlingen
March
Denzlingen
Gundelfingen
Furtwangen i.Schwarzwald
Vöhrenbach
Freiburg im Breisgau
Umkirch
Merdingen
Stegen
St. Peter
St. Märgen
Merzhausen
Kirchzarten
Buchenbach
Schallstadt
Ebringen
Ehrenkirchen
Bad Krozingen
Titisee-Neustadt
64
65
66
67
68
69
236
245
Baiersbronn 4 km
Freudenstadt 11 km
28 Freudenstadt 8 km
Nagold 46 km
Alpirsbach 13 km
Freudenstadt 32 km
294
Villingen-Schwenningen 16 km
Donaueschingen 32 km
33
IC/EC Donau-Eschingen 36'
Villingen-Schwenningen 13 km
Donaueschingen 15 km
IC/EC ICE Basel 44'
3 Müllheim 12 km
Basel (CH) 47 km
Todtnau 16 km
31 Donaueschingen 34 km
Villingen-Schwenningen 46 km
500 Feldberg (Schwarzw.) 16 km
Waldshut-Tiengen 53 km
Titisee-Neustadt 2 km

462 Rastatt 37 km Baden-Baden 25 km
294 Pforzheim 40 km Bad Wildbad 23 km
226
463 Pforzheim 43 km Calw 16 km
296
Stuttgart 38' ICE
81 Würzburg 159 km Karlsruhe 80 km Stuttgart 29 km
464 Sindelfingen 8 km Böblingen 7 km
Achern 31 km Baden-Baden 45 km
Offenburg 53 km Strasbourg (F) 64 km 28
Wolfach 9 km Haslach 21 km 294
235
Triberg 11 km Furtwangen 28 km 33
IC/EC Triberg 34'
Furtwangen 21 km Freiburg i.Breisgau 46 km
Titisee-Neustadt 24 km Freiburg i.Breisgau 60 km 31
IC/EC Singen 32'
81 Singen 25 km Stockach 34 km Schaffhausen (CH) 46 km
246
ICE Singen 22'
491 Engen 18 km Singen 31 km
14 Überlingen 27 km Friedrichshafen 60 km
Stockach 1 Konstanz 4
ALTENSTEIG
Ebhausen
HERRENBERG
NAGOLD
Mötzingen
Gäufelden
Ammerbuch
TÜBINGEN
Baiersbronn
Klosterreichenbach
Pfalzgrafenweiler
HAITERBACH
Waldachtal
DORNSTETTEN
HORB am Neckar
Ergenzingen
Eutingen im Gäu
Bondorf
Neustetten
ROTTENBURG am Neckar
Loßburg
Schwarzwald
Starzach
Empfingen
ALPIRSBACH
SULZ a. Neckar
DORNHAN
HAIGERLOCH
Rangendingen
HECHINGEN
Vöhringen
Bisingen
SCHILTACH
Fluorn-Winzeln
Aichhalden
OBERNDORF am Neckar
ROSENFELD
GEISLINGEN
BALINGEN
Epfendorf
Bösingen
Lauterbach
SCHRAMBERG
Dunningen
Dietingen
SCHÖMBERG
ALBSTADT
Tennenbronn
ROTTWEIL
MESSSTETTEN
Zimmern ob Rottweil
Königsfeld im Schw.
Wehingen
Gosheim
Niedereschach
ST. GEORGEN
Deißlingen
Mönchweiler
Dauchingen
Aldingen
Unterkirnach
SPAICHINGEN
VILLINGEN-SCHWENNINGEN
TROSSINGEN
BAD DÜRRHEIM
Brigachtal
MÜHLHEIM a.d.Donau
FRIDINGEN a.d.Donau
Wurmlingen
TUTTLINGEN
Neuhausen ob Eck
Möhringen
DONAUESCHINGEN
Immendingen
Emmingen-Liptingen
BRÄUNLINGEN
HÜFINGEN
Naturpark Obere Donau
Großer Heuberg
2 4 6 8 10 km

Waldenbuch 24 km
Stuttgart 20 km Filderstadt 3 km 27
Wendlingen 7 km 8 7 km 313
Kirchheim u.T. 10 km 297
227
Esslingen 21 km Kirchheim u.T. 2 km 465
Karlsruhe 100 km Stuttgart 41 km 8
Flughafen Stuttgart 33 km
466 Geislingen 4 km Heidenheim 34 km
8 Ulm 25 km Augsburg 91 km München 145 km
28 Ulm 17 km Neu-Ulm 18 km
Ulm 19 km Neu-Ulm 21 km 311
238
Ulm 22' IC/EC
Bad Waldsee 21 km Bad Wurzach 27 km 465
IC/EC Ravensburg 32'
312 Ochsenhausen 14 km Memmingen 36 km
30 465 Biberach a.d.Riß 3 km
465 Bad Waldsee 8 km Bad Wurzach 14 km
Überlingen 20 km
Überlingen 23 km
247
32 Ravensburg 22 km Wangen 42 km
IC/EC Ravensburg 32'
30 Ravensburg 20 km Friedrichshafen 38 km
Fa
Fb
Fc
Fd
64
65
66
67
68
69
NÜRTINGEN
Dettingen unt.Teck
WEILHEIM a.d.Teck
Deggingen
Bad Überkingen
Bad Ditzenbach
Dettenhausen
Neckartailfingen
Frickenhausen
Bissingen a.d.Teck
Neckartenzlingen
Walddorfhäslach
Großbettlingen
Bempflingen
OWEN
Beuren
Lenningen
Randecker Maar
WIESENSTEIG
Pliezhausen
Mittelstadt
Riederich
METZINGEN
NEUFFEN
Kirchentellinsfurt
Biosphärenreservat
Schwäbische Albstraße
Westerheim
Merklingen
Wannweil
Dettingen a.d.Erms
BAD URACH
Römerstein
LAICHINGEN
REUTLINGEN
Eningen unt. Achalm
Uracher Wasserfall
Laichinger Tiefenhöhle
Ohmenhausen
PFULLINGEN
Würtingen
St. Johann
Heroldstatt
Gönningen
Unterhausen
Schwäbische Alb
MÜNSINGEN
Sontheimer Höhle
Blautopf
Lichtenstein
Schloss Lichtenstein
BLAUBEUREN
Engstingen
Gomadingen
Haupt- und Landgestüt Marbach
Sonnenbühl
Bärenhöhle
Münsinger Alb
Mehrstetten
SCHELKLINGEN
Hohenstein
Lutherische Berge
Allmendingen
Hohenzollernstraße
Schwäbische Albstraße
TROCHTELFINGEN
Ruine Hohengundelfingen
BURLADINGEN
Zwiefalter Alb
EHINGEN
HAYINGEN
Pfronstetten
Wimsener Höhle
Schloss Mochental
GAMMERTINGEN
MUNDERKINGEN
Zwiefalten
Münster Zwiefalten
Bitz
Neufra
HETTINGEN
Schemmerhofen
Deutsche Alleenstraße
Winterlingen
VERINGENSTADT
Langenenslingen
RIEDLINGEN
Unlingen
Utten-weiler
Andelfingen
Altheim
BIBERACH a.d.Riß
SIGMARINGEN
Ertingen
Oberschwäbische Barockstraße
Mittelbiberach
Laiz
Schloss Sigmaringen
Federsee-Museum
Inzigkofen
Schwäbische Bäderstraße
BAD BUCHAU
Donau
Sigmaringendorf
Herbertingen
MENGEN
Hohentengen
BAD SAULGAU
Krauchenwies
BAD SCHUSSENRIED
MESSKIRCH
Ostrach
AULENDORF
PFULLENDORF
BAD WALDSEE
Altshausen
Schloss Königsegg

Ulm/Augsburg 1 : 340.000

Göppingen 19 km
Süßen 9 km Stuttgart 55'
10 ICE IC/EC

Nürnberg 147 km
Würzburg 142 km
Heidenheim 16 km
7

Wittislingen
2 km

8
Stuttgart 66 km
Karlsruhe 127 km
Frankfurt a.M.
251 km

28
Bad Urach 38 km
Reutlingen 58 km

Ehingen 6 km
Riedlingen 32 km
311

237

Biberach a.d. Riß
22'
IC/EC
Schemmerhofen
10 km
Ehingen 25 km
465

312
Riedlingen 26 km

465 30
Bad Waldsee 19 km
Ravensburg 29 km
IC/EC
Ravensburg 56'

465
Biberach
a.d.Riß 15 km

2 4 6 8 10 km

465 Leutkirch 16 km
Isny 33 km

Wangen 34 km
Lindau 53 km
Bregenz (A) 61 km
96
IC/EC
Lindau 1h

7
Kempten 45 km
Füssen 81 km
Reutte (A) 81 km
IC/EC Kempten 20'

Obergünzburg
9 km

Donauwörth 21 km
Tapfheim 10 km
Höchstadt a.d.D. 1 km
Mertingen 7 km
Donauwörth 24' IC/EC
Würzburg 1h 52'
Nürnberg 1h 6'
Donauwörth 19' ICE
Nördlingen 42 km
Donauwörth 12 km
229
Eichstätt 38 km
Neuburg 18 km
Ingolstadt 33 km
Erdweg 3 km
Dachau 17 km
Dachau 19 km
München 24 km
Salzburg 147 km
240
München-Pasing 26'
Olching 7 km
Germering 11 km
München 26 km
München-Pasing 42'
Germering 7 km
München 18 km
Starnberg 11 km
München 29 km
Kaufbeuren 5 km
Füssen 47 km
Kaufbeuren 5 km
Kempten 37 km
Kempten 1h 13'
Schongau 10 km
Füssen 47 km
249
Weilheim i.Ob. 18 km
Penzberg 43 km
Weilheim i.Ob. 8 km
Garmisch-Partenkirchen 53 km
Höchstadt a.d.Donau
Wertingen
Buttenwiesen
Meitingen
Thierhaupten
Pöttmes
Schrobenhausen
Biberbach
Aindling
Inchenhofen
Kühbach
Gachenbach
Naturpark
Langweid a. Lech
Altenmünster
Welden
Gablingen
Affing
Aichach
Gersthofen
Zusmarshausen
Neusäss
Augsburg
Friedberg
Dasing
Altomünster
Stadtbergen
Diedorf
Dinkelscherben
Gessertshausen
Königsbrunn
Kissing
Mering
Eurasburg
Odelzhausen
Bobingen
Fischach
Westliche Wälder
Großaitingen
Schwabmünchen
Untermeitingen
Klosterlechfeld
Mammendorf
Fürstenfeldbruck
Maisach
Moorenweis
Grafrath
Geltendorf
Weil
Kaufering
Ettringen
Türkheim
Buchloe
Landsberg a.Lech
Penzing
Utting a.Ammersee
Inning a.Ammersee
Wörthsee
Weßling
Seefeld
Schondorf a.Ammersee
Herrsching a.Ammersee
Andechs
Dießen a.Ammersee
Ammersee
Bad Wörishofen
Fuchstal
Germaringen
Neugablonz
Lechfeld
Romantische Straße
Lech

Nürnberg 109 km
Ingolstadt 24 km 9

Regensburg 65 km
Mainburg 15 km
Wolnzach 3 km
93

Ingolstadt 24 km
Reichertshofen 9 km
300 13

Nürnberg 1h 18'
Ingolstadt 46'
IC/EC ICE

301 Abensberg 26 km
Mainburg 5 km

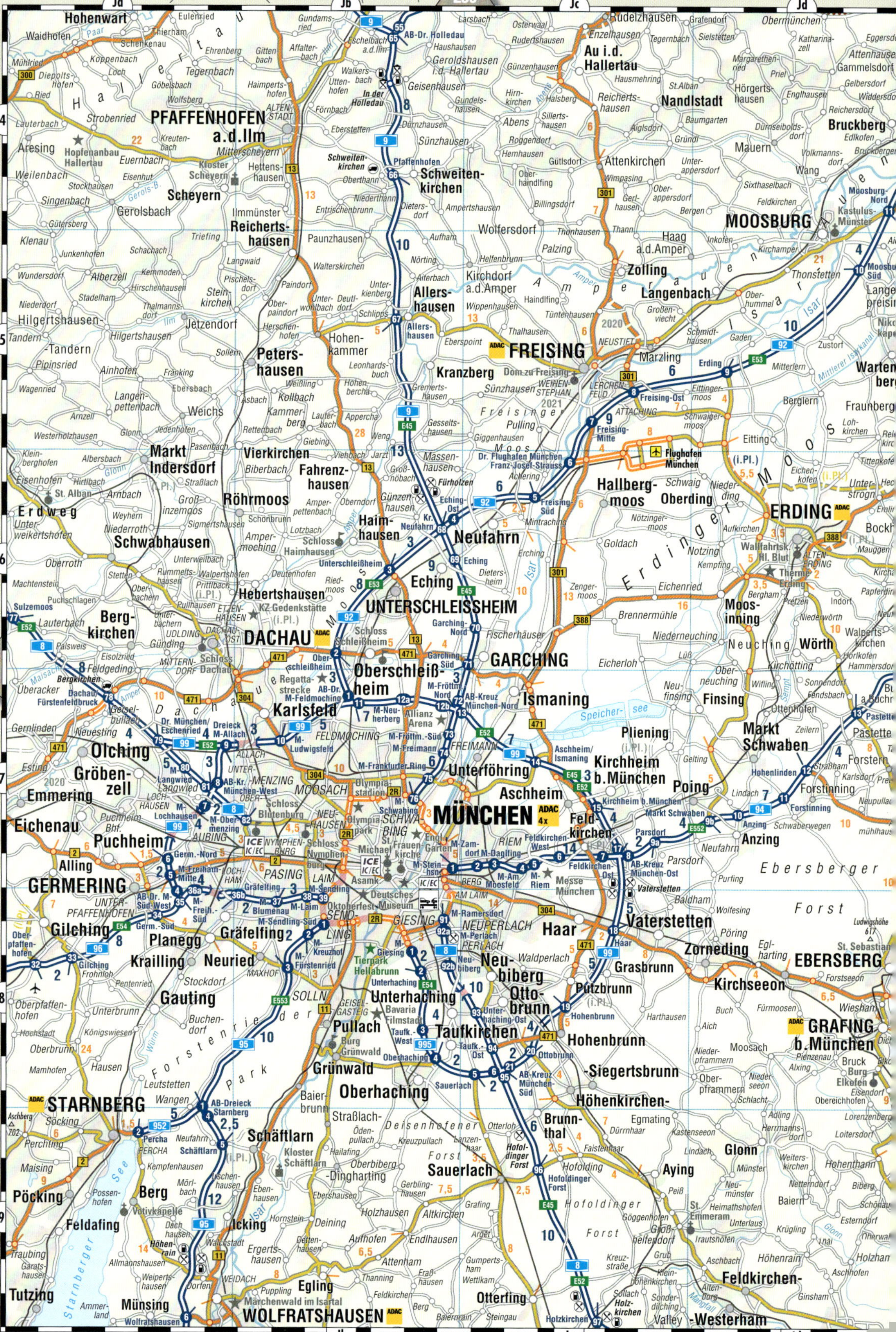

Friedberg 35 km
Augsburg 42 km
300

Friedberg 28 km
Augsburg 37 km
Ulm 104 km
8

Augsburg 28'
ICE

→ 96 16 km
471

2
Fürstenfeldbruck 1 km
Augsburg 40 km

IC/EC
Buchloe 42'

96
Inning a.A. 9 km
Buchloe 41 km
Mindelheim 60 km

2
Weilheim i.Ob. 15 km
Murnau 35 km

2 4 6 8 10 km

ICE Garmisch-Partenkirchen 1h 17'
IC/EC Weilheim i.Ob. 35'
Garmisch-P. 1h 40'

95
Penzberg 19 km
Benediktbeuern 30 km
Garmisch-Partenkirchen 56 km

11
Geretsried 6 km
Penzberg 28 km

Holzkirchen 4 km
Bad Tölz 24 km

8
Rosenheim 37 km
Kufstein (A) 59 km
Innsbruck (A) 131 km

Rottenburg a.d.Laaber 20 km Pfeffenhausen 14 km 299
Deggendorf 70 km Plattling 60 km Dingolfing 27 km 92
15 Regensburg 58 km Ergoldsbach 14 km
231
→ 92 12 km Dingolfing 7 km
Straubing 42 km Landau a.d.Isar 13 km 20

Eggenfelden 4 km Pfarrkirchen 14 km 20
388 Eggenfelden 2 km Griesbach 45 km
588 Eggenfelden 6 km Pfarrkirchen 18 km
94 Simbach a.Inn 24 km Passau 79 km
242
Waging a. See 6 km
Freilassing 17' IC/EC
Teisendorf 8 km Freilassing 24 km 304

Rosenheim 37' IC/EC
15 Rosenheim 3 km
Kufstein (A) 57' ICE
→ 8 9 km
Prien a. Chiemsee 2 km
251
Ruhpolding 12 km Inzell 15 km 306

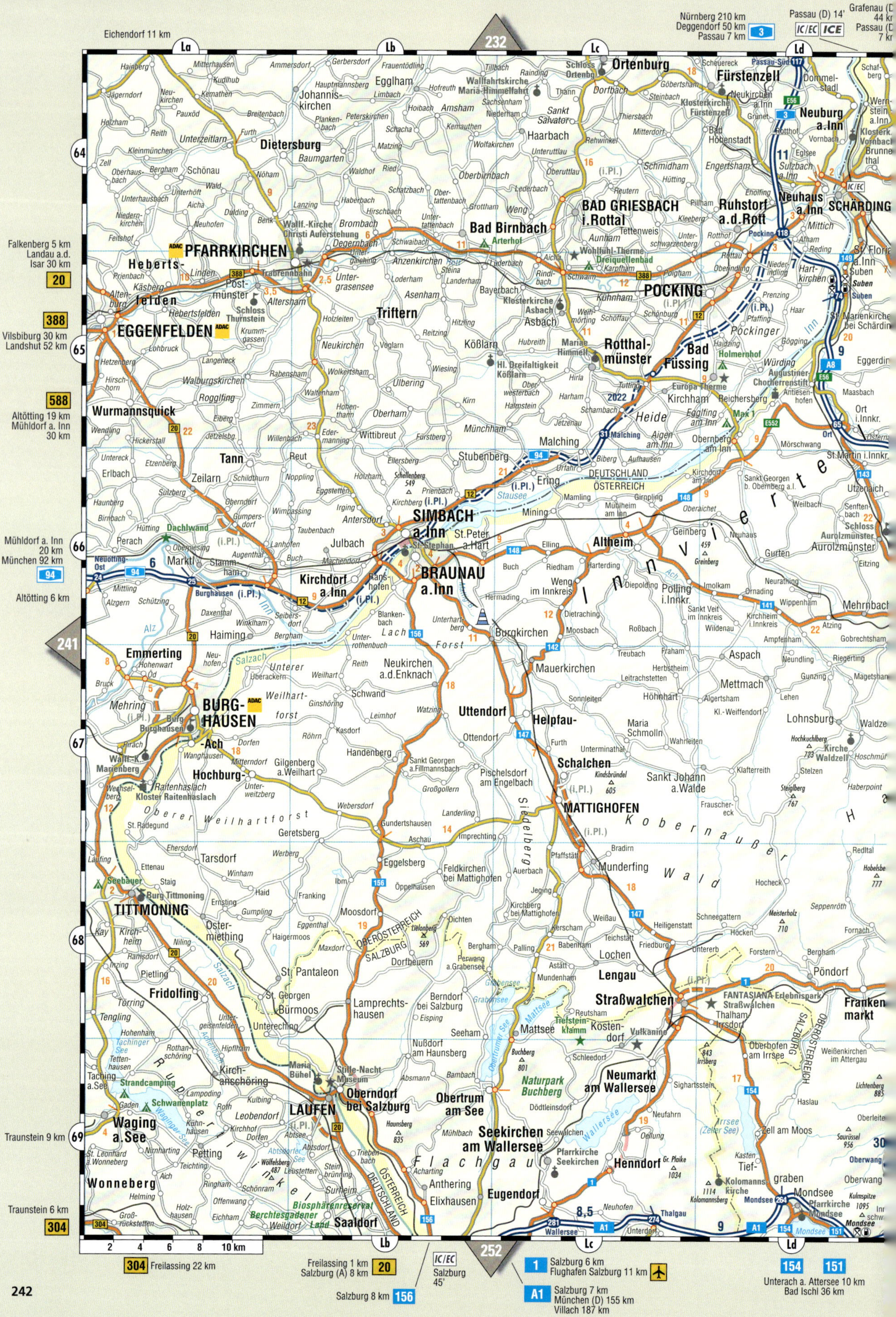
Eichendorf 11 km
Nürnberg 210 km
Deggendorf 50 km
Passau 7 km
Passau (D) 14'
Grafenau (D) 44 km
232
241
252
Falkenberg 5 km
Landau a.d. Isar 30 km
Vilsbiburg 30 km
Landshut 52 km
Altötting 19 km
Mühldorf a. Inn 30 km
Mühldorf a. Inn 20 km
München 92 km
Altötting 6 km
Traunstein 9 km
Traunstein 6 km
Freilassing 22 km
Freilassing 1 km
Salzburg (A) 8 km
Salzburg 45'
Salzburg 8 km
Salzburg 6 km
Flughafen Salzburg 11 km
Salzburg 7 km
München (D) 155 km
Villach 187 km
Unterach a. Attersee 10 km
Bad Ischl 36 km
Ortenburg
Fürstenzell
Neuburg a.Inn
Dietersburg
Bad Birnbach
BAD GRIESBACH i.Rottal
Ruhstorf a.d.Rott
Neuhaus a.Inn
SCHÄRDING
PFARRKIRCHEN
EGGENFELDEN
Triftern
POCKING
Rotthalmünster
Bad Füssing
Wurmannsquick
Tann
Malching
Stubenberg
SIMBACH a.Inn
BRAUNAU a.Inn
Altheim
Kirchdorf a.Inn
Julbach
Burgkirchen
Mauerkirchen
Uttendorf
Helpfau-
Emmerting
BURG-HAUSEN
Hochburg-Ach
Schalchen
MATTIGHOFEN
Munderfing
TITTMONING
Fridolfing
Lengau
Straßwalchen
Lochen
Tarsdorf
St. Pantaleon
LAUFEN
Oberndorf bei Salzburg
Obertrum am See
Seekirchen am Wallersee
Neumarkt am Wallersee
Henndorf
Eugendorf
Waging a.See
Petting
Wonneberg
Saaldorf
Mondsee
Innviertel
Kobernaußer Wald
Weilhartforst
Oberer Weilhartforst
Flachgau
Rupertiwinkel
DEUTSCHLAND
ÖSTERREICH
Aurolzmünster
Mettmach
Lohnsburg
Sankt Johann a.Walde
Frankenmarkt
Pöndorf
2 4 6 8 10 km

130 Vilshofen (D) 44 km
Passau (D) 21 km

233

127 Passau (D) 61 km
Rohrbach i. Oberösterr. 6 km

Urfahr 5 km
Linz 6 km
127

129
Linz 6 km
Roßberg 40 km

IC/EC Linz 15'
ICE

Linz 12 km
Amstetten 59 km
1

A25
Linz 15 km
St. Pölten 111 km
A1

139
Traun 14 km
Linz 23 km

IC/EC Bad Hall 5'
122
Bad Hall 4 km
Steyr 22 km

A9
Liezen 47 km
Graz 155 km

Windischgarsten 30'
IC/EC

151
Unterach a. Attersee 5 km
Bad Ischl 31 km

152
St. Gilgen 21 km
Bad Ischl 24 km

145
Bad Ischl 19 km
Salzburg 75 km

Windischgarsten 17 km
Liezen 41 km
Graz 149 km
138

Col de la Schlucht 41 km D 430
234
Colmar 20 km
Roufach 5 km D 83
Colmar 23' IC/EC
A 35 Strasbourg 87 km
Colmar 31 km
Frankfurt a.M. 263 km
Karlsruhe 141 km
Freiburg i.Br. 13 km 5
N 66 Remiremont 35 km
Epinal 61 km
D 466 Giromagny 18 km
Hericourt 16 km D 83
A 36 Belfort 2 km
Besançon 98 km
Dijon 180 km
Belfort 8 km
Lure 40 km N 1019
TGV Dijon, Belfort
Montbéliard 15 km D 34
D 73 Pont de Roide 9 km
La Chaux-de-Fonds 14 km 18
16 / 30 Biel/Bienne 15 km
La Chaux-de-Fonds 33 km
IC/EC Biel/Bienne 25'
5 / 12 / 22 Solothurn 1 km
Biel/Bienne 24 km
Bern 38 km
Lausanne 142 km
Ca
Cb
Cc
Cd
70
71
72
73
74
75
MULHOUSE
BASEL
DELÉMONT
St-Amarin
Soultz Haut-Rhin
Ensisheim
Thann
Cernay
Wittelsheim
Masevaux
Rougemont-le-Château
Illzach
Pfastatt
Riedisheim
Rixheim
Habsheim
Brunnstatt
Ottmarsheim
NEUENBURG am Rhein
Schliengen
Bad Bellingen
Efringen-Kirchen
Sierentz
St-Louis
Huningue
Altkirch
Hirsingue
Ferrette
Dannemarie
Fontaine
Chèvremont
Vézelois
Bourogne
Grandvillars
Delle
Beaucourt
Porrentruy
Laufen
Oberwil
Binningen
Allschwil
Bottmingen
Reinach
Therwil
Aesch
Ettingen
Moutier
Bassecourt
Tramelan
Tavannes
Langendorf
Parc naturel régional des Ballons des Vosges
Vosges
Parc du Doubs
Franches Montagnes
Gorges du Doubs
FRANCE
SUISSE
Grand Canal d'Alsace
Rhein
Doubs
2 4 6 8 10 km

Freiburg i.Br. 35' ICE
3 Freiburg i.Br. 14 km Schallstadt 7 km
Kirchzarten 8 km
235
Freiburg i.Br. 31 km Kirchzarten 15 km
31
500 Furtwangen 26 km Breitnau 4 km
Da
Db
Dc
Dd
BAD KROZINGEN
STAUFEN i.Breisgau
HEITERSHEIM
Münstertal (Schwarzwald)
SULZBURG
Buggingen
MÜLLHEIM
Badenweiler
TITISEE-NEUSTADT
Hinterzarten
Feldberg
Lenzkirch
Todtnau
Schluchsee
SANKT BLASIEN
Naturpark Südschwarzwald
Todtmoos
KANDERN
ZELL i. Wiesental
SCHÖNAU
STEINEN
SCHOPFHEIM
Hausen im Wiesental
WEHR
LÖRRACH
WEIL am Rhein
RIEHEN
GRENZACH-WYHLEN
RHEINFELDEN
RHEIN-FELDEN
BAD SÄCKINGEN
LAUFENBURG (Baden)
Murg
Albbruck
WALDSHUT-TIENGEN
Görwihl
Ühlingen-Birkendorf
Grafenhausen
Bonndorf
Lauchringen
Küssaberg
KLINGNAU
BAD ZURZACH
Döttingen
Böttstein
Würenlingen
Jurapark
Untersiggenthal
Obersiggenthal
BRUGG
Windisch
BADEN
WETTINGEN
Neuenhof
Frick
Möhlin
Pratteln
MUTTENZ
MÜNCHENSTEIN
Arlesheim
Dornach
LIESTAL
Frenkendorf
Füllinsdorf
Gelterkinden
Sissach
Lausen
Bubendorf
Trimbach
OLTEN
Aarburg
Oftringen
Zofingen
Rothrist
Strengelbach
Brittnau
Reiden
AARAU
Buchs
Suhr
Schönenwerd
Unterentfelden
Oberentfelden
Gränichen
Kölliken
Lenzburg
Möriken-Wildegg
Rupperswil
Niederlenz
Villmergen
Wohlen
BREMGARTEN
Seon
Reinach
Menziken
Hallwiler See
Balsthal
Oensingen
Niederbipp
Aarwangen
Roggwil
LANGENTHAL
Aargau
Naturpark Thal
31 Hüfingen 14 km Donaueschingen 21 km
315 Stühlingen 21 km Schaffhausen (CH) 40 km
Wutöschingen 4 km Stühlingen 16 km
314
34 Klettgau 9 km Schaffhausen (CH) 31 km
246
7 Kaiserstuhl 3 km Winterthur 33 km
17 Dielsdorf 17 km
Zürich 22 km Winterthur 47 km
ICE Zürich 15'
3 Dietikon 11 km
1 Schlieren 15 km Zürich 22 km
25 Cham 18 km Zug 23 km
22 Huttwil 20 km
1 Herzogenbuchsee 4 km Bern 42 km
ICE Bern 30'
2 2 Sursee 13 km Luzern 35 km
IC/EC Luzern 35'
24 Sursee 5 km Luzern 29 km
Hochdorf 8 km Luzern 24 km 23
26 Hochdorf 8 km Luzern 24 km
70
71
72
73
74
75

Stuttgart 122 km
Villingen-Schwenningen 25 km
Tübingen 93 km
Donaueschingen 6 km
Geisingen 12 km
Hüfingen 8 km
Tuttlingen 21'
Donau-eschingen 32'
Spaichingen 25 km
Tuttlingen 9 km
Rottweil 41 km
Tuttlingen 13 km
Reutlingen 89 km
Sigmaringen 31 km
Freiburg i.Br. 46 km
Colmar (F) 89 km
Titisee-Neustadt 29 km
Freiburg i.Br. 57 km
Bad Säckingen 37 km
Grenzach-Wyhlen 69 km
Basel (CH) 71 km
Waldshut-Tiengen (D) 15 km
Bad Säckingen (D) 37 km
Basel 63 km
Bern 98 km
Freiburg i.Br. (D) 130 km
Baden 15'
Lenzburg 15 km
Langenthal 57 km
Muri 1 km
Lenzburg 20 km
Cham 11 km
11 km
Luzern 25 km
Cham 4 km
7 km
Zug 23'
Zug 10 km
Luzern 36 km
Lachen 18 km
Chur 88 km
San Bernardino 144 km
Zug 25'
Einsiedeln 20 km
Schwyz 35 km
Kaltbrunn 1 km
9 km
LÖFFINGEN
BONNDORF
BLUMBERG
STÜHLINGEN
GEISINGEN
ENGEN
TENGEN
STOCKACH
Singen
Hilzingen
Thayngen
Gottmadingen
Rielasingen-Worblingen
RADOLFZELL a.Bodensee
SCHAFFHAUSEN
NEUHAUSEN
Klettgau
Wutöschingen
Jestetten
Hohentengen a.Hochrhein
Eglisau
Glattfelden
BÜLACH
Embrach
Seuzach
FRAUENFELD
WINTERTHUR
Kloten
Dietlikon
Effretikon
Regensdorf
ZÜRICH
Dietikon
Schlieren
USTER
Wetzikon
Hinwil
Rüti
Adliswil
THALWIL
HORGEN
WÄDENSWIL
KÜSNACHT
MEILEN
STÄFA
Rapperswil-Jona
Uznach
WIL
Zürichsee
Untersee
Rhein
Thur

Pfullendorf 1 km
237
Sigmaringen 33 km
Bad Saulgau 12 km
32
Biberach 34' IC/EC
Laupheim 43 km
Biberach a.d. Riß 24 km
30
Fa
Fb
Fc
Fd
BAD WALDSEE
Wolpertswende
Wilhelmsdorf
Fronreute
Illmensee
Herdwangen-Schönach
Owingen
Frickingen
Heiligenberg
Salem
Deggenhausertal
Horgenzell
Baindt
Baienfurt
WEINGARTEN
Berg
RAVENSBURG
Vogt
Schlier
Waldburg
Grünkraut
ÜBERLINGEN
Mühlhofen
Bermatingen
MARKDORF
Oberteuringen
Uhldingen-Mühlhofen
Allensbach
MEERSBURG
Daisendorf
Stetten
Meckenbeuren
TETTNANG
Bodnegg
Amtzell
Hagnau
Immenstaad am Bodensee
FRIEDRICHSHAFEN
Eriskirch
KONSTANZ
KREUZLINGEN
Langenargen
Kressbronn
Neukirch
Achberg
Sigmarszell
Hörbranz
Weinfelden
Bürglen
AMRISWIL
Romanshorn
Egnach
LINDAU
Lochau
Bodensee
ÖSTERREICH
DEUTSCHLAND
SCHWEIZ
Sulgen
ARBON
BREGENZ
Hard
Lauterach
Wolfurt
Schwarzach
Bischofszell
Zuzwil
Rorschach
Goldach
Thal
Rorschacherberg
Rheineck
Höchst
St. Margrethen
Lustenau
DORNBIRN
Oberbüren
UZWIL
Wittenbach
ST. GALLEN
Gaiserwald
Oberuzwil
Flawil
GOSSAU
HERISAU
Teufen
Speicher
Heiden
Au
Berneck
Balgach
Widnau
Rebstein
Diepoldsau
ALTSTÄTTEN
HOHENEMS
Degersheim
Bütschwil
Appenzell
Oberriet
Götzis
Koblach
Wattwil
Sennwald
Rankweil
Kappel
Ebnat-
FELDKIRCH
Bodensee
Wangen 6 km
Immenstadt i.A. 54 km
32
96
Memmingen 49 km
Ulm 95 km
München 165 km
Memmingen 1h
IC/EC
Isny 24 km
Kempten 54 km
12
Lindenberg 11 km
Immenstadt i.A. 48 km
308
248
200
Immenstadt i.A. (D) 40 km
Reutte 122 km
70
71
72
73
74
75
16
Alt St. Johann 11 km
Buchs 34 km
13
Buchs 7 km
Chur 52 km
13
Buchs 7 km
Chur 50 km
San Bernardino 106 km
IC/EC
Buchs 55'
IC/EC
Bludenz 15'
A14
Bludenz 15 km
Landeck 89 km
Innsbruck 166 km

Kempten/Garmisch-Partenkirchen 1 : 340.000

465 Biberach a.d. Riß 28 km Oberessendorf 13 km
Ulm 67 km Mindelheim 41 km Memmingen 12 km
96 IC/EC Memmingen
238
Ulm 67 km Mindelheim 42 km Memmingen 8 km
7 IC/EC Memmingen 20'
Ga Gb Gc Gd
70 71 72 73 74 75
Lindau 20 km Bregenz 22 km Friedrichshafen 41 km
96
Lindau IC/EC
Sigmarszell 7 km Lindau 11 km Bregenz 18 km
12
Sigmarszell 1km Lindau 10 km Friedrichshafen 27 km
308
247
200
Dornbirn 4 km Lustenau 13 km Bregenz 13 km
Rankweil 10 km Feldkirch 17 km
BAD WURZACH
Aichstetten
Bad Grönenbach
LEUTKIRCH i.Allgäu
Obergünzburg
Wolfegg
Kißlegg
Dietmannsried
Altusried
Haldenwang
Wiggensbach
KEMPTEN (Allgäu)
Durach
Betzigau
Kemptener Wald
Wangen
WANGEN
Argenbühl
ISNY
Buchenberg
Waltenhofen
Sulzberg
Oy-Mittelberg
Nesselwang
Heimenkirch
Weitnau
LINDENBERG
Weiler-Simmerberg
Stiefenhofen
Scheidegg
Oberstaufen
IMMENSTADT i.Allgäu
Blaichach
Rettenberg
Burgberg
SONTHOFEN
Bad Hindelang
Naturpark Allgäuer Nagelfluhkette
Alberschwende
Egg
Andelsbuch
Bregenzer Wald
Fischen i.Allgäu
Oberstdorf
Naturschutzgebiet
Allgäuer Alpen
Hochalpen
Mittelberg
Kleines Walsertal
Großes Walsertal
Lechquellengebirge
Lechtal
DEUTSCHLAND ÖSTERREICH
Deutsche Alpenstraße
Oberschwäbische Barockstraße
2 4 6 8 10 km
193 Bludenz 12 km
198 Lech 2 km St. Anton am Arlberg 22 km Bludenz 44 km

Mindelheim 22 km
Bad Wörishofen 17 km
Pforzen 2 km
16

Augsburg 1h 17'
IC/EC

12 Buchloe 18 km
Germaringen 4 km

Kaufering 21 km
Landsberg 16 km
Seestall 6 km
17

239

→ 95 23 km (AB-Dr. Starnberg)
Starnberg 17 km
Pöcking 12 km
2

IC/EC
München 40'
ICE
München 1h 22'

472
Penzberg 11 km
Benediktbeuern 13 km

95
Wolfratshausen 37 km
Starnberg 51 km
München 62 km

Mittenwald 11 km
Kochel 29 km
Innsbruck (A) 46 km
2
IC/EC
Mittenwald 25'

Scharnitz 4 km
Mittenwald 9 km
Kochel a.S. 42 km
177
IC/EC
Scharnitz 10'

Hochzirl 10'
IC/EC
Innsbruck 13 km
171
Hall 21 km
A12
Innsbruck 16 km
Brennerpass 45 km
Bressanone/Brixen (I) 88 km
IC/EC
Innsbruck 15'

171 A12 IC/EC Ötztal 10'
Landeck 11 km
St. Anton 36 km
Serfaus 36 Km

186
Oetz 3 km
Sölden 36 km

München 33 km
Starnberg 21 km
AB-Dr. Starnberg 15 km
München 35 km
Wolfratshausen 2 km
München 30 km
AB-Kr. München-Süd 16 km
Weilheim i.Ob. 9 km
Murnau a. Staffelsee 10 km
Weilheim i.Ob. 18 km
Murnau a. Staffelsee 5 km
Garmisch-Partenkirchen 29 km
Garmisch-Partenkirchen 14 km
Ehrwald (A) 40 km
Garmisch-Partenkirchen 20'
Seefeld 6 km
Innsbruck 28 km
Seefeld 10'
Reith 10'
Seefeld 8 km
Telfs 14 km
Inzing 2 km
Telfs 16 km
Telfs-Pfaffenhofen 15'
Steinach 21 km
Brennerpass/Passo del Brennero 39 km
Matrei 20'
Brennerpass/Passo del Brennero 33'
Brennerpass/Passo del Brennero 35 km
Sterzing/Vipiteno (I) 50 km
Bozen/Bolzano (I) 124 km
Mayrhofen 3 km
Finkenberg 5 km
Holzkirchen
GERETSRIED
Eurasburg
Bruckmühl
MIESBACH
Hausham
Schliersee
Fischbachau
PENZBERG
Bad Heilbronn
BAD TÖLZ
Lenggries
Gmund a.Tegernsee
TEGERNSEE
Rottach-Egern
Bad Wiessee
Kreuth
Kochel a.See
Benediktbeuern
Mittenwald
INNSBRUCK
HALL in Tirol
Absam
Wattens
SCHWAZ
Jenbach
Kramsach
Zirl
Naturpark
Karwendel
Karwendelgebirge
Bayerische Alpen
Tuxer Voralpen
DEUTSCHLAND
ÖSTERREICH

München 1h ICE
München-Ost 35' IC/EC
15 Wasserburg a. Inn 24 km Rott a. Inn 15 km
Traunstein 34' Prien a. Chiemsee 17'
Bad Endorf 4 km
241
IC/EC Rosenheim 17'
Traunreut 12 km
Traunstein 17'
306 Trostberg 24 km Traunreut 15 km
Ka
Kb
Kc
Kd
BAD AIBLING
KOLBERMOOR
ROSENHEIM
Stephanskirchen
Riedering
Prien a.Chiemsee
Chiemsee
Schloss Herrenchiemsee
TRAUNSTEIN
Grabenstätt
Siegsdorf
Bergen
Übersee
Bernau a.Chiemsee
Grassau
Raubling
Bad Feilnbach
Rohrdorf
Neubeuern
Aschau im Chiemgau
Marquartstein
Ruhpolding
Unterwössen
Brannenburg
Flintsbach am Inn
Fischbach am Inn
Nußdorf am Inn
Samerberg
Chiemgauer Alpen
Deutsche Alpenstraße
Reit im Winkl
Kössen
Walchsee
Oberaudorf
Niederndorf
Ebbs
Kiefersfelden
Zahmer Kaiser
Wilder Kaiser
KUFSTEIN
Kaisergebirge
Langkampfen
Kirchbichl
Söll
Ellmau
Going am Wilden Kaiser
Scheffau am Wilden Kaiser
Sankt Johann in Tirol
Kirchdorf in Tirol
Erpfendorf
Waidring
Loferer Steinberge
Sankt Ulrich am Pillersee
Fieberbrunn
WÖRGL
Kundl
Hopfgarten im Brixental
Brixen im Thale
Kirchberg in Tirol
KITZBÜHEL
Westendorf
Wildschönau
Oberndorf in Tirol
Aurach bei Kitzbühel
Jochberg
Pass Thurn 1274
Saalbach
Hinterglemm
Kitzbüheler Alpen
Mittersill
Bramberg am Wildkogel
Neukirchen am Großvenediger
Hollersbach im Pinzgau
Stuhlfelden
Uttendorf
Niedernsill
Wald im Pinzgau
Krimml
Gerlospass 1507
Krimmler Wasserfälle
Nationalpark Hohe Tauern
Felbertauernstraße
DEUTSCHLAND
ÖSTERREICH
TIROL
SALZBURG
8 Bad Reichenhall 21 km Salzburg (A) 33 km
306 Inzell 6 km Bad Reichenhall 24 km
305 Inzell 5 km Bad Reichenhall 18 km
Steinpass (D) 15 km Bad Reichenhall (D) 30 km
178
311 Saalfelden 25 km Zell am See 42 km
252
Saalfelden 30' IC/EC
164 Leogang 14 km Zell am See 38 km
168 Kaprun 6 km Zell am See 11 km
108 Felbertauern 6 km Lienz 50 km
70
71
72
73
74
75

Salzburg/Bad Ischl 1 : 340.000

Braunau 50 km
Oberndorf 12 km
Linz 112 km
Wels 89 km
Mondsee 20 km
Attnang-Puchheim 45'
Traunreut 21 km
Traunstein 6 km
Traunstein 20'
Burghausen 47 km
Laufen (A) 11 km
Vöcklabruck 55 km
Neumarkt 16 km
Mattighofen 37 km
Mondsee 2 km
Traunstein 10 km
Rosenheim 51 km
München 109 km
Sankt Gilgen 9 km
Siegsdorf 6 km
Traunstein 13 km
Sankt Gilgen 1 km
Mondsee 16 km
Bad Ischl 25 km
Ruhpolding 6 km
Reit im Winkl 27 km
Abtenau 1 km
Mondsee 16 km
Bad Goisern 35 km
Bad Ischl 44 km
St. Johann 24 km
Kitzbühel 33 km
St. Michael i. Lungau 51 km
Spittal 87 km
Villach 125 km
St. Johann in Tirol 30'
Fieberbrunn 11 km
St. Johann in Tirol 25 km
Radstadt 13 km
Schladming 32 km
Radstadt 22'
Altenmarkt i. Pongau 10 km
Radstadt 13 km
Mittersill 15 km
Kitzbühel 45 km
Heiligenblut 33 km
Lienz 71 km
Bad Gastein 6 km
Spittal 62 km
Bad Gastein 10'
Teisendorf
FREILASSING
Bergheim
Wals-Siezenheim
Anger
Ainring
SALZBURG
Piding
Bad Reichenhall
BAD REICHENHALL
Inzell
Elsbethen
Anif
Grödig
Puch bei Hallein
Großgmain
Bayerisch Gmain
Oberalm
Adnet
HALLEIN
Bischofswiesen
Berchtesgaden
Kuchl
Golling an der Salzach
Schönau a. Königssee
Lofer
Unken
Watzmann
Nationalpark
Hagengebirge
Tennengebirge
Abtenau
Werfen
Pfarrwerfen
Bischofshofen
Saalfelden am Steinernen Meer
Leogang
Steinernes Meer
Leoganger Steinberge
Maria Alm am Steinernen Meer
Dientener Berge
Sankt Johann im Pongau
Sankt Veit im Pongau
Schwarzach im Pongau
Wagrain
Maishofen
ZELL AM SEE
Bruck a.d. Großglocknerstraße
Taxenbach
Piesendorf
Kaprun
Rauris
Dorfgastein
Großarl
Bad Hofgastein
Hohe Tauern
Großglockner-Hochalpenstraße
1 : 340.000

Städteatlas Deutschland 1 : 115.000

Nordsee
Ostsee
DK
Nykøbing
Flensburg
Kiel
Stralsund
Koszalin
Greifswald
Rostock
Lübeck
Bremerhaven
Wilhelmshaven
Emden
Groningen
Neubrandenburg
Schwerin
Szczecin
254 - 255
HAMBURG
256 - 257
BREMEN
Oldenburg
Lüneburg
PL
Heerenveen
NL
Amsterdam
260 - 261
BERLIN
Potsdam
Frankfurt/O.
Apeldoorn
Utrecht
Arnhem
Osnabrück
258 - 259
HANNOVER
Braunschweig
Magdeburg
Zielona Góra
Münster
Bielefeld
Salzgitter
D
Cottbus
Nijmegen
Dessau
266 - 269
DUISBURG
DORTMUND
BOCHUM
Eindhoven
ESSEN
Göttingen
262 - 263
HALLE/SAALE
LEIPZIG
270 - 271
DÜSSELDORF
Wuppertal
Kassel
264 - 265
DRESDEN
Maastricht
272 - 273
Aachen
KÖLN
Siegen
Eisenach
Erfurt
Jena
Chemnitz
Liberec
Liege
Bonn
Zwickau
B
Gießen
Fulda
Koblenz
Hof
Praha
274 - 275
FRANKFURT a.M.
Wiesbaden
Mainz
Trier
Würzburg
Plzeň
L
CZ
276 - 277
LUDWIGSHAFEN
MANNHEIM
280 - 281
Fürth
NÜRNBERG
Luxembourg
Saarbrücken
Regensburg
Metz
České Budějovice
Karlsruhe
278 - 279
STUTTGART
Aalen
Ingolstadt
Passau
Nancy
Strasbourg
Ulm
Linz
Épinal
Augsburg
282 - 283
MÜNCHEN
Wels
Freiburg i.Br.
F
Langres
Mulhouse
Salzburg
Kempten
Belfort
Basel
Lindau
Kufstein
A
Zürich
Innsbruck
Besançon
Vaduz
Luzern
FL
Bern
CH
Chur
I
Lienz
Klagenfurt

431
Glückstadt 47 km
Elmshorn 24 km
Uetersen 14 km

Horneburg 12 km

Stade S3

73
Hemmoor 47 km
Stade 20 km
Buxtehude 2 km

HAMBURG
Poppenbüttel 9'
Norderstedt Mitte
Kaltenkirchen 30 km
Norderstedt 10 km
Hamburg Airport 1 km
Ammersbek 9 km
Ohlstedt Großhansdorf
Bargteheide 16 km
Ahrensburg 10 km
Stockholm (S) 10h 45'
Kopenhagen (DK) 4h
Lübeck 37'
Lübeck 43 km
Ahrensburg 10 km
Berlin 263 km
Schwerin 90 km
Wittenburg 60 km
Dresden 4h 45'
Berlin 1h 33'
Büchen 16'
B-Spandau 1h 25'
Aumühle 4'
Ratzeburg 47 km
Mölln 35 km
Schwarzenbek 15 km
Boizenburg 36 km
Lauenburg 24 km
Geesthacht 10 km
Lüneburg 30 km
Winsen (Luhe) 7 km
Lüneburg 27 km
Lüneburg 23'
Hannover 1h 7'
Würzburg 3h 10'
Frankfurt a.M. 3h 45'
München 5h 50'
Winsen (Luhe) 2 km
Soltau 53 km
Hannover 126 km
Bremen 44'
Osnabrück 51'
Dortmund 1h 49'
FARMSEN
RAHLSTEDT
Stapelfeld
Stellau
WINTERHUDE
BARMBEK
HELLBROOK
TONNDORF
JENFELD
Barsbüttel
Stemwarde
UHLENHORST
EILBEK
WANDSBEK
MARIENTHAL
WILLINGHUSEN
ST. GEORG
HAMM
HORN
NEUSCHÖNNING-STEDT
GLINDE
BILLWERDER-AUSSCHLAG
BILLSTEDT
Oststeinbek
WIESENFELD
SCHÖNNING-STEDT
Havighorst
REINBEK
BILLBROOK
VEDDEL
LOHBRÜGGE
Wentorf
BILLWERDER
BERGEDORF
WILHELMSBURG
MOORFLEET
TATENBERG
SPADENLAND
KIRCHDORF
NETTELNBURG
ALLERMÖHE
MOORWERDER
OCHSENWERDER
REITBROOK
ACHTERSCHLAG
NEULAND
GAUERT
Marschlande
OORTKATEN
HOHEDEICH
ACHTERDEICH
FÜNFHAUSEN
GROSSMOOR
BULLENHAUSEN
GUT MOOR
HOLAAKE
CURSLACK
SEEFELD
WILSTORF
RÖNNEBURG
KLEIN-MOOR
HAGOLT
Vierlande
NEUENGAMME
OVER
WARWISCH
ACHTERDEICH
KIRCHWERDER
ALTENGAMME
MECKELFELD
SEEVETAL
HÖRSTEN
Rosenweide
GRÜNERDEICH
OHE
Fliegenberg
KRAUEL-WEST
KRAUEL-OST
GLÜSINGERLOHE
SANDE
MASCHEN
HOOPTE
LASSRÖNNE
Stelle
STÖCKTE
LINDHORST
Elbe
Norderelbe
Dove Elbe
Gose Elbe

27 Cuxhaven 71 km
Bremerhaven 35 km
212 Brake 18 km
Elsfleth 6 km
Umweltzone
ICE Oldenburg 18'
IC/EC Oldenburg 27'
28 Oldenburg 22 km
213 Wildeshausen 15 km
Dötlingen 15 km
Wildeshausen 20 km
Osnabrück 101 km
Münster 156 km
Dortmund 211 km
1 Wildeshausen 20 km
1 2 3 4 km
Schwanewede
Eggestedt
14 Schwanewede
REKUM
BOCKHORN
FARGE
Trenthöpen
Löhnhorst
Werschenrege
Stendorf
Weserdeich
Bf. Bremen-Farge
BLUMENTHAL
Bremen-Rönnebeck
Ranzenbüttel
Bf. Bremen-Turnerstraße
BECKEDORF
Lesumstotel
Berne
Warfleth
Bf. Bremen-Kreinsloger
2 Bremen-Lüssum
HAMMERSBECK
SCHÖNEBECK
Schloss Schönebeck
Ihlpohl
Bremen-Nord
Platjenwerbe
Bf. Bremen-Blumenthal
Bremen-Blumenthal
Bremen-Vegesack-Hafen
Bremen-Vegesack Mitte
Ihletal
Bremen-Lesum
Ritterhude
Ganspe
Weser
Stedingen
Bardenfleth
VEGESACK
Bf. Bremen-Vegesack
Bremen-St. Magnus
Bf. Bremen-St.-Magnus
Bf. Bremen-Lesum
Bf. Bremen-Burg
Hiddigwarden
GROHN
BURGLESUM
LESUM
Schulschiff "Deutschland"
Dreieck Bremen-Industriehäfen
Hekeln
Harmenhausen
WERDERLAND
Dunger See
BURG-GRAMBKE
Deichshausen
Hiddigwardermoor
Ollen
Teklenburg
Bremen-Burg-Grambke
Stedinger Kanal
Bardewisch
Altenesch
Lemwerder
OSLEBSHAUSEN
Hasenbüren
Handelshäfen
Hohenbökener See
NEUENLANDE
Museumseisenbahn
SEEHAUSEN
Bremen-Seehausen
Bookholzberg
Mönchhof
Bf. Bookholzberg
Schönemoor
Deichhausen
Rethorn
Hohenböken
Güterverkehrszentrum
Schierbrok
Bf. Schierbrok
HEIDE
Hasbergen
Grüppenbühren
Stenum
Brandewurth
Schohasbergen
Bremen-Strom
Ochtum
Hoyenkamp
Bf. Hoykenkamp
Kühlingen
Hasbruch
Ganderkesee-West
DELMENHORST
Brandhöfen
TAPPENORT
STRÖHEN
Bf. Heidkrug
TANNEN
GROLLAND
Ganderkesee-Ost
Bf. Delmenhorst
Bookhorn
DEICHHORST
GraftTherme
STICKGRAS
HUCHTING
Welse
GANDERKESEE
Delmenhorst-Adelheide
DÜSTERNORT
Delmenhorst-Hasport
Bf. Ganderkesee
Delmenhorst-Deichhorst
STUHR
Dreieck Delmenhorst
VARREL
Bürstel
Schlutter
BRENDEL
MOORDEICH
Delmenhorst-Ost
TÖLKENBRÜCK
ANNENHEIDE
Immer
Holzkamp
ADELHEIDE
Groß Mackenstedt
Delmenhorst-Ost
Dreieck Stuhr
Delme
Dünsener Bach

74 Bremervörde 46 km
Gnarrenburg 25 km

Gnarrenburg 18 km

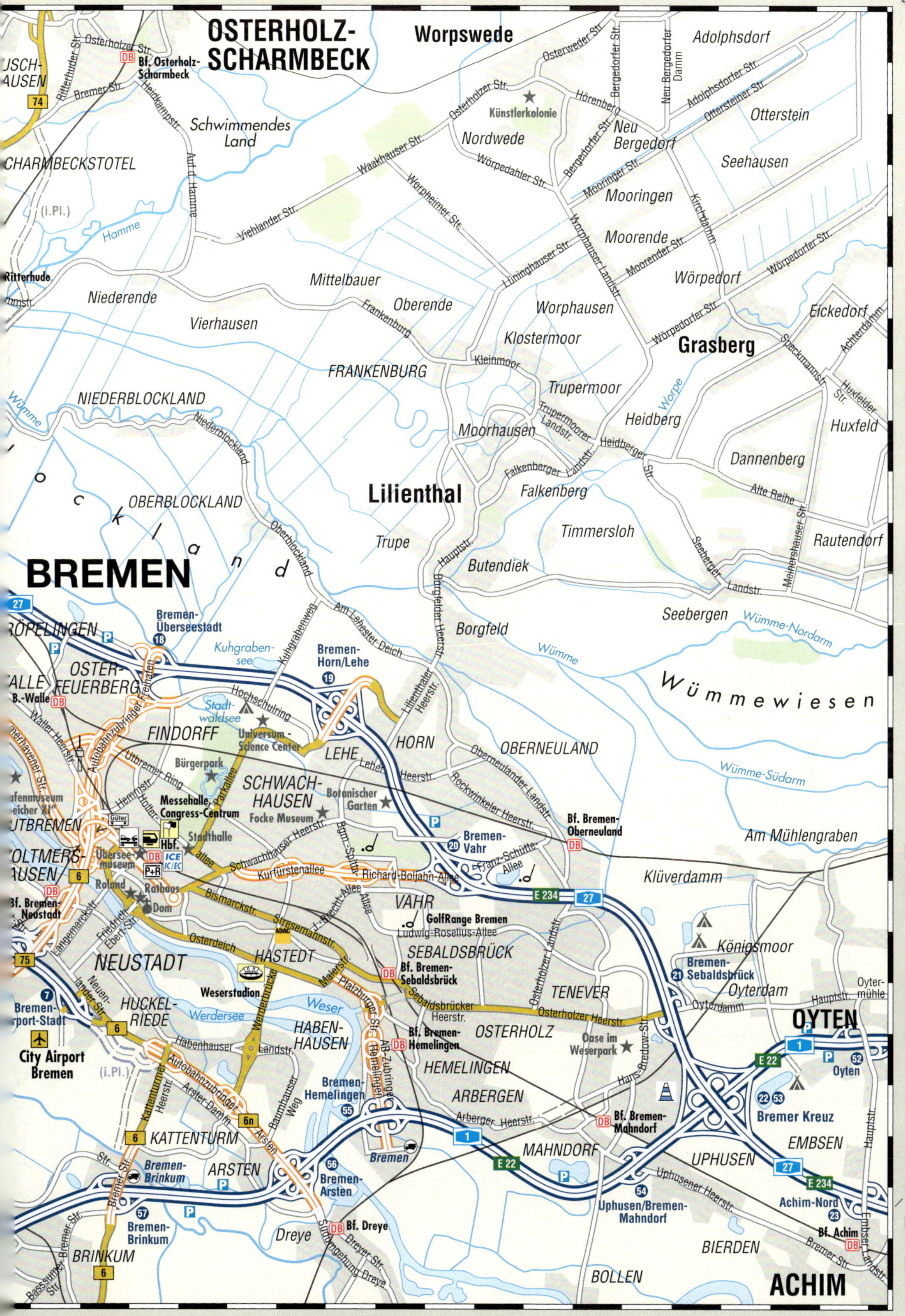

Zeven 22 km
Tarmstedt 5 km

Sottrum 15 km
Ottersberg 9 km
Fischerhude 4 km

IC/EC Kiel 1h 57'
Hamburg 50'

Lübeck 158 km
Hamburg 96 km
Rotenburg (Wümme) 27 km
1

Walsrode 48 km
Verden 21 km
27

ICE München 5h 43'
Hannover 1h
IC/EC Verden 19'

Verden (Aller) 22 km

6 Syke 12 km
Nienburg 50 km

IC/EC Köln 3h 02'
Dortmund 1h 49'
Münster 1h 19'
Osnabrück 54'

Schwarmstedt 24 km
Bennemühlen
Mellendorf 3 km
Nienburg 26 km
Neustadt a.R. 2 km
Wunstorf 4 km
Minden 34'
Nienburg 30'
Bonn 3h 01'
Köln 2h 38'
Dortmund 1h 38'
Bremen 59'
Minden 30'
Nienburg 26'
Bad Oyenhausen 52 km
Bielefeld 110km
Dortmund 190 km
Bad Nenndorf 10 km
Stadthagen 22 km
Wennigsen 6 km
Springe 18 km
Hameln 38 km
Haste 31'
Paderborn 1h 39'
Pattensen 5 km
Elze 24 km
OTTERNHAGEN
Otternhagener Moor
Vorwerk Resse
Lönssiedlung
Wiechendorf
Bissendorf
Ickhorst
Resse
Osterberg
Kaltenweider Moor
MECKLENHORST
Staatsforst Hannover
Schwarzes Moor NSG
KIEBITZKRUG
Langenhagen-Kaltenweide
KANANOHE
KALTENWEIDE
OSTERWALD-UNTERENDE
OSTERWALD-OBERENDE
HEITLINGEN
BORDENAU
Hannover Airport
Hannover-Flughafen (Nordteil)
H-Flughafen
Hannover-Flughafen (Südteil)
FRIELINGEN
STELINGEN
ENGELBOSTEL
SCHULENBURG
HORST
BERENBOSTEL
SCHLOSS RICKLINGEN
MEYENFELD
GODSHORN
Engelbostel
Dreieck Hannover-West
AUF DER HORST
Garbsen Nord
Garbsen
VINNHORST
Wunstorf-Luthe
Blauer See
GÜMMER
GARBSEN
Garbsen Süd
Hannover-Herrenhausen
Hannover-Nordhafen
NORDHAFEN
LOHNDE
HAVELSE
STÖCKEN
LEDEBURG
VAHRENHEIDE
VAHRENWALD
Mittellandkanal
Leine
SEELZE
LETTER
LEINHAUSEN
HAINHOLZ
DEDENSEN
HOLTENSEN
HERRENHAUSEN
SEA LIFE Hannover
Herrenhäuser Gärten
ALMHORST
HARENBERG
LIMMER
AHLEM
OSTERMUNZEL
DAVENSTEDT
LATHWEHREN
DÖTEBERG
VELBER
LINDEN
Marktkirche
Neues Rathaus
Kestner-Museum
Landesmuseum
HDI Arena
Swiss Life Hall
Sportpark
KIRCHWEHREN
LENTHE
BADENSTEDT
BARRIGSEN
NORTHEN
BORNUM
NORDGOLTERN
STEMMEN
GÖXE
BENTHE
EVERLOH
GROSS-GOLTERN
EMPELDE
MÜHLENBERG
RICKLINGEN
DITTERKE
WETTBERGEN
ECKERDE
LEVESTE
Hemmingen
Devese
GEHRDEN
RONNENBERG
Delfi Bad
Von-Reden-Park
LANGREDER
KIRCHDORF
IHME-ROLOVEN
WEETZEN
REDDERSEE
ARNUM
1 2 3 4 km

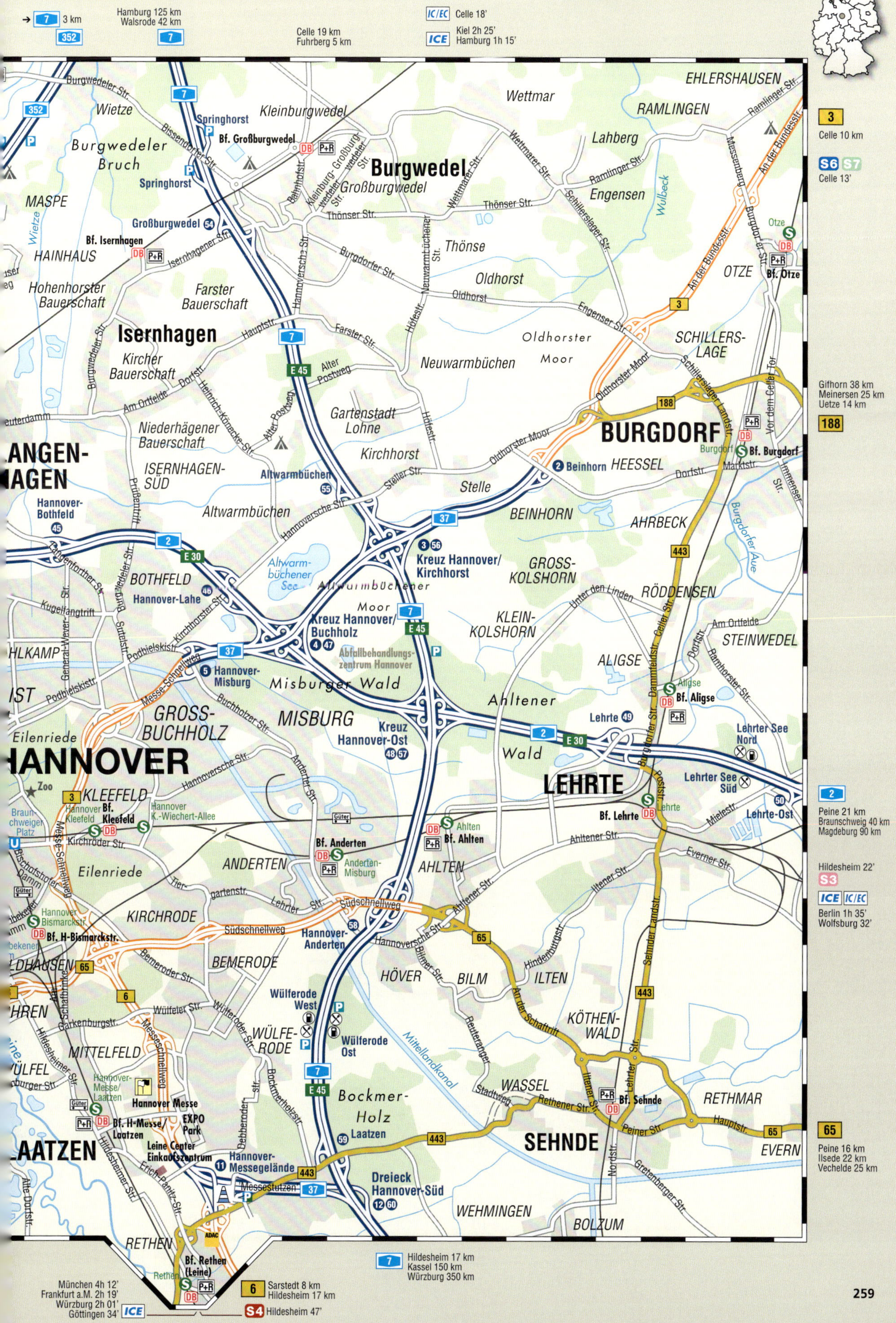
7 3 km
352
Hamburg 125 km
Walsrode 42 km
7
Celle 19 km
Fuhrberg 5 km
IC/EC Celle 18'
ICE Kiel 2h 25'
Hamburg 1h 15'
EHLERSHAUSEN
Wettmar
RAMLINGEN
Burgwedeler Str.
Wietze
Springhorst
Kleinburgwedel
Bf. Großburgwedel
Burgwedeler Bruch
Bissendorfer Str.
MASPE
Burgwedel
Großburgwedel
Lahberg
Ramlinger Str.
Engensen
Wettmarer Str.
Schillerslager Str.
Thönser Str.
Thönse
Großburgwedel 54
Bf. Isernhagen
HAINHAUS
Hohenhorster Bauerschaft
Isernhagener Str.
Farster Bauerschaft
Burgdorfer Str.
Oldhorst
Otze
Bf. Otze
OTZE
An der Bundesstr.
Isernhagen
Kircher Bauerschaft
Hauptstr.
Farster Str.
Alter Postweg
E 45
Neuwarmbüchen
Oldhorster Moor
SCHILLERSLAGE
Engenser Str.
Am Ortfelde
Dorfstr.
Heinrich-Könecke-Str.
Niederhägener Bauerschaft
Gartenstadt Lohne
Höfestr.
188
BURGDORF
Bf. Burgdorf
Marktstr.
ISERNHAGEN-SÜD
Kirchhorst
Stelle
Altwarmbüchen 55
Beinhorn
HEESSEL
Dorfstr.
LANGENHAGEN
Hannover-Bothfeld 45
Altwarmbüchen
Hannoversche Str.
37
BEINHORN
AHRBECK
Burgdorfer Aue
2
E 30
Kreuz Hannover/Kirchhorst 3 56
GROSS-KOLSHORN
BOTHFELD
Hannover-Lahe 46
Altwarmbüchener See
Altwarmbüchener Moor
RÖDDENSEN
Kugelfangtrift
KLEIN-KOLSHORN
Kreuz Hannover/Buchholz 4 47
Am Ortfelde
STEINWEDEL
Abfallbehandlungszentrum Hannover
ALIGSE
Bf. Aligse
HLKAMP
Podbielskistr.
Hannover-Misburg 5
Misburger Wald
Messeschnellweg
Ahltener Wald
Lehrte 49
Lehrter See Nord
GROSS-BUCHHOLZ
MISBURG
Kreuz Hannover-Ost 48 57
Eilenriede
HANNOVER
LEHRTE
Lehrter See Süd
Zoo
KLEEFELD
Bf. Kleefeld
Hannover K.-Wiechert-Allee
Hannover Kleefeld
Bf. Lehrte
Lehrte-Ost 50
Bf. Anderten
Anderten-Misburg
Ahlten
Bf. Ahlten
Ahltener Str.
Everner Str.
Eilenriede
ANDERTEN
AHLTEN
Kirchröder Str.
Südschnellweg
KIRCHRODE
Hannover Bismarckstr.
Bf. H-Bismarckstr.
Hannover-Anderten 58
Hannoversche Str.
65
BEMERODE
Bemeroder Str.
HÖVER
BILM
ILTEN
443
6
Wülferode West
Wülferode Ost
Hindenburgstr.
An der Schaftrift
KÖTHENWALD
WÜLFERODE
MITTELFELD
Mittellandkanal
Hannover Messe
Hannover-Messe/Laatzen
Bf. H-Messe/Laatzen
EXPO Park
Leine Center Einkaufszentrum
WASSEL
Bockmer-Holz
Laatzen 59
Bf. Sehnde
RETHMAR
SEHNDE
EVERN
LAATZEN
Hannover-Messegelände 11
Messestutzen
Dreieck Hannover-Süd 12 60
WEHMINGEN
BOLZUM
Gretenberger Str.
RETHEN
Bf. Rethen (Leine)
Hildesheimer Str.
3 Celle 10 km
S6 S7 Celle 13'
Gifhorn 38 km
Meinersen 25 km
Uetze 14 km
188
2 Peine 21 km
Braunschweig 40 km
Magdeburg 90 km
Hildesheim 22'
S3
ICE IC/EC
Berlin 1h 35'
Wolfsburg 32'
65 Peine 16 km
Ilsede 22 km
Vechelde 25 km
7 Hildesheim 17 km
Kassel 150 km
Würzburg 350 km
6 Sarstedt 8 km
Hildesheim 17 km
S4 Hildesheim 47'
München 4h 12'
Frankfurt a.M. 2h 19'
Würzburg 2h 01'
Göttingen 34' ICE

Velten 8 km
Bötzow 2 km

Hamburg 251 km
Rostock 208 km
Schwerin 181 km
Velten 14 km
→ 10 8 km 111

Rostock
Neustrelitz ICE
Oranienburg 17' S1

96 Gransee 49 km
Löwenberg 35 km
Oranienburg 15 km

Gransee 50
Löwenberg 36
Oranienburg 16

ICE
Hamburg 1h 26'
IC/EC
Wittenberge 1h

ICE
Wolfsburg 50'
Hannover 1h 25'
IC/EC
Stendal 34'
Hannover 1h 41'

5
Nauen 20 km
→ 10 9 km
Elstal 7 km
Dallgow-Döberitz
0,5 km

2
Beelitz 31 km
Michendorf 22 km
Potsdam 10 km

Brandenburg 45 km
Werder 13 km
Potsdam 2 km
1

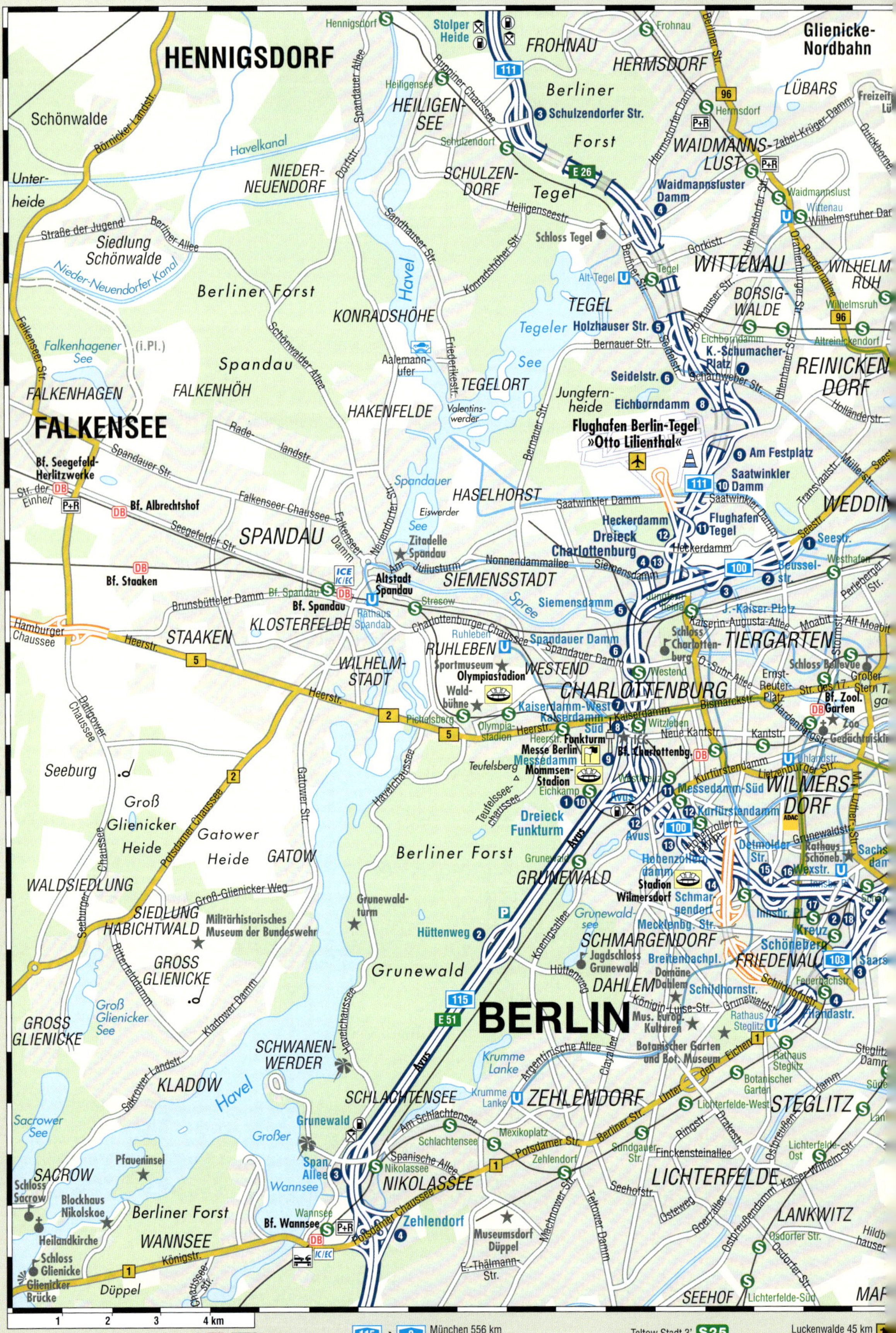

S1 IC/EC
Potsdam Hbf. 13'
Dessau 1h 8'
Brandenburg 26'
Potsdam 6'

115 → 9
München 556 km
Nürnberg 412 km
Leipzig 158 km

→ 2
Hannover 264 km
Braunschweig 209 km
Magdeburg 127 km

Teltow Stadt 3' S25

Lutherstadt Wittenberg 34' IC/EC

Lutherstadt Wittenberg 34'
Leipzig 1h 6'
Halle 1h 8' ICE

Luckenwalde 45 km
Trebbin 27 km
Ludwigsfelde 16 km

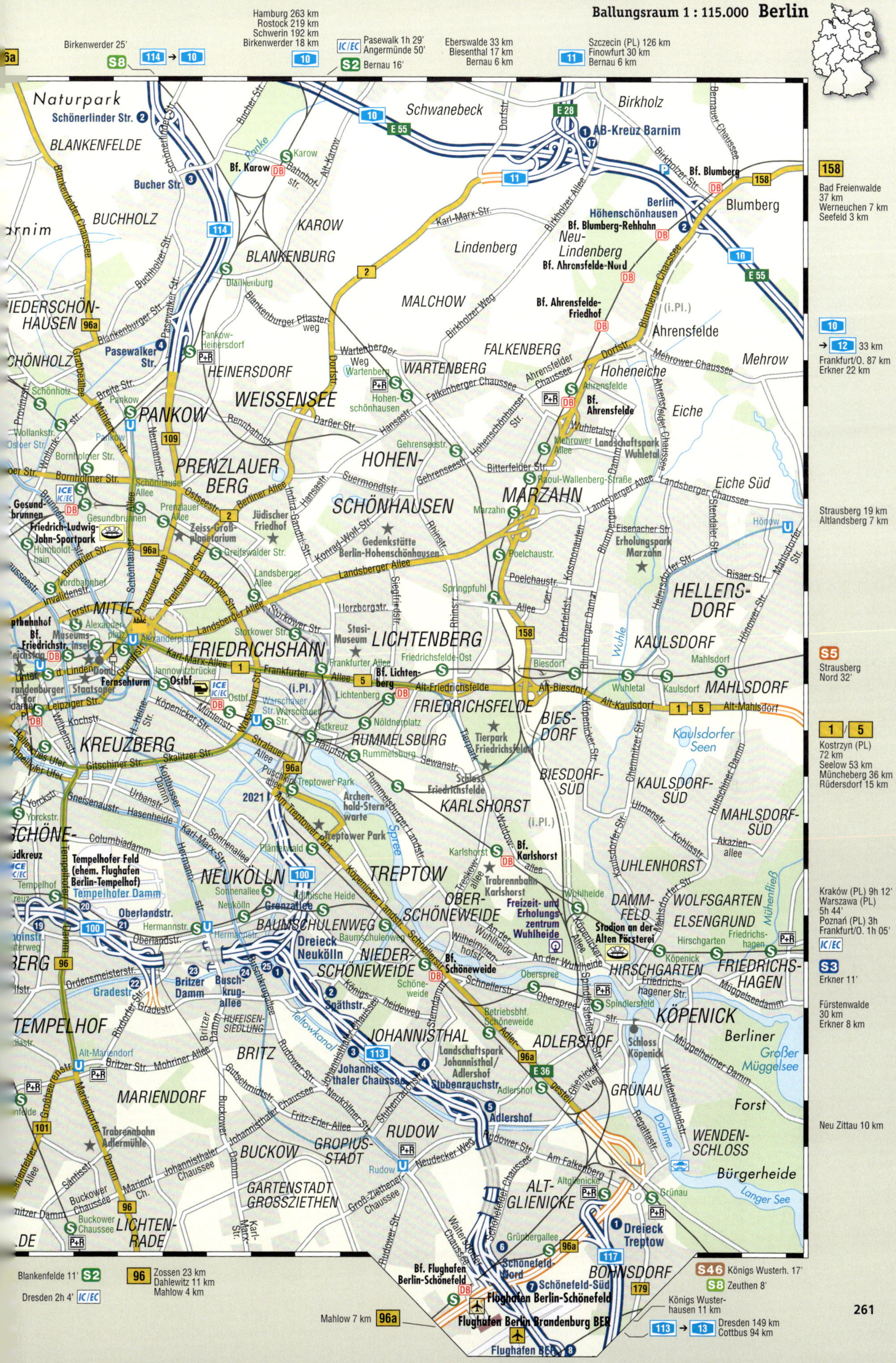
Hamburg 263 km
Rostock 219 km
Schwerin 192 km
Birkenwerder 18 km
Birkenwerder 25'
Pasewalk 1h 29'
Angermünde 50'
Bernau 16'
Eberswalde 33 km
Biesenthal 17 km
Bernau 6 km
Szczecin (PL) 126 km
Finowfurt 30 km
Bernau 6 km
Naturpark
Schönerlinder Str.
BLANKENFELDE
Schwanebeck
Birkholz
AB-Kreuz Barnim
Bf. Karow
Karow
Bucher Str.
BUCHHOLZ
KAROW
BLANKENBURG
Bf. Blumberg
Blumberg
Berlin Höhenschönhausen
Bf. Blumberg-Rehhahn
Neu-Lindenberg
Bf. Ahrensfelde-Nord
Lindenberg
MALCHOW
Bf. Ahrensfelde-Friedhof
Ahrensfelde
FALKENBERG
WARTENBERG
Hoheneiche
Mehrow
Eiche
NIEDERSCHÖNHAUSEN
SCHÖNHOLZ
Pasewalker Str.
HEINERSDORF
WEISSENSEE
PANKOW
Bf. Ahrensfelde
Landschaftspark Wuhletal
PRENZLAUER BERG
HOHENSCHÖNHAUSEN
MARZAHN
Eiche Süd
Gesundbrunnen
Friedrich-Ludwig-Jahn-Sportpark
Zeiss-Großplanetarium
Jüdischer Friedhof
Gedenkstätte Berlin-Hohenschönhausen
Erholungspark Marzahn
HELLERSDORF
MITTE
Stasi-Museum
LICHTENBERG
KAULSDORF
Hauptbahnhof
Bf. Friedrichstr.
Museumsinsel
Alexanderplatz
Fernsehturm
Ostbf.
FRIEDRICHSHAIN
Bf. Lichtenberg
FRIEDRICHSFELDE
BIESDORF
MAHLSDORF
Staatsoper
KREUZBERG
RUMMELSBURG
Tierpark Friedrichsfelde
Kaulsdorfer Seen
Treptower Park
Archenhold-Sternwarte
Schloss Friedrichsfelde
KARLSHORST
BIESDORF-SÜD
KAULSDORF-SÜD
MAHLSDORF-SÜD
SCHÖNEBERG
Tempelhofer Feld (ehem. Flughafen Berlin-Tempelhof)
Tempelhofer Damm
NEUKÖLLN
TREPTOW
Bf. Karlshorst
Trabrennbahn Karlshorst
UHLENHORST
OBERSCHÖNEWEIDE
Freizeit- und Erholungszentrum Wuhlheide
DAMMFELD
WOLFSGARTEN
ELSENGRUND
Stadion an der Alten Försterei
Dreieck Neukölln
BAUMSCHULENWEG
NIEDERSCHÖNEWEIDE
Bf. Schöneweide
HIRSCHGARTEN
FRIEDRICHSHAGEN
TEMPELHOF
Britzer Damm
Buschkrugallee
Späthstr.
KÖPENICK
Berliner
Großer Müggelsee
BRITZ
JOHANNISTHAL
Landschaftspark Johannisthal/Adlershof
ADLERSHOF
Schloss Köpenick
Johannisthaler Chaussee
Stubenrauchstr.
MARIENDORF
GRÜNAU
Forst
Adlershof
Trabrennbahn Mariendorf
Mariendorfer Damm
RUDOW
BUCKOW
GROPIUSSTADT
WENDENSCHLOSS
Bürgerheide
ALT-GLIENICKE
Langer See
GARTENSTADT GROSSZIETHEN
LICHTENRADE
Dreieck Treptow
Schönefeld-Nord
BOHNSDORF
Schönefeld-Süd
Bf. Flughafen Berlin-Schönefeld
Flughafen Berlin-Schönefeld
Flughafen Berlin Brandenburg BER
Flughafen BER
Bad Freienwalde 37 km
Werneuchen 7 km
Seefeld 3 km
Frankfurt/O. 87 km
Erkner 22 km
Strausberg 19 km
Altlandsberg 7 km
Strausberg Nord 32'
Kostrzyn (PL) 72 km
Seelow 53 km
Müncheberg 36 km
Rüdersdorf 15 km
Kraków (PL) 9h 12'
Warszawa (PL) 5h 44'
Poznań (PL) 3h
Frankfurt/O. 1h 05'
Erkner 11'
Fürstenwalde 30 km
Erkner 8 km
Neu Zittau 10 km
Blankenfelde 11'
Dresden 2h 4'
Zossen 23 km
Dahlewitz 11 km
Mahlow 4 km
Mahlow 7 km
Königs Wusterh. 17'
Zeuthen 8'
Königs Wusterhausen 11 km
Dresden 149 km
Cottbus 94 km

Halle/Leipzig Ballungsraum 1 : 115.000

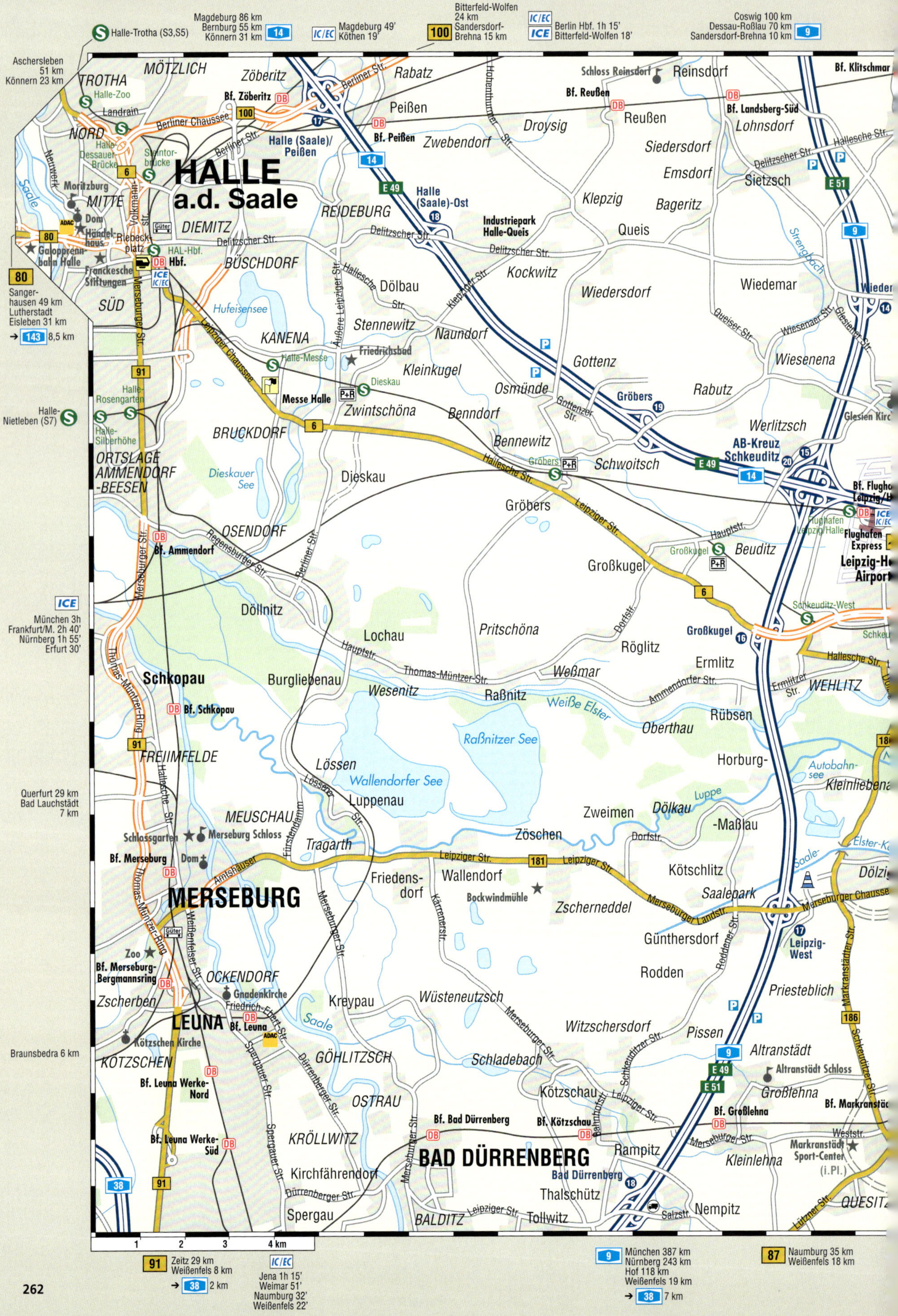
Halle-Trotha (S3,S5)
Magdeburg 86 km
Bernburg 55 km
Könnern 31 km
14
IC/EC Magdeburg 49'
Köthen 19'
Bitterfeld-Wolfen
24 km
100 Sandersdorf-
Brehna 15 km
IC/EC Berlin Hbf. 1h 15'
ICE Bitterfeld-Wolfen 18'
Coswig 100 km
Dessau-Roßlau 70 km
Sandersdorf-Brehna 10 km
9
Aschersleben
51 km
Könnern 23 km
80
Sanger-
hausen 49 km
Lutherstadt
Eisleben 31 km
143 8,5 km
Halle-
Nietleben (S7)
ICE
München 3h
Frankfurt/M. 2h 40'
Nürnberg 1h 55'
Erfurt 30'
Querfurt 29 km
Bad Lauchstädt
7 km
Braunsbedra 6 km
TROTHA
MÖTZLICH
Halle-Zoo
Landrain
NORD
Halle-
Dessauer
Brücke
Steintor-
brücke
Berliner Chaussee
Berliner Str.
Zöberitz
Bf. Zöberitz
Rabatz
Berliner Str.
Halle (Saale)/
Peißen
Peißen
Bf. Peißen
Zwebendorf
Droysig
Hohenthurmer Str.
Schloss Reinsdorf
Reinsdorf
Bf. Reußen
Reußen
Bf. Landsberg-Süd
Lohnsdorf
Bf. Klitschmar
Siedersdorf
Emsdorf
Hallesche Str.
Delitzscher Str.
Sietzsch
E 51
HALLE
a.d. Saale
Moritzburg
MITTE
Dom
Händel-
haus
Galopprenn-
bahn Halle
Franckesche
Stiftungen
Riebeckplatz
HAL-Hbf.
Hbf.
Volkmannstr.
Güter
DIEMITZ
Delitzscher Str.
BÜSCHDORF
REIDEBURG
E 49
Halle
(Saale)-Ost
18
Industriepark
Halle-Queis
Klepzig
Bageritz
Queis
Delitzscher Str.
Delitzscher Str.
Strengbach
SÜD
Merseburger Str.
Hufeisensee
Hallesche Str.
Dölbau
Kockwitz
Wiedersdorf
Wiedemar
Klepziger Str.
Stennewitz
Äußere Leipziger Str.
Queiser Str.
Wiesenaer Str.
Glesiener Str.
KANENA
Naundorf
Halle-Messe
Friedrichsbad
Gottenz
Wiesenena
Kleinkugel
Leipziger Chaussee
91
Halle-
Rosengarten
Messe Halle
Dieskau
P+R
Zwintschöna
Osmünde
Gröbers
19
Rabutz
Glesien Kirche
Halle-
Silberhöhe
6
Benndorf
Gottenzer Str.
Werlitzsch
BRUCKDORF
Bennewitz
AB-Kreuz
Schkeuditz
20
15
ORTSLAGE
AMMENDORF
-BEESEN
Dieskauer
See
Dieskau
Gröbers
Hallesche Str.
Schwoitsch
E 49
14
Bf. Flughafen
Leipzig/Halle
Gröbers
Leipziger Str.
Flughafen
Leipzig/Halle
Flughafen
Express
Leipzig-Halle
Airport
OSENDORF
Hauptstr.
Großkugel
Beuditz
Bf. Ammendorf
Regensburger Str.
Berliner Str.
Großkugel
Merseburger Str.
Döllnitz
Schkeuditz-West
Dorfstr.
Lochau
Pritschöna
Großkugel
16
Röglitz
Thomas-Müntzer-Ring
Hauptstr.
Thomas-Müntzer-Str.
Weßmar
Ermlitz
Hallesche Str.
Schkopau
Burgliebenau
Wesenitz
Raßnitz
Ammendorfer Str.
Ermlitzer Str.
WEHLITZ
Bf. Schkopau
Weiße Elster
Rübsen
Raßnitzer See
Oberthau
91
FREIIMFELDE
Horburg-
Autobahn-
see
Kleinliebenau
Lössen
Wallendorfer See
Hallesche Str.
Lössener Str.
Luppenau
Zweimen
Dölkau
Luppe
-Maßlau
MEUSCHAU
Fürstendamm
Zöschen
Dorfstr.
Elster-Kanal
Schlossgarten
Merseburg Schloss
Tragarth
Saale
Bf. Merseburg
Dom
Leipziger Str.
181
Leipziger Str.
Kötschlitz
Dölzig
Amtshäuser
Friedens-
dorf
Wallendorf
Bockwindmühle
Saalepark
MERSEBURG
Thomas-Müntzer-Ring
Merseburger Str.
Kärrnerstr.
Zscherneddel
Merseburger Landstr.
Merseburger Chaussee
Güter
Günthersdorf
17
Leipzig-
West
Weißenfelser Str.
Rodden
Roddener Str.
Markranstädter Str.
Zoo
Bf. Merseburg-
Bergmannsring
OCKENDORF
Gnadenkirche
Priesteblich
Kreypau
Wüsteneutzsch
Zscherben
Friedrich-Ebert-Str.
Saale
Merseburger Str.
186
LEUNA
Bf. Leuna
Witzschersdorf
Pissen
Schkeuditzer Str.
Kötzschen Kirche
Schladebach
9
Altranstädt
KÖTZSCHEN
GÖHLITZSCH
E 49
Altranstädt Schloss
Dürrenberger Str.
Spergauer Str.
E 51
Bf. Leuna Werke-
Nord
OSTRAU
Kötzschau
Leipziger Str.
Großlehna
Bf. Bad Dürrenberg
Bf. Kötzschau
Bahnhofstr.
Bf. Großlehna
Bf. Markranstädt
Bf. Leuna Werke-
Süd
KRÖLLWITZ
Merseburger Str.
Rampitz
Merseburger Str.
Weststr.
Markranstädt
Sport-Center
(i.Pl.)
BAD DÜRRENBERG
Kleinlehna
Kirchfährendorf
Bad Dürrenberg
18
Spergauer Str.
38
91
Dürrenberger Str.
Thalschütz
Lützner Str.
QUESITZ
Spergau
BALDITZ
Leipziger Str.
Tollwitz
Salzstr.
Nempitz
1
2
3
4 km
91 Zeitz 29 km
Weißenfels 8 km
38 2 km
IC/EC
Jena 1h 15'
Weimar 51'
Naumburg 32'
Weißenfels 22'
9 München 387 km
Nürnberg 243 km
Hof 118 km
Weißenfels 19 km
38 7 km
87 Naumburg 35 km
Weißenfels 18 km

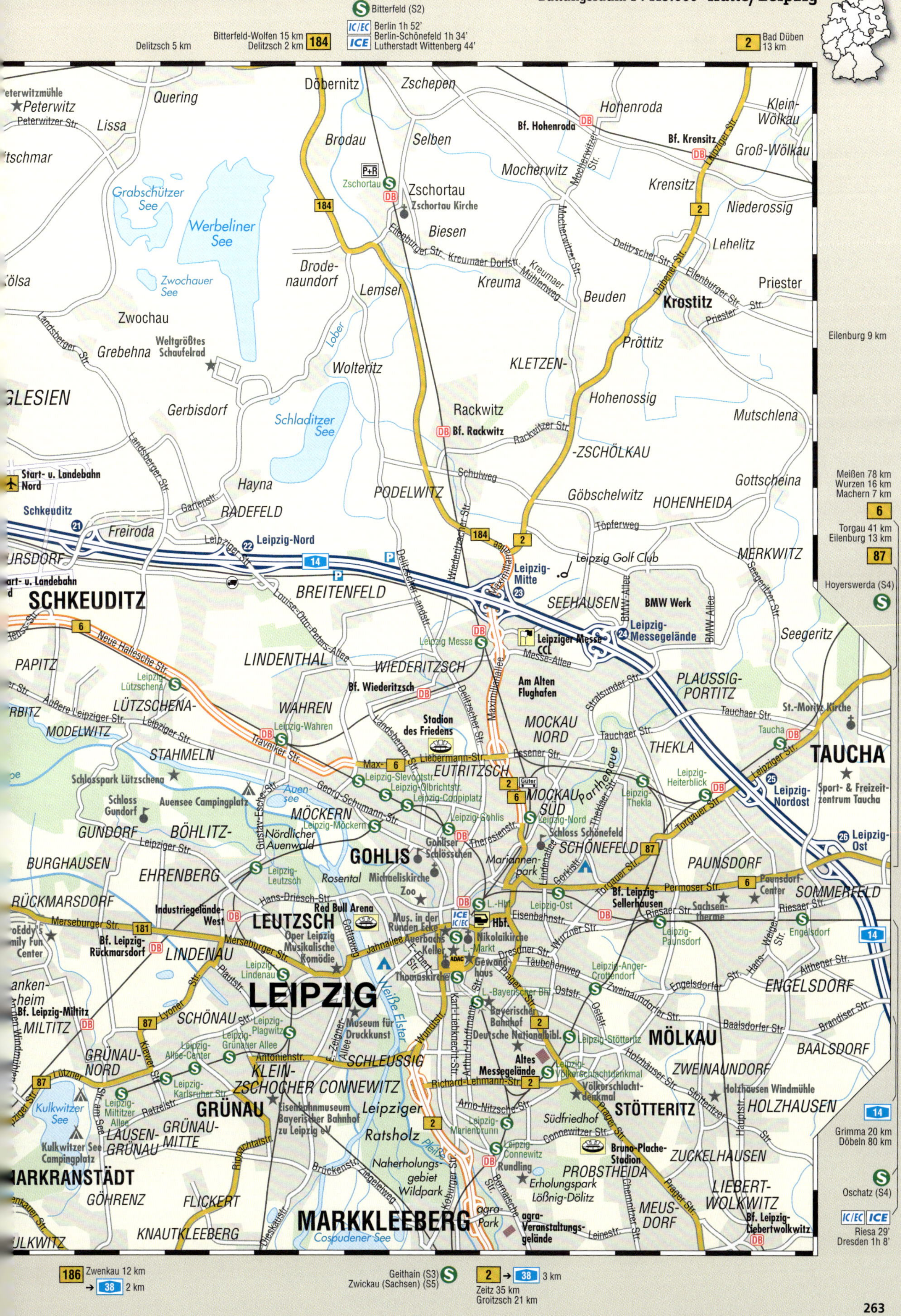
Bitterfeld (S2)
IC/EC Berlin 1h 52'
Berlin-Schönefeld 1h 34'
ICE Lutherstadt Wittenberg 44'
Delitzsch 5 km
Bitterfeld-Wolfen 15 km
Delitzsch 2 km
184
2
Bad Düben 13 km
Döbernitz
Zschepen
Peterwitzmühle
Peterwitz
Peterwitzer Str.
Quering
Lissa
Hohenroda
Bf. Hohenroda
Klein-Wölkau
Bf. Krensitz
Groß-Wölkau
Brodau
Selben
Zschortau
Zschortau Kirche
Mocherwitz
Krensitz
Niederossig
Grabschützer See
Werbeliner See
Biesen
Lehelitz
Priester
Drode-naundorf
Lemsel
Kreuma
Kreumaer Dorfstr.
Kreumaer Mühlenweg
Beuden
Krostitz
Delitzscher Str.
Eilenburger Str.
Dübener Str.
Leipziger Str.
Zwochauer See
Zwochau
Weltgrößtes Schaufelrad
Grebehna
Landsberger Str.
Prötttitz
Eilenburg 9 km
Lober
Wolteritz
KLETZEN-
GLESIEN
Gerbisdorf
Schladitzer See
Rackwitz
Hohenossig
Mutschlena
Bf. Rackwitz
Rackwitzer Str.
-ZSCHÖLKAU
Start- u. Landebahn Nord
Hayna
Schulweg
Gottscheina
Meißen 78 km
Wurzen 16 km
Machern 7 km
6
PODELWITZ
Göbschelwitz
HOHENHEIDA
Schkeuditz
RADEFELD
Gartenstr.
Freiroda
Leipzig-Nord
Töpferweg
Torgau 41 km
Eilenburg 13 km
87
Leipzig Golf Club
MERKWITZ
URSDORF
14
Leipzig-Mitte
Hoyerswerda (S4)
Start- u. Landebahn
SCHKEUDITZ
BREITENFELD
SEEHAUSEN
BMW Werk
Seegeritz
Leipzig-Messegelände
Leipzig Messe
Leipziger Messe CCL
Messe-Allee
Neue Hallesche Str.
PAPITZ
LINDENTHAL
WIEDERITZSCH
Leipzig-Lützschena
Bf. Wiederitzsch
Am Alten Flughafen
PLAUSSIG-PORTITZ
LÜTZSCHENA-
Äußere Leipziger Str.
WAHREN
Stralsunder Str.
Tauchaer Str.
St.-Moritz Kirche
MODELWITZ
Leipzig-Wahren
Stadion des Friedens
MOCKAU NORD
Taucha
Travniker Str.
THEKLA
TAUCHA
STAHMELN
Max-Liebermann-Str.
EUTRITZSCH
Essener Str.
Leipzig-Heiterblick
Sport- & Freizeitzentrum Taucha
Schlosspark Lützschena
Leipzig-Slevogtstr.
Leipzig-Olbrichtstr.
Leipzig-Coppiplatz
Güter
MOCKAU SÜD
Parthenaue
Leipzig-Thekla
Leipzig-Nordost
Schloss Gundorf
Auensee Campingplatz
Auensee
Georg-Schumann-Str.
MÖCKERN
Leipzig-Möckern
Leipzig-Gohlis
Leipzig-Nord
Schloss Schönefeld
Leipzig-Ost
GUNDORF
BÖHLITZ-
Nördlicher Auenwald
Gohliser Schlösschen
Theresienstr.
SCHÖNEFELD
BURGHAUSEN
Leipziger Str.
GOHLIS
Mariannen-park
PAUNSDORF
EHRENBERG
Leipzig-Leutzsch
Rosental
Michaeliskirche
Zoo
Permoser Str.
Paunsdorf-Center
SOMMERFELD
RÜCKMARSDORF
Hans-Driesch-Str.
L.-Hbf.
Leipzig-Ost
Bf. Leipzig-Sellerhausen
Sachsen-therme
Riesaer Str.
Industriegelände West
Red Bull Arena
Mus. in der Runden Ecke
Hbf.
Eisenbahnstr.
Merseburger Str.
181
LEUTZSCH
Oper Leipzig
Auerbachs Keller
Nikolaikirche
L.-Markt
Engelsdorf
Freddy's Family Fun Center
Bf. Leipzig-Rückmarsdorf
LINDENAU
Musikalische Komödie
Jahnallee
Gewandhaus
Dresdner Str.
Wurzner Str.
Leipzig-Paunsdorf
Leipzig-Lindenau
Thomaskirche
Täubchenweg
Leipzig-Anger-Crottendorf
Althener Str.
Franken-heim
LEIPZIG
Oststr.
Zweinaundorfer Str.
Engelsdorfer Str.
ENGELSDORF
Bf. Leipzig-Miltitz
MILTITZ
87
SCHÖNAU
Lyoner Str.
Leipzig-Plagwitz
Museum für Druckkunst
L.-Bayerischer Bf.
Bayerischer Bahnhof
Deutsche Nationalbibl.
Baalsdorfer Str.
Brandiser Str.
Leipzig-Grünauer Allee
Leipzig-Allee-Center
Antonienstr.
SCHLEUSSIG
Leipzig-Stötteritz
MÖLKAU
BAALSDORF
GRÜNAU-NORD
Kiewer Str.
KLEIN-ZSCHOCHER
CONNEWITZ
Altes Messegelände
Leipzig-Völkerschlachtdenkmal
Völkerschlacht-denkmal
ZWEINAUNDORF
Holzhäuser Str.
Holzhausen Windmühle
Lützner Str.
Leipzig-Karlsruher Str.
Richard-Lehmann-Str.
Leipzig-Miltitzer Allee
Kulkwitzer See
Ratzelstr.
Eisenbahnmuseum Bayerischer Bahnhof zu Leipzig eV
Leipziger
Arno-Nitzsche-Str.
Südfriedhof
STÖTTERITZ
HOLZHAUSEN
GRÜNAU
GRÜNAU-MITTE
LAUSEN-GRÜNAU
Ratsholz
Leipzig-Marienbrunn
Connewitzer Str.
Grimma 20 km
Döbeln 80 km
Kulkwitzer See Campingplatz
Pleiße
Leipzig-Connewitz
Bruno-Plache-Stadion
ZUCKELHAUSEN
Naherholungs-gebiet Wildpark
Rundling
PROBSTHEIDA
MARKRANSTÄDT
Brückenstr.
Erholungspark Lößnig-Dölitz
LIEBERT-WOLKWITZ
Oschatz (S4)
GÖHRENZ
FLICKERT
agra-Park
MEUS-DORF
Bf. Leipzig-Liebertwolkwitz
IC/EC ICE
Riesa 29'
Dresden 1h 8'
KNAUTKLEEBERG
MARKKLEEBERG
agra-Veranstaltungs-gelände
Leinestr.
Cospudener See
KULKWITZ
186
Zwenkau 12 km
38
2 km
Geithain (S3)
Zwickau (Sachsen) (S5)
2
38
3 km
Zeitz 35 km
Groitzsch 21 km

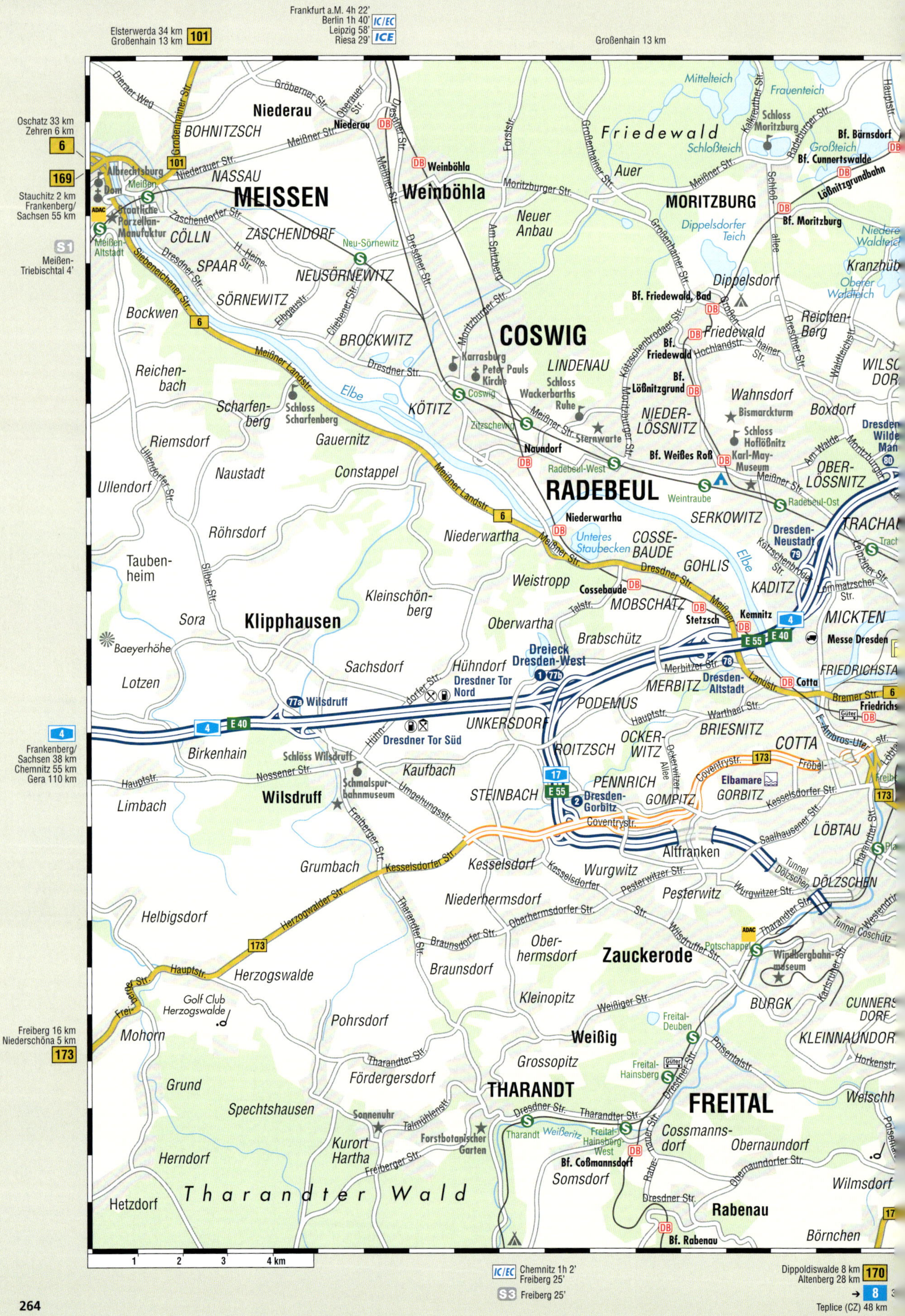

Frankfurt a.M. 4h 22'
Berlin 1h 40' IC/EC
Leipzig 58'
Riesa 29' ICE
Elsterwerda 34 km
Großenhain 13 km 101
Großenhain 13 km
Oschatz 33 km
Zehren 6 km
6
169
Stauchitz 2 km
Frankenberg/
Sachsen 55 km
S1
Meißen-
Triebischtal 4'
4
Frankenberg/
Sachsen 38 km
Chemnitz 55 km
Gera 110 km
Freiberg 16 km
Niederschöna 5 km
173
IC/EC Chemnitz 1h 2'
Freiberg 25'
S3 Freiberg 25'
Dippoldiswalde 8 km
Altenberg 28 km
170
8
Teplice (CZ) 48 km
1
2
3
4 km
Niederau
BOHNITZSCH
NASSAU
MEISSEN
Albrechtsburg
Dom
Staatliche Porzellan-Manufaktur
Meißen-Altstadt
CÖLLN
ZASCHENDORF
SPAAR
SÖRNEWITZ
NEUSÖRNEWITZ
Neu-Sörnewitz
Bockwen
BROCKWITZ
Weinböhla
COSWIG
Karrasburg
Peter Pauls Kirche
Coswig
Zitzschewig
Schloss Wackerbarths Ruhe
LINDENAU
KÖTITZ
Elbe
Reichenbach
Scharfenberg
Schloss Scharfenberg
Gauernitz
Riemsdorf
Naustadt
Constappel
Ullendorf
Röhrsdorf
Niederwartha
Taubenheim
Sora
Klipphausen
Kleinschönberg
Baeyerhöhe
Lotzen
Sachsdorf
Hühndorf
Dreieck Dresden-West
Dresdner Tor Nord
Dresdner Tor Süd
Wilsdruff
Birkenhain
Schloss Wilsdruff
Schmalspurbahnmuseum
Limbach
Kaufbach
UNKERSDORF
STEINBACH
Grumbach
Kesselsdorf
Helbigsdorf
Herzogswalde
Golf Club Herzogswalde
Mohorn
Grund
Pohrsdorf
Fördergersdorf
Spechtshausen
Sonnenuhr
Kurort Hartha
Forstbotanischer Garten
Herndorf
Hetzdorf
Tharandter Wald
THARANDT
Tharandt
Grossopitz
Weißig
Kleinopitz
Braunsdorf
Oberhermsdorf
Niederhermsdorf
Zauckerode
Wurgwitz
Pesterwitz
Altfranken
FREITAL
Freital-Deuben
Freital-Hainsberg
Freital-Hainsberg West
Bf. Coßmannsdorf
Cossmannsdorf
Somsdorf
Obernaundorf
Rabenau
Bf. Rabenau
Börnchen
Wilmsdorf
Welschhufe
KLEINNAUNDORF
CUNNERSDORF
BURGK
Potschappel
Windbergbahn-museum
DÖLZSCHEN
Tunnel Dölzschen
Tunnel Coschütz
LÖBTAU
GORBITZ
Elbamare
GOMPITZ
PENNRICH
Dresden-Gorbitz
ROITZSCH
OCKERWITZ
PODEMUS
MERBITZ
BRIESNITZ
COTTA
Cotta
Dresden-Altstadt
FRIEDRICHSTADT
Messe Dresden
MICKTEN
KADITZ
Kemnitz
Stetzsch
MOBSCHATZ
Brabschütz
Oberwartha
Weistropp
Cossebaude
COSSEBAUDE
Unteres Staubecken
GOHLIS
Niederwartha
RADEBEUL
Naundorf
Radebeul-West
Weintraube
Radebeul-Ost
Sternwarte
SERKOWITZ
Dresden-Neustadt
TRACHAU
NIEDERLÖSSNITZ
Bf. Weißes Roß
Karl-May-Museum
Bismarckturm
Schloss Hoflößnitz
Wahnsdorf
Boxdorf
OBERLÖSSNITZ
Dresden Wilder Mann
Bf. Lößnitzgrund
Bf. Friedewald
Friedewald
Bf. Friedewald, Bad
Dippelsdorf
Reichenberg
WILSDORF
Kranzhübel
Oberer Waldteich
Niederer Waldteich
MORITZBURG
Dippelsdorfer Teich
Bf. Moritzburg
Lößnitzgrundbahn
Bf. Cunnertswalde
Bf. Bärnsdorf
Großteich
Schloss Moritzburg
Schloßteich
Frauenteich
Mittelteich
Friedewald
Auer
Neuer Anbau

13 Berlin 223 km
Radeburg 5 km

Hoyerswerda 45 km
Königsbrück 12 km
Ottendorf-Okrilla 1 km 97

Ottendorf-Okrilla 2 km

Kamenz 14 km
Pulsnitz 3 km

4 Bautzen 35 km

Neustadt i. Sachsen 18 km

6 Bischofswerda 17 km
Göda 26 km
Bautzen 33 km

Dürrröhrsdorf-Dittersbach
Stolpen 10 km

Sebnitz 24 km
Hohnstein 10 km
Lohmen 2 km

IC/EC Praha (CZ) 2h 45'
Bad Schandau 39'

S1 Schöna 31'
Bad Schandau 21'

Kreischa 2 km

Kreischa 2 km

17
→ 8 16 km
Praha (CZ) 129 km

→ 17 4 km 172a

Königstein 14 km
Bad Schandau 21 km 172
→ 62 26 km
Děčín (CZ) 40 km

Amsterdam (NL) 2h 01' ICE

8 Bocholt 29 km
Wesel 6 km

3 Arnhem (NL) 81 km
Emmerich 51 km

Kleve 38 km
Xanten 12 km

57 Nijmegen (NL) 68 km
Goch 36 km

510 Kerken 16 km
Kamp-Lintfort 3 km

528 Kamp-Lintfort 2 km

Kerken 11 km

40 Venlo (NL) 28 km

Düsseldorf U79

Düsseldorf 150' ICE
Köln 36'
Frankfurt 1h 56' IC/EC
Mannheim 2h 13'
Stuttgart 2h 57'

Düsseldorf 25' S1
Solingen 49'

3 Düsseldorf 33 km
Leverkusen 46 km
Köln 58 km
Frankfurt a.M. 266 km

57 Krefeld 9 km
Mönchengladbach 27 km
Köln 58 km
Leverkusen 59 km
Frankfurt a.M. 313 km

59 Düsseldorf Airport 15 km

31 Gronau 69 km Coesfeld 48 km

Dorsten 5 km 224

Münster 61 km Haltern 19 km 52

Haltern 14' S9

2 Berlin 522 km Hamburg 379 km Hannover 235 km Herten 8 km

42 Castrop-Rauxel 19km Herne 9 km

Münster 53' Recklinghausen 20' Gelsenkirchen 8' ICE IC/EC

S2 Gelsenkirchen 6' Dortmund 38'

40 Kassel 189 km Dortmund 27 km Bochum 10 km

ICE IC/EC Hannover 2h 5' Dortmund 22' Bochum 9'

S1 Dortmund 34' Bochum 11'

S3 Hattingen 10'

1 Ratingen 11 km

Krefeld 32 km Düsseldorf 34 km 52

224 Velbert 10 km Wuppertal 24 km

S6 Düsseldorf 34' Leverkusen 1h 7' Köln 1h 26'

Velbert 8 km Wuppertal 23 km 44

S9 Wuppertal 37'

S9 Haltern 14'

Dorsten 14 km
Marl 6 km 225

Bremen 231 km
Osnabrück 116 km
Münster 60 km 43

IC/EC Leer 2h 7'
Münster 28'

Dorsten 15 km
Gladbeck 6 km
226

2
Arnhem (NL) 109 km
Duisburg 29 km
Bottrop 11 km

Duisburg 32 km
Bottrop 11 km
42

S2
Oberhausen 18'
Duisburg 25'

Essen 6' S2

52 / 40
Düsseldorf 32 km
Duisburg 21 km
Essen 3 km

IC/EC ICE
Frankfurt 2h 49'
Köln 1h
Düsseldorf 35'
Duisburg 21'
Essen 8'

S3
Oberhausen 25'
Essen 7'

S1
Solingen 1h 20'
Düsseldorf 56'
Duisburg 26'

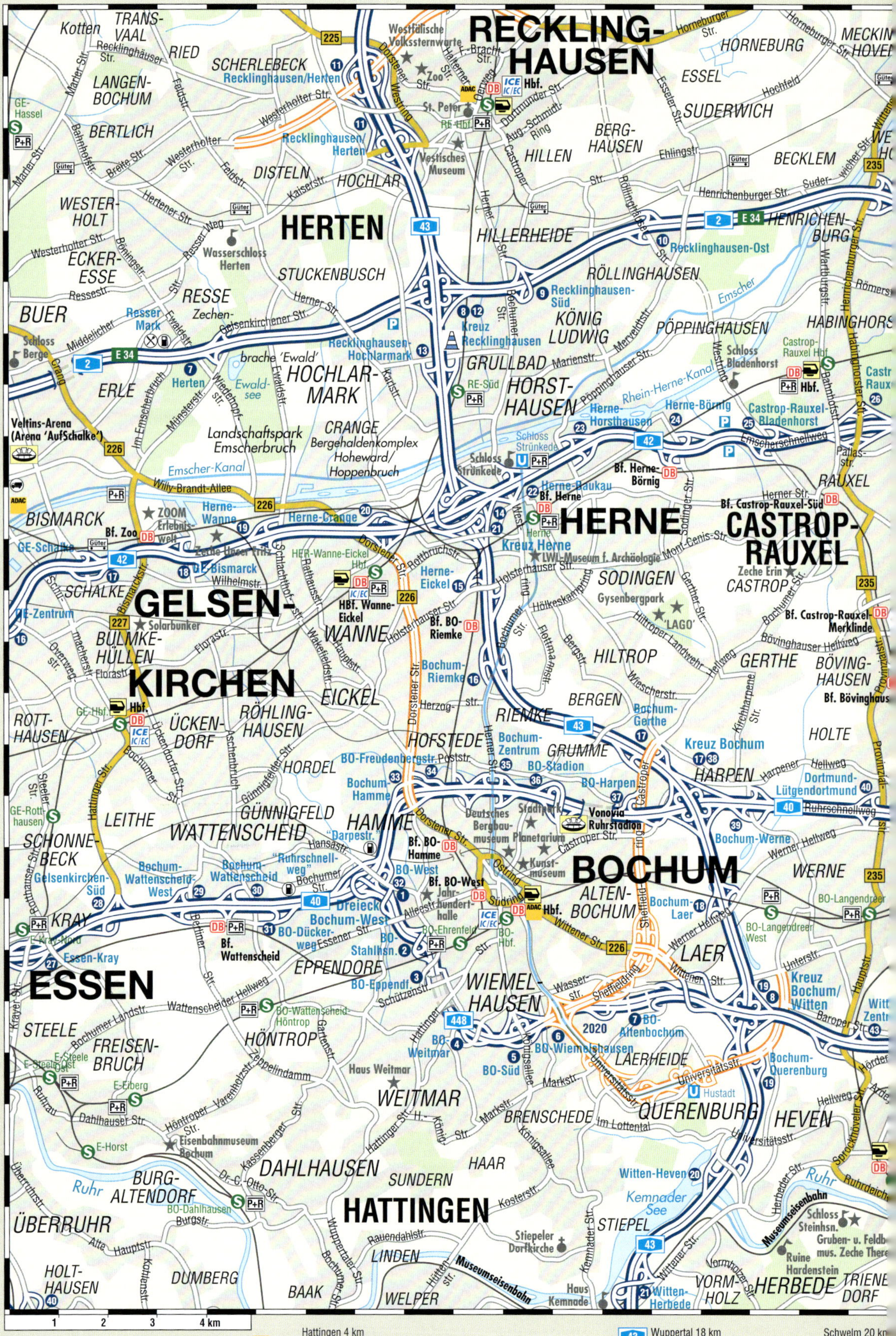

Hattingen (Ruhr) Mitte 7' S3

Hattingen 4 km
Schwelm 21 km

43 Wuppertal 18 km
Köln 62 km

Schwelm 20 km
Wuppertal 25 km

235 Lüdinghausen 18 km Datteln 2 km

Lüdinghausen 23 km Selm 7 km 236

Hamburg 2h 47' Bremen 1h 49' Münster 29' IC/EC

Werne a.d. Lippe 6 km 54

Berlin 486 km Hannover 209 km Bielefeld 93 km Hamm 26 km 2

ICE IC/EC Berlin 3h 23' Hannover 1h 40' Bielefeld 47' Hamm 18'

U43 DO-Wickede
S4 Unna 19'

1 → 44 Kassel 157 km Soest 33 km Unna 8 km

Dortmund Airport 21 2 km

ICE IC/EC Hamm 27'

1 Hamburg 336 km Bremen 233 km Osnabrück 118 km Münster 56 km Unna 10 km

Hagen 13' S5 Hagen 19' ICE Wuppertal 35' IC/EC

226 Wetter (Ruhr) 6 km Hagen 13 km

54 Hagen 6 km Wetter (Ruhr) 7 km

ICE IC/EC Hagen 27'

Hagen 5 km Köln 80 km 1

Lüdenscheid 30 km Gießen 170 km Frankfurt a.M. 233 km 45

236 Iserlohn 12 km Altena 18 km

Kleve 64 km
Geldern 26 km
Kerken 14 km
Moers 14 km
4 km
Nijmegen (NL) 89 km
Moers 11 km
Viersen 2 km
Venlo (NL) 29 km
Roermond (NL) 32 km
3 km
Erkelenz 17 km
3 km
Grevenbroich 6 km
Erkelenz 23 km
Aachen 64 km
Maastricht (NL) 96 km
Rommerskirchen 12 km
Bergheim 24 km
Kempener Land
SCHMELENDORF
HÜLBUSCH
LEMMENHÖFE
INRATH
BOCKUM
UERDINGEN
KREFELD
ST. TÖNIS
TÖNISVORST
BENRAD
DIESSEM
LINN
GELLEP-STRATUM
OPPUM
KEHN
LASCHENHÜTTE
STAHLDORF
GRUNDEND
VORST
FISCHELN
BÖSING-HOVEN
Forstwald
DARDER-HÖFE
ANRATH
WILLICH
SCHWEIN-HEIM
GÖRGES-HEIDE
FELLER-HÖFE
OSTERATH
WILLICHER-HEIDE
STREIT-HÖFE
GIESENEND
BOVERT
DÜPP
NEERSEN
NIEDER-HEIDE
DIEPEN-BROICH
DICKERHEIDE
HARDT
GARTENSTADT MEERERBUSCH
HAMM
SCHIEFBAHN
HEIMER
UNTERBRUCH
DONK
BÜTTGERWALD
BROICHER-DORF
KAARST
NEUWERK
BETTRATH-HOVEN
LINNING
NEUSSER-FURTH
LÜRRIP
HERZBROICH
WATTMANN-STRASSE
VORST
EICKEN
RADERBROICH
DRIESCH
WEISSENBERG
MÖNCHEN-GLADBACH
RHEDUNG
ROTTES
HOLZBÜTTGEN
NEUSS
EICKEREND
KORSCHEN-BROICH
KLEINENBROICH
HARDTER-BROICH
ÜBERSEITE
WEILER-HÖFE
BÜTTGEN
DAHL
NEERSBROICH
BUSCHER-HÖFE
OHLER
DRÖLSHOLZ
BIRKHOF
TRIETEN-BROICH
RHEYDT
GREFRATH
LIEDBERG
GLEHN
BAUERNHÜTTE
LÜTTENGLEHN
HOLZHEIM
GIESENKIRCHEN
SCHELSEN
SCHERF-HAUSEN
EPSEN-DORF
HOCK-STEIN
MÜLFORT
WAAT
STEINFORTH
DAMM
WALLRATH
BUSCH
HELPENSTEIN
WEY
ALDENHOVEN
GILVERATH
SPECK
ODENKIRCHEN
NEUEN-HOVEN
Wallrath
Güderath
Krefeld-Zentrum
Krefeld-Oppum
Geismühle
Lank-Latum
Osterrath
Krefeld-Fichtenhain
Krefeld-Forstwald
Münchheide
Kreuz Meerbusch
Bovert
Neersen
Kreuz Neersen
Cloerbruch
MG-Neuwerk
Schiefbahn
Kaarst-Nord
Kreuz Kaarst
MG-Nord
MG-Ost
Holzbüttgen
Büttgen
Kreuz Neuss-West
Neuss-Reuschenberg
Neuss-Holzheim
Kapellen
Bf. Uerdingen
Bf. Linn
Bf. Krefeld-Nord
Bf. Oppum
Hbf.
Bf. St.Tönis
Bf. Forsthaus
Bf. Anrath
Bf. Meerbusch-Osterath
Bf. Holzheim
Bf. Kapellen-Wevelinghofen
Bf. Rh.-Odenkirchen
Rheydt Hbf.
KönigPalast Arena
Grotenburg-Stadion
Textil-museum
Burg Linn
Museumseisenbahn
Kaarster See
Schloss Myllendonk
Botanischer Garten
Münster
Schloss Rheydt
Grenzland-Stadion
Burg Liedberg
Haus Fürth
Kloster St. Niklas
Schloss Dyck
Tiergarten
allrounder winter world
Gut Hombroich
St. Stephanus
Vierwinden
Niers
Erft
1
2
3
4 km

Dortmund 1h 10'
Bochum 48'
Essen 30'
Duisburg 11' S1

ICE Berlin 4h 5'
Hannover 2h 27'
Dortmund 45'
Duisburg 8'

IC/EC Hamburg 3h 45'
Bremen 2h 45'
Münster 1h 21'

Duisburg U79

Duisburg 7 km 59

Arnhem (NL) 105 km
Emmerich 81 km
Duisburg 11 km 3

Mülheim an der Ruhr 11 km 1

52 Essen 16 km

S6 Essen 22'

Velbert 7 km
Heiligenhaus 1,5 km
227

Wülfrath 6 km

7
Schwelm 16 km
Wuppertal 11 km
Mettmann 500 m

S28
Mettmann 6'

S8 S9
Hagen 51'
Wuppertal 16'

46
Hannover 262 km
Kassel 211 km
Dortmund 59 km
Wuppertal 15 km

228
Wuppertal 15 km
Haan 1 km

3
Frankfurt a.M. 222 km
Leverkusen 13 km

S1
Solingen 8'

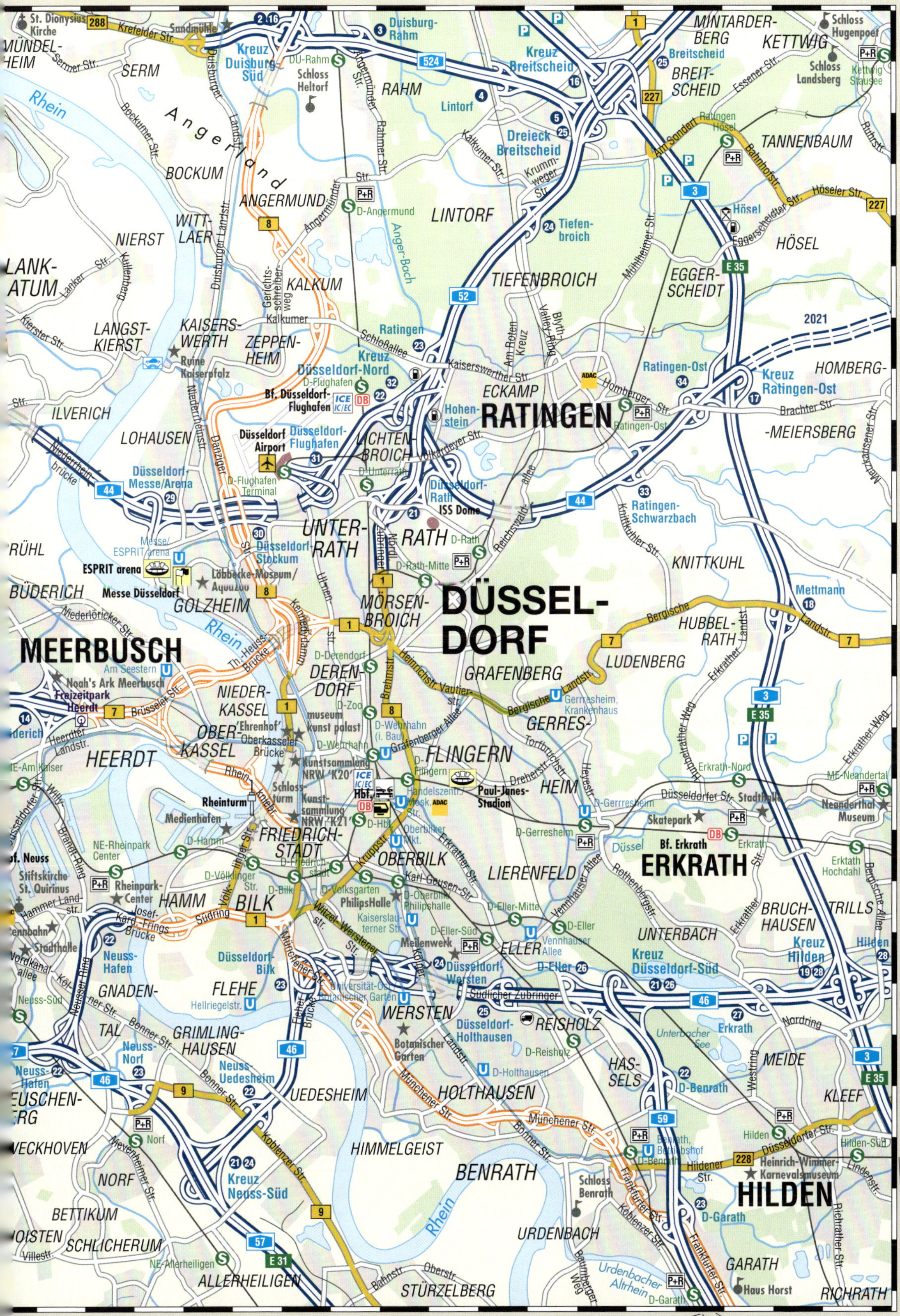

Köln 36' S11
Bergisch Gladbach 57'

57 Dormagen 6 km
Köln 24 km

9 Dormagen 6 km
Köln 24 km

ICE Köln-Deutz 22'
Köln 22'
IC/EC Frankfurt a.M. 1h 41'
Mannheim 2h
Stuttgart 2h 44'
Basel 4h 22'

S6 Köln-Nippes 36'

59 → 1 13 km /
→ 3 15 km
Leverkusen 14 km

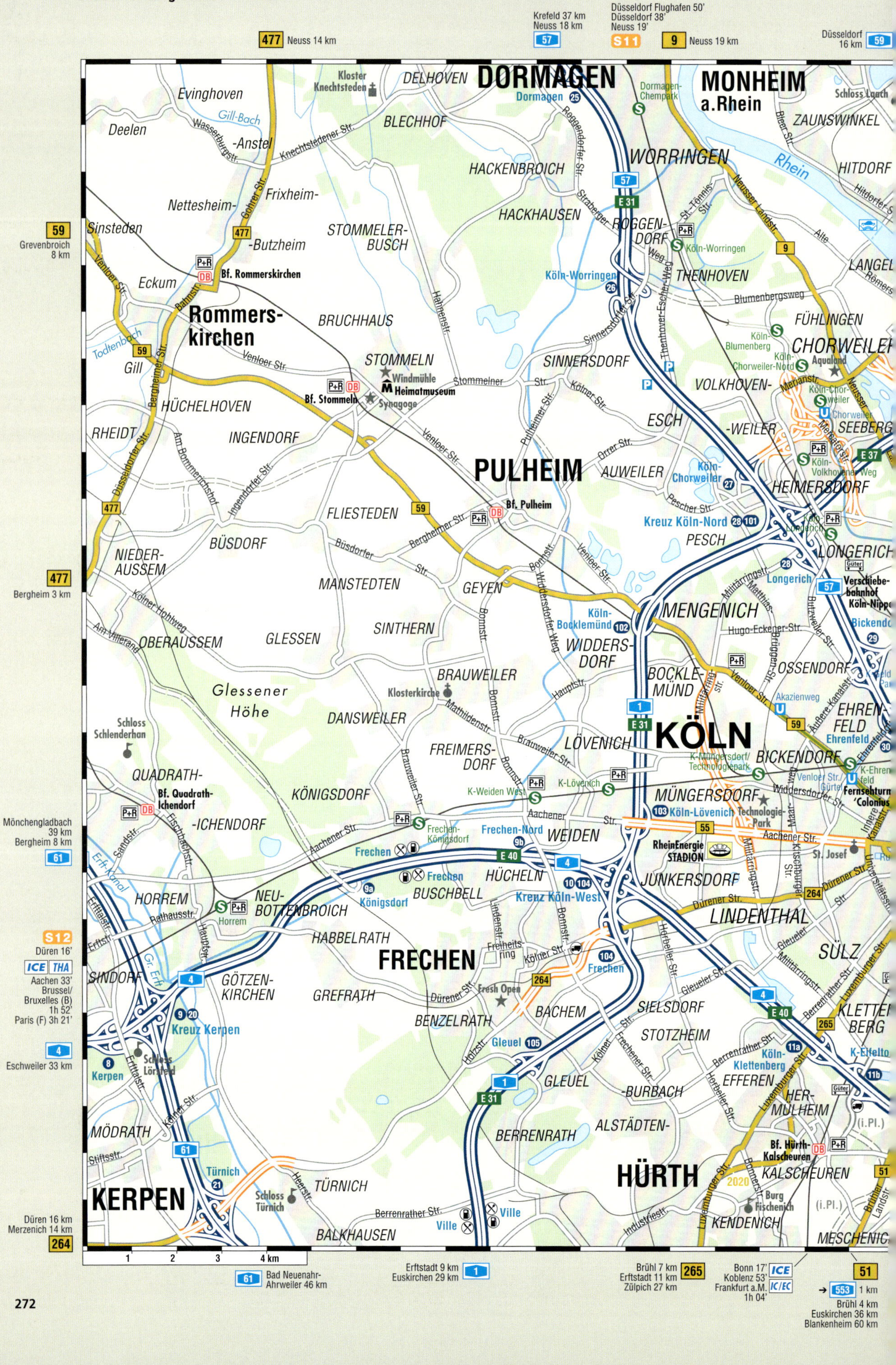
477 Neuss 14 km
Krefeld 37 km
Neuss 18 km
57
Düsseldorf Flughafen 50'
Düsseldorf 38'
Neuss 19'
S11
9 Neuss 19 km
Düsseldorf 16 km 59
59 Grevenbroich 8 km
477 Bergheim 3 km
Mönchengladbach 39 km
Bergheim 8 km
61
S12 Düren 16'
ICE THA
Aachen 33'
Brussel/Bruxelles (B) 1h 52'
Paris (F) 3h 21'
4 Eschweiler 33 km
Düren 16 km
Merzenich 14 km
264
61 Bad Neuenahr-Ahrweiler 46 km
Erftstadt 9 km
Euskirchen 29 km 1
Brühl 7 km
Erftstadt 11 km
Zülpich 27 km 265
Bonn 17'
Koblenz 53'
Frankfurt a.M. 1h 04'
ICE IC/EC
51
553 1 km
Brühl 4 km
Euskirchen 36 km
Blankenheim 60 km
1 2 3 4 km
DORMAGEN
MONHEIM a.Rhein
Evinghoven
Deelen
Gill-Bach
-Anstel
Kloster Knechtsteden
DELHOVEN
BLECHHOF
HACKENBROICH
HACKHAUSEN
WORRINGEN
ZAUNSWINKEL
HITDORF
Rhein
Nettesheim-
Frixheim-
Sinsteden
-Butzheim
STOMMELER-BUSCH
ROGGEN-DORF
Köln-Worringen
THENHOVEN
LANGEL
Bf. Rommerskirchen
Eckum
Rommers-kirchen
BRUCHHAUS
FÜHLINGEN
CHORWEILER
Gill
STOMMELN
Windmühle
Heimatmuseum
Synagoge
Bf. Stommeln
SINNERSDORF
VOLKHOVEN-
-WEILER
SEEBERG
HÜCHELHOVEN
RHEIDT
INGENDORF
ESCH
PULHEIM
AUWEILER
Köln-Chorweiler
HEIMERSDORF
FLIESTEDEN
Bf. Pulheim
Kreuz Köln-Nord
PESCH
LONGERICH
NIEDER-AUSSEM
BÜSDORF
MANSTEDTEN
GEYEN
MENGENICH
OBERAUSSEM
GLESSEN
SINTHERN
Köln-Bocklemünd
WIDDERS-DORF
BOCKLE-MÜND
OSSENDORF
Glessener Höhe
BRAUWEILER
Klosterkirche
Schloss Schlenderhan
DANSWEILER
EHREN-FELD
KÖLN
LÖVENICH
FREIMERS-DORF
BICKENDORF
QUADRATH-
Bf. Quadrath-Ichendorf
KÖNIGSDORF
-ICHENDORF
MÜNGERSDORF
Köln-Lövenich
Frechen
Frechen-Nord
WEIDEN
RheinEnergie STADION
HORREM
HÜCHELN
BUSCHBELL
Kreuz Köln-West
JUNKERSDORF
NEU-BOTTENBROICH
LINDENTHAL
HABBELRATH
FRECHEN
SÜLZ
SINDORF
GÖTZEN-KIRCHEN
GREFRATH
BACHEM
SIELSDORF
Kreuz Kerpen
BENZELRATH
STOTZHEIM
KLETTENBERG
Gleuel
GLEUEL
-BURBACH
EFFEREN
HER-MÜLHEIM
MÖDRATH
ALSTÄDTEN-
BERRENRATH
Bf. Hürth-Kalscheuren
Türnich
HÜRTH
KALSCHEUREN
KERPEN
Schloss Türnich
TÜRNICH
Ville
Burg Fischenich
KENDENICH
BALKHAUSEN
MESCHENICH

Essen 1h 11' Düsseldorf 26' S6
Dortmund 1h 11' Düsseldorf 21' ICE

Duisburg 47 km Ratingen 26 km 3

Berlin 4h 15' Bremen 3h 4' Hannover 2h 36' Wuppertal 25' IC/EC ICE

Hamburg 402 km Bremen 284 km Dortmund 68 km Remscheid 17 km 1

51 Wermelskirchen 9 km

506 Wipperfürth 21 km Kürten 11 km

4 Overath 10 km

555 Bonn 17 km

Wesseling 6 km Bonn 18 km

Montabaur 29' ICE Frankfurt Airport 55' Au (Sieg) 52' S12

8 Troisdorf 7 km Siegburg 12 km Hennef 18 km

59 Bonn 18 km

Siegburg 8 km Frankfurt a.M. 152 km 3

Schmitten 8 km

Weilburg 60 km
Usingen 25 km
456

Friedrichsdorf 6'
S5

Dortmund 230 km
Kassel 170 km
Gießen 49 km
5 E 451

Bad Nauheim 19 km
Friedberg 15 km
Karben 3 km

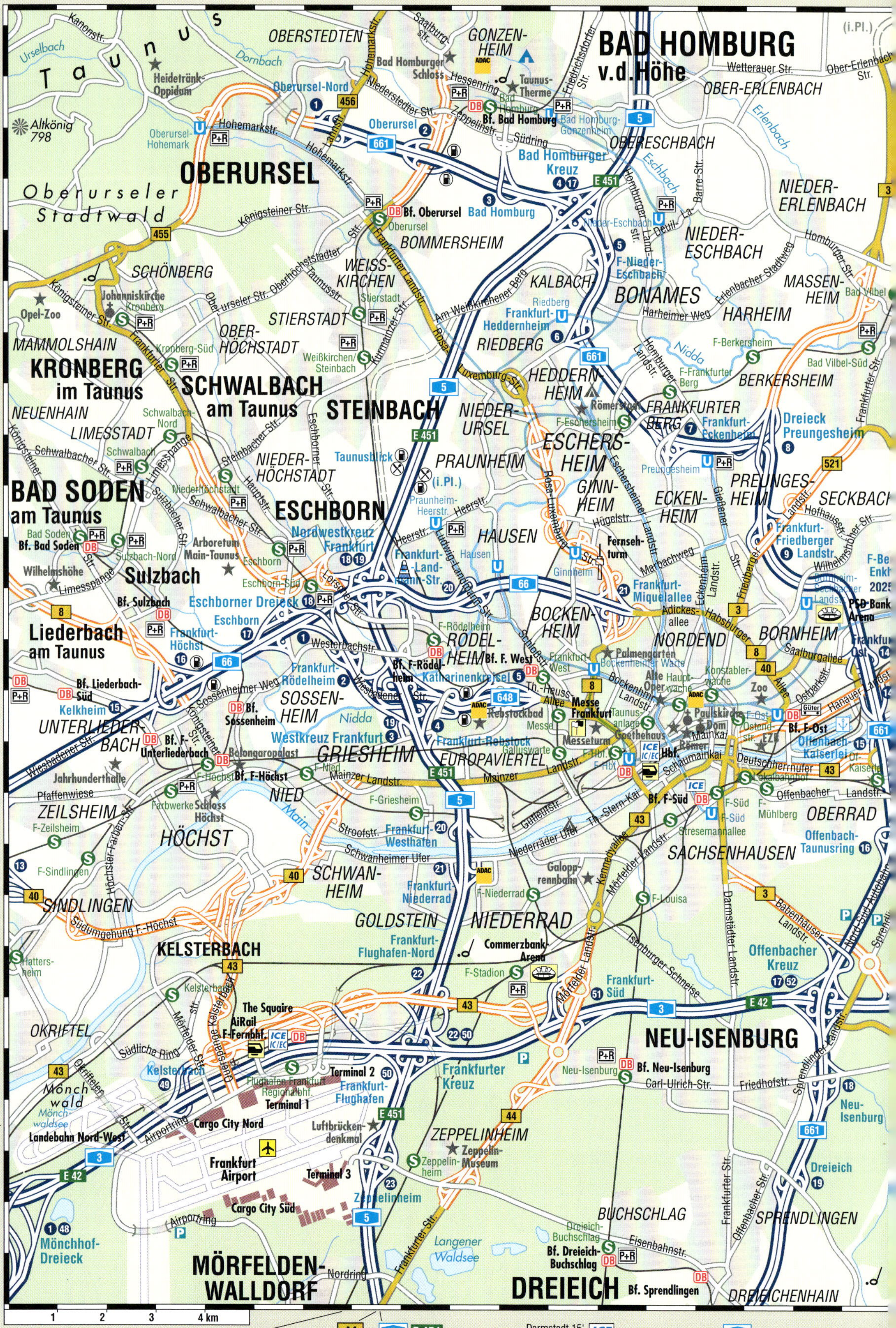

455
Kelkheim 9 km
Wiesbaden 30 km
Mainz 40 km

8
Bad Soden 3 km
Bad Camberg 30 km

66
Wiesbaden 25 km
Mainz 25 km

Niedernhausen 21'
S2

40
→ 66 1 km

S1
Wiesbaden Hbf. 24'

Rüsselsheim 5 km
43
Bonn 1h 35'
Köln 57'
Mainz 16'
IC/EC ICE

S8 S9
Wiesbaden Hbf. 30'

E 42 3
Limburg 55 km
Bonn 160 km
Köln 185 km

Mannheim 67 km
Groß-Gerau 14 km
67

Mannheim 30'
Stuttgart 1h 28'
Freiburg i.Br. 2h 4'
ICE IC/EC

Riedstadt-Goddelau 22' S7

44
Mörfelden 4 km
Groß-Gerau 15 km

5 E 451
Weiterstadt 14 km
Darmstadt 18 km
Mannheim 65 km
Karlsruhe 115 km

Darmstadt 15' ICE
Heidelberg 52' IC/EC
Stuttgart 1h 18'

Darmstadt 16' S3
Langen 4' S4

661
→ 3 4 km
Egelsbach 5 km
Darmstadt 16 km

IC/EC Gießen 39' Friedberg 20'
3 S6 Friedberg 10'

Kaichen 3 km 45

Büdingen 18 km Wöllstadt 10 km 521

Ronneburg 5 km

Langenselbold 4 km

66 / 45
Gießen 71 km
Fulda 80 km

ICE IC/EC
Fulda 40'
Kassel 1h 12'
Hannover 2h 47'
Bremen 3h 46'

45 E 41
→ 3 16 km
Aschaffenburg 26 km

Aschaffenburg 20 km
8

Nürnberg 2h 8'
Würzburg 1h 6'
Aschaffenburg 23'
ICE IC/EC

Aschaffenburg 14 km

Dietzenbach Bhf. 1' S2

459
Rödermark 5 km
Dieburg 16 km

Rödermark-Ober-Roden 10' S1

45
Dieburg 18 km
Darmstadt 34 km

3 E 42
Aschaffenburg 14 km
Würzburg 105 km
Nürnberg 215 km

Ludwigshafen/Mannheim Ballungsraum 1 : 115.000

ICE Köln 1h 29' Mainz 42'
IC/EC Köln 2h 26'

61 Koblenz 165 km Alzey 30 km

9 Worms 8 km Bobenheim-Roxheim 2 km

44 Gernsheim 24 km Bürstadt 9 km

IC/EC Berlin 4h 48' Hamburg 4h 24'
ICE Kassel 2h 10' Frankfurt a.M. 35'

6 Saarbrücken 103 km Kaiserslautern 39 km Grünstadt 6 km

Freinsheim 3 km

Kaiserslautern 38 km Bad Dürkheim 5 km
→ 37 3 km
650

Meckenheim 2 km

Landau i.d. Pfalz 24 km Neustadt a.d. Weinstr. 8 km
65

Homburg Hbf. 1h 14' S1
Kaiserslautern Hbf. 39' S2
IC/EC Neustadt/Weinstraße 16' Saarbrücken 1h 24'
ICE Paris (F) 3h 22'

Wörth 35 km Germersheim 17 km 9

S3 S4 Germersheim 19'

Graben-Neudorf 20 km Philippsburg 13 km Waghäusel 7 km Hockenheim 1 km
36

Basel 2h 15' Freiburg 1h 30' Stuttgart 35' Karlsruhe 20' ICE

67 Frankfurt a.M. 63 km Lorsch 10 km
Darmstadt 30 km Bensheim 16 km 5
Bensheim 9' IC/EC
Frankfurt a.M. 51' Darmstadt 41' ICE
3 Bensheim 14 km Heppenheim 9 km
Mörlenbach 4 km
Wald-Michelbach 9 km
Schönau 7 km
Neckarsteinach 9 km
37 Neckargemünd 6 km
S2 Mosbach 49'
S1 Osterburken 1h 20'
S5 Eppingen 47'
S5 Bad Rappenau 47'
S51 Aglasterhausen 43'
Wiesenbach 3 km
291 Walldorf 4 km
5 Karlsruhe 43 km Walldorf 4 km
S4 Bruchsal 19'
S3 Karlsruhe Hbf. 34'
ICE Bruchsal 15' Stuttgart 40'
IC/EC München 2h 59'
3 Bruchsal 26 km Bad Schönborn 16 km Wiesloch 6 km
6 Neckarsulm 44 km Sinsheim 18 km
heimer Heide
Viernheimer Dreieck
VIERNHEIM
Kreuz Weinheim
WEINHEIM
Bf. Weinheim
Birkenau
Bf. Birkenau
Hornbach
Wachenburg
Ruine Windeck
Gorxheim
Gorxheimertal
Unterflockenbach
OFLING
Bf. Lützelsachsen
LÜTZELSACHSEN
RITSCHWEIER
Ober-flockenbach
Trösel
HOHENSACHSEN
Großsachsen
Viernheim-Ost
Viernheim
Viernheimer Kreuz
STADT
VOGEL-
STANG
STRASSENHEIM
Bf. Großsachsen/ Heddesheim
Hirschberg
Heddesheim
Hirschberg a.d. Bergstraße
Leutershausen
RIPPENWEIER
WALL-STADT
FEUDEN-HEIM
URSENBACH
ALTENBACH
NEU-OSTHEIM
LADENBURG
Ladenburg
Bf. Ladenburg
Ilvesheim
Neckar
Ruine Strahlenburg
SCHRIESHEIM
Wilhelmsfeld
Naturschutzgebiet Wendenkopf
Maimarkt-gelände
Kreuz Mannheim
SAP Arena
MA-ARENA/ Maimarkt
Ruine Schauenburg
-Neckarhausen
Edingen-
SECKENHEIM
Pferderennbahn
Bf. Friedrichsfeld
Neu-Edingen
Ruine Kronenburg
Dossenheim
PFINGST-BERG
Mannheim-Seckenheim
FRIEDRICHS-FELD
PETERSTAL
MA-Friedrichsfeld Süd
Kreuz Heidelberg
WIEBLINGEN
HANDSCHUHS-HEIM
Klosterruine St. Michael
Stephanskloster
ALTEICH-WALD
GRENZHOF
NEUEN-HEIM
ZIEGELHAUSEN
Benediktiner-abtei Neuburg
Rheinau-hafen
Bf. Rheinau
RHEINAU
Eppelheim
Zoo
Kongresshaus Stadthalle Heidelberg
Heiliggeist-kirche
HD-Altstadt
SCHLIER-BACH
HD-Schlierbach/ Ziegelhausen
Mannheim/ Schwetzingen
ALTSTADT
Heidelberger Schloss
Kurpfälzisches Museum
Königstuhl
566
Märchenparadies Heidelberg
Brühl
HIRSCH-ACKER
HD-Pfaffengrund/ Wieblingen
WESTSTADT
Plankstadt
PFAFFEN-GRUND
Hbf.
HD-Hbf.
SÜDSTADT
HD-Weststadt/ Südstadt
SCHWETZINGEN
Bf. Schwetzingen
Schloss
Schloss-park
HEIDELBERG
Heidelberg-Schwetzingen
KIRCHHEIM
ROHRBACH
HD-Kirchheim/ Rohrbach
WALDHILSBACH
Bf. Oftersheim
BOXBERG
Ketsch
Oftersheim
EMMERTS-GRUND
Gaiberg
Schwetzingen/ Hockenheim
Bruch-hausen
Golfplatz Rheintal GmbH & Co.
Lingental
Sandhausen
Hardtwald
TALHAUS
Dreieck Hockenheim
St. Ilgen-Sandhausen
LEIMEN
Gauangelloch
Hockenheimring
Motor-Sport-Museum
Am Hockenheimring

Stuttgart Ballungsraum 1 : 115.000

Vaihingen/Enz 9 km

Maulbronn 26 km
Mühlacker 20 km
Vaihingen/Enz 10 km 10

Frankfurt a.M. 1h 28'
Mannheim 44'
Vaihingen/Enz 15' ICE IC/EC

TGV Paris (F) 3h 11'
Strasbourg (F) 1h 21'
Karlsruhe 42'
Pforzheim 33'
Vaihingen/Enz 16'

Mannheim 114 km
Heidelberg 106 km
Heilbronn 35 km 81

Mönsheim 6 km

8 Strasbourg (F) 115 km
Karlsruhe 49 km
Pforzheim 23 km

S6 Weil der Stadt 5'

295 Calw 17 km
Weil der Stadt 5 km

Calw 18 km
Schafhausen 3 km

Herrenberg 9'
S11 S1

ICE IC/EC Horb 44'
Singen 1h 56'

81 Zürich (CH) 219 km
Singen 124 km
Herrenberg 12 km

464 Hechingen 45 km
Reutlingen 34 km
Tübingen 23 km

Tübingen 20 km
Dettenhausen 10 km
Waldenbuch 5 km

S4 Backnang 32'
S5 Bietigheim-Bissingen 13'
27 Bietigheim-Bissingen 10 km

Kirchberg a.d. Murr 11 km

Marbach a. Neckar 10 km

Backnang 8' S3

Schwäb. Hall 50 km
Backnang 15 km 14

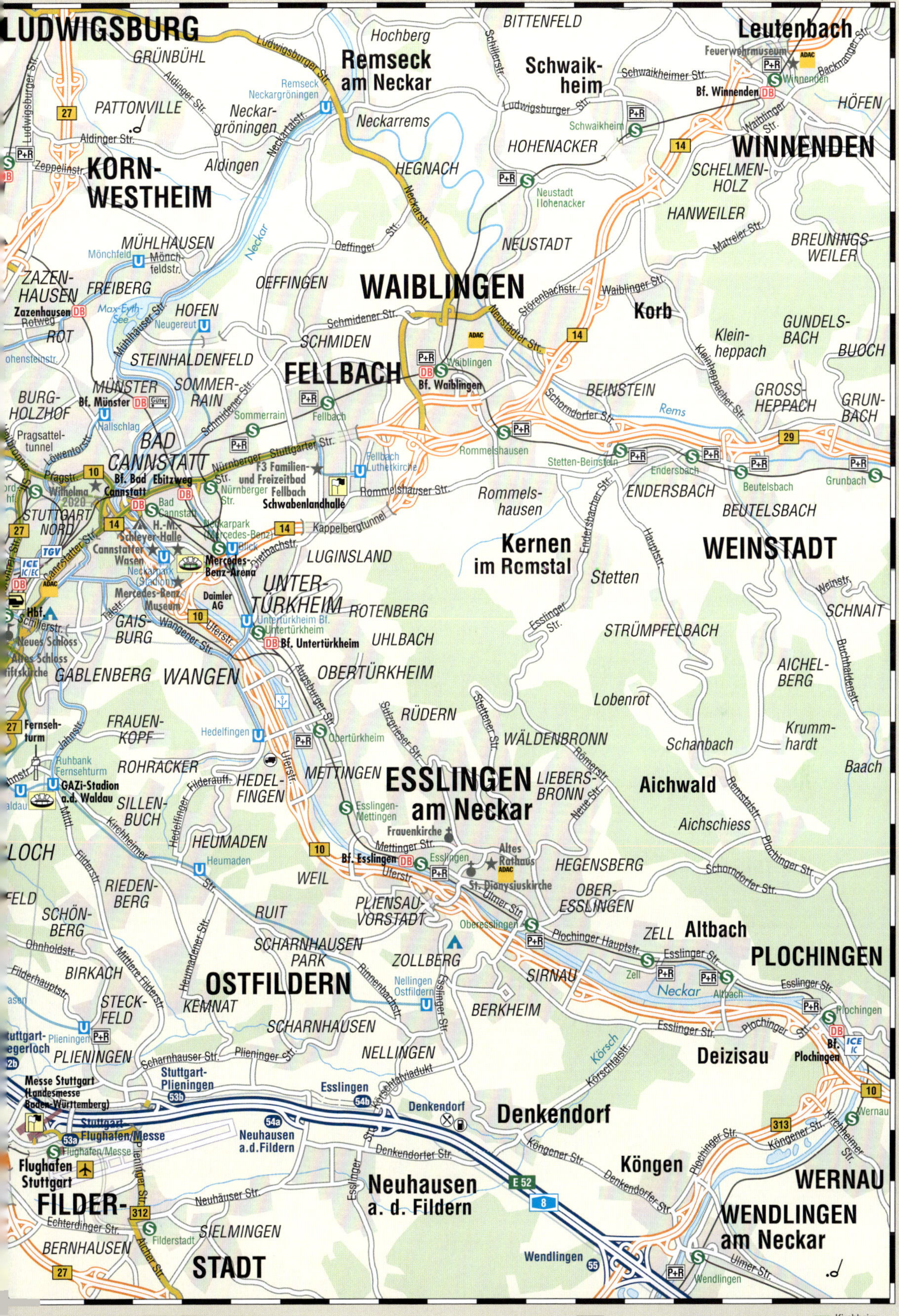

Schorndorf 15 km

Aalen 51 km
Schwäbisch Gmünd 29 km
Schorndorf 8 km
29

S2 Schorndorf 10'

IC/EC Schwäbisch Gmünd 33'
Aalen 48'

Schorndorf 16 km

Göppingen 10'
IC/EC
ICE
München 2h 9'
Augsburg 1h 36'
Ulm 47'

10 Göppingen 20 km
Uhingen 15 km
Ebersbach 10 km

Hechingen 45 km
Tübingen 25 km 27

312 Bad Urach 28 km
Reutlingen 26 km
Metzingen 17 km

Tübingen 35 km
Metzingen 20 km
Nürtingen 6 km 313

8 München 184 km
Augsburg 134 km
Ulm 64 km
Kirchheim u.T. 10 km

S1 Kirchheim (Teck) 7'

Nürnberg Ballungsraum 1 : 115.000

Erlangen-Frauenaurach
Kreuz Fürth/Erlangen
Bamberg 39 km
Forchheim 23 km
Erlangen 5 km
Erlangen 6 km
S1 Bamberg 41'
ICE Leipzig 1h 55'
Erfurt 1h 10'
IC/EC Bamberg 30'
Erlangen 10'
Frankfurt a.M. 194 km
Würzburg 86 km
Höchstadt 20 km
BURGSTALL
KRIEGENBRUNN
ELTERSDORF
Erlangen-Eltersdorf
TENNENLOHE
Sebald
HÜTTENDORF
Obermichelbach
Untermichelbach
Erlangen-Tennenlohe
Tuchenbach
VACH
MANNHOF
KLEINGRÜNDLACH
GROSSGRÜNDLACH
NEUNHOF
Veitsbronn
ROTHENBERG
HERBOLDSHOF
BOXDORF
Schloss Neunhof Jagdmuseum
KRAFTSHOF
ICE
Fulda 1h 24'
Würzburg 51'
IC/EC
Frankfurt a.M. 2h 4'
Aschaffenburg 1h 33'
Würzburg 52'
SIEGELSDORF
KREPPENDORF
ATZENHOF
STADELN
Fürth-Steinach
SCHMALAU
Golf-Club "Am Reichswald"
Bf. Siegelsdorf
BERNBACH
BURGFARRNBACH
SACK
BUCH
Airport Nürnberg
Bf. Fü.-Burgfarrnbach
UNTERFARRNBACH
RONHOF
Fürth-Ronhof
ALMOSHOF
SEUKENDORF
KRONACH
SCHNEPFENREUTH
LOHE
Neustadt a.d.Aisch 25 km
Emskirchen 17 km
Langenzenn 8 km
Sportpark Ronhof Th. Sommer
POPPENREUTH
HILTMANNSDORF
Fürth-Poppenreuth
KLEINREUTH
HERRNHÜTTE
Bf. Fü.-Unterfürberg
HARDHÖHE
Stadthalle
THON
SCHNIEGLING
FÜRTH
Fürth Hbf.
WETZENDORF
GROSSREUTH
CADOLZBURG
OBERFÜRBERG
Bf. Fü.-Westvorstadt
DOOS
MAXFELD
Bf. Egersdorf
WESTVORSTADT
ST. JOHANNIS
Bf. Weiherhof
Bf. Fü.-Dambach
DAMBACH
SÜDSTADT
Nürnberg/Fürth
EGERSDORF
Bf. Cadolzburg
ZIRNDORF
HÖFEN
EBERHARDSHOF
Dürerhaus
Germanisches Nationalmuseum
SEBALD
WEIHERHOF
WACHENDORF
Bf. Z.-Kneippallee
Bf. Alte Veste
N-Westring
SÜNDERSBÜHL
Hbf.
WEIKERSHOF
Bf. Zirndorf
STEINBACH
BRONNAMBERG
LEICHENDORF
SCHWEINAU
STEINBÜHL
Playmobil FunPark
ALTENBERG
Ammerndorf
WINTERSDORF
OBERASBACH
GEBERSDORF
WERDERAU
GIBITZENHOF
HASENBUCK
WEINZIERLEIN
Oberasbach
REHDORF
Unterasbach
Kristall Palm Beach
RÖTHENBACH
GARTENSTADT
Kreuz Nürnberg-Hafen
Großhabersdorf 6 km
STÖCKACH
WEITERSDORF
ANWANDEN
OBERWEIHERSBUCH
STEIN
EIBACH
FALKENHEIM
ROSSTAL
Bf. Roßtal
DEUTENBACH
Nürnberg-Hafen-Ost
BUTTENDORF
OBERBÜCHLEIN
UNTERBÜCHLEIN
BERTELSDORF
HAFEN NÜRNBERG
KASTENREUTH
SICHERSDORF
GUTZBERG
REICHELSDORF
Nürnberg Königshof
Dombühl 40'
S4
IC/EC
Ansbach 17'
ECKERSHOF
KROTTENBACH
CLARSBACH
OEDENREUTH
PILLENREUTH
TRETTENDORF
GROSSWEISMANNSDORF
NEMSDORF
DIETERSDORF
MÜHLHOF
WEIHERHAUS
HERPERSDORF
REGELSBACH
Reichelsdorfer Keller
Defersdorf
Oberbaimbach
Unterbaimbach
KORNBURG
Kornburger Schloss
BUCHSCHWABACH
Leitelshof
WOLKERSDORF
KATZWANG
Ansbach 22 km
Heilsbronn 6 km
Wildenbergen
MÜNCHERLBACH
Weiler
Rohr
Leuzdorf
EICHWASEN
NASBACH
Roth
Gustenfelden
SCHWABACH
LIMBACH
NEUSES
Göddeldorf
Kottensdorf
Nördlingen 74 km
Weißenburg 43 km
Gunzenhausen 35 km
Roth 14 km
Roth 12' S2
Augsburg 1h 2' ICE
Donauwörth 44'
Treuchtlingen 33' IC/EC
Mannheim 214 km
Stuttgart 182 km
Ansbach 27 km
Weißenburg 39 km
Hilpoltstein 14 km
Roth 10 km

2 Pegnitz 39 km Gräfenberg 12 km
Chemnitz 208 km Bayreuth 52 km 9
NEUNHOF
TAUCHERSREUTH
HEROLDSBERG
Bf. Heroldsberg
OEDENBERG
GÜNTHERS-BÜHL
EGELSEE
DEHNBERG
Bf. Rollhofen
Rollhofen
Bf. Speikern
Speikern
KUHNHOF
SEIBOLDS-HOF
HEUCHLING
Neunkirchen am Sand
Bf. Neunkirchen a.S.
RUDOLFSHOF
St. Kunigunda
Marktredwitz 1h 20' Bayreuth 57'
14 Sulzbach-Rosenberg 29 km Hersbruck 7 km
S1 Hartmannshof 15'
Reichswald
LAUF an der Pegnitz
Bf. Lauf (re. Pegnitz)
Wenzelschloss
Lauf/Hersbruck
Ottensoos
Nürnberg-Nord
LUDWIGSHÖHE
Bf. Ludwigshöhe
Rückersdorf
Bf. Rückersdorf
WETZENDORF
SCHÖNBERG
ZIEGELSTEIN
Behringersdorf
Nürnberg-Behringersdorf
LETTEN
Lauf an der Pegnitz
Mittelbüg
RÖTHENBACH an der Pegnitz
WEIGENHOFEN
SCHAFHOF
ERLENSTEGEN
Bf. Erlenstegen
Bf. Behringersdorf
Bf. N.-Nordost
HAIMENDORF
WEIGELSHOF
ST. JOBST
Schwaig bei Nürnberg
Diepersdorf
GERSDORF
Bf. N.-Ost
Nürnberg-Mögeldorf
LAUFAMHOLZ
Kreuz Nürnberg
PÖTZLING
MÖGELDORF
Leinburg
Lorenzer
Tiergarten
ZERZABELSHOF
OBER-HAIDELBACH
UNTER-HAIDELBACH
NÜRNBERG
BRUNN
FISCHBACH bei Nürnberg
Reichswald
Max-Morlock-Stadion
NürnbergConvention Center NCC Ost
NürnbergMesse
UNGELSTETTEN
Altdorf/Leinburg
Nürnberg-Fischbach
LANGWASSER
ALTENFURT
Kreuz Altdorf
6 Amberg 42 km Sulzbach-Rosenberg 35 km
ALTDORF
Winkelhaid
MOORENBRUNN
Kreuz Nürnberg-Ost
MOOSBACH
Nürnberg-Zollhaus
Nürnberg-Langwasser
PENZENHOFEN
Kreuz Nürnberg-Süd
Wendelstein
FEUCHT
RUMMELSBERG
ALTENTHANN
Altdorf/Burgthann
3 Regensburg 79 km Neumarkt i.d.Opf. 17 km
WORZELDORF
Feucht
PATTENHOFEN
BURGTHANN
RÖTHENBACH bei St. Wolfgang
Schloss Kugelhammer
GSTEINACH
Nürnberg/Feucht
OCHENBRUCK
Burg Thann
KLEIN-SCHWARZENLOHE
WENDELSTEIN
Schwarzenbruck
MIMBERG
SCHWARZENBACH
Rübleinshof
Dreieck Nürnberg/Feucht
LINDELBURG
Ludwig-Donau-Main-Kanal
GROSS-SCHWARZENLOHE
HEINLEINSHOF
S3 Neumarkt (Opf) 13'
Leerstetten 0,5 km
ICE München 1h 04' Ingolstadt 29'
9 München 144 km Ingolstadt 72 km Allersberg 11 km
Neumarkt i.d.Opf. 13 km 8
ICE IC/EC Regensburg 58' Passau 2h 8'

Altomünster 24 km
ICE IC/EC S2 Altomünster 35' Petershausen 24' Ingolstadt 46' Nürnberg 1h 18'/1h 58'
Landshut 66 km Flughafen München 20 km → 9 11 km 92

8 Augsburg 45 km Ulm 120 km Stuttgart 208 km Karlsruhe 262 km

Augsburg 21' Stuttgart 2h 13' Würzburg 2h 15' Frankfurt a.M. 3h 34' IC/EC ICE

S3 Mammendorf 12'

471 Fürstenfeldbruck 6 km → 96 20 km Herrsching 34 km

IC/EC Buchloe 42' Lindau 2h 10' Zürich (CH) 4h 15'

S4 Geltendorf 18'

2 Fürstenfeldbruck 6 km Mering 31 km Augsburg 48 km

S8 Herrsching 16'

96 Memmingen 93 km Lindau 157 km

1 2 3 4 km

Starnberg 4 km Weilheim i.Obb. 30 km
S6 Tutzing 20'
IC/EC Innsbruck (A) 1h 45'
95 Starnberg 7 km Wolfratshausen 16 km Garmisch-Partenkirchen 71 km
Wolfratshausen 19' S7
11 Wolfratshausen 16 km
Bad Tölz 35 km

S1 Flughafen München 23' Freising 22'
Pfaffenhofen/Ilm 34 km Unterschleißheim 3 km 13
Nürnberg 155 km Regensburg 110 km Flughafen München 16 km 9
Freising 18 km Flughafen München 15 km 11
(U6) Garching Forschungszentrum
Flughafen München 23' S8
Erding 18 km Flughafen München 16 km 301 388
GARCHING b. München
Oberschleißheim
Schloss Lustheim
Lustheim
Altes und Neues Schloss
Luft- u. Raumfahrt-Museum
Hochbrück
Garching-Hochbrück
Garching Süd
Kreuz München-Nord
M-Neuherberg
Nordheide
HASENBERGL
M-Fröttmaning-Nord
Allianz Arena
FRÖTTMANING
Fröttmaning
M-Fröttmaning-Süd
FREIMANN
M-Freimann
M,O,C
MILBERTS-HOFEN
M-Frankfurter Ring
Frankfurter Ring
M-Schwabing
BMW-Mus.
Olympiapark
Sea Life
Englischer Garten
Föhringer Ring
Dirnismaning
Ismaning
Kallmann Museum
Goldachhof
Speichersee
Fischteiche
Eicherloh
Feringasee
Unterföhring
Aschheim/Ismaning
Green Hill Golfpark
MÜNCHEN
Aschheim
Landsham
Kirchheim b. München
Grub
Heimstetten
Parsdorf
Johanneskirchen
OBERFÖHRING
Autokino München Aschheim
Golfclub München-Riem
Dornach
Engl-schalking
Cosima-wellenbad
Arabellapark
Galopp-rennbahn
DAGLFING
RIEM
Feldkirchen
SCHWA-BING
Englischer Garten
BOGENHAUSEN
M-Steinhausen
M-Zamdorf
M-Daglfing
Messe München International ICM
M-Riem
Feldkirchen-West
Feldkirchen-Ost
Kreuz München-Ost
Parsdorf
Weißenfeld
Ottendichl
Salmdorf
Frauenkirche
Hofbräuhaus
Viktualien-markt
Deutsches Museum
Ostbhf.
HAIDHAUSEN
Leuchtenbergring
Berg am Laim
M-Am Moosfeld
Riem Arcaden
MESSESTADT RIEM
Riemer Park
BERG AM LAIM
Michaelibad
TRUDERING
Gronsdorf
Sport und Freizeitpark
Eglfing
Vaterstetten
M-Ramersdorf
RAMERSDORF
WALDTRUDERING
Haar
Stadion a.d. Grünwalder Str.
GIESING
M-Perlach
MVG Museum
PERLACH
Keferloh
Neukeferloh
Sportpark
HARLACHING
M-Giesing
Neubiberg
Sportzentrum
Oedenstockach
WALDPERLACH
Putzbrunn
Möschenfeld
Perlacher Forst
Fasanenpark
NEUPERLACH
Alpenbauer Sportpark
Neubiberg
Grasbrunn
Unterhaching
Waldkolonie
Bavaria Filmstadt
Ottobrunn
Hohenbrunn
Siedlung am Grasbrunner Weg
Harthausen
Golfanlage Harthausen
Taufkirchen-West
Unterhaching-Ost
Winning
Bergham
Grünwalder Forst
Sport und Freizeitpark
Taufkirchen-Ost
Hohenbrunn
Siedlung Wächterhof
Oberhaching
Waldbrunn
Ottobrunn
Furth
Taufkirchen
Kirchstockach
Kreuz München-Süd
Oberhaching
Sauerlach
Poing 1 km
S2 Erding 25'
94
12 9 km
Markt Schwaben 9 km
Mühldorf 65 km
Altötting 80 km
IC/EC
Rosenheim 37'
Kufstein (A) 1h 01'
Salzburg (A) 1h 41'
Wien (A) 4h 47'
S4 Ebersberg 22'
S6 Ebersberg 22'
304 Ebersberg 16 km
Wasserburg/Inn 34 km
Holzkirchen 17' S3
S7 Kreuzstraße 20'
Holzkirchen 17 km
Bad Tölz 36 km 13
Holzkirchen 17 km
Rosenheim 52 km
Salzburg (A) 123 km
Innsbruck (A) 142 km 8

A

E

F

I

J

L

M

U

X

Z

Bildnachweis

A = Alamy, C = Corbis, G = Getty,
L = Laif, M = Mauritius

Cover: shutterstock.com/Monkey Business Images
S. 2/3 Look/Heinz Wohner, S. 4/5 H. & D. Zielske, S. 10 M/Torsten Krüger, S. 10 M/Movementway, S. 10 M/Christian Bäck, S. 11 G/Richard Nebesky, S. 12 M/Torsten Krüger, S. 12 G/Heinz Wohner, S. 13 M/Torsten Krüger, S. 13 H. & D. Zielske, S. 13 H. & D. Zielske, S. 14 C/Creasource, S. 14 G/Ulf Boettcher, S. 14 M/Rudolf Pigneter, S. 16 H. & D. Zielske, S. 16 A/Premium Stock, S. 17 H. & D. Zielske, S. 18 M/age, S. 18 H. & D. Zielske, S. 20 Look/Arnt Haug, S. 20/21 C/Jon Hicks, S. 20 C/Karl-Heinz Haenel, S. 21 H. & D. Zielske, S. 22 M/Sabine Lubenow, S. 22 C/Sabine Lubenow, S. 23 A/Lothar Steiner, S. 23 M/Lothar Steiner, S. 24 M/Sabine Lubenow, S. 24 H. & D. Zielske, S. 24 G/Andreas Jäckel, S. 25 C/Sabine Lubenow, S. 25 M/Sabine Lubenow, S. 26 Look/Ulf Böttcher, S. 26 H. & D. Zielske, S. 27 G/Nemo1963, S. 28 M/Torsten Krüger, S. 28 M/Torsten Krüger, S. 28 G/Heinz Wohner, S. 29 M/Sabine Lubenow, S. 30 M/Helmut Meyer zur Capellen, S. 30 M/Prisma, S. 31 L/Andreas Hub, S. 31 M/Torsten Krüger, S. 32 M/Werner Otto, S. 32 H. & D. Zielske, S. 33 H. & D. Zielske, S. 34 Look/Heinz Wohner, S. 34/35 G/Heinz Wohner, S. 36 Huber/Reinhard Schmid, S. 36 Look/Ulf Böttcher, S. 37 Look/interfoto, S. 37 Look/Heinz Wohner, S. 37 Huber/Reinhard Schmid, S. 38 Look/Brigitte Merz, S. 38 H. & D. Zielske, S. 39 Huber/Reinhard Schmid, S. 39 Look/Heinz Wohner, S. 40 Look/Heinz Wohner, S. 40 M/Alamy, S. 40 Look/Heinz Wohner, S. 41 Look/Heinz Wohner, S. 42 H. & D. Zielske, S. 42 H. & D. Zielske, S. 43 H. & D. Zielske, S. 43 H. & D. Zielske, S. 44 H. & D. Zielske, S. 44 H. & D. Zielske, S. 45 H. & D. Zielske, S. 45 Look/Karl Johaentges, S. 45 H. & D. Zielske, S. 46 Look/Ernst Wrba, S. 46 Look/Ernst Wrba, S. 46 Look/Ernst Wrba, S. 47 M/Bahnmueller, S. 48 Huber/Gräfenhain, S. 48 H. & D. Zielske, S. 49 H. & D. Zielske, S. 49 H. & D. Zielske, S. 50 H. & D. Zielske, S. 50 A/Blickwinkel, S. 50 H. & D. Zielske, S. 52 H. & D. Zielske, S. 52 H. & D. Zielske, S. 52 Huber/Sabine Lubenow, S. 53 H. & D. Zielske, S. 53 H. & D. Zielske, S. 54 H. & D. Zielske, S. 55 H. & D. Zielske, S. 56 G/Hauke Dressler, S. 56 H. & D. Zielske, S. 56 H. & D. Zielske, S. 57 Look/Ulf Böttcher, S. 58 Huber/Holger Klaes, S. 58 Look/Sabine Lubenow, S. 59 Look/Heinz Wohner, S. 60 M/age, S. 61 Huber/Sabine Lubenow, S. 61 G/Murat Taner, S. 61 C/Michele Falzone, S. 62 Huber/Gräfenhain, S. 62 M/Thomas Robbin, S. 63 M/Manfred Mehlig, S. 63 G/Werner Otto, S. 64 H. & D. Zielske, S. 64 M/Imagebroker, S. 65 Huber/Holger Klaes, S. 65 Look/Heinz Wohner, S. 66 M/Sabine Lubenow, S. 66 C/Hans P. Szyszka, S. 66 H. & D. Zielske, S. 67 M/Novarc, S. 68/69 Huber/Szyszka, S. 68 M/Andreas Vitting, S. 69 Huber/Sabine Lubenow, S. 70 H. & D. Zielske, S. 70/71 H. & D. Zielske, S. 70 H. & D. Zielske, S. 71 G/Guy Vanderelst, S. 72 M/Ernst Wrba, S. 72 H. & D. Zielske, S. 73 H. & D. Zielske, S. 73 H. & D. Zielske, S. 74 Huber/Krammisch, S. 74 Huber/Reinhard Schmid, S. 75 M/Thomas Robbin, S. 76 M/Robert Knöll, S. 76 H. & D. Zielske, S. 77 H. & D. Zielske, S. 78 H. & D. Zielske, S. 78 H. & D. Zielske, S. 78 Look/Heinz Wohner, S. 79 G/Keren Su, S. 80 Look/TerraVista, S. 80 G/Hans-Peter Merten, S. 80 Look/Hans Georg Eiben, S. 81 H. & D. Zielske, S. 81 H. & D. Zielske, S. 82 M/Westend61, S. 82 H. & D. Zielske, S. 83 G/Richard Fairless, S. 84 Look/Heinz Wohner, S. 84 Look/age fotostock, S. 85 Look/Heinz Wohner, S. 86 H. & D. Zielske, S. 86 M/Bridge, S. 88 M/Udo Siebig, S. 88 H. & D. Zielske, S. 89 M/Christian Bäck, S. 89 G/Wilfried Krecichwost, S. 90 M/Friedel Gierth, S. 90 M/Siepmann, S. 91 M/Christian Bäck, S. 91 M/Martin Siepmann, S. 92 H. & D. Zielske, S. 92 H. & D. Zielske, S. 92 M/Christian Bäck, S. 93 H. & D. Zielske, S. 93 M/Christian Bäck, S. 94 C/Top Photo Corporation, S. 95 C/Top Photo Corporation, S. 96 M/Rainer Waldkirch, S. 96 C/Franz-Marc Frei, S. 96 M/Alamy, S. 97 Look/Brigitte Merz, S. 97 Huber/Reinhard Schmid, S. 98 Look/Thomas Stankiewicz, S. 98 Look/Heinz Wohner, S. 100 Huber/Reinhard Schmid, S. 100/101 G/Dennis Flaherty, S. 101 Look/Terra Vista, S. 102 H. & D. Zielske, S. 102 H. & D. Zielske, S. 102 Look/Heinz Wohner, S. 104 G/Heinz Wohner, S. 104 Look/Heinz Wohner, S. 105 M/Udo Siebig, S. 105 G/Heinz Wohner, S. 106 H. & D. Zielske, S. 106 H. & D. Zielske, S. 106/107 G/Daniel Filippini, S. 108 G/Michael DeFreitas, S. 108 M/Jürgen Wackenhut, S. 108 M/Helmut Meyer zur Capellen, S. 109 H. & D. Zielske, S. 110 M/CuboImages, S. 110 C/Jose Fuste Raga, S. 110 Look/Daniel Schoenen, S. 110 M/Michael Szönyi, S. 112 C/Werner Dieterich, S. 112 M/Imagebroker, S. 112 Look/age, S. 113 Look/Sabine Lubenow, S. 113 Look/Heinz Wohner, S. 114 Look/age fotostock, S. 114 A/Vladimir Khirman, S. 114 H. & D. Zielske, S. 115 M/Markus Lange, S. 115 Look/Ingolf Pompe, S. 116 Huber/Reinhard Schmid, S. 116 Huber/Reinhard Schmid, S. 117 H. & D. Zielske, S. 117 Look/Heinz Wohner, S. 117 H. & D. Zielske, S. 118 Huber/Reinhard Schmid, S. 118 Huber/Reinhard Schmid, S. 119 M/Alamy, S. 119 M/Stefan Auth, S. 120 M/BY, S. 120 M/Siepmann, S. 121 M/Jeff O'Brien, S. 122 M/Siepmann, S. 122 M/Birgit Koch, S. 123 Look/Konrad Wothe, S. 123 Look/Konrad Wothe, S. 124 M/Christian Handl, S. 124/125 Look/TerrraVista, S. 126 Look/Engel & Gielen, S. 126 Huber/Otto Stadler, S. 126 Look/Ingolf Pompe, S. 126 M/Michael Szönyi, S. 127 H. & D. Zielske, S. 128 H. & D. Zielske, S. 128 H. & D. Zielske, S. 128 Look/Heinz Wohner, S. 129 Look/Ingolf Pompe, S. 130 L/Berthold Steinhilber, S. 130 L/Berthold Steinhilber, S. 131 H. & D. Zielske, S. 131 M/Uta und Horst Kolley, S. 132 Look/Zielske, S. 132 C/Gregor M. Schmid, S. 132 C/Adam Woolfitt, S. 133 G/Martin Siepmann, S. 134 Look/Jan Greue, S. 134 M/Manfred Bail, S. 134 Look/Thomas Stankiewicz, S. 134 M/Alamy, S. 135 M/Maria Breuer, S. 136 A/Nagelestock.com, S. 136 M/Martin Siepmann, S. 137 H. & D. Zielske, S. 138 C/Michael Snell, S. 138 Look/Florian Werner, S. 139 Look/Andreas Strauss, S. 140 M/Peter Weimann, S. 141 Look/Rainer Mirau.

Impressum

St.-Cajetan-Straße 41
81669 München
Telefon +49.89.45 80 20-0
Fax +49.89.45 80 20-21
www.kunth-verlag.de
info@kunth-verlag.de

Printed in Slovakia

Text: Natascha Albus, Heike Barnitzke, Gesa Bock, Klaus A. Dietsch, Michael Elser, Dr. Peter Göbel, Ursula Klocker, Robert Kutschera, Rosa M. Kölbl, Carlo Lauer, Dr. Thomas Pago, Norbert Pautner, Hans-Wilm Schütte, Dr. Maurice Wiederhold